HUMANITIES AND SOCIETY

第二人称观点

道德、尊重与责任

Stephen Darwall

[美国] 斯蒂芬 · 达尔沃 著　章晟 译

译林出版社

图书在版编目（CIP）数据

第二人称观点：道德、尊重与责任／（美）达尔沃（Darwall, S.）著；章晟译．—南京：译林出版社，2015.2（2019.10 重印）
（人文与社会译丛／刘东主编）
书名原文：The Second-person Standpoint: Morality, Respect, and Accountability
ISBN 978-7-5447-5165-0

I.①第… II.①达… ②章… III.①伦理学－研究 IV.①B82

中国版本图书馆 CIP 数据核字（2014）第 279045 号

第二人称观点：道德、尊重与责任 ［美国］斯蒂芬·达尔沃／著　章　晟／译

责任编辑　于伊莎
特约编辑　陶泽慧
装帧设计　胡　苨
责任印制　单　莉

原文出版　Harvard University Press, 2009
出版发行　译林出版社
地　　址　南京市湖南路 1 号 A 楼
邮　　箱　yilin@yilin.com
网　　址　www.yilin.com
市场热线　025-86633278
排　　版　南京展望文化发展有限公司
印　　刷　江苏凤凰通达印刷有限公司
开　　本　880 毫米 × 1230 毫米　1/32
印　　张　12.375
版　　次　2015 年 2 月第 1 版　2019 年 10 月第 3 次印刷
书　　号　ISBN 978-7-5447-5165-0
定　　价　69.00 元

主编的话

刘　东

总算不负几年来的苦心——该为这套书写篇短序了。

此项翻译工程的缘起，先要追溯到自己内心的某些变化。虽说越来越惯于乡间的生活，每天只打一两通电话，但这种离群索居并不意味着我已修炼到了出家遁世的地步。毋宁说，坚守沉默少语的状态，倒是为了咬定问题不放，而且在当下的世道中，若还有哪路学说能引我出神，就不能只是玄妙得叫人着魔，还要有助于思入所属的社群。如此嘈嘈切切鼓荡难平的心气，或不免受了世事的恶刺激，不过也恰是这道底线，帮我部分摆脱了中西"精神分裂症"——至少我可以倚仗着中国文化的本根，去参验外缘的社会学说了，既然儒学作为一种本真的心向，正是要从对现世生活的终极肯定出发，把人间问题当成全部灵感的源头。

不宁惟是，这种从人文思入社会的诉求，还同国际学界的发展不期相合。擅长把捉非确定性问题的哲学，看来有点走出自我囿闭的低潮，而这又跟它把焦点对准了社会不无关系。现行通则的加速崩解和相互证伪，使得就算今后仍有普适的基准可言，也要有待于更加透辟的思力，正是在文明的此一根基处，批判的事业又有了用武之地。由此就决定了，尽管同在关注世俗的事务与规则，但跟既定框架内的策论不同，真正体现出人文关怀的社会学说，决不会是医头医脚式的小修小补，而必须以激进亢奋的姿态，去怀疑、颠覆和重估全部的价值预设。有意思的是，也许再没有哪个时代，会有这么多书生想要焕发制度智慧，这既凸显了文明的深层危机，又表达了超越的不竭潜力。

于是自然就想到翻译——把这些制度智慧引进汉语世界来。需要说明的是，尽管此类翻译向称严肃的学业，无论编者、译者还是读者，都会因其理论色彩和语言风格而备尝艰涩，但该工程却绝非寻常意义上的"纯学术"。此中辩谈的话题和学理，将会贴近我们的伦常日用，渗入我们的表象世界，改铸我们的公民文化，根本不容任何学院人垄断。同样，尽管这些选题大多分量厚重，且多为国外学府指定的必读书，也不必将其标榜为"新经典"。此类方生方成的思想实验，仍要应付尖刻的批判围攻，保持着知识创化时的紧张度，尚没有资格被当成享受保护的"老残遗产"。所以说白了：除非来此对话者早已功力尽失，这里就只有激活思想的马刺。

主持此类工程之烦难，足以让任何聪明人望而却步，大约也惟有愚钝如我者，才会在十年苦熬之余再作冯妇。然则晨钟暮鼓黄卷青灯中，毕竟尚有历代的高僧暗中相伴，他们和我声应气求，不甘心被宿命贬低为人类的亚种，遂把迻译工作当成了日常功课，要以艰难的咀嚼咬穿文化的篱笆。师法着这些先烈，当初酝酿这套丛书时，我曾在哈佛费正清中心放胆讲道："在作者、编者和读者间初步形成的这种'良性循环'景象，作为整个社会多元分化进程的缩影，偏巧正跟我们的国运连在一起，如果我们至少眼下尚无理由否认，今后中国历史的主要变因之一，仍然在于大陆知识阶层的一念之中，那么我们就总还有权想象，在孔老夫子的故乡，中华民族其实就靠这么写着读着，而默默修持着自己的心念，而默默挑战着自身的极限！"惟愿认同此道者日众，则华夏一族虽历经劫难，终不致因我辈而沦为文化小国。

一九九九年六月于京郊溪翁庄

献给朱利安和威尔

目　录

第三部分

第四部分

前　言

我想，我已经在无意间思考本书的话题很长时间了。我在三岁那年患上了一种眼疾（称作“斜视”），这使我不能够双眼同时看着一个物体。这对我的视力并没有太大影响。它最显著的后果由休谟在《人性论》中提及过，在那里他考察了一个有趣的元伦理观点，即引起错误信念是道德错误的来源。① 休谟说，如果这个观点是正确的，那么“那些斜视的人”就是不道德的，因为我们经常“想象他们在向某人致敬或对某人说话，但他们却是在同另一个人打招呼”（Hume 1978：462n）。这一直是困扰我的问题：我难以使人们认识到我正试图认出他们。② 我以为，这个问题促使我想要知道，对等承认究竟涉及什么，也促使我思考对等承认在人类经验中的普遍性，而且，最近我还有意识地思考它在道德理论中的重要性。③

这是一个熟悉的事实：我们相信的某些事情，实际上包含着我们不

① 休谟错误地将这个观点归于威廉·沃拉斯顿。

② 但我可能不是唯一这样的人。参见第149页注释③。

③ 这不是促使我集中思考这些议题的唯一原因。我母亲饱受精神分裂折磨，在被送入收容所（20世纪50年代）之前，她与家人一起的几年时光都是在寂静的囚牢中度过，这当然是另一个原因。其他因素也起到了重要作用。

完全了解的复杂的敏感性。比如说,很多人直到反思了那些对话规范被严重违背的例子,才意识到他们接受了详尽复杂的对话规范(比如规
ix 定对话的距离)。对于涉及“第二人称观点”的现象来说也是如此。通过反思那些尊重规范和“第二人称权威”(传达要求、命令和期望的权威)被违背的例子,我们才发现我们对它们的隐含承诺。

更准确地说,我已经开始相信,第二人称观点对于道德理论具有根本的重要性,没有这个观点,我们就不可能充分理解很多核心的道德观念。在本书中,我将主张,道德义务和责任,对人的尊严的尊重和道德行动者的特殊自由,全都是不可还原地第二人称的。此外,我还试图提出一个论证,它同样能够从第二人称视角确证道德义务的权威和这些其他观念。

这里我必须祈求读者的耐心。虽然我希望我在本书将要指出的现象,是我们足够熟悉的,但我还是会以大家不熟悉的方式,用诸如“第二人称理由”和“第二人称能力”这些抽象术语来分析这些现象。并且我的很多主张都是雄心勃勃的;毫无疑问,某些主张是过分雄心勃勃了。你可能会发现你的耐心很容易被消磨掉。不过,如果是这样,也有一种挽救办法。如果你的反应是恼怒或烦扰,这个反应可以发展成某种斯特劳森式的反应态度,也许成为某种对我的傲慢或者我浪费你时间的怨恨。如果这确实发生了,那么请你尝试退后一步考察这个想法或感受;你可能会发现,第二人称理由和权威的观念悄悄潜入了你的想法或感受。当然,如果你的反应是无聊或完全缺乏兴趣,这种挽救办法就不能起作用。

在思考我在本书中发展的观点时,我受惠于很多人,也许太多了,以至于我不能够得体地把我清楚记得帮助过我的所有人的名字一一列出。过去数年中,我在各种论坛和会议报告了这些观点的各种版本,从中我得到了极有帮助的反馈。我非常感激那些邀请我做报告的哲学系、学会以及个人。特别有价值的是,我能够在两个研究生讨论班上

完成本书手稿的初期草稿——一个是2003年在俄亥俄大学，另一个是2005年在密歇根大学。我也受惠于无可计数的其他方式的交流。除了很多其他人外，我感谢Kate Abramson、Donald Ainslie、Elizabeth Anderson、Brian Apicella、Nomy Arpaly、Carla Bagnoli、Marcia Baron、 x
Jack Bender、Alyssa Bernstein、Lorraine Besser-Jones、Simon Blackburn、Michael Bratman、Aaron Bronfman、John Broome、Vivienne Brown、Allen Buchanan、Sarah Buss、Vanessa Carbonell、Jules Coleman、David Copp、Randall Curren、Jonathan Dancy、Justin D'Arms、Julian Darwall、Will Darwall、Steven Daskal、Remy Debes、Richard Dees、John Deigh、Robin Dillon、Chris Dodsworth、Jamie Dreier、Andrew Eshelman、Nir Eyal、William Fitzpatrick、Samuel Fleischacker、Robert Frank、Harry Frankfurt、Robyn Gaier、David Garvin、Gerald Gaus、Allan Gibbard、Peter Graham、Robert Gressis、Charles Griswold、Michael Hardimon、Christie Hartley、Sally Haslanger、Daniel Hausman、Susan Hawthorne、Barbara Herman、Pamela Hieronymi、Thomas E. Hill Jr.、Ted Hinchman、Paul Hoffman、Tom Hurka、Paul Hurley、Nadeem Hussain、P. J. Ivanhoe、Daniel Jacobson、Agnieszka Jaworska、Marie Jayasekera、Robert Johnson、Rachana Kamtekar、Rob Kar、Daniel Keen、Christine Korsgaard、Michelle Kosch、Richard Kraut、John Ku、Arthur Kuflik、Rahul Kumar、Joel Kupperman、Rae Langton、Mark LeBar、David Levy、Ira Lindsay、Erica Lucast、Eric Mack、Tito Magri、Douglas MacLean、Michelle Mason、Joe Mendola、Martha Nussbaum、Howard Nye、Derek Parfit、James Petrik、Philip Pettit、Sara Postasi、Jerry Postema、Luke Potter、Ryan Preston、Wlodek Rabinowicz、Peter Railton、Joseph Raz、Andrews Reath、Connie Rosati、Jacob Ross、Emma Rothschild、Geoff Sayre-McCord、T. M. Scanlon、Brian Schaefer、Tamar Schapiro、Eric Schliesser、Franklin Scott、Mark Schroeder、Nishi Shah、Nancy Sherman、Walter Sinnott-Armstrong、

Anthony Skelton、Matthew Smith、Michael Smith、Jim Staihar、Jason Stanley、Michael Stocker、Sigrun Svavarsdottir、Julie Tannenbaum、Valerie Tiberius、Kevin Toh、Mark van Roojen、David Velleman、Peter Vranas、Kendall Walton、Gary Watson、Eric Weber、Marshall Weinberg、Andrea Westlund、Susan Wolf、David Wong、Allen Wood、Gabriel Zamosc-Regueros、Kate Zawidzki、Lei Zhong 和 Arthur Zucker。

我也接受了大量来自机构的支持，没有这些支持，这本书就不可能存在。国家资助的人文奖金在 1998 年至 1999 年资助了我一个别的项目，但是它使我思考了我在这里发展的观点。密歇根大学哲学系的詹姆斯 · B. 纳尔逊和格雷斯 · J. 纳尔逊奖金使我在 2002 年至 2003 年有一年时间离开教学岗位进行研究，在此期间我写作了本书的初稿。目
xi 前我在密歇根大学公休假的支持下完成手稿。

书中的某些部分借鉴了早先出版的内容。第五章的一部分基于《现代自然法中的自主性》，发表于 *New Essays on the History of Autonomy*（ed. Larry Krasnoff and Natalie Brender, Cambridge：Cambridge University Press, 2003），经过剑桥大学出版社的同意用于本书。第六章来自《尊重与第二人称观点》，发表于 *Proceedings and Addresses of the American Philosophical Association* 78（2004）：43—60；经过美国哲学学会的同意用于本书。第十章的某些内容立足于《费希特与第二人称观点》，发表于 *International Yearbook for German Idealism* 3（2005）：91—113；经过沃尔特 · 德 · 格鲁伊特出版集团同意用于本书。

我也要为我从哈佛大学出版社以及他们的工作人员和审稿人员那里获得的帮助表示感谢。Lindsay Waters 是给予我激励和智慧的一个源泉。出版社的两位审稿人员提供了很多非常有用的建议。

一如往常，我最感激的是我在密歇根大学哲学系的同事、学生和其他教职人员，特别是 Elizabeth Anderson、Allan Gibbard 和 Peter Railton，以及在我写作本书期间在该系的 David Velleman，他们使安娜堡成为研

究道德哲学的理想之地。

最后,我将本书献给我的两个儿子 Julian Darwall 和 Will Darwall。在我写作本书时,没有什么比我和他们谈论本书观点时,他们表现出的鼓励和理解给予我更大的支持。我在这方面和其他很多方面都深受他们的帮助。 xii

第一部分

第一章

主要观念(一)

人是自我产生的主张的来源。

——约翰·罗尔斯,《道德理论中的康德式建构主义》

当我们向彼此的行为和意志提出要求和认可这些要求时,你我采取的视角被称作**第二人称观点**。[①] 这个观点可以明确表现于言语中,比如 J.L. 奥斯丁细致研究过的以言行事(performatives)——要求、非难、道歉等等——也可以只是隐含于思想中,比如怨恨和内疚这类斯特劳森式的反应情感(Austin 1975;Strawson 1968)。[②] 无论是明确说出的("你是在和我说话吗?"),还是像在怨恨的沉默中那样,仅仅是隐含的和感受到的,对等传达具有的我—你—我结构都以第二人称观点的角度贯穿于思想和语言中。

奥斯丁告诉我们,向他人传达的言语行为具有一些"恰当条件"。为了使言语行为得以准确实现,或者实际上仅仅是得以实现,这些条

① 我的术语当然是来自语法中的第二人称。因此它与戴维森(2001)的用法不尽相同,尽管二者不是完全无关。与我的术语关系更紧密的是被传达的思想和言语的种类。但是有些形式的被传达的思想看起来并不涉及提出主张。

② 奥斯丁式的以言行事将会在第三章讨论,而反应情感和态度将在第四章讨论。

件必须得到满足（Austin 1975）。举例来说，为了使一句话成为一个命令，必须有某些约定俗成的权威关系作为背景，并且这种关系必须成为说话者和被传达者的共同知识。不过，奥斯丁关注的不是伦理学。他关心的是社会和语言问题：为了使言语行为在习俗上成功，必须满足何种条件？说话者在事实上具有相关权威就足以使一句话等同于一个命令；她不需要在法理上具有这个权威。

3 然而我们的问题是规范性的。命令是声称为一个人提供特殊类型的（**规范性**）行动**理由**的一种传达形式，我称这种理由为**第二人称理由**。[1] 一个理由之所以成为第二人称的，是由于这个理由建立于传达者认为他与被传达者之间具有的（法理的）权威关系之上。因此，与其他类型的实践理由不同的是，第二人称理由必须能够在这些关系之内被传达。[2] 并且正如我所表明的，第二人称理由的独特性也体现于它们向意志提出的那种主张。

为了使一个言语行为成为习俗所定义的那种行为（比如一个命令），或者为了使一个行为不沦为奥斯丁所说的“滥用”（即一个真正属于某种类型，但却违背了该类行为某些惯例的行为，比如不真诚的承诺），奥斯丁式的恰当条件必须得到满足（Austin 1975：16）。[3] 然而，我

---

① 在本书中，除非上下文有清楚的暗示，我将用第二人称理由指称**规范性理由**而非**动机理由**，即指称**能去**做某件事的理由，而非人们实际的行动理由或者从因果或目的论来解释人们行为的那些动机状态。我会遵循日常用法，按照这种用法，“给某人提供一个理由”是一个“成功”句式：只有当 X 有一个规范性的理由去做 A 时，X 才向 Y 提出一个要做 A 的理由。

② 我会频繁使用“传达一个第二人称的理由”作为“意图通过传达一个要求或主张，向被传达者提出一个（第二人称的）理由”的缩略表达。严格说来，被传达的是主张或要求。按照我将使用这些词组的方式，“传达一个主张或要求”和“传达一个第二人称的理由”都不是成功词组。尽管如果 X 向 Y 传达一个主张或要求，X 就假设或预设了向 Y 提出主张或要求的权威，但 X 可能实际上并不具有这个权威。在这种情况下，尽管 X 声称为 Y 提供一个基于他的主张的理由（并且，用我的话来说，由此“传达了理由”），X 实际上并没有给出任何规范性的理由。我感激马克·施罗德敦促我澄清这些观点。

③ 参见第三章关于奥斯丁的讨论。这里我受惠于凯文·透对这个讨论的澄清。

们感兴趣的是我们可以称为“规范性的恰当条件”的那些恰当条件:即为了使第二人称理由实际存在和通过第二人称交谈成功传达所必须满足的条件。

当一个人试图为另一个人提供一个第二人称理由时,她就声称与她的被传达者处于一个相关的权威关系中。我会说她的传达预设了这个权威。我这个说法只是想说,具备权威是她试图传达的理由的有效性的必要条件,因而是向她的被传达者成功提出理由的一个规范性恰当条件。因此,作为向她的对话者提出理由的尝试,她必须假设这个权威,正如她必须假设提出理由的所有规范性恰当条件都得到满足一样。 4

除了传达的不同具体形式所要求的具体预设之外,本书的一个主要论断是,第二人称传达一般包含某些嵌入其中的预设。我认为,为了可理解地进入第二人称立场,并且向彼此提出主张和要求,你我都必须预设我们单纯作为自由和理性的行动者所分享的共同的第二人称的权威、能力和责任。

第二人称理由

为了让读者对我尝试提出的那种观点有所了解,我们可以比较一下你在试图向某人提出一个停止引起你痛苦(比如将他的脚从你的脚上挪开)的理由时可能采取的两种不同方式。

一种方式是让他对你的困境感同身受,因而导致他想要使你免于痛苦。[1] 假如他有这个欲求,他便会将你的痛苦看作一件坏事,一个他

[1] 休谟假定我们通常是通过同情来考虑他人的福利:“任何一个正在散步的人,会愿意像踩踏坚硬的石块和道路一样,踩踏一个并未与他争吵的人患有痛风的脚趾吗?”“且让我们假定竟然有这样一个如此自私的人,并且让私人利益竟然如此强烈地吸引他的注意力,然而在那些与他的私人利益无关的场合,他必定不可避免地感受到**某种**对于人类利益的偏向,并将这种偏向作为一个选择对象,如果一切别的事物都是同等的话。”(Hume 1985:225)

（或事实上任何有能力的人）有理由去改变的世界状态。而且最自然的是，他不会将他希望你免于痛苦的欲求当作这个理由的来源，而是把这个欲求当作了解本来已经存在的理由的一种形式[1]。当他希望你摆脱痛苦时，他将会把这个可能状态视为世界存在的更好方式，视为一种如摩尔所说的“应当为其自身而存在”（Moore 1993：34）的结果或状态[2]。

这种情形在结构上与纯粹认知的例子完全类似，比如你给他一个理由相信你实际上处于痛苦之中。如果他认可事情从他的欲求的视角
5 看起来的样子，他就会接受一个挪开他的脚的**关于世界状态的**和**行动者中立**的理由[3]。这个理由本质上并非是针对他作为一个导致另一个人痛苦的行动者的。从最根本上来说，对于任何可以解除你痛苦的人，这

① 关于这点，见 Bond 1983；Dancy 2000；Hampton 1998；Pettit and Smith 1990；Quinn 1991；以及 Scanlon 1998：41—55。

② 他的欲求很可能不会是单纯为了事情本身，而同时也为了你。关于后者，见 Darwall 2002b。

③ 行动者中立的理由与行动者相关的理由不同。后者的表述包含了不可取消的，对理由所针对的行动者的指称［比如像“这样做将会使我作出的承诺得到遵守”，“这样做将会避免伤害他人（即除我以外的人）”等等］。行动者中立的理由的陈述可以不需要这样的指称：“这样将会避免痛苦发生在某人（或某个存在者）身上。”关于行动者相关的（也称为“主观的”或“行动者中心的”）与行动者中立的（也称作“客观的”）理由、原则、价值等等之间的区别，见 Darwall 1986a；McNaughton and Rawling 1991；Nagel 1970，1986；Parfit 1984；以及 Scheffler 1982。关于质疑这个区分的价值的讨论，见 Korsgaard 1996d。

在 Darwall 2002b：68—72，我论证了这个观点：同情的关注涉及看起来存在行动者中立的理由去增进某人的福利。当然，我不否认已经接受各种行动者相关规则的人，可能会通过移情和同情作用而感受到解除他人痛苦的某种特殊责任。我的观点是这不可能仅仅通过同情而发生。

同时应该注意到同情和移情的区别。我受益于尼尔·艾亚尔的以下论述：“一个乞丐望着行人的眼睛，让他们看见他明显需要得到治疗的痛苦创伤。他有意不断望着他们。他的行为可以被解读为类似这样的交流：‘请帮帮我吧！你看到了我的痛苦吧。’”在我看来，这类情形混合了对于同情的诉求和隐含的（第二人称）的要求。因为这里的诉求包含了使得路人采取受伤者视角的持续的第二人称参与，这个诉求就是在传达一个第二人称的要求。

个理由都存在,所以对于他也存在,因为他完全能够做到这点[①]。最终,
通过这种方式“给予”他理由时,你不会像让他看到理由无论如何都存
在那样将理由传达给他,不论你是否让他看到这个理由,或者甚至你是
否有能力做到这点[②]。这里有两个要点。首先,在指出那个理由时,你将
会是在认知上而非实践上指引他,即便问题是关于实践理性的。作为
这种给出理由的形式,你将会要求他同意,他在某种程度上有理由做些
事情,而不是要求他同意去做这件事。因此,你可以提出的任何主张都 6
会是针对他关于实践理由的信念,而不是直接针对他的意志的。其次,
你向他提供理由的能力,绝不依赖于他认为你在尝试向他提出理由,或
者认为你有能力或权威这么做。任何你可以用来使他看到那个理由的
事情都能满足需要。事实上,如果他真的认为你是像小孩那样没有自
卫能力,容易受到伤害,以致不能与他理论,事情反而变得最为有效。

第二种方式是,你可以提出一个主张或者一个声称有效的要求。你可以说一些话来断言或暗示,你有权威主张或要求他移开他的脚,并且同时传达这个要求。你可以作为被他踩到的人,也可以作为道德共同体(这个共同体的成员认为自己可以要求人们不要踩彼此的脚)的一名成员,或者同时作为这两种身份,提出这个要求。不管以哪个身份,你传达的理由都是行动者相关而非行动者中立的[③]。这个理由从最根本上将会与在他与他人(以及他自己)的关系中从他的角度看到的那些关系有关。在这个例子里,这些关系就是他踩到你的脚,因而使你痛苦,给你带来不方便,等等。这个理由传达给他时,他不是单纯作为某个能够改变某人痛苦,或某个引起另一个人痛苦这些糟糕状态的人。比方

① 应当注意,表面上行动者相关的理由可以更深层地建立在行动者中立的考量和价值之上,反之亦然。例如,规则功利主义者认为,正当行为的规则包括建立在总体行动者中立价值基础上的行动者相关的原则,比如那些定义承诺和契约权利的原则。

② 如果你是想要让他看到足以相信你在痛苦中的理由,你有可能会这么做。痛苦的表情足以让他了解这个理由,你不需要预设在这个问题上的任何权威。

③ 见第6页注释③中的参考文献。

说，假如他能通过狂踩你的脚这种令人咋舌的古怪方式而阻止另外两个人制造巨大的痛苦，第二种理由，即基于要求的（因而是第二人称）的理由不会建议他这么做。[①] 相反，作为一个引起他人剧烈痛苦的人，他会被传达我们通常假设自己有权威要求人们不要如此对待彼此的那种
7 要求。[②]

就我们的目的而言，重要的是，只有当一个人接受你具有（第二人称地）向他提出要求的权威时，他才可能合理地接受包含在你的主张或要求之内的，第二种挪开他的脚的理由。接受一个有效的主张或要求正是如此。[③] 如果他接受你可以要求他挪开脚，他也必须接受你在他不这么做时有理由抱怨，或者作出某些其他形式的寻求责任的回应。与第一个基于状态或后果的理由不同，第二个理由是第二人称的，因为第一个理由在概念上独立于提出要求或认为某人负有责任时进行的第二人称传达，第二个理由并不独立于此。**一个第二人称的理由，它的有效性依赖于预设的权威和人们之间的责任关系，因此也依赖于理由在人与人间传达的可能性。**在指令、请求、主张、非难、抱怨、要求、承诺、契约、同意、命令等等之中传达或预设的理由，在这个意义上都是第二人称的。若非它们在第二人称交谈中的作用，这些理由根本不会存在。

① 检验一个被给予的理由或原则是行动者相关的还是行动者中立的，可以考察这样一个例子。在这个例子里某个人被建议去做某件事，为了强化这个例子，可以再假设如果那个人不做出这个行为（按相关的理由敏感或原则敏感的方式描述），就会导致另一个人做出完全同样的行为。如果这个理由是行动者中立的，那么那个行动者是自己行动因而另一个人不做出同样的行动，或者抑制自己的行为因而导致另一个人做出同样的行为，其间并无区别可言。如果这之间的确有区别，那么这个理由或原则就是行动者相关的。"不要踩我"和"不要踩其他人"不能还原为"不要让任何人被踩"。

② 假设他拒绝你的请求，相反以将你踩在脚下为乐，那么你就有更强有力的要求。因为此时他不单纯是引起你的剧烈痛苦，他还将你作为获得虐待快感的对象。不管我们在合法地使他人不踩我们的脚这方面有多少麻烦，我们显然更要禁止他们虐待我们。这里我受惠于马歇尔·温伯格与我的讨论。

③ 当然，有许多接受要求的方式不同于将要求作为有效的要求来接受，比如在谈判时出于个人利益而接受要求。

它们的第二人称特性解释了它们的行动者相关的性质。由于第二人称理由总是根源于行动者彼此之间的关系，它们在根本上总是行动者相关的。[①]

可能很明显的是，依赖于命令或请求的理由在这个意义上是第二人称的，但是我认为道德义务和要求一般而言也是第二人称的。（这一点在我前面的评论中有所暗示，我说你不仅仅可以作为受害者，也可以 8
作为道德共同体的一员，来要求某人停止引起你的痛苦。）我认为，为了以通常的方式将道德义务理解为与道德责任相关的，我们必须认为道德义务涉及从道德观点——也就是从（第一人称复数）道德共同体的视角——看来"具有力量"的要求。[②] 然而，正如我即将阐明的，这并不减少它们的第二人称特性，因为这关乎它们"传达要求"的品质。[③]

当然，有一些限制我们对待彼此行为的行动者相关规范和理由，可能不是第二人称的。我们可以认为人的脚是类似圣地一样的东西，所有人都有理由避免踩踏它们，而不需要假设这个理由与任何人甚至上帝提出要求的权威有关。然而，一旦我们认为，基于我们能够或者可以合理向彼此提出要求这个事实，我们就有一个理由禁止踩踏别人的脚，或者一旦我们知道我们对禁止这种行为**负有责任**，我们就具有了一个

① 但是，这个理由的表述并非总是行动者相关的。比如正如我将会提出的，为绝对命令建立基础的最好方式，是将它建立在人们通过第二人称方式相互传达时预设的权威之上。我们至少可以设想，绝对命令本身所要求的是可以行动者中立地设定的行为原则。例如，R.M. 黑尔相信，绝对命令可以保证他偏爱的那种普遍规定主义，并且保证了一种形式的行为后果主义（一个行动者中立的理论）。见 Hare 1993。

② 这类似于哈特对边沁在《政府片论》中的理论的解释——黑尔将之解释为涉及"准命令"而非成文法的明确命令。哈特说，在这些情形下，命令被当作暗含于惩罚行动中的。我将会对道德责任作出与此类似的判断（Hart 1990：93—94）。这个分析与斯特劳森关于反应态度的要求特性的分析一样。我会在本章"斯特劳森观点"一节以及第四章讨论斯特劳森的分析（Strawson 1968）。我对这些观点的思考受益于莱·兰顿和其他人的敦促，也受惠于罗布·卡尔和凯文·透与我讨论哈特的观点。

③ 关于道德观点是"第一人称复数的"这个论断，见 Postema 1995。这也是科斯嘉著作的主题之一。

第二人称理由的观念——若非因为包含在主张或要求中的第二人称传达的可能性,这种理由根本不会存在。

由于第二人称理由在根本上总是行动者相关的,第二人称立场是第一人称立场(不论单数或复数)的一个版本。这个视角是我们(不论是作为一个"我"或是作为一个"我们"的部分)在传达实际的想法或语言,或者认可来自他人的传达时所预设的视角,与此同时我们也提出或认可了一个针对意志的主张或要求。它涉及实践导向的和指导实践的思想,这个思想针对一个自由和理性的行动者并向他提出一个主张。第二人称立场所排除的是第三人称视角,即为了实践的目的,不从与自己的关系中看待他人(和自己),而是将他们(或自己)看作"客观的"或
9 "行动者中立的"(包括看作与那个人自己相关的)。第二人称立场也排除缺少传达的、第二人称要素的第一人称思考。

因此,尽管第二人称传达总是第一人称的,但它从来不单纯是第一人称的。我们可以采取不论单数或复数的第一人称视角,而不需要明确地向某人传达。即使所有言语(可能还有思想)都涉及某种形式的隐含的传达,这本书的一个中心主题是,在针对意志提出的特殊主张这方面,第二人称实践理由的传达不同于其他形式的理由提出(比如建议)。

逻辑关系和个人关系

为了帮助理解第二人称理由的观念,我们可以考察克里斯蒂娜·科斯嘉对托马斯·内格尔"道义论约束"是行动者相关的这一观点的批评[①]。科斯嘉引用了内格尔的评论:这些约束"允许受害者可以总是抗议那些以伤害他为目标的人";对此科斯嘉回应道,"这个说法绝对正确,"

① 内格尔相信,它们必须是行动者相关的,因为它们认为比如亲自伤害他人是错误的,即使这是避免其他人作出完全同样的伤害的必要手段。在此我受益于克里斯·多兹沃思与我的讨论。

但是“认为道义论理由是行动者相关的理论……不能容纳这个说法”（Nagel 1986：184；Korsgaard 1996d：297—298）。我认为，道德要求在概念上与要求服从的权威相关联。科斯嘉注意到，从行动者有一个做某件事的行动者相关的理由这个事实，我们不能推出如果他不如此做，那么任何人都有理由抱怨。用我们的术语来说，不能由此推出任何第二人称的权威。然而在我看来，理由的行动者相关性并不能解释这个不足。的确，正如我说过的，在总是具有对行动者的不可消除的反身指称这一最熟悉的意义上，第二人称理由在本质上是行动者相关的[1]。事实是，不论一个规范或理由是行动者相关的或是行动者中立的，除非它是第二人称的，否则就不能从行动者违反了规范这个事实直接推出任何反对的理由；事实上，不论这个规范或理由的力量或优先性如何，都不能由此推出任何反对的理由。我们可以承认一个行动者相关的或行动者中立的，不论任何程度优先性或紧迫性的规范或理由，而不用承认任何人要求他服从这个规范或理由的权威。前者在某种程度上是规 10
范或理由的逻辑形式或力量的问题，而后者则与它们的第二人称权威有关。

根本上来说，科斯嘉想要拒斥行动者相关 / 行动者中立的区分，并主张所有的行动理由都必须能够被“共享”。正如她提出的关于“道义论”的道德义务所包含的理由的观点，“它们完全取决于彼此交往的人们之间的关系。它们是主体间的理由。”（Korsgaard 1996d：298）科斯嘉的这个论断与我在本书所捍卫的观点有一个根本的共同点：道德义务按照这种方式是不可还原地第二人称的（尽管与科斯嘉不同的是，我看不出为什么所有的行动理由在这个意义上都必须是可共享的）。[2] 然而，在我看来，道德义务的第二人称特质不能用它们的逻辑形式的非第

---

① 见第 6 页注释③。

② 然而，科斯嘉也明确地相信道德义务可以仅仅建立在第一人称慎思的限制之上。我在第九章提出反对这点的论证。

二人称特点解释，也不能通过它们在任何通常意义上是公共的或私人的来解释。[①] 正如我希望澄清的，第二人称权威毫无疑问是道德义务的一个根本的、不可还原的方面。

一个理由是否是第二人称的，这不是一个逻辑关系的问题，而是人的关系的问题。第二人称理由塑造了我们彼此之间的关系。而且我认为，与道德义务和人们的平等尊严相关的，是我们以第二人称方式彼此联系时所承诺的东西。

不可还原的第二人称概念循环

第二人称理由总是与一种特定的第二人称实践权威相关，即提出要求或主张的权威。[②] 提出有效的主张或要求总是预设了提出此主张或要求的权威，也预设了得到恰当授权的主张产生了一个特定的服从要求的理由（一个第二人称理由）。此外，这些概念也全都涉及负责（responsibility）或责任（accountability）的观念。提出要求的权威不仅
11 蕴含了一个传达者服从要求的理由，也暗示了他有责任这么做。[③] 反过来讲，责任蕴含了认定责任的权威，这个权威又蕴含了提出主张或要求的权威，也就是传达第二人称理由的资格。因此，这些概念——第二人称权威、有效的主张或要求、第二人称理由和责任——构成了一个可以相互定义的循环；每一个概念都蕴含其他所有概念。而且，我认为不可能从外部打破这个循环。单纯由还未隐含地成为第二人称的规范性和评价性概念构成的命题，不能够为由这个循环内的概念构成的命题建

① 在第九章，我将讨论科斯嘉（1996e）对维特根斯坦私人语言论证的应用。

② 见约瑟夫·拉兹（1972）的“规范力量”的观点。我受惠于加里·沃森提供这个参考文献。

③ 因此，迈克尔·达米特认为命令的权利蕴含了“责备的权利是不服从的直接结果”（Dummett 1990：9）。

立充分的基础。

例如，这一点在接下来是重要的：这种不可还原的第二人称实践权威区别于其他种类的权威，并且不能还原为其他种类的权威。比如考察一下认知的权威。即使我们尊重认知权威的方式经常是第二人称的——在关于要相信什么的讨论中赋予某人的认知论断以一定分量——认知权威本身不是第二人称的；它是第三人称的。它在根本上依赖于人与事实或证据的本来关系，而不依赖于她与其他理性认知者的关系。甚至在我们认可某人关于某事的说法的证言的情况中，这个第二人称权威可以因为缺乏足够的第三人称认知权威而丧失。如果我们有理由不相信她的信念或判断，那么我们也有理由拒绝她的第二人称的认知论断。此外，完全私人地尊重认知权威是可能的，这不需要任何形式的对他人的认可，比如当某人根据他在会议室斟茶递水时偶然听来的可靠的股市信息采取行动。

然而，传达第二人称行动理由的权威在根本上是第二人称的。当一个中士命令她的部下匍匐前进时，她的部下通常认为，她由此提供给他们的理由来自于她向他们下达命令的权威和他们服从的责任。这与一个建议者的地位不同，她的这个地位不能仅凭她有能力了解她的部队行为的非第二人称理由就能够获得。这是霍布斯著名的“命令”和“建议”的区别。[①] 中士的命令提出了一个理由，如果她不具有通过命令传 12

① “那些不这么严肃看待语言力量的人，有时确实会混淆法律和**建议**……从**建议**和**命令**的不同，我们必须引出**建议**和**法律**的区别。**建议**是 个**规范**，我们服从它的理由来自所建议的事情**本身**；但命令是这样一种规范，我们服从的原因依赖于**命令者的意志**。除非意志代表了一个理由，**我因此愿意**和**我因此命令**这些说法就是不恰当的。当对法律的服从不是为了事情本身，而是由于建议者的意愿的理由，法律就不是一个**建议**，而是一个**命令**，因而法律可以定义如下：**法律是人（自然人或法庭）的命令，这个人的规定自身包含了服从的理由**：正如上帝对人的规定一样，地方法官对他们的人民的规定，以及普遍地所有掌权者对于不能抵抗这些规定的那些人的规定，可以被称为他们的法律。”（Hobbes 1983：XIV. 1；另见 Hobbes 1994：XXV）在我看来，约瑟夫·拉兹（1986）对权威的解释没有注意到这个区别。另见第 15 页注释③。

达理由的权威，这个理由就不可能存在。与此类似，当你要求某人把脚从你的脚上挪开时，你预设了一个传达这个第二人称理由的不可还原的第二人称立场。

当然，这不意味着传达一般的或某种特定的主张或要求的权威不需要辩护，也不意味着一个人不可以至少部分地由于她的知识或智慧而具有这样的立场。我的观点仍然是，这个立场自身既非任何形式的第三人称或认知的权威，也不能由第三人称或认知的权威推出。而且我认为，第二人称立场只能在要求、责任、第二人称理由和与它们相关的权威种类这四个概念构成的循环之内得到辩护。我认为，从根本上来说它必须在第二人称观点之内得到辩护。

因此，这两个观念有重要的不同：一方面是权威的或约束性的规范的观念，它是我们所熟悉的蕴含真实的规范性理由的有效的应当；另一方面是对他人的权威的（第二人称的）主张或要求的观念。比如，本书的一个核心论断是，人具有的被称为不可侵犯的价值或**尊严**的东西，具有一个不可还原的第二人称要素，这个要素包含要求以某种方式对待彼此的权威，比如不要踩别人的脚。可以肯定的是，尊严在某种程度上包括人们必须怎样对待他人和不能怎样对待他人的方式，正如有时我们所说，人是不能以特定方式对待的存在者（Kamm 1989，1992；Nagel 1995）。但这只是它的一个部分，因为有些对我们的要求是没有任何人
13 有立场向我们提出的。比如，理性要求我们不要相信与已知前提的逻辑后果相矛盾的命题。但只有在特定情况下，我们才有资格要求彼此按照逻辑推理，比如当你和我试图弄清楚应该共同相信些什么的时候，甚至在这个情况下，权威也明显来自一个道德或准道德的方面：我们致力于一个共同的目标。[1] 按照这种方式，逻辑推理的要求在根本上不同

[1] 当然，这些进一步的限制经常出现在背景中，比如当我们在做哲学时，好像现在。由于你我当下所处的关系，我们确实有权威要求对方解释逻辑错误，如果不是在这样的情境下，我们就不具备这个立场。但不论这些相似的情境出现得如何频繁，权威不只是

于建立于人的尊严之上的那些要求——也不同于更一般意义上的道德要求。我认为这个概念的一部分是说,道德义务就是我们在道德上对其负责的那些人具有权威要求我们去做的那些事。很明显,这不是一个逻辑要求或一个理性要求的任何类型概念的一部分。①

我认为,我们作为人的尊严包含不可还原的第二人称权威,它要求尊重这种权威,尊重那些赋予我们要求他人服从的立场的要求。尊严不只是一系列与人相关的要求;它也是人们通过认定彼此负有这样做的责任来要求彼此服从的权威。人们可以接受一阶的规范,这些规范塑造人们的尊严,并且由此严格约束自己,而不需要接受任何人命令他这样做的权威。他甚至可以在恰当的意义上将这些规范当作要求性的规范接受,而不需要接受某人对他的服从提出的主张。然而我认为,这样他就还没有完全承认人的尊严或者尊重人的尊严。这些尊严和人包含不可还原的第二人称维度。

因此,在某种力量或优先性的做某事的规范性理由(我们应该做什么或必须做什么的理由)和任何人具有主张或要求我们这样做的权威之间有着一般的差别。② 比如,如果上帝有权威要求我们服从某些规范, 14
他下达命令的权威不能还原为任何这些规范自身可以产生或蕴含的规范性理由,事实上也不能还原为他在这方面的知识。③

来自理性的要求,也来源于情境预设的某些其他特征。

① 我受益于彼得·格雷厄姆提供表达这个对比的这种方式。

② 当然,尽管不是我们道德上必须做的(道德上要求做的),因为这是道德共同体的成员有权威命令我们做的。

③ 正如我在第 13 页注释①提到过的,拉兹(1986)认为我们关注的那种权威——例如政治权威——可以建立于认知权威基础之上。但正如诺米·阿尔帕莱向我指出的,“仅仅因为我比你知道得多并不会使我成为你的老板。”托马斯·杰斐逊提出过类似的观点,他说,“艾萨克·牛顿爵士在理解能力上优于他人,但他并不因此是他人的主人也不因此是他人的财产。”(Jefferson 1984: 1202)我受惠于查尔斯·格里斯沃尔德提供这个参考文献。拉兹的观点值得比我这里所能提供的更细致的考察,我将在其他地方提供一个更细致的考察。

斯特劳森观点

考察 P.F. 斯特劳森在《自由与怨恨》（1968）中对道德责任的后果主义理解方式的著名批评，我们可以从一个不同的角度发现相同的基本观念。斯特劳森反对通过惩罚和道德责任实践“在按照对社会有益的方式规范行为方面的效用”来为它们提供辩护的那些解释，他认为对社会有益不是关于“如我们所理解的”（72，74）道德责任实践的“正确类型”的理由。当我们试图认定人们负有责任时，这么做在特定的情形下或一般而言是否值得欲求是无关紧要的，有关系的是人们的行为是否应该受到谴责，以及我们是否有权威要求他作出解释。**对于确证态度和行动合理性而言（其中认定某人负责根本上就在于这些态度和行动）可欲求性自身是一种错误的理由。**

我们可以将以上观点称为**斯特劳森观点**。我们在杜威那里发现本质上相同的观念。杜威说道，“将它们呈现为可以满足欲求并且因而是善的那些对象，与作为对我们的行为提出应该被认识到的要求而出现于我们面前的对象，它们的起源和操作模式都有内在的不同。它们不能彼此还原。”为了避免我们误以为他用“要求”不是在说某种根本上第二人称的东西，杜威在一个脚注中补充说：“生活在一起的人们不可避免要对彼此提出要求。”（1998b：319）[①] 所以我们也可以称这个观点为杜威的观点。

15 斯特劳森观点阐明了一个更一般的现象，我们可以称之为**理由问题的错误类型**。例如，我们可能有实用的理由相信某个命题，但这不会使该命题变得可信（Shah 2003）。它并不根据应用于信念的特定理由和标准来为相信这个命题提供理由。与此类似，正如达尔姆斯和

① 我受惠于伊丽莎白·安德森提供这个参考文献。

雅各布森所指出的,从觉得某个笑话尽管好笑但在道德上不正当这个事实推出这个笑话不好笑,这是一个“道德谬误”。[①]前者对于辩护笑话在相关意义上不好笑而言,是一个“错误类型”的理由(D’Arms and Jacobson 2000a)。

一个考虑因素要成为正确类型的理由,它必须根据自身来辩护相关态度。它必须是关于某个对象的一个事实或对象的特征,对这个事实或特征的恰当考量能为**某人的理由**提供一个导向这个考虑因素得到合理性确证的态度。[②]在这个考量因素基础上,人们必须能够(或将会恰当地)把态度当作关于是否要如此行动的考察(思考)过程的一个结果。比如,在考虑是否要相信某个命题p时,我们不可能通过反思相信p会带来的好结果而得出我们关于p的信念的思考结果。这是值得相信p的正确种类的理由,不是相信p的正确种类的理由(正如人们可以通过反思相信p会带来的好结果而希望相信p这个事实所表明的一样)。**可欲求性**与欲求的特定规范和理由有关,**可信性**则与信念的特定 16
规范和理由相关。

与此类似,**负责任的人**和**应受谴责的人**与认定人们负责和谴责他们时所涉及的特定态度和行动的规范相关。认定他们负责的可欲求性

① 达尔姆斯和雅各布森认为这对关于各种评价性或规范性概念的反应依赖的,或如他们所称,“非情感主义”的解释提出了一个挑战,因为它表明笑话不能根据娱乐的可理解性或根据娱乐得到任何理由的确证来理解。情感或态度的“正确感受方式”和“(相关价值)正确”之间有一个区别。另参见D’Arms and Jacobson 2000b。关于他们所说的“恰当态度”(或者“FA”)分析如何能够区分正确种类理由和错误种类理由的精彩讨论,见Rabinowicz and Ronnøw-Rasmussen 2004(另见Olson 2004)。我受惠于尤利安·达尔沃与我讨论这个一般议题,同时也受惠于乔·门多拉提出的一个问题,它帮助我发现斯特劳森观点这个一般议题的一个例子。

② 拉比诺维茨和伦诺—拉斯穆松表达了根本上相同的要点。他们说正确种类的理由也出现在这些理由所涉及的态度的内容里:这个态度是“由于”这些理由而指向某件事的(2004:414)。正如W.D.福尔克指出,与价值相关的偏爱是“为了真正理解(对象)是什么样”(1986:117)。

（不论是道德的、社会的、个人的，还是其他可欲求性），或者为什么认定他们负责是可欲求的原因，都是确证如此做的正当性的错误类型理由，因为认定他们负责与他们是否有责任或是否应受谴责相关。[①] 可欲求性与欲求的理由和规范相关。从道德的观点来看，什么是值得欲求的，与我们在相关意义上可以合理认为某人负有责任或可以合理谴责他们是完全不同的两个问题。

斯特劳森将认定人们负责时所涉及的特定态度称为“反应态度”，并给出了愤怒、怨恨、内疚、谴责等著名的例子。斯特劳森还指出了评论者们已经强调过的一点，即反应态度隐含地提出了要求。它们总是包含对彼此的某个行为的“期望和要求”（1968：85）。[②] 反应态度总是与某人可能被认定的东西相关，所以它们总是预设了认定某人负责或要求某人的权威。因此，道德的反应态度预设了要求和认为彼此有责任服从道德义务（这些正是我们能够合理地将彼此认定为道德共同体成员的标准）的权威。但它们也预设了，我们认为负有责任的那些人也同样具备这个资格。斯特劳森说，他们以这种方式对待另一个人，“继续当他是道德共同体的一员；只是认为他是一个违背了道德共同体要求的成员。”（93）由此我们可以推出，反应态度在我们所说的意义上是第二人称的，与这些态度特定相关的伦理概念（应受谴责，道德责任，我认为还有道德义务）全都具有不可还原的第二人称特征，这些特征从概
17 念上将它们与第二人称理由相关联。

① 比较普里查德（2002）对根据自我利益确证道德或道德义务的尝试的反驳。

② 加里·沃森强调了这点（1987：263，264）。另注意 R. 杰伊·华莱士：“反应态度与一种我所说的作为认为一个人应该符合期望（或要求）的特定评价形式有根本关联。”（1994：19）另见 Bennett 1980；Scanlon 1998：272—290。

权　　利

第二人称循环中的另一个核心伦理概念是权利的概念，或者更明显地，是主张权利的概念。例如，你可能认为，故意踩你的脚，侵犯了你针对他人拥有的一项权利。如果你这样认为，那么你就不仅仅认为其他人应该或者甚至必须注意不要踩到你的脚。甚至强制规范的确立也不等同于存在一项权利。正如范伯格所强调，具有一项主张权利，就是拥有一个“立足”之处(如果你允许在此使用比喻的话)也就是向你拥有权利的对象提出主张或要求。它包含拒斥、抱怨、抗议的第二人称权威，可能还有使用其他强制手段的权威，后者可能包括在权利受到侵犯时获得补偿。[①] 除了存在重要的理由反对他人踩你的脚之外，事实上，除了道德共同体成员有立场要求人们不要踩你的脚之外，如果你还具有一项权利，那么你就有立场对可能踩你脚的人们提出一个特别的要求——你有拒绝的权威，可以要求赔偿，等等。

这一点在霍菲尔德(1923)的著名陈述中有所暗示。[②] 根据霍菲尔德，只有当一个人有义务为另一个人做某件事时，后者才有主张权利要求前者为她做这件事。[③] 这不单纯存在于他人应该做这件事或者具有好的或充分的理由做这件事，甚至也不单纯在于这个人做这件事的理由在拉兹所谓没有恰当衡量对抗因素的意义上是排他性的(1975)，而是在于主张权利的拥有者要求服从以及要求对于不服从的补偿的权

① “当然，具有权利使得主张成为可能；但正是主张赋予权利以特殊的道德重要性。权利的这个特征以某种方式与关于人为何物的传统修辞相关。具有权利使得我们‘像人一样站立，’使我们能够正视他人的眼睛，并且在根本上感受到人与人的平等。”(Feinberg 1980：151)比较密尔：“那么，我认为，拥有一项权利就是具有某种社会应该保护我拥有的东西。”(1998：ch. 5)

② 感谢马克·勒巴尔提醒我霍菲尔德在这个问题上的相关性。

③ 霍菲尔德将人们之间的“法律关系”整理如下：(1)S具有针对T的权利，当且仅当T对S负有义务；(2)S对T具有权威，当且仅当T对于S负有责任；(3)S免于对T的责任，当且仅当T对于S而言有能力缺陷；等等(1923：65—75)。

18 威。[1]因此,权利在概念上与第二人称理由相关。当然,对于他人而言可能会有一些非第二人称理由去做我们有权利要求他们做的事,但与那个权利有特定关系的理由是第二人称的。如果不是在使用这个权利时被传达,这个理由就根本不会存在。

其他类型的权利也是第二人称的,即使不那么明显。如果踩你脚的人有权利或者在道德上有这么做的自由(有霍菲尔德主义的自由),那么不论是你或是其他人都没有立场要求他不这么做或对此抱怨。在他著名的文章《是否有自然权利?》中,哈特遵循一个从费希特到康德的古老传统。他认为,权利的观念在概念上与存在一个关于限制自由的特殊辩护相关。[2]哈特写道,这个概念领域的核心要素是"在使用或威胁使用暴力以确保正义或公平或某人的权利时,不存在任何不一致,相反这是一种特殊的一致"(1965:178)。对于以下来说重要的是,相关的"一致性"不能以非第二人称的方式充分把握。[3]这是斯特劳森观点的一个方面,并且它与我马上要提到的普芬多夫和费希特的有很深联系的观念相关联。只有当一个人有权威对另一个人的意志提出主张时(如果没有人,包括这个人自己,有抱怨或要求其他的权威),他强制

① 见 Thompson 2004。同时,比较洛克对每个个体在自然状态下都具备的惩罚违背自然权利的行为的权利与受害者寻求补偿的权利之间的区别。两者都是第二人称的,两者都被认为是道德共同体的成员,但只有后者包含代表受害者的第二人称诉求(Locke 1988:II,7—11)。

正如我已经提到并将在下一章将进一步强调的,某个人有道德义务不踩你的脚也蕴含了一个第二人称的权威(在这个例子里,是道德共同体的权威)。在权利的例子里,与众不同的是权利拥有者的特定权威,包括要求赔偿的权威,这一点在洛克对惩罚的权威(作为道德共同体的一个成员)和要求赔偿的权威(作为拥有权利的受害者)的区分中有所暗示。

② 哈特注意到,他在这里很大程度上追随了康德在《法学》中的学说(Kant 1996c:230—231)。我们将考察这个观念在费希特论断中的进一步表述,费希特认为第二人称立场预设了"权利的原则"("我必须总是把外在于我的自由存在者看作是自由的存在,即我必须通过他的自由的可能性的概念限制我自己的自由")(2000:49)。

③ 我受惠于汤姆·胡尔卡与我就这个问题的讨论。

他人自由以及指导他人意愿的行为才会存在“正确种类”的正当性辩护。否则将意志强加于人就是赤裸裸的强迫。 19

相比对权利的关注，我们目前对**道德义务**的关注更直接。然而，正如哈特自己注意到的，尽管“道德义务”有时被用作一个“一般的标签”来标记“道德上我们应该做的事”，这个概念具有的狭义更恰当限制的内容，它与权利的概念有内在关联（1965：178）。[①] 两个概念都不能独立于主张或要求的（第二人称的）权威得到理解。正如权利包含主张他所具有权利的东西的权威，道德义务也在概念上与道德共同体所能要求的东西（以及没有人有权利不做的事情）相关。我在道德上有自由做的事，正是那些没有人可以合理要求我不要做的事，不论他们是作为道德共同体的成员（没有相冲突的道德义务），还是作为一个个体（没有相冲突的权利）。

第二人称传达的预设

我认为，传达任何形式的第二人称理由，总是伴随有关传达者和被传达者的第二人称权威、能力以及责任的某些预设。我将集中于第二人称要求和给出理由的纯粹的例子，排除操纵、诱骗，或者任何形式的非理性的影响（换句话说，集中于作为第二人称传达的实际例子）。在纯粹的例子中，传达者试图给被传达者提供一个行动理由，这个理由，正如我所认为的，建立于他所预设的预期被传达者会接受的规范性关系之上。这个预设包含些什么？包含非常多。

① 然而，哈特有时似乎将义务进一步限制于自愿假设或创造的东西（1965：179n）。这里我受惠于罗布·卡尔。

费希特的观点

康德之后的德国观念论者约翰·戈特利布·费希特认为,纯粹第二人称的传达总是预设了通过行动者自己的自我规定的选择来指导一
20 个行动者的意志。费希特认为,只有通过这种方式,它才能同时将她当作一个自由的行动者来交流和指导。我将这个观点称作第二人称传达的**费希特分析**。我将捍卫费希特的分析,并进一步论证费希特分析支持了**费希特观点**,即任何第二人称的主张或"命令"(Aufforderung)都预设了一个共同的能力和权威,因此预设了作为自由和理性人的责任,以及一个传达者和被传达者共享的并得到恰当对等承认的交互的第二人称性(Fichte 2000)。第二人称传达的条款使得双方都把对方看作(用罗尔斯的著名表达来说)"自我产生有效主张的来源。"(1980:546)不论它们预设了什么样的更具体的用来定义差别的权威,每一方都同样需要假定自由和理性的人具有共同的尊严或权威来传达(以及被传达)第二人称理由。[①] 每一方也必须预设他们共同的第二人称**能力**,也就是根据这些理由为自己做出决定的能力,这个能力包含不能还原为对任何对结果的欲求的动机,因为这些理由是不可还原地第二人称的。[②]

因此我认为,甚至当第二人称理由给出所明确预设的权威关系,与我们认为刻画了道德观点特征的完全平等不相一致时,所有的第二人称理由给出中仍然存在一种形式的相互尊重。任何纯粹的主张或要求

① 更严格地说,在本章之前的部分所提到的意义上,这些分别是关于它们的传达和承认的预设。这些个体自身可能并不接受它们甚至拒绝它们。我不久会回来讨论这一点。

② 最终我认为,这个能力等同于康德的"意志自主性":"独立于意志对象的属性而使得意志成为自身法则的意志属性。"(Kant 1996b:441)另见 Gibbard 1990:68—82 关于规范接受的心理学。我可以仍然称这些状态为欲求,但如果这样,我们就需要认识到它们是"原则依赖"而非"对象依赖"的欲求。关于这个区分,见 Rawls 2000:45—48,148—152。

的例子都预设了对于进入第二人称推理而言必要的立场。具体说来,它预设了(按照费希特的说法)"命令"人们根据第二人称理由(即便它们是层级制的)自由地规定自身行为的合法传达形式与强迫[即单纯引起想要的"剥夺(行动者的)自由行为能力"的行为的不被允许的方式]之间的区别(Fichte 2000:41)。[①] 这意味着只要第二人称传达断 21
言或预设了差别性的权威,它就必须也假设这个权威对于作为自由和理性行动者的被传达者而言是可接受的。

费希特认识到他的观点对于权利哲学的根本重要性,所以在《自然权利基础》的开始将这个观点作为"权利概念演绎"的一部分。[②] 费希特认为,如果一个权利就其本质涉及了主张或要求的权威,第二人称传达也同样预设了传达者和被传达者自由地根据第二人称理由规定自身的能力和权威。这些第二人称理由的有效性本身,依赖于这个权威以及他们通过承认权威而自由地规定自身的能力。他也认为,这使得传达者和承认权威的被传达者接受了一个基本的权利原则:"在所有情况下,我都必须将外在于我的自由存在者看作自由存在者,也就是说,我必须通过他的自由的可能性概念限制我的自由。"(2000:49)强迫(即试图在缺乏对方可以接受的第二人称理由的情况下指导某人的意志)和在第二人称权威的保障下向某人的意志提出一个指导性的要求之间的区别,预设了传达者和被传达者作为自由和理性的存在者分享一个共同的权威,而这一点是他们在提出和接受一个命令时对等承认的。

费希特将这个洞见与理论理性和实践理性的根本区分联系起来。我认为这是正确的。第二人称传达既使得一种与理论领域完全没有相

---

① 在伊曼努尔·勒维纳斯关于遭遇"他者"的著作中可以看到类似观念,比如 Lévinas 1969。在此我受惠于雷恰纳·卡穆提卡。关于勒维纳斯认为与他者"面对面"的遭遇涉及对尊重的第二人称要求的方式的著名讨论,见 Putnam 2002。

② 出版于 1796 年至 1797 年,比康德的《法学》早一些。参见弗雷德里克·诺伊豪泽尔关于费希特(2000)的颇有助益的导论。

似性的实践自由成为可能，也同时使我们意识到这种自由的存在。通过将这种实践自由与康德的意志自主性概念相联系，我将发展和捍卫这个论断。我认为，为了恰当地发展出人的尊严和意志自主性这些核心的康德主义概念，费希特的观点恰好是我们所需要的。

普芬多夫观点

除了用来建立费希特观点的费希特分析以外，最后我们还需要塞
22 缪尔·普芬多夫在捍卫17世纪神学唯意志论的道德律理论时发展出的一个观点。根据普芬多夫，道德义务与责任的关联可以通过道德律来自上帝的命令这个事实得到解释。道德义务归根结底都是对于上帝的义务。但普芬多夫也认为，只有当上帝把我们作为理性行动者来进行传达，并且我们和他都按照某种方式来理解这种传达时，道德义务才能够通过这种方式产生。**普芬多夫观点**认为，真正的义务只能来自预设了传达者的第二人称能力的传达。[①] 为了使得认定某人负责可以理解，我们必须假设她能够在她自己的推理和思想中认定自己负有责任。[②] 为了做到这点，她必须能够对自己采取第二人称观点，并从这个观点出发对她自己提出要求和承认这些要求。因此，上帝为了能够通过他的命令使我们具有义务，他（和我们）必须假设，我们不仅能够出于对强制我们服从的法令的恐惧而行动，也能够通过"（对自己）承认，已经向那些违背了已颁布规则的人指出的那种灾祸降临在这个人身上是公正的"而行动（Pufendorf 1934：91）。这是一种强制与根据内在地接

---

① 普芬多夫观点影响了哈特对被（力量或环境）强迫与被赋予义务的区分（1961：6—8）。

② 关于认定自己负责的能力的重要性，见 Westlund 2003。也参见康德的这条论述："只有在我同时把自己置于义务之下时，我才会认为自己对他人负有义务"（1996b：6：417）。

受权威的要求而自由地自我决定之间的区别。为了对上帝的命令负有义务,我们必须能够对我们自己采取第二人称观点,必须能够将内在地提出的要求[这些要求的(第二人称)权威是我们自己所接受的]作为行动理由。

对斯特劳森观点、费希特观点和普芬多夫观点的恰当重视和理解,使我们能够看到,为什么任何第二人称传达不论怎样都预设了传达者和被传达者作为自由和理性的行动者所分享的一个共同的第二人称能力、责任和权威。正是对第二人称观点的假设使我们进入交互定义的第二人称概念的循环之内,使得我们承认自由和理性人的平等尊严。这个观点在实质上可以用罗尔斯的术语来如此表达:第二人称传达使我们进入了"公共理性的"和"合理的"空间而非(仅仅是)个体"理性"的空间(Rawls 1980, 1993)。任何这样的传达都不可避免要预设它的被传达者能将它提出的主张和作为这些主张基础的权威作为合理的来 23
接受,因此它假设了相互尊重和相互负责之间的关系——二者以公共理性和合理性概念作为中介。

但是,我们完全有可能给予人们非第二人称的行动理由,而不用假设向彼此提出理由的共同能力和权威。比如,如果上帝能够使我们看到地狱之火的危险,他就已经给了我们不要犯罪的理由,不论他或我们是否具有任何第二人称的权威。他也不需要预设我们按道理来讲会接受任何事情。换句话说,我们是否在与此相关的任何意义上是理性的,仅仅取决于我们是否能够看到相关的理由,并将它们作为行动理由。与此类似,你可以使某人看到你的痛苦,使他认为你的痛苦是一件不好的事,因此认为任何能够改变这个糟糕状态的人都有理由改变它,而不需要引出你们对于彼此的权威的议题。然而,当我们传达第二人称理由时,理由自身的存在依赖于它的接受者是否能够合理地接受作为这个理由表面上的来源的那个权威关系。这是费希特观点的一个结果。这也是为什么像罗尔斯和斯坎伦他们的契约论框架最终必须将"我们亏欠彼此的”（即我们能够从彼此有权威地要求的）与相互尊重和合理一致的检验相联系（Scanlon 1998）。我认为正是我们从第二人称观点预设的平等权威从最根本上为契约论奠定了基础。

我应该澄清以下这点，我并不由此认为第二人称传达的参与者总是接受或意识到这些预设，或者必要的预设必须总是可以被他们认识到。[①] 自由和理性人之间的道德共同体的观念是相对较近的人类历史取得的重要成就，我们没有理由认为它对于比如一个提出主张或命令的古希泰人来说是存在的。普芬多夫自己无疑会否认我认为他通过他提出的区分所承诺的那些东西。我的论点是，我指出的那些假设是第二人称传达的假设，因为（第二人称）理由只有在这些假设成立时才能
24 被有效提出。它们是一般而言的第二人称理由（纯粹）对话的“规范性恰当条件”。

事实上，一个纯粹的第二人称理由传达和非理性的影响形式（或者其抽象表达：作为第二人称传达）之间的区分无疑是相对新近的。当我说传达第二人称理由附带了某些预设时，我是在谈论纯粹的情形，这个情形与它暗含的预设一道，只有通过内省才会清楚呈现（尽管从内省的角度来看，这些预设总是隐含的）。[②] 我的观点是，共同的第二人称性是第二人称传达自身成功的必要条件，也就是相关理由实际存在或被给予的必要条件。

为了进行类比，可以考虑一个类似的观点：惩罚只有基于意志自由的假设才能完全得到辩护。我们很可能没有理由认为意志自由的观念，至少是它的现代形式，对于古希泰人而言是存在的，但是他们当然有某种类型的惩罚。[③] 毫无疑问，他们的实践在很多方面都不同于我们将要

---

① 我受惠于埃里克·施利塞尔指出这一点。

② 这当然是黑格尔《精神现象学》（1977）最钟爱的一个主题。

③ 见 Neufeld 1951。关于当代责任概念的发展和法律责任的相关实践的发展的有趣讨论，见 Pound 1922：ch. 4。他认为法庭最初被认为是使双方免于相互报复的中立和

考察的纯粹惩罚的例子。但这正是我的观点。意志自由可以合理地被看作我们所区分的(就其自身而言)纯粹情形中的惩罚的预设。我认为，类似的观点对于一般而言的第二人称理由的纯粹传达同样成立。 25

理性的裁决场所。我受惠于兰德尔·柯伦提供这个参考文献,以及他与我进行的颇有助益的讨论。关于复仇和报复的欲望与作为隐含地寻求第二人称认同或尊重的反应态度之间的区别,见第四章。

第二章

主要观念(二)

道德义务声称的规范性

对道德义务声称的规范力量的最熟悉的刻画是它们的绝对性特征,即康德(1996b)所称的“绝对命令”。菲莉帕·富特(1972)指出,这绝不只是说道德义务在形式上是绝对的,或者只是说它们的“应用”独立于与行动者目的的关系。礼节的要求在这方面也是无条件的,但没有人认为它们声称的规范力量与道德要求声称的规范力量有任何相似之处。富特的结论是,康德式的论断必须是,道德义务“必然地向所有人提供行动的理由”(309)。这个论断得到强化后成为舍夫勒所说的“压倒性观点”:“做道德所禁止的事情永远都不是合理的。”(1992)[①] 换句话说,道德义务总是为行动者提供最终的行动理由,它们超越或优先于任何其他考虑;或者至少它们声称如此。

这当然抓住了道德要求所特有的一个部分,但仅仅是一个部分。对比一下逻辑的要求。如果一个结论可以从已知前提推出,那么理性就要求我们推出这个结论,这个要求显然适用于所有理性存在,不论有

① 大卫·布林克将之称为“至上性观点”(1997:255)。

哪些与之相反的考量。但道德义务与逻辑施加的要求之间有重要的不同。道德就其本质涉及一种特殊的责任。如果我们没有按照道德要求去行动，并且没有充分的理由，那么比如责备和内疚这样的第二人称回应就是有合理保证的。[①] 但只有在某些情境下，这些回应才适用于违背 26
逻辑的人，甚至在这些情形下，它们犯的错误也是某种类型的道德错误（比如当我有恰当推理的特殊责任时）。[②] 此外，尽管与责任的关系是道德义务的一部分，但很明显它不是逻辑要求观念的一部分。[③]

密尔对此有著名评论：“我们不会称一件事是错误的，除非我们认为这意味着如果一个人做了这件事，就应该以某种方式受到惩罚；如果不是通过法律，那么就是通过他的同类的意见；如果不是通过意见，那么就是通过他自己良心的谴责。”我们可能认为，人们有很强的道德理由做某件事，并且如果“他们不这样做就应该遭到厌恶或鄙视”；但是除非我们认为“谴责”或其他形式的“惩罚”是有合理保证的，也许只是内疚的感觉，我们就不会认为它是“一种道德义务”（Mill 1998：ch. 5）。当今有很多哲学家大致同意这些密尔式的情感（Adams 1999：238；Baier 1966；Brandt 1979：163—176；Gibbard 1990：42；Strorupski 1999：142）。[④] 道德义务是道德共同体的“事情”，正如库尔特·贝尔所说（1966：223）。当我们具有道德义务时，我们在道德上就不具备执行其他行为的自由；如果我们采取别的行动，道德共同体的成员就有权威认定我们的责任。因此道德义务相对于逻辑义务而言在更显著的意义

① 事实上，“借口”的观点本身不是内在于逻辑规则之中的；它必须在与包含其他规范的更广的语境下得到理解。

② 当然，我并不是说逻辑错误可以不受批评，或者否认我们有时使用诸如“谴责”这样的词，比如当老师说他不责备他的学生第一次犯某个错误时那样。

③ 关于这个观点，我再次受惠于彼得·格雷厄姆。

④ 另见尤因对两种意义的“应当”的区分，一种与规范性理由的力量有关，另一个与谴责在概念上相联系（1939：3）。我受惠于霍华德·奈提醒我这个段落。

上是对于其他人的。[①] 任何对于逻辑错误感到内疚的人都有一种将逻辑道德化的感觉。

我发展出这个主题，并且论证，任何对道德义务的特殊规范性的解释，只要没有抓住这个第二人称的元素，它就是不充分的。此外，我认为这个第二人称的方面帮助解释了为什么道德义务声称具有至高无上的权威，在更熟悉的意义上是绝对的和压倒性的。

27 后一种解释的基础是道德义务和责任之间概念上的联系，特别是义务与合理谴责之间的关联。沿着与伯纳德·威廉斯和其他人相似的道路，我认为谴责蕴含了受谴责的行动者本来有充分的理由不去做我们谴责他做的事，正如摩尔认为断言 p 蕴含了相信 p 一样（Gibbard 1990：299—300；Moore 1942：540—543；Shafer-Landau 2003：181—183；Skorupski 1999：42—43；Williams 1995：40—44）。正如断言某事却同时否认相信这件事是不可理解的一样，谴责某人做了某事却认为总的来讲他本来有充分的理由做这件事也是不可理解的。谴责和其他我们认定彼此负有责任的第二人称反应态度都不仅预设了“从道德上来讲”这个人本不应该做他所做的事，而且预设了总的来讲他不应该做这件事。假如一个人在这一刻“承认”他的内疚，但在下一刻认为他仍然有好的充分的理由这样做，我们很难认为这个人接受了他对行为负有的责任。或者用另外的方式来表达这个观点，如果有人能证明他有充分的理由如此做，那么他将会为他自己作出解释，并且由此表明对他的谴责是缺乏合理辩护的。

道德义务的范围

我应该强调，包含对等责任的道德义务观念，并不排除它的范围和

① 见 Thompson 2004。

内容可以超出自由和理性个体的需要和利益。我在本书只是说,我们在道德上负有的责任可以包括诸如对文化宝藏和荒野的保护,以及(或者)其他感性存在者的福利,这独立于它们与自由和理性人的关系。我在这里对是否如此不作评判。我所说的蕴涵了以下这点:如果我们具有这些道德义务,那么这些义务就属于我们作为自由和理性行动者有权威对彼此命令的那些事情。当然,即使我们没有道德义务,即使破坏荒野或者伤害其他物种的成员自身并不违背我们道德上负有责任的任何要求,仍然会存在有力的理由反对这些伤害。不论怎样,我所论证的是,道德义务根本上包括自由和理性个体有立场对彼此提出的要求,而 28
且我们承诺了通过第二人称观点的预设提出这些要求的立场。我们是否对更多事情在道德上负有责任,这是一个重要的问题,但不是我在这里可以处理的问题。①

当然,即使对于其他物种的道德义务可以纳入我建立的框架之中,人们也可以反驳说,我们对这些存在者负有义务的这个观点不能成立,因为它们没有第二人称能力,因而根据我的论证,没有要求任何事情的权威。但我发展的那种观点甚至在这里也可以提供回应。首先,即使我必须坚持认为道德义务与权利的概念一样,不能独立于权威性要求得到理解,对于缺乏第二人称能力的存在物负有道德义务的想法也能够通过委托人(比如道德共同体)以它们的名义要求某种对待(也可能为它们要求某些权利、补偿等等)的权威得到阐明。因而,瑟斯博士的角色老雷斯(一个自由和理性的存在者)宣称:“我代表树木发言。”(Dr. Seuss 1971)第二,由于我们发现我们对非理性存在者负有道德义务的想法是很自然的,那么很可能我们也赋予了它们一个典型的或类第二人称的个性,比如当我们把一个动物或一个婴儿的哭闹看作一种抱怨。不论怎样,我在本书中希望表明的是,使我们具有道德义务的第二人称

① 我感谢艾伦·布坎南敦促我澄清这个段落中的观点。

能力，也赋予我们作为道德共同体成员向彼此提出主张或要求的权威。道德义务的范围或内容是否扩展得更远是我在此不能考察的问题。①

确证道德义务：康德主义的计划

道德义务是否声称具有至高无上的权威是一个问题，而它们是否
29 确实如此则是另一个问题。② 确证道德声称的权威的计划对道德哲学提出了一个重大挑战。康德主义传统的一个标志是严肃对待这个挑战并尝试克服它（Darwall 1983；Gewirth 1978；Korsgaard 1996f；Nagel 1970）。但是，康德自己的策略从《道德形而上学基础》到《纯粹理性批判》发生了明显的转变。一贯的是他的"对等性论点"，即康德所认为的道德律等价于他所说的"意志自主性"："意志由此成为自身的法则的属性（独立于意志对象的任何性质）。"（Allison 1986；Kant 1996b：440）

首先，我们要考察康德在《道德形而上学基础》中如何论证。在《道德形而上学基础》第二节的末尾，康德认为道德只是"心灵的虚构"的这个观点与他的论证相一致。他相信他已经在第一节和第二节证明了道德的根本原则是绝对命令，并且道德律成立的充分必要条件是意志具有自主性的属性（对等性论点）。但到此为止他只分析了"普遍接受"的道德概念。因此，他所表明的只是当且仅当道德这件事被设想为存在时，"绝对命令，以及与此一道的意志的自主性，就是真的，而且作为一个先天原则是绝对必然的。"（1996b：445）然而，为了确证道德律，确立这个双向条件句是不够充分的，因为与道德和自主性仅仅是"虚构"这一观点相一致的只是一个分析的真理。他必须要么确定自主性真正存在或者绝对命令真正存在（因为交互性观点，二者之一就足够）。

① 我受惠于吉姆·斯泰哈尔和霍华德·奈与我讨论这个段落中的观点。

② 与此不同，我们可以说道德义务在定义上有至高无上权威，但问题就变成了我们当作道德义务的具体命令是否真的是道德义务。就我所知，这个语义的选择完全不重要。

而且他说，二者都是先验综合的论断，需要他在第三节设定的实践理性的批判。

在《道德形而上学基础》第三节，康德尝试将意志自主性作为独立的前提建立起来，并以此为基础证明绝对命令。他认为自主性是实践观点的一个必要预设——我们“除了在**自由的观念之下**行动以外别无选择”——并且（通过交互性观点）认为理性存在者在预设自主性时承认了绝对命令（道德律）（1996b：448）。当代的康德主义者，最著名的是克里斯蒂娜·科斯嘉，也经常采纳这个策略的某个版本（Hill 1985；Korsgaard 1996b，1996e，1996f）。 30

我认为任何这样的尝试都必然会失败。意志的自主性，正如康德所定义的，是独特实践性的一种自由形式，它与理论推理没有任何类似。然而，康德在《道德形而上学基础》第三节为我们必须预设实践推理中的自主性的命题提供的唯一论证是，我们必须预设在形成任何判断时理性的自由，不论是实践的或理论的。康德的观点看起来是说，如果我们将任何领域的思考或判断看作无中生有，那么我们就不能将自己看作在那个领域进行推理或作出理性判断。毫无疑问这是对的，但并不能由此推出，作为我们判断基础的理由自身，不是从我们判断的对象的特征推出的（因此，在实践慎思中，从我们的欲求和意愿对象的属性推出）。比如，当我们推论应该相信什么，至少是关于经验事实，显然我们需要把我们的思考看作对我们想要形成信念的独立对象和世界状态的回应。[①] 理论推理明显不包括与意志自主性，即意志作为“自身的法则［独立于（欲求和）意志对象的任何属性］”相类似的任何形式的自

① 不论先验观念论是否正确，这一点都成立。即使是先验观念论者，也需要区分回应对象或事态的思维（正如包含在关于世界状态即经验信念对象的日常信念形成中的思考）与其他思考。在这方面，费希特将实践自由与任何我们在“表象活动”（2000：19）中的自由——比如康德在《实践理性批判》中所做的（1996a：20）——相对照就显得重要。理论推理明显不包括与意志自主性，意志作为“自身的律法［独立于（欲求和）意志对象的任何属性］”类似的任何形式的自由（Kant 1996b：440）。

由（Kant 1996b：440）。

但是，我也不认为有必要在任何理智的实践推理中预设自主性。考虑一下假如实践推理在结构上与关于经验世界的理性信念形式相类似，它会是怎样。（我并不是说，这是实践推理的可信图景，我只是说只有它是理智的推理时才是如此，并且由于在这样的推理中可能并不预设自主性，因此它也不能成为实践视角不可或缺的预设。）朴素的理论推理者将她的经验当作独立世界状态（正确信念的对象）的证据。与此类似的"朴素"的实践推理者也可能把她的欲求以及诸如愉快痛苦这样其他形式的"实践经验"作为认识世界的形式，只是这个认识是关
31 于世界如何变好或变坏，世界应该或不应该怎样，而不是世界是怎样。[1]
对于某个具有 p 这个欲求的行动者而言，世界看起来就应该是 p 这样，好像 p 会是一件好事，因此，好像他有理由使 p 发生。关于 p 的愉快或痛苦的经验也与此类似。因而，朴素的实践推理在此基础上，将会把行动理由看作来自欲求和意志对象的特征，所以将不会预设康德意义上的自主性。

因此我认为，康德在《道德形而上学基础》中的论证失败了，事实上，任何尝试证明自主性是任何可能的实践推理不可或缺的预设的论证都必定失败。[2] 正如我所诊断的，问题在于，只有从第二人称视角出发的慎思才要求预设意志的自主性。

在康德写作《实践理性批判》的时候，他显然已经放弃了《道德形

---

① 这与丹尼斯·斯坦佩在"The Authority of Desire"中提供的图景相差不远。

② 正如我在第九章将论证的，我在这里与科斯嘉和伍德这些作者不同。他们试图仅仅通过实践理性的预设为人道公式、自主性以及相关概念提供一个可靠的重构（Korsgaard 1996b, 1996e, 1996f; Wood 1999）。正如我之后会更详细指出的，尽管科斯嘉对康德主义框架的对等性和相互责任所起到的作用表现出敏锐的触觉（Korsgaard 1996a, 1996d：301），她也相信自主性和各种形式的绝对命令是实践观点的先验预设。我相信这是错误的。在我看来，从第二人称观点之外以及在由它提供的实践理性的整体理论之内，不可能发展出这些观念。

而上学基础》中的策略，即尝试从作为任何实践推理不可或缺的预设的自主性这一先验前提出发建立道德律。在《道德形而上学基础》中，他认为除了通过我们关于某一种类理性的意识，即我们受道德律的约束，我们没有任何独立的建立自主性的方法。康德所说的“理性的事实”（1996a：31），即通过意识到我们受道德律约束而意识到我们的自由，自身预设了道德的优先性，因此不能被用来建立后者。

我认为康德放弃《道德形而上学基础》中的策略，转而认为意志自主性的意识包含对于受到特定种类理由约束，并能够按照这个理由行动的意识是正确的。也许现在我们可以略微了解一下，为什么我认为这里所要求的理由必须是第二人称的。首先，正如我在上一章提到的，任何第二人称的传达或承认都使我们承诺了人的平等尊严，后者被 32
看作平等的第二人称权威，也使我们承认了这个观念，即传达者和被传达者同样能够按照根源于这个权威的理由行动，因此这些理由不能被还原为任何结果或状态的价值（因此不能还原为任何欲求对象的任何属性）。第二人称传达因而使我们承认了这个观点，能够进入相互责任关系的行动者，必须在这个能力（第二人称的能力）中具有第二人称权威——这个权威是独立于所欲求（或可欲求）的结果或状态的理由和规范的源泉——和按照这些规范和理由行动的能力。当我们承认其他自由和理性行动者的要求时，我们事实上就遭遇了“理性的事实。”我们预设了理性存在者的平等尊严和我们按照一条“法则”或一个理由（植根于尊严的第二人称理由）行动的能力，这个法则或理由不是来自可能成为欲求对象的任何事态或结果的价值，而是最终源于作为与他者互动的自由和理性人。

其次，简单考察一下“理性事实”在康德《实践理性批判》的论证中是如何运作的。康德让我们想象一个人，他的君主命令他提供虚假证言，以使得一个应受尊敬的人被处死（1996a：30）。康德注意到，没有人可以肯定地说出在此情形下这个人将会怎么做，但是康德仍然坚持认为,任何处于这个情境下的人都会承认,他可以拒绝君主的要求,因为他会认为他应该这么做。由于我们都已经默认了道德律的权威,我们必须认为我们有能力按照道德律行动。我们不可能毫无矛盾地认为某件事是不可能的,却又从实践视角认为这是我们应该做的事。

很明显,如果承认道德义务的权威要求我们预设我们能够按照独立于我们的欲求(包括求生的欲求)约束我们的法则行动,那么我们就不能在关于道德义务的权威的论证中预设自主性。但正如我已经说过的,康德不再对这个策略感兴趣。不过,康德很明显把这个例子作为证据,不仅仅是证明任何人都必须承认他能够遵守道德义务(接受它),并且证明他能遵守一般而言的绝对命令,因为康德在我们已经讨论过的那个段落(1996a:30)之后给出了绝对命令的一个形式("你要这样行
33 动,以使得你的意志的准则总是能够同时作为颁布普遍法则时的一个原则")。[①] 并且,那是他为了表明我们必须接受意志自主性——即我们被意志的形式原则所约束——而必须已经建立的。但为什么应该如此?我们目前为此所知道的是,我们能够按照我们接受的权利的原则行动,而不考虑我们的欲求及其结果。正如理查德·普赖斯(1974)和 W.D. 罗斯(1930)这些道义论的直觉主义者相信的,这与我们说这可以用一个独立的权利事实得到解释,而不需要意志自主性是相一致的。为什么要假设在我们的道德义务背后必须存在像绝对命令这样的意志的形式原则?

然而,假如我们不仅仅考虑在康德所描述的情境下的人应该拒绝君主的命令,而且假设他将会在道德上为此负有责任。在认定他负有责任的第二人称传达中,我们将会假设他有内在动机按照道德义务去做。如果不假设他可以通过按照相关的第二人称理由行动来接受那个要求,我们就不能合理地将他作为一个道德行动者来要求。而且,如果

① 康德称作"纯粹实践理性的基本法则"(1996a:30)。

我们认为任何在那种情境下的理性人都将因此负有责任，那么我们也应该认为，使得一个理性人遵守道德义务的东西，其自身必须包含一个使他按照道德义务行动的动机来源。这个预设需要一个不是来自假设某人有做某事的规范理由，不论它们的优先性还是力量，而是一个来自道德义务中的特有的第二人称理由。它来自加里·沃森所说的“道德传达的限制”（1987：263，264）。我认为，由此可以推出，使得我们遵守道德义务的第二人称能力，必须包含构成道德义务的（第二人称）理由，以及按照这些理由行动的能力的来源。在这个预设中，我们实际上预设了意志的自主性。使得我们能够具有责任能力的意志能力，即第二人称能力，是“其自身的法则，”因为它是第二人称权威的基础。 34

绝对命令的第二人称解读

那么第二人称能力由什么构成呢？它必须由某种类似从第二人称视角向自己提出要求的能力构成，即只有当某件事与我们（或任何人）从作为相互负责的人们分享的观点出发，会对每个人（因此也会对自己）提出的要求相一致时，才选择做这件事的能力。但那只是绝对命令的第二人称版本。事实上，最自然的解读绝对命令以及像黄金法则这样同源的道德原则的方式，是第二人称的方式，即通过一个人（任何人）从道德共同体成员公开分享的视角出发能够合理地向所有人提出的要求来解读。对于道德义务而言，重要的不是一个人希望或更愿意所有人做什么，而是一个人期望别人做什么，以及我们会同意任何人能够向作为相互负责的平等的共同体成员的其他人提出的要求。因此，要求意志自主性假设的是道德义务的第二人称方面，也就是说，道德义务就是我们对彼此负有的责任。

但是，按照他人能够使得一个人成为他律而非自主性的要求行动，难道不是被他人而非自己支配吗？或者换一种方式讲，自主性如何可能由完全来自意志内部的法则构成，如果它是在第二人称互动中实现的？对这个反驳的回应是这样，当一个人因为这是道德共同体的权威命令而决定拒绝君主的要求时，道德共同体成员的第二人称视角就成为他自己的视角，正如这是其他人的视角一样。一个人从他作为自由和理性人所分享的观点出发对自己的行为提出要求。

契约论的基础

沿着我在本书中发展的线索，对第二人称观点的解释提供了一种最自然的激发道德理论中的“契约论”的方式。引用一个颇有洞见的评论者的话，契约论者将道德看作是关于“**人们是如何与彼此相处的**”
35 概念（Kumar 1999：284）。[①] 或者像斯坎伦所说的，“契约论者的理想是刻画”与他人的特定“关系”，即“相互承认”（1998：162）。道德原则在契约论者的观点看来有一种独特的作用：它们是相互尊重的中介。[②] 它们不只是告诉我们应该或必须执行哪些行为；它们也介入基本的人际关系：相互负有责任的人们之间的相互尊重。[③] 这些都是不可还原的第二人称问题。

对斯坎伦而言，解释道德权威的困难在于解释“正当和错误相对其他价值的**优先性**”，或解释正当和错误的特殊的“重要性”（1998：148，149）。在他最初形成这个立场的论文里，斯坎伦（1982）认为契约论者的道德的“动机基础”是按照可以向他人提供正当性辩护的方式行动的欲求。然而，在《我们亏欠彼此什么》中，斯坎伦偏离了他原来的观点，

---

① 比较科斯嘉的评论，按照康德主义者的观点，“道德的主题是……我们如何与彼此相联系。”（1996d：275）另见 Schapiro 2001 和 2003b。

② 正如拉胡尔·库马尔所说，它们提供“人们可以合法地期望彼此共同分享的某种考虑的理解的基础，作为人们相互尊重彼此的事情”（1999：284）。

③ 比较伊丽莎白·安德森（1999）的平等关系理论。

认为契约论的基础是，在相互承认的关系中，与他人相对的立场就其自身以及作为如友谊这样其他有价值关系的不可消除方面的“价值”和“诉求”（1998：158—168）。

这显然是一个具有吸引力的观点，但正如密尔试图诉诸“与我们的同类的联合”来解释道德的强制性——斯坎伦事实上也将他的观点与之比较，我们很难看出这个观点如何能够充分揭示道德义务的非选择性特征（Mill 1998：ch. 3）。这是斯特劳森观点的另一个例子；这个论证似乎提供了一个错误种类的理由。相反，我提出的方法可以解释，自由和理性的人们彼此提出主张和要求的立场是某种我们共同承诺的东西，只要我们更一般地采取第二人称立场，而不是仅仅将它看作我们认为友好的人际关系不可消除的方面。

后果主义的权利理论和道义论的权利理论（比如契约论）争论的一个核心议题曾经在于，是否可以为行动者相关限制（“道义论约束”） 36
提供令人满意的哲学基础（Nagel 1986；Scheffler 1982）。自摩尔以来，后果主义者认为，如果要避免比如背叛或伤害他人，那么这必须是因为背叛或伤害是一件坏事。[①] 如果它是坏事，那么不论做坏事的人是谁，它都同样糟糕。所以，比如说，如果一个行动者能够做某件相当于背叛另一个人的事情，但由此却可以防止另外两个人遭到完全类似的背叛，假设这是因为另一个可能的背叛者在看到前一个行动者的背叛行为时受到触动，因而放弃她的背叛计划，那么从道德的观点来看，这两种结果应该互相取消。一个行动者自己背叛他人这个事实对于行动者有理由这样去做没有内在的影响。不论她如何选择，世界上将最终多出一个背叛的事件。

除了作为道德尝试的一个部分以外，大家熟知行动者相关约束可

① 关于这个争论的一些历史以及辩护行动者相关约束的另一个不同建议，见 Darwall 1986a。

以从契约论或者间接后果主义的路径（比如规则功利主义）推出。[①] 如何为这些推导提供一个更深的哲学基础，这个基础自身可以确认而不削弱行动者相关约束的例子，这仍然是一个问题。比如，间接后果主义的困难在于，即使我们认为有（行动者中立的）后果主义理由，将违背常识的行动者相关的道德约束的行为称之为“错误的”，或者有理由想要人们（包括我们自己）认为他们是错的，我们仍然不清楚一个后果主义者如何能够使她自己合理地认为（同时又接受更深的行动者中立的理由）行动者们确实应该避免这些行为，假如这样做可以增加总体的行动者中立的价值。

如果契约论的基础可以建立在对第二人称观点的认可之上，那么
37 我认为这就可以为行动者中立限制提供所需的那种基础。它将确证那
些本质上关系性的理由，那些理由不关注怎样对世界是好的，或者甚至
哪种行为根据它们的内在性质应该提倡，而是关注我们如何按照主张
和要求彼此联系，这些主张和要求是我们不可避免要假设我们有权威
向彼此作为他人中间的一个自由和理性的人提出的。它将提供正确的
38 理由。

① 比如见 Kumar 1999。关于规则功利主义，见 Brandt 1979；Hooker 2000；Johnson 1991；Parfit 1984。关于（表面上）相反的观点，见 Brand-Ballard 2004。我说“表面上”，是因为布兰德—巴拉德的论证反对那种常识支持的行动者相关的道义论约束可以从契约论推出，却可能不反对其他种类的行动者相关约束有可能从中推出。

第三章

第二人称立场与第二人称理由

> 当有人说"你"的时候,我和你关系中的我也被说出了。不论是谁在说"你",他不是在说某种关于他的对象的东西……他处于关系之中。关系是相互的。我的"你"以我为依据行动,正如我以此为依据行动一样。
>
> ——马丁·布伯,《我和你》

本章的任务是阐明作为本书主要关注点的第二人称介入的特有形式——第二人称理由的传达。有很多类型的互动(包括许多涉及相互意识的互动)并不包含当一个人为另一个人提供行动理由时存在的对等承认。甚至在理由给予的集合内,基于我们的目的考虑,我们也要从两方面进一步锐化我们的关注点。首先,很多这类互动也包含非理性的影响,如恐吓、引诱等等。我们只关注从非理性因素中抽离出的纯粹的理由给予(或者作为第二人称传达的互动)。其次,在有些理由给予中,那些理由自身并非是第二人称的。我们的关注点是第二人称理由的(第二人称)传达。

一些看似对等承认的东西也会出现于非理性的情境中。例如,当两条狗彼此锁定目光,怀着戒备、渴望或敌意望着对方,这里当然存在一种形式的相互意识，即使我们不去假设狗具备通常伴随人类相互意识的一系列更高级的态度。① 但这种类型的意识还不是我们所说的第
39 二人称的。它不需要涉及任何形式的传达，更不需要把对方当作一个人来传达。两位职业拳击手从彼此眼中寻找对方动作的线索，这时他们并不是真的在彼此传达（目前为止绝对不是）。他们的思想和经验涉及第一人称和第三人称视角的结合，这种结合即使同时具备第一人称和第三人称视角，也并不等同于第二人称立场。每一方都看着对方在看着他。没有哪一方把对方当作一个"你"来联系——对于这个"你"而言，另一方也是一个"你"。用马丁·布伯的话来说，每一个"我"都是一个"我和它"，而不是一个"我和你"（1970：55）。

然而，假设有一方轻蔑地看着另一方。这在任何方面都仍然不一定是第二人称的；它不需要向另一方表达蔑视。表示（或者甚至试图表示）轻蔑的表情可能并不交流，或者甚至并不寻求交流这个情感。（比较一下朝着某人丢球——甚至朝着某个看着你向她丢球的人丢球——与丢球给她。）甚至当有人交流蔑视时，他交流的态度自身也不是第二人称的；它不表达任何第二人称的理由。与愤怒、怨恨以及其他斯特劳森式"反应态度"不同的是，轻蔑并不表达本质上包含答复请求的要求或命令。② 如果一位拳击手在回应对手的一记直拳时说道，"你打不到我"，他可能预设了在对手拳击技术问题上的权威，或者在对手是否被恰当地贬低为一名差劲的拳击手这个评价问题上的权威，或者在与这些问题相关的各种认知议题方面的权威，但他绝没有由此而预设向他

① 比如，一条狗可能热切地望着另一条狗，并且开始玩耍，以引诱另一条狗模仿它。但是即使我们可以将这些行为称为意向性的，它还是不等同于本书意义上的那种从第二人称发出的邀请。关于启发这个例子的讨论，我受惠于威尔·达尔沃。

② 关于相关讨论，见第四章和第六章。在不包含第二人称成分方面与反应态度不同的一个反应的好例子是反感（它涉及不参与，而是远离、逃出、放逐等等的欲求）。关于反感，见 Miller 1997。

的对手的意志或行为提出要求或命令的权威。[①] 40

现在我们想象一名拳击手向另一名拳击手说出或表达出某种提出了主张的东西。假设这是在1965年的重量级拳击赛中,默罕默德·阿里不断用命令式的问题来侮辱激怒弗洛伊德·帕特森:"我叫什么名字?我叫什么名字?"那么这就是我所设想的那个意义上的第二人称。这是一个用"你来告诉我啊……"这样的答案来回应的要求。问题只有向有能力和立场作出合理回应的存在者才能合理传达。[②] 这个问题明显不仅预设了提问或者甚至要求回答的规范地位,而且预设了阿里赋予自己的,要求对方通过名字承认他的权威。(你可能记得,即使阿里因为改信伊斯兰教而改了名字,帕特森依然坚持称阿里为"卡修斯·克莱"。)这使得这个例子正好位于我们关注的范围之内。当然,阿里的例子不是一个纯粹的第二人称传达的例子。他的目的也明显是工具性的,是为了挫败帕特森的锐气和羞辱帕特森,是为了摆弄和打乱他的阵脚。但甚至在这里,由于阿里认为帕特森对他无情的重击是理所应当的,他可能已经以第二人称的方式看待了他所做的一切。他可能已经想到他正在行使人与人之间的正义,要求对他作为一个人的认可。

或者考虑一下韦克菲尔德牧师的这个评论:他的女儿"早已学会看

① 当然,这种侮辱的确提出了一种他的对手需要回应的挑衅。但侮辱者不需要主张或要求对手的回应。这样一种挑衅似乎包含两个分别的方面。第一个是隐含的事实论断(因而是关于对手的信念和理论推理的主张,如果在那种情境下这看起来不算过于荒谬的话),即他将会赢得比赛,而对于对此(或对他的侮辱)则无计可施。第二个方面是对他的对手的荣誉的挑战(习俗意义上的荣誉,外人或者无关的内部人士可以拒绝,它也可以与他的道德尊严分离;关于这个区分,见第六章)。后一种意义的确有明确的第二人称维度,但甚至在这里似乎也没有针对对方行为的隐含主张或要求。最后,拳赛中双方的自愿参与确实有第二人称的方面。每一方都欢迎对手的回应(甚至是提前的回应),并放弃他可能通常具有的反对袭击的权利(而且,在现代职业拳击赛中,双方也明确放弃反对侮辱的权利)。

② 当然,向对手提出他的拳击"算不了什么"的断言,也预设了对手理解这个评论的能力,等等。

着冒昧无礼者而使其窘迫不安”（Goldsmith 1901：52）。他的陈述是否在我们意义上是第二人称的？都有可能。如果“看着冒昧无礼者而使其窘迫不安”的意思是，看着潜在的追求者的方式单纯是寻求导致更进一步熟悉的希望受挫或受打击，那么不需要有任何第二人称的东西存在。而且即使看着是一种表达形式，比如表达蔑视，那么除了关于是否相信他的女儿们单身以及她们态度的问题，或者关于冒昧搭讪她们会有多么高尚或卑鄙的问题，没有任何主张或要求得到表达。另一方面，
41 可以这么说，如果她们的脸色传达了对冒昧无礼行为的指控，那么她们的确对追求者的意志或行为提出了主张或要求。她们希望、请求，或者要求追求者放弃。并且，如果是这样，她们预设了以这种方式向追求者进行传达的权威，并且也像是从道德共同体的观点出发一样，表明追求者没有权利像他们所做的那样向她们进行传达。[1]

有大量更少戏剧性和文学性的第二人称传达的例子。克里斯蒂娜·科斯嘉提供了一个例子：一名学生出现在办公室门口，询问老师是

① 考察一下蔑视的眼神和表达怨恨或愤怒的眼神（“怒目而视”）之间的区别。后者以一种前者所没有的方式清楚地向他的对象进行传达（用答复请求）。最近的一则生动事例是意大利冰上舞蹈家芭芭拉·富萨·波利对她十二年的舞伴毛里奇奥·马尔加里奥著名的“瞪视”，这发生在2006年意大利都灵冬季奥运会，他们在冰上舞蹈比赛的“首支舞蹈”完成时，他脱手将她摔下以后。根据一则描述，“当音乐停止以后，两人在场地中央面对面站立了近一分钟，富萨·波利在发怒，她的眼神好像要焚毁马尔加里奥。”（朱丽叶·马楚尔，《在瞪视之后，一对意大利人的和好》，《纽约时报》，2006年2月21日）或者正如《圣迭戈联合论坛报》的网络版本上的“瞪视”图片下的标题所说：“芭芭拉·富萨·波利与舞伴毛里奇奥·马尔加里奥：看着我的眼睛，告诉我你怎么会摔下我。”（http://www.signonsandiego.com/sports/olympics/20060220-9999-lz1x20falls.html）然而，假设富萨·波利在摔倒之后轻蔑地转动她的眼珠，并带着反感的表情滑走。在那种情况下，任何表达性的传达都很可能被八卦专家们抓住。正如马楚尔生动地描写的，第二天晚上事情有所好转，“当观众肃静时……他们……带着激情和决心干净利落地表演。当他们的节目表演完后，富萨·波利屈膝跪下。看起来更强壮的马尔加里奥站在她上方，将手放在她臀部。当她站起以后，他们拥抱在一起。他们拥抱彼此，然后他将她举起，转圈。她亲吻他的面颊。他也不断亲吻她。最后，他们完成了八次，但是他们再次交谈起来。观众们看着奥运会上最公开的亲吻与和好，开始欢呼：‘意大利！’”

否有时间谈话（1996e：141）。① 这位学生可能没有假定他在老师的时间安排上具有任何主张，除了考虑她的请求所需的时间之外。但是她的确预设了这种主张，以及人们在提出请求或问题时会预设的其他东西。她将自己传达给作为一个独立的人的你，在这个例子里，你是作为一个与她处于某种教学关系的人。并且她预设，你和她能一致赞同所有这些预设。 42

这些传达的形式与我们对待宠物猫的方式之间有重要区别。在后者里面当然能够存在第二人称的表相。我们对我们的猫说话、表达情感，而不单纯是朝着它们说话、表达情感。不过，尽管我们当然会训练它们，我们却不会对它们施加主张，也不会认为我们的宠物可以负责任，就像我们对彼此所做的那样。所以我们不需要预设，也不需要对等承认我们（和它们）具有施加主张和认定责任所需要的能力，比如承认我们各自具有我们各自能够进入的独立视角。② 诚然，当我看着我的猫的眼睛时，我不能逃避这种感觉——它也在以某种人的方式看着我的眼睛，我也不能摆脱这种希望——它不是以"这是那个喂养我或将我当作宠物的人"的方式看着我。但是我发现，这个想法是不可能成立的，即它能够以想象的方式进入我的观点，或者认可我是一个具有独立视角的存在。③ 但这正是阿里、牧师的女儿们以及那位学生的传达预设的。

---

① 如我此前提到的，这只是科斯嘉表现出对道德思想和互动的第二人称方式的清楚意识的其中一处，正如我将会指出的。科斯嘉和我的不同在于，在解释分析道德义务的权威方面第二人称观点的作用有多重要。这一点在第七章和第十章会更清楚。

② 这与以下这点不冲突：如果我们对待动物时比通常包含更多相互责任，那么总体来讲动物会得到更好的对待。关于这点，见维基·赫恩的精彩著作《亚当的任务：用名字称呼动物》（1986）。这里我受惠于伊丽莎白·安德森。

③ 可能有些如下的间接证据。处于压力下的人们（在计时心算测验中并将一只手浸入冷水），在他们的宠物面前，比在他们的配偶面前时有更低的脉率、收缩和扩张血压。这有可能是部分因为我们更少感到被其他动物评价吗？见 Allen, Blascovich, and Mendes 2001。当然，我不需要对是否有其他物种能够采取第二人称观点这个问题发表看法。

移情作用和亚当·斯密论交换

这引出了**移情**对于第二人称观点的中心地位。我们会在第七章用更多细节考察这点，但是现在将一些主要的要素展现在我们面前将会有所帮助。当我把他人看作一个“你”的时候，我将她看作具有与我对等的同样关系。我将她当作与我发生对等联系的人来联系。这包含了什么？它部分地包含了一系列丰富的高阶态度：我意识到她对我的意识，意识到她意识到我意识到她的意识，意识到她意识到我意识到她意识到我的意识，等等。[①] 这仍然不是第二人称参与的全部，因为正如
43 我们已经看到的，非第二人称的相互意识可以具有类似的结构。不论位于哪一层级，所有这些意识都可能是非第二人称的，而且如果它们是非第二人称的，它们就不等同于第二人称意识，不论我们把它们堆得多高。关键的区别在于，我和她必须相互意识到我们的第二人称**联系**。我们必须对彼此具有第二人称的视角。我必须能够将她看作对我的传达有（或多或少理性的）回应的，而她也将我的传达看作对他的理智的回应或传达。

这是将我们相应的视角带入互动的东西，并且它要求我们能够占据彼此的视角。我必须能够从他人的观点将他对我的传达的回应看作是或多或少理性的。我必须能够通过她的眼睛看见我的传达。与此类似，为了使她能够理解我的传达，她必须将它看作某种从我的视角看来合理的东西。为了生动地看出这点，我们考察一个传达失败的例子。一个人问：“你有时间吗？”[②] 另一个人回答：“对不起，我正在做别的事情。”第一个人如何解读这一回答？让我们假定，她不需要回忆就知道她想要表达的意思：“你知道现在是几点吗？”但是为了了解另一个人

---

① 这里我从 Vranas 2001 得到了帮助。

② 原文是“Do you have the time?”除了“你有时间吗？”还有“你知道现在是几点吗？”的意思。——译注

所想的她表达的意思，她需要记住她说过什么，并且从另一个人的观点出发考虑他可能如何解读她的话。当她回想起她说的话——不是把它们说出来，而是从她的听者的视角——她就了解她的对话者必定是这么理解她的意思："你现在是否有时间和我一起或帮我做某件事（这会比告诉我几点要花更长时间）？"[1]

因此第二人称性要求移情或者将自己置于他人立场的能力。通过想象进入他人立场的投射，或者像它有时被称作的"模拟"那样，不是"移情"所能指称的唯一对象。[2] 作者们频繁使用"移情"来指称包含模拟和其他移情形式（比如情绪感染和共享情感）的各种现象这一事实，
使得事情进一步被混淆。[3] 我倾向用"同情"来指不是完全从他人的观 44
点，而是从我们关心他人的第三人称视角感受到的对他人的关注情感，而用"移情"来指想象地进入他人立场或通过感染他人情感产生的情感。[4] 第二人称互动要求模拟或想象地投射到他人观点这种意义上的移情（应该注意到，同时要保留对我们自己独立视角的意识）。[5]

很多哲学家已经论证过，移情（模拟）相当普遍地包含在将心灵状态赋予他人的过程中（Goldman 1989，1992；Gordon 1986，1992）。[6] 关于这个假设似乎有一些令人印象深刻的实验证据。在一个实验中，阿

---

① 这里有一个更令人印象深刻的例子。最近在我参加一个公路赛跑时，我看到一个穿着空军学院橄榄球队汗衫的人在为跑步者加油。我想起来我前一晚睡得太早，没来得及看我感兴趣的空军学院队和圣母队的橄榄球比赛的比分。我在跑过这个人的时候喊道："谁赢了？"他毫不犹豫地回答："圣母队。"如果我的对话者没有将自己置于我的视角，他最自然的解读会是："谁赢了跑步比赛？"（跑得更快的选手已经完成了比赛。）

② 关于模拟在心灵哲学中相关性的一些有趣论文，见 Davies and Stone 1995；Goldman 1989，1992；Gordon 1986，1992。

③ 例如，斯密（1982b）和休谟（1978）用"移情"分别首先指的是模拟（或者从模拟得到的同类情感）和情绪感染。

④ 我在 Darwall 1998 中讨论了不同形式的移情和同情。

⑤ 关于这最后一个要素的特殊重要性，以及更一般地移情的道德重要性，见 Deigh 1995。

⑥ 另见 Kögler and Stueber 2000 中的文章。

莫斯·特维尔斯基为实验对象讲了这个故事：

> 克雷恩先生和蒂斯先生预约了同时从机场起飞的不同航班。他们乘同一辆巴士从城里出发，遇上堵车，比预订的航班起飞时间晚了三十分钟到达机场。格雷恩先生被告知他的航班准时起飞了。蒂斯先生被告知，他的那班飞机延误了，但是在五分钟前刚起飞。请问他们谁更生气？（Kahneman and Tversky 1982）

如果你和特维尔斯基 96% 的受试者一样，你大概会立刻说蒂斯先生比格雷恩先生更生气。你如何确定这点？阿尔文·戈德曼（1989）论证说，以下情况是不太可能的，即我们全都掌握一些常识理论，而这些理论在一个我们可以应用于当下例子的一般论述上有交集，或者我们全都有意识地设想我们自己在过去是什么感受，并通过类比推理。看起来更有可能的是，你只是无意识地分别投射进入蒂斯和格雷恩的情形，并通过想象模拟“站在他们的角度”的情感。如果这是正确的，
45 那么（至少有一种重要的）将信念和情感赋予他人的能力，与以第二人称方式彼此介入的能力是紧密相连的。

亚当·斯密（他的《道德情操论》是对移情在人类思想和实践中地位的最完备和细致的解释）大体上同意模拟论者的论断。斯密说，把握“其他人感受”的唯一方式是通过“设想我们自己在同样情形下应该会有什么感受……尽管我们的兄弟在受折磨，但只要我们自己还是安逸自在，我们的感官就永远不会告诉我们他在受怎样的折磨”（1982b：9）。斯密将他关于移情普遍存在的洞察，与对某些独特道德现象（具体说来是正义、相互责任、尊重和尊严的道德现象）深刻的第二人称特征的敏锐认识相结合不是偶然的；这些道德现象的第二人称特征在本书后面

多处得到了证明。[①] 的确，将斯密看作讨论“第二人称”的最早的哲学家之一（如果不是第一个的话）是不会有大错的。

举例来说，《国富论》几乎一开始就讨论斯密称作“交换”的第二人称互动的特殊形式的人类能力及其与相互尊重的关系。[②] 斯密说，当其他动物需要帮助时，他们没有其他“说服的方式，只有从（他们）需要其帮助的那些人那里获得帮助这种方式……小狗向母狗摇尾乞怜，而猎犬努力通过一千种吸引方式获取它主人的注意。”（1976：25）博取同情和讨好不要求第二人称传达的能力或移情的能力。这些是非第二人称的回应，能够以第三人称方式试探和引出。回想一下我们最初的例子——让某人对你和你疼痛的脚产生同情。他人的同情的关心不需要回应任何由你表达的东西，也不需要回应任何要求他人给予你在第二 46
人称关系中的立场。[③]

当然，我们人类的确经常依赖于彼此的同情。通常这是好事，甚至是值得欲求的。“但是一个人几乎一直会遇到需要他的同胞帮助的情形，对他而言仅仅寄希望于通过他们的善心来获得帮助是无用的。”（Smith 1976：25）基于人类生活的不可预测，我们通常不能期望他人以这种方式照顾我们。此外，试图获得他人帮助可能会将我们暴露于屈从于他人的风险之下。通过“曲意奉承获得关照”，我们可能将自己

① 特别是在第七章。艾玛·罗思柴尔德已经向我指出了斯密著作中关于承认的重要性的很多其他例子。斯密写道：“这个世界的艰难和忙乱的目的”是“被观察到、被照料和被注意到。”（1982b：50）穷人的凄凉命运是他“走出去但无人理睬”，是“处于人们视线之外”和“没有被任何人观察和关注到”（Smith 1976：795）。罗思柴尔德注意到，斯密在《道德情操论》中使用了八十四次“其他人”这个短语。根据 InteLex 哲学文本数据库（http://www.nlx.com），它在《国富论》中出现了四十三次，而在比如休谟的《人性论》、《人类理解研究》、《自然宗教对话录》和《道德、政治和文学论文集》这些著作中一共出现不超过五次。

② 关于强调这个主题的对斯密的解读，见 Fleischacker 2004a，2004b；Rothschild 2001。

③ 再一次，这是 Darwall 2002b 的一个主题。

置于他人的怜悯之下，容易遭到他们的贬低，如果不是受到他们支配的话。① 斯密相信，令人高兴的是，自然已经赋予人类更有尊严的选择："交易、贸易和交换的一般倾向。"（25）在斯密看来，自由交换包含了预设一种形式的相互尊重的第二人称传达。

我们熟悉这个斯密式的观点：在一个经济良好运行的社会，富人和穷人同样通过作为互惠交换的正式和非正式的市场获取他们的需要和欲望。"我们不期望从屠夫、裁缝或者面包师处收获善心，而是从他们对自己利益的关注中得到我们的晚餐。"（Smith 1976：25）但是尽管它的作用动机是自我利益，没有第二人称规范基础的预设，交换是不可能的。为什么其他动物不能进行交易？他说，"没有人见过一条狗用一根骨头与另一条狗公平和有意地交换另一根骨头。没有人见过一个动物通过手势和叫声告诉另一个动物，这是我的，那是你的；我愿意用这个交换那个。"（25）斯密显然认为，交换是双方承诺了各种规范性预设的一种互动，比如，预设了交换是通过自由的相互同意进行的，预设了双方都不会直接拿走他人拥有的东西，等等。双方必须假定另一方在公平交易，不是在交易的东西具有公平价值这个意义上（自担风险——自
47 我利益和协议进行调节），而是在双方诚实交易、提供的货物会实际送达，双方可以自由拒绝交易和离开时不受强制，双方不会试图通过强制手段重新获取他自由卖出的东西等等这些意义上。

因此交换包含对管理交换双方的规范的对等承认，并预设双方相互负有责任，具有抱怨、拒绝强制等等的平等权威。因此，为了参与交换，我们必须能够具备必需的对等承认，而这要求移情。为了估量对方是否在真心诚意交易，每一方都必须尝试确定：对方是否在试图确定我

① 重要的一点是，支配和服从有某种第二人称的表相和感觉，但它们不预设法理上的权威。他们甚至不预设事实上的权威。那会要求交流将自己呈现为具有合法权威的，不论它实际上是否具有，而支配没有这个要求。这更像一个说"你能怎么样？"的职业拳击手的位置。

们是否在诚信交易，对方是否在试图确定我们是否在试图确定对方是否在诚信交易，以此类推。所有这些都要求双方能够靠想象将他们自己置于他人的观点，并且对比我们认为从那个视角出发合理的回应与我们从第三人称理解的对方的实际回应。[①] 所以这要求的不仅仅有移情，正如我们将会看到的，还有通过从第二人称观点能够理解的主张、要求和规范控制的交换双方。[②] 48

驱使与指导

在第七章我们会回到移情与第二人称思想和对话的关系。我们现在转向人际影响的理性形式和非理性形式之间的差别。正如我们所定义的，第二人称传达就其本质是理由给出（由于它试图给出的特定种类的理由而得到进一步区别）。那么为了恰当地集中于第二人称理由给出，我们必须记住 W.D. 福尔克关于"驱使"和"指导"（1953）之间的

① 值得指出的是，斯密对财产制度及其民事保护的历史解释，与交易和财产预设第二人称基础结构这一想法没有冲突。虽然你我甚至在谈判交易时都得预设没清楚明白的对等地位，我们仍然面临确定的相互保证和期望的问题，这些问题只有已确立的正式实践和制度能够解决。在第八章，我会考察这个观点和休谟的论点（正义的财产和承诺实践单纯通过互惠的习俗就能策略性地产生）之间的根本区别。在第七章，我会考察使得这种合作成为可能的第二人称人类心理机制。关于斯密在财产制度的历史发展方面的观点，见 Smith 1976：715 和 1982b。这里我受惠于与查尔斯·格里斯沃尔德的讨论。

② 在《论外部感官》中，斯密将移情与我们和其他动物互动中的尊重联系起来："当他把手放在另一个人或另一个任何动物的身体上，虽然他知道，或者至少可以知道，就像他感觉到他们的身体一样，他们也会同样感觉到他的手的压力；但是，因为这个感觉完全是外在于他的，他通常不会注意到它，从来不会在同类情感要求他去做的之外更进一步关注它——大自然出于它最明智的目的，已经将这种同类情感植入人心，这种情感不只是针对所有其他人类，而且是针对所有其他动物（虽然毫无疑问在程度上弱得多）。大自然指定他作为这个小小世界的支配者，似乎一直以来是出于她的仁慈心而赋予他某种程度的尊重能力，甚至对最低劣最弱小的动物也有所尊重。"（1995）关于这段引言我受惠于艾瑞克·施利塞尔。

区分。[①] 由于我已经指出的事实(甚至纯粹的第二人称理由传达也具有纯粹建议中缺少的指导性要素),我们的任务变得复杂了。按照我的理解,第二人称传达对被传达者的意志(与建议类似,不仅仅是对她关于她有理由做什么事情的信念)提出了一个主张。它假定的不只是按照建议的方式告诉另一人可以做什么,而且是以某种方式或在某种程度上告诉这个人要去做它。不过,本书的一个核心主题(而且是关于费希特观点和普芬多夫观点的反思)是这种指导性的主张和要求与强制和其他驱使有根本的不同。第二人称传达寻求通过一个人的自由选择,并以承认她作为一个自由和理性行动者的方式来指导她。

区分位于极端的理性影响和非理性影响相对容易。一篇向大众宣读的道德论文,目标是通过理性论证冷静地说服它的读者接受它的起因的正义性,这显然是试图指导而非驱使。[②] 一个恶霸用威胁的神情提出挑衅,这明显是驱使而非指导。但是有很多介于中间的例子不是那么清楚。比如一份不受欢迎的提议,因为双方都知道被提议者不能根据他更好的判断拒绝提议,是驱使还是指导呢?即使提议一般而言是提供指导,这一份提议也许可以被合理地当作驱使。提议的恰当条
49 件包括被提议者在双方假设他可以和能够拒绝的意义上拥有拒绝的自由。一份被提议者只能接受的提议只有指导的表相,但"深层结构"是驱使。

然而,假设提议是受欢迎的,但提议者试图通过与接受提议的理由只有偶然联系的影响形式来诱使对方接受。比如,推销员很早就学会,慢慢进入在相互意识范围内起作用的个人关系,通常是比详细描述产品特征更有效的策略。魅惑、哄骗、幽默、眩惑和恫吓都以非理性地说

① 福尔克的区分是回应情感主义者和规范主义者的元伦理理论,他认为这些理论对这个区分不够敏感,将指导变得过分等同于驱使。

② 即使它提出第二人称要求,这也是指导。比较康德在《什么是启蒙》中对理性的公共使用的论述(Kant 1996f:17—22)。

服而非优先提出理由为目标。有一些理由(例如,经历某种经验会是怎么样)我们只能通过想象的参与的形式理解,这会改变我们通常看事物的方式,比如,通过一部令人震撼的电影或小说,或者如休谟所说,“通过对事例的生动描述”(1985a:230)。

使用威胁的强制通常被认为是驱使,但它值得我们停下来考察一下为什么应该是这样。首先,我们必须区分“理性”的强制和真正的暴力或恐吓。后者试图绕过或削弱理性过程,而理性强制不采取这种方式。当某人以非胁迫的方式提出威胁,比如他说“我感觉必须告诉你,如果你做A,那么X、Y和Z这些恶就会发生”,可以说她可能正确地假设了,这为那位被强制的行动者提供了一个真正的理由,行动者可以理解这个理由并据此行动。所以为什么威胁不是指导而是驱使?很明显,如果有另一个人单纯是要将威胁告知行动者,他真心相信这是一个默认的理由,那么这就是指导而非驱使。为什么当威胁由威胁者说出时,甚至是以“非威胁的方式”,它就变成了驱使?

当某人单纯告知另一个人,如果他做某件事灾祸就会降临在他身上时,即使是她本人会引起灾祸,这里给出的理由也不是独特地第二人称的。它不需要能够被传达就能存在,它也不需要被传达就能被某人具有。我可以安排某人认识到我做X、Y和Z的意图,假如他不以不包含任何形式的交流的方式做A(我可能会让他读到我的日记)。

当然,威胁不单纯是告知。威胁为什么是驱使的理由可能是,在 50
威胁是否提出或实施取决于威胁者这个意义上,它们创造了一个理由。这的确没错,但是在很多例子里面,一个人在给另一个人理由时创造了一个理由,但这并不因此使得威胁成为驱使而非指导。当你点一份火腿荷包蛋松饼时,你为服务员提供了一个为你送上它的理由,这个理由在你提出请求之前不存在。但是这时你是在指导,而非驱使。区别在于,在这个例子里你和服务员都接受背景的权威关系,这些关系赋予你点餐的立场,并因而为他创造出以这种方式行动的理由。这些对于纯粹的威胁都不成立，当然，尽管对于有相互接受的法律、习俗或道德支持的某些有时称作“威胁”的东西是成立的。如果老师“威胁”要突击考试，除非她的学生更刻苦阅读布置的内容，并且所有人都同意这完全在她权威之内，那么她就不是单纯在驱使她的学生——她为他们提供了一个学习的进一步理由。她所做的其实不是在强迫或驱使意义上的威胁；她让他们知道，她有权威实施惩罚。

在我看来，使“理性”威胁的强迫成为驱使而非指导的，是它企图以合法主张或要求所使用的第二人称方式创造理由，但缺乏对威胁的“惩罚”恰当的规范性支持，因此只提供了责任关系的表相。这就好像他们用被授权的惩罚的警告，替代可靠威胁中的权力的尝试，使他们的驱使成为第二人称的指导。实际上，威胁或其他形式的强迫或操纵，时常伴随着关于得到辩护的权威的自我放纵的合理化的幻象。独裁者和虐待者经常通过想象他们的原因的正当性来安慰自己。或者他们可能在为他们的“权威”的自我服务的合理化和单纯纯粹的威胁之间摇摆。[1]

然而，假设某人具有实施某种惩罚的权威。回到我们早先的例子，假设你有权威将另一个人的脚从你的脚上坚决然而温柔地抬起，如果他拒绝自觉挪开他的脚。假设你告知他这点，让他知道，如果他不挪开
51 他的脚，你就会替他挪开。如果你有这个权威，那么不论你的要求是如何命令的口气，这个威胁性的通知都不等同于强迫。然而，如果你是威胁要坚决而温柔地将他的脚从公共人行道上你最喜欢的一个部分挪开，那么这就是强迫，因为你没有权威要求他那么做。在我看来，强迫和告知“一场灾祸”会“公正地降临（到某人头上）”之间的区别，只有在第二人称概念循环内，并最终从第二人称观点出发才能做出（Pufendorf 1934：91）。[2]

① 见第六章关于斯大林的讨论。

② 另见 Nozick 1969。

语言行为和恰当条件

在下一节，我们会简要考察第二人称的理论推理（为信念提供理由），这是为理解第二人称实践理由的特殊特征所必需的某些重要对比做准备。不过在此之前，将语言行为——我们对此已经隐含地假设了——的奥斯丁式的分析框架更明确地呈现在我们面前，这是有帮助的。这对于理解第二人称实践理由特别相关。不过，在下一节会更清楚，如果我们要把握我们如何提出信念的理由，以及并非特有的第二人称的实践理由，这也是必要的。

奥斯丁（1975）关注的是，语言的习俗特征如何使得人们在使用一个句子时进行多种多样的“语言行为”成为可能——命名一艘船、宣布一对新人结婚、提出警告、下赌注等等。奥斯丁从三个维度分析语言行为：（1）言内行为（the locutionary，表达的语义内容），（2）言外行为（the illocutionary，行动者在表达一个句子的同时所做的事情），（3）言后行为（the perlocutionary，表达一个句子产生的进一步影响）。因此，“这个地区有只狮子跑出来了”，可以同时表达有关“美洲狮”出现的语义内容（言内行为），构成一个警告（言外行为），并且救了那些听到它的人的性命（言后行为）。

言外行为总是包含传达的要素，即使只是针对大范围的听众，这通过考察奥斯丁的范畴可以得出。奥斯丁列举了以下种类：“裁定”（“verdictives”，司法审判和其他官方的裁决），“决定”（“exercitives”，
权威的其他运用，比如投票或提出主张），“承诺”（“commissives”，使说 52
话者作出承诺，就像诺言或契约），“态度”（“behabitives”，对行为或事件的第二人称反应，比如谴责、感谢或道歉），“解释”（“expositives”，传达的“阐明行为”，比如肯定或否定）（1975：150—163）。我们首要关

注的是**决定**、**态度**和**承诺**、引出和关联的独特的第二人称理由。[①] 但是，下一节我们集中于**理论的**（非第二人称）理由给出中包含的**解释**。

奥斯丁认为所有类型的言外行为都有“恰当”条件：为了使行动者成功做出一种特定的（习俗定义的）言外行为（例如为了使一个语言行为成为一个警告或命令）而必须为真的条件，或者为了使行为（在习俗上来讲）被恰当完成而必须为真的条件。奥斯丁说，当第一种条件没有得到满足时，行为就会“失败”；那种特定的行为没有发生。当第一种条件得到满足，但第二种条件没有满足时，他说言后行为就被“滥用”了。相应种类的行为被完成，但是没有恰当地完成（1975：18）。再一次，“恰当”在这里应该理解为习俗的而非规范性的。位于一种习俗之外的人，可能发现一种现行的习俗是完全错误的，但同时可以正确地将一个行为判断为习俗上恰当的。（在这个例子里，虽然外来者必须同意，奥斯丁式的（习俗的）恰当条件得到了满足，她可以否认“规范性恰当条件”得到了满足——她认为，由此还没有传达真正的规范理由。）

> 以下是第一种恰当条件中两个特别相关的条件：
>
> （1）必须存在一个被接受的，具有一定习俗作用的习俗程序，这个程序包括特定的人在特定环境对特定词语的运用。
>
> （2）在给定情境中的特定的人和环境，对于所诉诸的特定程序的运行必须是恰当的。

奥斯丁所说的习俗程序，是指某种具有充分广泛的事实上的权威
53 的东西。假设一个人试图用古语（“My seconds will call on you”）来向另一个人发出决斗的挑战。正如奥斯丁注意到的，这在较远的年代会等同于挑战，但是因为现在大多数人拒绝决斗，以及与此相关联的程序

① 虽然言外行为是由习俗定义的，而非规范性地定义的，但它们通常仍然试图传达真正的规范理由。

和荣誉准则，现在我们有可能对这种挑衅不屑一顾，把它看作荒谬的（虽然众所周知，在某些情境下并非如此）（27）。因为作为先决条件的事实上的权威不存在，试图提出的挑战就“失败”了。然而，当准则被充分广泛地接受时，这就有所不同。当足够多的人接受，被挑战的人有义务接受挑战，否则就会名誉扫地，并且当足够多的人承认这种语言形式，那么只要其他条件成立，使用这些词语通常就足以提出挑战并由此创造一个要求回应的义务，至少从习俗上来讲是如此。你不能从“是”得到“应当”，因此再一次，这里的想法不是说，任何真正的（法理上的）义务来自于挑战的存在。相反，这里的观点是，只有当足够多的接受被挑战的人有（事实上的）义务回应，挑战自身才能在奥斯丁的事实的习俗意义上存在。

此外，有一些其他条件，虽然对于完成相关的言外行为不是必要的，但是另一方面对于相关语言行为不被“滥用”，因而不变得令人不愉快是必要的。这些条件要求对实践的参与在多种方面是真正的和真诚的。[1] 奥斯丁的滥用的例子包括不真诚的诺言、祝贺和建议（40—47）。如果我作出承诺，但没有遵守的意图，那么只要其他恰当条件得到满足，我就作出了承诺，但是这么做的同时我违背了我的承诺自身预设的规范。与此类似，如果一个人向另一个人挑战，但是不接受构成决斗实践的荣誉和“尊重”规范，也没有意图遵守这些规范，他就是在以“滥用”的方式提出挑战。

奥斯丁的框架能够应用于一个人试图为另一个人提供做某件事的（规范性）理由的语言行为。举例来说，有一些（用非第二人称理由）给出建议的规范，建议者和聆听建议者在相应地提出和接受建议时隐含地预设了这些规范。即使有人事实上不接受这些规范，如果这个人将自己表现为在提出建议，另一个人就有权利假设这个人接受了规范，或

① 这些条件是奥斯丁的 Γ.1 和 Γ.2（1975：15）。

54 者至少这个人将会按规范行为，就像接受了规范一样。此外，这些规范也为其他人在规范被违背时提出责难提供了基础。如果最后发现我的“建议”是纯粹为自己服务的，你就有根据抱怨。与此类似，当一个人试图通过命令、主张、请求或其他方式为另一个人提供一个第二人称理由，她就预设了双方都接受奠定这些理由基础的规范和传达这些理由的立场。

传达信念理由

关于为信念和行动相互提供理由，菲利普·佩蒂特和迈克尔·史密斯（1996）已经一般地为这些论断的一个版本提出了论证（另见Bohman 2000）。[①] 在他们看来，我们总是接受“对话的立场”，只要当我们向彼此严肃地表达关于相信或做事的理由的观点时，它就带有重要的假设。佩蒂特和史密斯没有将第二人称理由的传达作为特殊情况来讨论。因此，考察一下他们的讨论是有帮助的——这是因为它指明了对等承认在关于相信什么和做什么的所有严肃对话中的作用，同时也是为了提供对照的背景，在此背景下可以把握对等承认和第二人称实践理由之间的特定联系。

佩蒂特和史密斯说，“对话是一种手段，由此我们承认他人，并寻求他人的承认。”（1996：430）在严肃的“理智对话中”，人们“授予他们的对话者权威，与此相应也假定他们的授权”（430，432）。当议题是相信什么时，双方共同假定，“他们都是值得听取的权威”，当他们意见不同时，“重新审查共有的证据通常能够显示谁是错的并由此达成一致。”（430—431）这里的观点不是说，为了值得参与严肃讨论，严肃的协同研究的参与者必须相信对方是可信的或明智的，或者甚至是理智上具

① 关于断言的第二人称特征的一个类似观点隐含在 Dummett 1990 中关于真理的观点背后。这里我受惠于 Rumfitt forthcoming。

有充分能力的。相反，真诚的讨论必须在对方是有能力的理论推理者这个假设之上进行。否则，与她进行的关于相信什么的真正讨论就其自身就完全不可理解。 55

具体来说，佩蒂特和史密斯认为，占据“对话立场”的每一个参与者都必须假设：（1）存在规定各自应该相信什么的规范，（2）每一个参与者都能够了解这些规范，（3）每一个参与者都能够通过这些规范指导她的信念（1996：433）。再一次，这里的观点是，只有当相互给出理由被预设了，它自身才能得到理解。只有我们假设对方是有能力的推理者，并假设她接受信念规范及其指导，为了确定相信什么这一目的参与讨论才是可以理解的。当然，可能存在进入表面上是真正互动型探究的对话的各种外在理由，这种探究不要求这一假设。或者我们可以按某种其他方式将与他人的“讨论”作为证据（比如“我总是相信与他所说的相反的东西”）。

这是一个比关于语言行为的一般奥斯丁式的观点更强的论断。举例来说，一个建议者必须一般地假设，接受建议者具有规范性指导的充分能力，以遵从她的建议。但这并不使建议者假定被建议者能够为自己提供建议，或者参与一场关于要做什么的真正互动的对话。即便不是所有理论和实践的理由给出都预设严肃对话具有的作为“入场券”的对等权威，我仍然认为，传达独特的第二人称实践理由，总是预设传达者和被传达者作为自由理性行动者同样具有的一种共同权威。我断言，就它作为第二人称理由实际存在和通过传达被给出的必要条件而言，坚持这一假设是任何第二人称传达的一个“规范性恰当条件”。

不过，在这一节，我们的目的是理解理论理由给出的预设，以便我们能够将它们与传达第二人称理由的预设相对照。因此，需要对信念作出一些说明。就其本质而言，信念是对独立的事实序列的反映，它的目标是以相信者中立的方式表象事实序列。信念受到独立真理的调节（Shah 2003；Shah and Velleman forthcoming）。举例来说，与假设 p 不同的是，当 p 为假时信念 p 就是错误的，虽然一个假设的命题与一个被相信的命题一样错误。当然，人们具有什么理由相信世界上的事情，在很多方面取决于他们在与世界关系中所处的位置。但最终，他们的理
56 由必须建立在独立于他们立场的某些东西之上，即相信者中立的东西之上。我们的信念不过就是从我们的视角（愿意）看起来的世界的样子（包括我们在其中的位置）；我们所应该相信的最终取决于世界真实的情况。

这对于我们在向彼此传达信念理由时必须假设什么有重要的影响。正如最近关于证言的讨论已经引出的，在一些例子里，信念的理由至少表面上是第二人称的（Burge 1993；Coady 1992；Foley 1994；Hinchman 2000；Moran 2005）。我们不仅仅能通过指出证据，也能单纯通过告诉你事实如此，来为你提供一个相信某件事的理由。当你因为这个原因相信某件事时，你就赋予那个你相信其证言的人一种在你自己关于相信什么的推理中的第二人称权威。但是这个权威不是彻底的第二人称的。它最终依赖并可以受挫于认知权威。如果你开始相信某人的证言是完全不可靠的，你就不再赋予他在关于相信什么的严肃对话中的第二人称权威。

因此，只有我们认为他具有某种认知权威，或者至少，只有我们不认为他不具有任何认知权威时，这个人才能够传达信念理由。即使我们不可避免作出这样一个假设，按戴维森式的方式将他理解为有头脑的，但正如我们必须假设的，使他获得为我们提供理由的立场的是与事实的假定关系。假如我们相信他的话与事情的真实情况之间只有随机的联系，他就不能为我们提供任何关于信念的理由，如果我们还能够认为他在说些什么的话。正如我此前指出的，这与传达第二人称实践理由的权威相反。虽然知识和智慧，甚至是关于实践事务的知识和智慧，有时是赋予某人某种对于行为的第二人称权威的基础，但这种权威不是由这个基础构成的。有某些种类的第二人称权威，大概是人们自身

的第二人称权威,要求相对较少的认知权威。

传达第二人称实践理由

佩蒂特和史密斯讨论了实践理由的相互提出,似乎它与对等的理论推理完全类似。佩蒂特和史密斯论证说,正如关于相信什么的对话者们互相承认信念的规范,他们被规范指导的能力,以及他们在这些规范基础上传达理由的立场一样,参与关于要做什么的严肃对话的个体, 57
同样也让自己做出关于欲求和行动规范的类似假设,他们根据这些规范引导自己的能力,以及他们在这些规范基础上提出理由的立场。

如果实践理由给出与理论理由给出完全类似,那么我们应该期望前者包含的所有权威也在根本上是认知的,尽管它们是关于欲求和做事的理由。即使行动者的问题是要做什么而不是要相信什么,我们可以恰当地认为,只有当一个人具有关于另一个人的行动理由——这些理由的存在除了在一些神秘的情况下,是独立于她将这些理由提供给他,或者甚至独立于她这么做的能力的——的知识或合理信念时,她才有立场为后者提供实践理由。因此,她可以因为她可以了解某些独立于它们关系存在的东西,即我们应该做什么的关系独立的事实,而获得在理由给出关系中的立场。

这个模型对实践理由的某些形式的解释足够好,具体说来,只要理由给予关系是建议关系时。[①] 建议者意图为他们的被建议者提供独立于建议关系或独立于他们在此关系中具有地位的能力的理由。然而,这幅图画对于本书主要关注的对象,即特殊的第二人称的实践理由是有误导性的。回想一下我们熟悉的例子。通过展示你明显的痛苦博取某人的同情,准确说来不是提供建议,但它与建议相像,与理论理由提

① 甚至在关于第二人称理由的建议的例子里,虽然理由的存在与它们能够在提出第二人称主张和要求时被传达不是独立的,它却独立于建议者的认知权威和知识。

出相像，因为他看到的理由独立于你可能具有的将理由给他的任何立场。[1]

然而，如果你提出让他挪开脚的要求，你就开启了一段对等承认的关系，并预设了你认为你提出的理由建立于其上的权威。而且你隐
58 含地赋予你的听者以考虑你的请求或要求并据此行动的能力，在这个例子里，你也承认他具有在相关方面类似的情形下反过来向你提出类似理由的权威。与你可能在建议时会给出的关于信念的理由和实践理由不同的是，这种类型的理由就其本质而言是第二人称的。[2] 它们的存在依赖于它们能够在人与人之间被传达。与你处于疼痛的单纯恶相关的理由不同的是，如果不是因为进入对等传达的第二人称关系的能力和权威，你能够并且已合理提出要求他挪开脚的事实就完全不会成立。你预设的权威是彻底地第二人称的。

因此我认为，提出实践理由的权威，能够采取与认知权威完全不同的形式，后者要么是由理论的理由提出预设的，要么是由像建议这样的其他形式的实践理由提出预设的，在那些情况下理由不是第二人称的。[3] 所有类型的第二人称理由都预设传达第二人称理由的权威，这些理由不能被还原为没有预设提出主张或要求的某种第二人称立场的价值或正当的命题，也不能从这些命题推出。用一句口号来说就是：你不能从某种没有已经（至少隐含地）包含第二人称权威的东西得到一个第二人称的要求。或者，改写伯纳德·威廉斯的话："第二人称权威套

① 当然，这个例子在甚至没有预设认知权威这方面，也与建议不同。

② 然而，我们在合作的理论推理中预设的那种能力和权威，与我们在道德领域认定人们负有责任时预设的能力和权威有深层的关联。探索和发现事实本身是后者的一部分。一个人只有通过诚实地努力发现和承认她做过的事情的真相，她才能为她的行为提供回答和解释。具有较强调查传统和制度的社会，似乎能够更好地维持更一般的公共责任，反之亦然。

③ 关于认知权威和包括命令或要求的立场的实践权威的差别，见 Wolff 1970 : 7。

第二人称权威。”[①] 这是理论理由和实践理由的一个根本区别。在理论的理由给出中，进入与另一个人的理由给出关系的权威，最终来自假定的权威能够接近独立于那种关系或者进入关系的能力而成立的事实。[②] 59
与此相反，我们感兴趣的那种第二人称理由自始自终都是关系性的。他们最终来自对等承认的人们假定存在于他们之间的规范性关系。

第二人称理由、责任和尊重

第二人称理由具有另一个重要特征，使它们特别地与责任相契合。正如我们已经看到的，承认一个第二人称理由，就是隐含地认可某个人的权威。这意味着，当第二人称理由被提出时，**尊重**就总是一个议题。如果士兵没有注意到中士的命令，他不只是单纯地与一个明显的理由相悖而行动；他违背了命令，因此没有尊重中士和她的权威。如果踩你脚的人没有回应你的要求，他也就没有满足你合法的期望，因此没有尊重你提出主张的立场，因此也没有尊重你。甚至在我们没有提出请求或请愿之外的任何真正主张的例子里，如果我们提出主张的某人甚至拒绝提取我们的主张，这也是一种不尊重。

就其本质，不尊重是对**尊严**的侵犯、冒犯或侮辱，对尊严的恰当回应是某种从侵犯者那里寻求（要求）承认的第二人称态度或行动。不论一个人、一个军官或一个机构的尊严的基础是什么，提出一个主张、命令、请求等等也通过他们或者代表他们为试图重新建立对等承认的尊

① 威廉斯的口号是“义务套义务”（1985：181）。系统表述第三章和四章的中心论点的一种方式（道德义务必须用第二人称理由来理解）是说，本书中的系统表述不单纯是对威廉斯口号的改写，它系统阐述的观点是一个属，而由威廉斯口号改写的表述是其中的一个种类。

② 一个人也可能因为它们在推理中的能力，而独立于它们的前提的可靠性，获得第二人称的理论权威。但是这在根本上也不是第二人称的。这里我受惠于与杰克·本德和马克·勒巴尔的讨论。

重的行动和态度奠定了基础。“反应”态度和行为自身隐含地向侵犯者
提出了第二人称理由，这些理由预设了行动和态度试图重新建立对等
60 承认的那个权威。[①] 在下一章，我们会考察诸如谴责、非难、怨恨和愤怒
这些反应态度成为第二人称的方式。它们以这种方式向侵犯者进行传
达，如斯特劳森所说：“将他看作道德共同体的一个成员；只不过是作为
一个违背了共同体要求的成员。”（1968：93）反应态度因此能够强化
61 和重建作为相互负责的共同体中平等成员的对等尊重。

① 关于这个联系，参见 Bernard Williams（1995）对谴责的“预想”机制的论述。

第二部分

第四章

责任与第二人称

在本章和下一章，我开始为道德义务在本质上是第二人称的这个论断提出我的主要论证。目前为止，这个观点主要是关于道德义务的形式，即道德要求在本质上与第二人称责任相关。（它最终会包括关于道德义务**内容**的论断，即道德义务至少部分地来自我们作为自由和理性人的平等尊严。）本章集中于道德责任的第二人称特征。下一章我将讨论责任与道德义务的关系。

在他的著名文章《自由与怨恨》（1968）中，P.F. 斯特劳森令人信服地反驳了后果主义相容论，这种观点认为，决定论并没有对道德责任的实践构成威胁，因为这些实践可以通过它们"在规范行为使其对社会有益这方面的功效"（72）而得到充分辩护。[①] 惩罚由于它的激励和阻吓作用而得到辩护，并且，虽然我们可以为标准的辩解提供类似的基本理由，我们却没有相应的保证可以使一个行为仅仅因为是被引起的就得到谅解。出于无知或极端胁迫的错误行为可以被合理谅解，因为在那些条件下，惩罚不能起到阻吓作用。但是对于将决定论一般地当作辩解理由，明显不存在任何后果主义的辩护。

① 斯特劳森为这种观点提供的一个例子是 Nowell-Smith 1948。这种观点的一个经典的陈述是 Schlick 1939。

与以上这些方式相反，斯特劳森论证说，对社会有益不能为“按照我们所理解的”道德责任的实践提供“正确**类型**的”辩护（1968：74）。
65 在我们试图认定人们的责任时，惩罚在具体情境下或一般而言是否有实用上的可取性，这是无关的，有关系的是惩罚是否应得，以及我们是否具有施加惩罚的权威。对于那些根据其自身认定某人负有责任的态度和行为而言，可取性是提供保证的错误种类的理由。这是**斯特劳森观点**。

正如我们在第一章注意到的，斯特劳森的观点是**错误种类理由问题**的一个示例。对信念的实用考量不会使一个命题变得可信；反对我们被一则笑话逗乐的那些道德理由不会减弱一个笑话的幽默程度；对责任认定的可取性的考量（不论是个人的、社会的，或者甚至道德的）不会使得人们因为所做的事受到谴责。[1] 在这些例子里，保证相关态度的正确种类的理由自身，必须从相应的那种态度的特定规范中得出：即信念的规范、娱乐的规范，以及责任认定所特别涉及的态度和行为的规范。它必须是与对象的事实有关，或者是对象的特征，对这些事实或特征的恰当考量能够为对待这个对象的那种得到保证的态度提供基础（某人的理由）。[2] 我们不可能通过反思相信 p 是可取的这个事实而开始相信某个命题 p，也（绝对）不可能因为考虑到觉得一个笑话好笑所带来的道德负面情感而觉得这个笑话不好笑（虽然这个考虑有可能减弱我们对幽默的感受），也不可能通过反思内疚或怨恨这些情感的（个人的、社会的或道德的）可取性而为一个错误行为感到内疚或不满。

通过反思著名的斯特劳森称为“反应态度”（他认为这些态度对于

① 见第 17 页注释①。

② 拉比诺维茨和伦诺—拉斯穆松提出了本质上相同的观点。他们认为正确种类的理由也出现在它们作为其理由的态度的内容里：态度是“由于”这些理由而指向某物（Rabinowicz and Ronnøw-Rasmussen 2004：414）。正如 W.D. 福尔克所指出，与价值相关的偏好是“通过真正理解（对象）是什么样”（1986：117）。另见德里克·帕菲特对“对象给予”理由和“状态给予”理由的区分（2001）。

人类的道德责任实践至关重要）的那些反应，我们可以看出这些要点。斯特劳森区分了两种态度，即“参与的”和“非个人的”，这两种态度都是针对个体之间的“交易”（1968：74）。首先，**参与的（或个人的）反应态度**是交易本身中的个体即交易者的反应态度，尽管其他相关的人也可以从交易者的观点出发“代表他们”而因此具有参与态度。斯特劳森的例子包括感激、不满、原谅、爱和伤害这些情感（72）。**非个人的反应态度**是这些态度的“非个人的或无利害的或一般化的类似物”，包括道德义愤、指责，以及当对象是自己时对义务的感受，内疚、自责和悔恨（84—85）。非个人的反应态度不是从交易者的立场感受到的，而是从不偏不倚的立场，即道德的立场感受到的。比如，怨恨是从一个被错误对待或受到伤害的个体的视角感受到的，但义愤则是从道德共同体的立场感受到的。 66

我认为反应态度总是第二人称的，因此它们总是预设了关于作为它们目标的个体的能力和权威的第二人称传达，以及那些具有这些能力和权威的人的第二人称传达。[①] 个人的反应态度是从相关交易者的第二人称观点感受到的，非个人的反应态度则是从道德共同体成员的观点感受到的。由此我们可以推出，能够保证这些态度的理由（能够成为正确种类的理由）必须是第二人称理由。

比如我们考察一下义愤。对某人感到义愤，就是觉得他应该因为

① 米歇尔·梅森作出了一个我认为类似的论断，他说在一种意义上“所有反应态度事实上都是道德的态度这一点是真的，换句话说，在这个意义上，将某人视为位于特定反应态度的范围之内，就是将某人视为对于一个期望或要求负责，这个期望或要求构成了一个期望、要求和权利系统的一部分，根据这些期望、要求和权利制定的规范对于我们建立道德共同体是必要的”（2003：244）。梅森给出了一个令人信服的例子来说明至少有一种形式的轻蔑应该同时被理解为一种反应态度。这是一个特别有趣的例子，因为正如梅森所说，尽管它预设了针对它的对象作为一个人的要求，它不一定看起来传达了这个要求，因为它的自然表达是撤销的一种形式。然而，我认为，她讨论的那种轻蔑如果想成为她所指的反应态度，就必须预设撤销是认定其对象负有责任的一种方式，而不是像比如恶心，或者像其他类型的轻蔑那样的非“反应”的回应。

错误行为而遭到谴责，因而为他所做的事承担相应责任，即使只是通过接受自己和他人的反应态度来承担。此外（这也是斯特劳森观点的一部分）义愤与其表面的含义不同，即一种惩罚看起来是可取的，或者说
67 灾祸降临在他头上会造就更有价值或更健康的整体（理想的正义）。义愤的情感总是包含一种对权威性的要求的感受，而关于某个东西是可取的或合适的情感则不包含这种感受。考虑一下哪些信念会缓和或减弱义愤。如果我们相信某人不应遭受谴责，比如说因为他不可能预先知道他所做的事情的真正特征，或者因为他处于极端的威胁之下，那么这就会减弱或甚至消除我们对他的愤怒。但是如果我们只是发现，认定他负有责任的努力是不可取的，比如说因为这样做会进一步激怒他，这就难以减弱我们的愤怒。

类似的观点对于个人的反应态度同样成立。举例来说，怨恨是针对明显的不公正而从受害者视角感受到的。我们怨恨那些我们认为对自己或我们认同的他人的侵犯。如果你不满意某人踩你的脚，或者她甚至还拒绝遵从你的请求或要求停止踩你的脚，你就感觉好像他侵犯了一个有效的主张或要求，而且好像由你自己或他人站在你的立场作出的索取赔偿或追究责任的反应是得到辩护的。你所感受到的不只是（或者甚至），这种反应可以作为导致值得欲求的解脱的一个有效或可取手段而得到辩护。虽然你可能认为，某些这类反应会造就一个道德上更健康的整体，这个想法本身并不是怨恨的一部分。相反，怨恨似乎可以单纯通过他人的行为，以及他和你之间可以有效地（即权威地）向彼此提出主张或要求而得到辩护。你可能认为，“你不能这样对我”所指涉的不是你的相应权力，而是你的权威。

斯特劳森论证说，对反应态度在道德责任中的作用的认识，与自由意志的问题有重要联系。是否以及如何认定他人负有责任的问题，是在人类关系（即亲缘关系）中出现的；在这些关系中，通过反应态度，我们倾向于假定一种要求他人达到我们期望的权威，这些期望是我们

用来定义那些关系的。[①] 套用一句俗语："为……负责"的道德意义在概念上与"对……负责"（不论是对个体还是对作为道德共同体成员的彼此）相关。[②] 责任特别关注的是，一个人如何根据她已经做的事情， 68
与我们作为道德共同体成员所处的第二人称关系相联系，即如何在这个关系中被（包括被她自己）看待和对待。为了突出这一点，我将使用"责任（accountable）"而不用"广义责任（responsible）"，因为"广义责任"包含某些与我所理解的责任不同的意思。比如，"广义责任"可以指没有道德含义的因果的责任，而且甚至道德责任也有更广泛的意义，比如有时它指"作为归属的广义责任（responsibility as attributability）"，这不同于我们关注的特定种类的道德责任，即"作为责任的广义责任（responsibility as accountability）"。[③] 我想说的是，在后一种意义上认为某人负有责任必定是第二人称的。

斯特劳森对比了"介入或参与人类关系的态度（或一系列态度）"，即第二人称的立场，与"对待另一个人的客观态度（或一系列态度）"（1968：79）。对于那些我们认为不适用于"普通成年人人际关系"的人，我们采取"客观的"态度，比如对非常小的孩子和那些患有"深度心理疾病"的人，我们认为他们适宜处于"照料"或"管理"之下，而不适宜于反应态度和有他们参与的人际传达形式（1968：81）。[④] 因而，决定

① 这也是斯坎伦（1995）讨论的一个主题。

② 更谨慎的说法是，就道德责任的概念而言，它与对那些有权威认定道德责任的人（道德共同体）的责任相关联。在下一章我将论证，神学的唯意志论和康德式的观点提供了相反的道德共同体的观念，前者是作为上帝，而后者是作为所有自由和理性的行动者（即目的王国）。

③ 关于这个区分，见 Watson 1996。前一种意义与我们按照更广泛的评价方式对某人的评价相关，这些评价方式不一定是第二人称的。举例来说，合理的自豪依赖于我是否对某件与我相关的事在这个意义上负有责任，而且这不需要涉及任何合理的主张或要求。另见 Scanlon 1998：248f。斯坎伦将我所理解的这个意义上的责任称作"实质的责任"。在这里我受惠于安德鲁·埃谢尔曼、钟雷、吉姆·斯泰哈尔和苏珊·沃尔夫与我的讨论。

④ 显然，这引出了很多关于程度问题的议题，责任与能力缺失的议题，以及对于那

论引出的真正议题是,是否要接受决定论"能够或应该总是引导我们完全按照这种(客观的)方式看待每个人"(81)。斯特劳森的著名观点是,决定论不能够做到这点。

我们在本章的主要兴趣不是自由意志,而是道德责任的本质,特别是它的第二人称特征。不过,它们之间的关系值得注意。如果斯特劳
69 森是正确的,那么只是因为当我们彼此联系时我们按照特殊的第二人称方式对待彼此,广义责任(作为责任)的问题,意志自由的问题,以及那些挑战责任和自由意志的问题才可能被提出。因而,自由意志的议题之所以引起注意,是**因为我们以第二人称方式看待和对待彼此(和我们自己)**。再次说明:只是因为我们对彼此负有道德责任,即只是因为我们作为道德共同体的成员有权威向彼此提出要求,我们才能按照使自由意志成为一个议题的那种方式,在道德上为我们所做的事情广义负责(负责)。[①] 正是第二人称传达(正如在反应态度中)使得我们假定了传达者和被传达者的那种自由。

作为一种传达形式的反应性回应

在接下来四个小节,我希望表明反应态度总是包含:

(1)一种(第二人称)传达的形式

(2)这种形式预设了他人成为传达对象的能力和立场(第二人称能力和权威)

些我们还不准备认定为负有完全责任的人们的尊重和对待的议题。在此我不能够充分处理这些议题。对于本章的大部分目的而言,我们只需要集中于这两个范畴(即适用于第二人称责任的人和不适用的人)中清晰的案例。在本章的结尾,我会回到这个议题,当然依然不会有充分的讨论。

① 请再次注意第 71 页注释④中的说明。

（3）这种传达形式是对人们行为的回应

（4）这些行为（至少）与人相关[①]

在这一节，我们关注（1），因此，我们将继续考察反应态度本身的第二人称特征。斯特劳森明确说，个人的反应态度和它们的一般化的或替换的类似物，都总是会涉及“对展现一定程度的善良意志的期望和要求”（1968：85）。此外，我们可以表明斯特劳森的例子（至少是间接地）涉及了这些要求的传达。[②] 70

比如我们可以考察一下内疚（guilt）和羞愧（shame）之间的不同。[③]内疚是一个反应态度。感到内疚就是感觉我们好像受到了合理的谴责（或合理地谴责别人），好像我们因为所做的事情而承担了责任。内疚感觉像是对于谴责恰当的（第二人称）回应：承认我们应受谴责就是认识到谴责的基础，对我们而言更重要的是，认识到（即使只是“向上帝”）

① 见第二章关于这个议题的简要讨论。

② 不过，斯特劳森将羞愧排除在外。他将“更复杂的羞愧现象”列为反应态度，尽管他没有说这是为什么（1968：86）。由于下一段将要提出的那些原因，我认为（至少对于羞愧的非第二人称形式而言）这应该是一个错误。不过，这些都不影响我的目的。如果斯特劳森是正确的，而我是错误的，那么要么就存在我没有认识到的羞愧的第二人称方面，要么就不存在这些方面，如果是后一种情况，我在这一章提出的论断可以被解释为与除了羞愧以外的反应情感相关。当然，羞愧本身不需要具备反应性也可以存在于反应态度和感情中。我们以反应性的方式说：“你应该感到羞愧”。但我们这里的意思不只是说，如果那个人感到羞愧，她就能准确地表达她羞愧的情感状态，而是说，感到羞愧是她因为做过的事而应当承受或经历的心理状态。在这样的语境下，羞愧起到了一种处罚的作用。而且，的确存在道德上的羞愧这种东西，即为我们的行为或性格感到羞愧。但是尽管道德上的羞愧本质上与作为对象的人相关，它在被以典型的第二人称方式提出这个意义上不是反应性的。这里我从与约翰·戴的讨论和 Deigh 1983 中得到了帮助。另见 Mason unpublished。

③ 关于这点，见 Greenspan 1992。关于内疚和羞愧之间对比的其他要素，见 Gibbard 1990, ch. 7；Morris 1976；Rawls 1971, secs. 67, 70—75；Williams 1993：89—90；Wollheim 1984。关于相反的观点，见 Stocker, forthcoming。关于内疚的一个特别有趣的讨论，可以在 Buber 1965 找到。我受惠于大卫·利维提供这些参考文献。

提出谴责的权威。因而,感到内疚就是感到好像我们具有被当作能够负责的人所必需的能力和立场,而这一点使得内疚与斯特劳森意义上的对自己的纯粹“客观”的观点之间产生了一种紧张关系。最后,内疚的自然表达本身是第二人称的——忏悔、道歉、补偿和自我谴责。

与内疚一样,羞愧也是感到我们以某种方式得到了正确对待或看待。但是在这里与之相关的对待不是第二人称的;它是第三人称的。我们把自己看作他人考察的或“注意”的一个对象——也许是她鄙视的对象,或者她通过她的公共人格看到了她本来羞于看到的事情的一个对象。[①] 萨特对此有著名论述:“只有当我的自由为了成为一个被给予的对象而逃离我的时候,我才”(为他人)“感到羞耻”(1957:260)[②]。
71 相反,感到内疚是感到自己被权威认定为自由的。“从内疚出发的观点”——正如我们可以如此称呼它的——与斯特劳森意义上的关于自己的纯粹“客观的”观点不相容。我们感觉我们本来应该并且可以做我们不曾做到的事,并且由于这个原因,感觉受到谴责是合理的。虽然内疚的典型表达是第二人称的,羞愧却限制了第二人称的参与——我们感觉像是逃离出了他人的视线。

羞愧和内疚都为一个想象出的他者的关注赋予了权威。但是与羞愧相应的权威在根本上是认知的和第三人称的。我们认为他人具有以某种方式观察我们的立场(而且由此对我们的观察是正确的)。然而,内疚却承认了我们从一开始就注意到的那种不可分割的第二人称的实践权威。它承认了提出要求的权威,即提出一个第二人称的行动理由的权威。

---

① 强调后一个要素的关于羞愧的精彩讨论,见 Velleman 2001。不属于反应性态度的另一个反应的例子是恶心,见 Miller 1997。

② 正如保罗·霍夫曼向我指出的,至少有一些种类的羞愧(当然包括道德羞愧,也许包括其他种类)涉及认识到一个第三人称的关注(像鄙视)和主动对抗这个态度的情感。萨特讨论的那种羞愧有可能涉及了这点。我的观点仍然是,甚至这种类型的羞愧也好像是在回应一个第三人称观点,而不是回应一个第二人称对话。

现在我们来考察一下斯特劳森的其他例子。[①] 关于参与的或个人的反应性回应,他的例子同样是感激、怨恨、爱、原谅和伤害等情感。怨恨和原谅也许是最简单的例子。怨恨的感觉好像是在回应对于合法主张或期望的侵犯,而且这个情感不只是单纯地指向侵犯者,而且隐含了与侵犯者的传达。正是这一点使怨恨成为"反应性的"而非"客观的"。这是一种"责任认定",是把他人当作一个具有能力和立场受到这种方式对待和指控的人。举例来说,如果你最后发现,某人踩了你的脚,只不过是因为他被你们所乘坐的那辆颠簸的巴士上的一个沉重的行李推了一下,即使知道这一点,你可能仍然希望他把脚挪开,但这会减轻你的怨恨,或者可能会将你的怨恨转移至新的目标(比如司机)。

原谅的第二人称特征放在与怨恨的关系中最容易理解。粗略说来,原谅就是克制或撤销怨恨。[②] 原谅承认了他人应该为错误对待我们而负责,但是它并不将主张强加于他或者针对他。[③] 当然,我们不需要将原谅传达出来,就能够原谅或觉得原谅。但是原谅仍然是在责任认定 72
的第二人称范围中起作用的。如果没有怨恨、义愤,以及与它们同类的情感,就不会有原谅这种东西。

感激与原谅一样,依附于合法的主张或期望。当人们给我们好处或者按照我们的希望行动,而我们没有提出任何对他们的相关主张或期望时,我们就会恰当地表示感激。而且,对感激的感受是对一个负有责任的行动者的行为的回应。举例来说,我们确实会说我们感激美好的天气,但这明显是将天气比作一份免费礼物,好像这是上帝赐予的。[④]

① 他再次排除了羞愧。

② 毕夏普·巴特勒对这个观点有一个经典表述。见 Butler 1900 : sermon numbers VIII and IX。另见 Murphy and Hampton 1988。

③ 此前我们注意到,怨恨可以由于伤害了我们认同的那些人而被感受到。与此类似,我们也可能原谅那些对我们所认同的人的伤害。

④ 不过,按照这个比喻生活可能是有益处的。关于这点,见 Emmons and McCullough 2003。这是第二人称的心理机制的另一项证据吗?关于这点,见第七章。

而且感激的自然表达也是第二人称的，是对施恩者表示感激的传达，这个传达承认他给予我们的好处超出了我们可以合理期望的范围。我们会说，“你本来不应该这样做”，但是我们显然不是在说他做错了。最后，没有被传达的（或者更确定地，没有被经历到的）感激情感本身可能是非感激的。

斯特劳森的“爱”和“令人受伤的感情”的例子，其第二人称特征看起来不那么直接。当然，有些形式的爱根本不是第二人称的。我们可能极度关注非人的事物，而且即使对人的关心也既不需要在甚至只是想象的传达中展现自己，也不需要被认为在本质上是对他们行为的回应。大多数的爱可能不完全是无条件的，但它们不需要在第二人称上是有条件的。然而，很明显斯特劳森想说的是由相互承认相互交流所维系的爱情或其他友谊关系。令人受伤的情感也必须在同一个框架下理解。当人们按照看起来与期待的个人关注相反的方式行为时，我们就感觉受到伤害，这时我们认为，他人认识到了我们的期望，或者认为，他人本应该这样做。我们不需要认为自己具有引起他人关注的主张，这个主张可以保证怨恨的正当性。[①] 但是我们感觉好像这里引出了
73 关于拒绝和相互信任的议题。

剩下要讨论的是斯特劳森关于非个人反应情感的例子，这些例子既包括针对他人的情感（道德义愤和反对）也包括针对自身的情感：内疚、歉意和悔恨。这里我们的讨论可以简要一些。道德义愤是感到某人确实应该为某个行为负责，它自身是因此认定他负责任的一个部分。正如斯特劳森所指出，当我们感觉到，我们作为道德共同体成员，能够

① 尽管这很明显也是有可能发生的，就像杰森为了迎娶科林斯的公主而抛弃美狄亚时她的反应，或者像是阿拉尼斯·莫莉塞特的《你应该知道》（1995）中的歌词：“在此我提醒你／你离开时留下的混乱／拒绝我并不公平／我还戴着你送给我的十字架／你，你，你……应该知道。”这也出现在鲍勃·迪伦的《荒凉的街道》（2004：181—183）中：“是的，我昨天收到了你的信／（大概就在门环快被敲坏的时候）／你问我最近怎样／这是个玩笑吗？／……／不要再写信给我，不要／除非你从／荒凉的街道寄出。”

要求人们按某种方式行为时，我们感到义愤和不赞同。斯特劳森的确说过，“提出要求就是倾向于这类态度。”（1986：92—93）① 这是一个我们需要记住的重要观点：我们部分地是通过这个共同知识来提出要求，即我们倾向于非个人的（但仍然是第二人称的）“要求”态度，倾向于更明确地认定彼此责任的方式。

这些观点对反射性的非个人反应态度也成立。不过，在这些例子里，那些要求是像内疚所呈现的那样是针对自我的。歉意和悔恨看起来在相关方面与此类似，但它们较为安静或者更具有资格。如乔纳森·本内特指出，“自我反应态度”包含一种“一个人的当下自我与过去自我之间的人际关系”（1980：44）。②

预设第二人称能力和权威

斯特劳森对反应态度的讨论之所以与自由意志问题有特别的相关性，是因为反应态度必定会传达要求，也是因为，如加里·沃森注意到的，有一些“对道德传达的限制”，必须作为提出要求的规范性恰当条件被预设（1987：263，264）。③ 沃森指出，“为了使要求变得可以理解，我 74
们必须理解要求的对象。”（264）这个观点并不是说，如果要求的对象没有能力理解这个要求，提出要求就不太可能有效。而是说，如果不预设对象能够理解所说的内容并根据这个理解行动，反应态度这类“交流

① 对比哈特对边沁关于法律中“类命令”论证的评论（见第 9 页注释②）。

② 我感激丹尼尔·基恩提供这个参考文献。

③ 也请注意 R. 杰伊·华莱士：“我的主要观点是，反应态度和评价的一种特定形式之间有一种本质的联系……我认为后者使得一个人受制于一个期望（或要求）。”（1994：19）另见 Bennett 1980。

我们也应该注意斯坎伦的一些类似观点（1998：272—290），因为这些观点与我们在第十二章对第二人称观点如何建立一个契约论的道德方法的考察有着特殊的相关性。

的方式”就其自身而言是不可理解的。[①] 这个观点是奥斯丁式的关于语言或类语言行为的恰当条件的一个观点(虽然它被转换成了一个规范性的观点)。即使向缺少必要能力的人群(比如非常年幼的小孩或者疯子)表达反应态度,也可以使他们以可取的方式行动,这些反应态度却“失去了作为道德传达形式的要点”(265)。我认为,尽管被传达者具有(并且被假定具有)承认第二人称理由并据此行动的能力,是道德传达特殊的(规范性的)言外效果的一个恰当条件,道德传达的有效性却与言后效果有关。与我们的观点更直接相关的是,它是相关第二人称理由存在,以及这些理由通过传达被成功给出的一个规范性的恰当条件。

再一次,我们不需要相信我们传达的人具有必需的能力和立场。相反,我认为道德传达已经预设了这些东西。沃森所说的是,我们向他人的传达假设了他们能够理解并接受我们所说的话的指导。我要补充说,我们在第二人称传达中预设的是第二人称的能力,[②] 预设了我们传达的人们能够通过对我们提出的第二人称理由,以及对我们提出理由的权威的相互承认来引导他们自己,预设了他们能够对自己采取第二人称视角,并且(通过向他们自己提出相关要求)按照他们从这个视角
75 接受的理由行动。[③]

① 正如我之前注意到的,沃森认为反应态度交流的(第二人称)特征,并不意味着它们“通常是被交流的;事实上,它们经常不是。相反,对怨恨的最恰当和最直接的表达,是向他人表示抱怨和提出要求”(1987:265)。

② 成为道德共同体(平等)成员的道德能力要求(第二人称能力),就是罗尔斯所说的“范围属性”。在这个意义上,人们不会是道德共同体中能力较强或能力较弱的成员,因为每个位于这个范围内的人都是平等的。关于这一点,见 Rawls 1971:508。

③ 关于自闭症及其相关条件,包括缺乏同情因而缺乏第二人称能力,有一些我在此不能详尽处理的非常有趣的议题。珍妮·肯尼特(2002)已经论证了,有高功能自闭症的人事实上具有道德责任能力,这支持了道德能动性的康德式观点而非休谟式观点。高功能自闭症与高度具有原则的行为是连贯的,这看起来是正确的。如果我是正确的,那么绝对命令及其相关道德原则就应该被理解为本质上第二人称的。不过,事实仍然有可

这个观点对于我主要的建构性论证来说是重要的：通过一个主张或要求提出任何第二人称理由，都必定预设了被传达者能够认识到它的有效性，并且（自由地）通过这个认识根据那个理由行动。如果你对某个人不将他的脚从你的脚上挪开表示怨恨，你就隐含地要求了他要挪开脚。你隐含地传达的任何第二人称理由，都首先预设了他能够认识到你的要求的有效性，其次预设了他能够单纯通过认识到由你的权威性的要求得到的最终的行动理由，而将他的脚挪开（值得注意的是，不论他是否同情你）。如果我对一个不相关的路人表示愤怒，我也必须作出这些假定。一个假设的权威要求，如果别人不可能认识到它的有效性并据此行动，那么它必然是不恰当的。我仍然不是想说，这种要求不可能取得对方的合作。它可以取得，但那是它的言后效果。我想说的是，这个传达的（规范性的）言外效果必然会失败，换句话说，它作为一个权威性要求或第二人称理由的传达必然会失败。[①] 被传达者的第二人称能力，是一般第二人称传达的一个规范性恰当条件。

主张或要求不只是引起某人对主张或要求的注意。它也是向试图引导他意志的另一个人提出一个特定的第二人称理由，只不过是通过使他认识到他的权威和独立的实践推理的方式。正如斯特劳森所 76
强调的，用一个反应态度来回应他人的行为，就是“将他看作道德共同体的一个成员；只不过是作为一个违背了共同体要求的成员”（1968：

能是这样：即使高功能自闭症与完全认识到根本的道德动机和道德义务的原则基础可能不连贯，那些具备这个条件的人仍然可以根据这些原则可靠地规定自己的行为，因而能够作为道德共同体的成员起作用。当然，我一直强调，被某些规范引导并不意味着已经承认了那种对于道德责任至关重要的第二人称权威。但是可能有某些方式可以用来可靠地追踪这些更恰当的第二人称特征。这里我受惠于沃尔特·辛诺特—阿姆斯特朗。

① 目前为止，我更多是在宣扬这个论断，而不是在论证它。当然，对这个论断的部分论证，是这个论断在第二人称对话和理由的总体结构中的地位，我希望它看起来是有说服力的，并且能够解释重要的伦理现象。但是，对此更集中的论证将会与对费希特观点的阐述一并出现在第十章。

93）。[1] 因此，反应态度不同于没有假设任何关于对象的权威的其他形式的批评性态度，比如鄙视。我相信，康德主义和契约论者的伦理观中的第二人称态度和第二人称立场在沟通（相互）责任方面的作用，标志着这两种伦理观与诸如（举四个著名的但彼此不同的例子）柏拉图、亚里士多德、休谟和尼采等思想家的伦理观之间的根本区别，对于后者而言，对行为和性格的评价并不采取根本上第二人称的形式。[2]

我们应该弄清楚第二人称传达所预设的那种自由。存在者也许可以做出其他各种各样的选择，但是这仍然缺少我们在反应态度中预设的独特的第二人称的道德自由。当我们反应性地回应某个没有尊重道德要求的人的时候，我们将那种按照独特种类的理由（即与权威性要求相联系的第二人称理由）行动的能力归予她。

举例来说，想象一个具有剑桥大学柏拉图主义者拉尔夫·卡德沃思（1670）所说的“动物性的自由意志”的存在者。[3] 卡德沃思认为，这样一个存在者也许具有批判性地纠正它的欲望的能力，也许能够判断从长远上什么最有可能满足已知的欲望，并且能够根据这个判断行动。[4] 卡德沃思同意，动机可以如此设计，以使得一个具有动物性自由意志的存在者能够使自己的行为符合一个行为法则。但他认为，如果
77 这些存在者不能将道德要求当作内在的“理由给出”（因此缺少“道德自由意志”），那么它们就不能处于真正的道德义务之下，即不能真正地受制于一个道德要求。为了能够真正地负有道德责任，因而能够具有

[1] 我相信，这也是黑格尔著名的“惩罚的权利”观念中结出的真理果实（1991：126—127）；换句话说，未能认定某人负责任可能是未能将他作为一个理性人来尊重他的尊严。

[2] 关于康德主义框架的这个方面的精彩讨论，见 Korsgaard 1996a。

[3] 这个概念出现于他未出版的论意志自由的手稿中，该手稿存于大不列颠图书馆。参考文献所提及的是手稿序号和页码。我在 Darwall 1995a：109—148 中讨论了这些问题。

[4] 这差不多正是洛克在《人类理解论》（1975）中捍卫的那种自我决定。我在 Darwall 1995a：149—175 中讨论了洛克的这个观念与他的道德义务理论之间的关系。

道德义务，一个存在者必须能够认定它自己负有责任，而只有当它能够对自己采取第二人称视角，并且承认道德要求并按照道德要求行动时，它才能够做到这一点。假如存在者只具有动物性的自由意志，“法则除了通过掌控它们的动物性的自私情感以外，没有别的办法可以操控或利用它们……而这……将彻底摧毁所有道德。”（4980，9）

反应态度预设了将道德要求作为行动的最终理由的能力。[①] 我认为，这涉及认定自己责任的能力，和通过第二人称理由（即其有效性建立在预设的人与人之间的规范性关系之上的，因而独立于任何后果或状态的价值的行动者相关的理由）规定自己的能力。[②] 因此，反应态度隐含地预设了不可还原为其对象是后果或状态（像那些隐含在同情中的）的评价（及相关欲望）的动机能力。最低程度上，它们涉及对（行动者相关的）行为规范的接受，这种接受在本质上是一种关于行动的心灵状态，而这种心灵状态不能还原为对任何世界状态或后果的积极关注。[③] 但是，从斯特劳森观点，我们可以进一步推出，即使预设这么多，也不足以使第二人称责任自身得到充分理解。我们还必须预设一种独特的第二人称理由，预设在道德共同体中采取第二人称立场的能力，以及将从这个立场我们会合理地向任何人提出的要求作为动机的能力。 78

正如我在下一章会以更长篇幅表明的，普芬多夫的观点粗略来说与上述观点相同。道德义务涉及的纯粹第二人称传达（正如普芬多夫

---

① 卡德沃思称之为“道德自由意志”。对比康德所说的：“只有当我同时将我自己置于义务之下时，我才能认识到我处于对他人的义务之下。”（1996d：417—418）

② 见第9页注释①。我在那里提到，它的形式化表述实际上是行动者中立的，这与第二人称理由的观念是连贯的。重要的是，这个理由是从本质上行动者相关的东西得出的，即从行动者在权威主张和要求的关系网络中的所处的位置得出的。因此，我们可以从每个人具有平等的幸福权利这个根本命题推出，我们能够合理地要求人们服从行动者中立的功利原则。因此，目前为止所说的所有东西，都不排除行为后果主义的权利理论。在这里我受惠于艾伦·吉伯德和吉姆·斯泰哈尔与我的讨论。

③ 参见第二章，尤其是第七章的讨论。另见 Gibbard 1990 对规范接受的心灵状态的论述。

所见，在上帝向我们传达有效的要求时）要求假定我们能够通过我们对必需的权威的接受，而不只是由于对某个具有这种权威的人可能施加于我们的惩罚的恐惧，来认定自己负有责任。为了使我们作为可负责的行动者对行动负责，我们对其负有责任的人和我们自己都必须假定，我们不仅仅只是被强制我们服从的惩罚带来的恐惧打动，而是能够通过"（对自己）承认，正如已经向背离公开规则的人所指出的，祸端降临在他头上是公正的"被打动（Pufendorf 1934：91）。我们必须能够像我们在感觉内疚时所做的那样谴责自己。

所有这些的一个结果就是，我们通过反应态度，只能向那些我们假定能够向他们自己采取同样态度的人理智地传达要求。我们必须假定，被传达者能够通过承认要求在诸如内疚这种自我反应态度中的有效性。当然，也能够通过合理地调节他们自己的实践理性，而采取第二人称视角，并对自己提出要求。在这样做时，他们采取了传达在认定他们责任时所采取的同样观点。他们通过谴责自己而认定自己负有责任。在认为自己应该被谴责时，他们认为从一个道德共同体成员的角度看来自己可以受到合理谴责。

回应他（作为一个人）的行为

由此我们可以得出，反应态度回应了一个个体对它们预设的那些能力的运用，即作为一个尊重它们提出的要求的人的行为。一个反应态度的对象总是一些被认为自由和理性的个体，这意味着这些个体能够承认，自由接受，并按照要求提出的特殊的第二人称理由行动。反应态度所回应的，恰好是个体对这些能力的运用，是她如何按照相关的第二人称理由指导自己的行为。由于这些理由自身建立了第二人称的关系，我们可以说，反应态度回应的是，一个个体如何将自己**作为第二人**指导自己的行为。它们回应的是，她如何与那些具有向她提出主张和要求的权威的人联系，以及如何（第二人称地）对待他们。正如我在第六章和第十章将要论证的，由于对某人作为人的尊严的尊重，和对尊严自身的尊重，根本上都是第二人称的现象，我们可以推出，**人这个概念自身是一个第二人称的概念**。[①] 79

（至少部分地）与人有关

因此反应态度本身与一个人的总体能动性无关，而与他关于其他人有立场向他提出的主张和要求相关的行为特别相关。[②] 换句话说，这些态度不是单纯回应他如何对待他人，而是回应他如何在按照他们提出主张和要求的权威承认他们的有效主张和要求这个意义上对待他人。它们回应他如何按照第二人称方式规定自己的行为。

通过这种方式，反应态度总是关注一种形式的尊重。当我们与某人以第二人称方式相联系并承认一个第二人称理由，以及建立起第二人称理由基础的权威关系时，不论是通过反应态度自身，还是通过按照他们要求的方式调节我们的实践理性，我们都认识到这种形式的尊重。我将在第六章回头讨论尊重和第二人称理由之间的关系。

（至少表面上）非道德的例子

目前为止，我们一直在考察特定的道德情境中的反应态度。然而，我们可能认为，反应态度（至少是个人的反应态度）也能出现于非道德

① 这里可以对比下一章会讨论的，洛克所说的“人”是一个“法庭辩论的术语”的观点，也就是说，“人”是一个从根本上与判定法律或道德责任相关的术语（1975：386）。

② 这与以下的观点并不相悖，即我们向作为道德共同体成员的彼此提出的某些要求，与人们如何对待非人类（不论是婴儿、残疾人、其他动物，或者甚至环境的其他方面）相关，这超越了任何个体的要求和主张会要求的任何东西。

的例子。假如一个中士所率的部队拒绝按照她的命令集合，她就有可能为此怨恨，而且，尽管她的怨恨会预设一个她的部下能够承认并据此行动的要求，认为她的权威是道德的权威，这看起来仍然是一种曲解。
80 不过，很明显，她必须预设某种法理上的权威。怨恨并不是将对象单纯表象为与我们的意志相悖，而是表象为与某种得到辩护的要求相悖。而且，如果她感受到诸如义愤或谴责这样的非个人的反应态度，这些感受将会像是来自于她与她的部下们作为道德共同体成员所共享的观点。在他们应该受到谴责的感受中，她必须认为，他们会正当地谴责自己，并从她谴责他们的那个观点出发，认定他们自己负有责任。

当然，我们有可能认为，有些得到辩护的权威关系不能从自由和理性人的相互责任推出。事实上，在人类历史的大部分时间里，很多人都认为，任何得到辩护的命令都与道德平等不相容——至少本书的很多读者可能都愿意承认那种道德平等。普芬多夫自己很可能就这么认为。然而，我认为，任何形式的第二人称理由的传达都包含一些预设，当这些预设被完全弄清楚时，它们会使传达者和被传达者同样承认他们的第二人称能力，承认基于这种能力的、平等的第二人称权威，以及人的平等尊严和作为一种相互责任形式的道德。但是在这里，我只想指出，任何要求的传达都包含第二人称的预设，正如它在道德的例子里那样。

考察一下一个国王或者皇帝向他的臣民提出的要求，比如罗马皇帝康斯坦丁和李锡尼为终止罗马帝国内对基督徒的迫害而颁布的米兰法。如果康斯坦丁和李锡尼怨恨有人违背这个要求，并且在违背者缺乏充分辩解理由时谴责他们，那么，为了将他们的行为解读为通过第二人称理由向他们的臣民传达（因而引导他们），而不是哪怕通过理性强制驱使他们的臣民，我们必须认为他们已经由此承认了他们的臣民有能力承认法令的（法理上的）权威性根据，并且有能力根据法令指导自己。能够产生真正的第二人称理由的命令的规范性恰当条件，包括了被传达者这种在实践上有效的承认的能力。作为第二人称传达，法令预设了臣民关于这种第二人称关系的能力，具体说来是他们相互承认的能力，和接受对皇帝的责任的能力，以及通过这种承认履行责任的能力。

我相信这个情形与任何传达第二人称理由的反应态度都相同，比 81
如谴责、怨恨或义愤。在所有这类例子里，传达者都承诺了与沃森称为"道德传达限制"相平行的预设，也就是说，传达者有能力通过他自己的反应态度和实践理性，获得作为先决条件的第二人称的对等承认。

尊重、尊严和反应性惩罚

我一直强调反应态度与自由和平等的预设之间的关系。但反应态度难道不是反面的吗？惩罚很难与报复和复仇相区分。与尼采一样，我们可能觉得像义愤或怨恨这样的态度，实际上是残忍或虐待狂和受虐狂的遮羞布，它们实际上是希望看到他人或我们自己受折磨的欲望，是从身上割下一磅肉的欲望，或者甚至更糟糕。[①] 虽然密尔认为道德错误的观念本质上与反应态度相关，但是他也认为，这些态度不是内在的道德的回应。它们只有在受到同情的合理约束，或者被导向公共善时，才成为道德的。[②] 密尔说，诚然，假如我们没有诸如怨恨这样的情感和"对报复或复仇的自然感受"，我们就不会具有正义或道德错误的观念，但是，这样一种"情感自身不包含任何道德内容"；"所谓道德是这种情

① 想一想阿布·加里卜以及津巴多的监狱实验，在这个实验里，扮演狱警的普通大学生像虐待狂一般虐待那些"囚犯"（Zimbardo, Ebbeson, and Maslach：1977）。另见 Nietzsche 1994，特别是第二篇文章（"'内疚'、'坏的良心'和其他"）。关于一个最近的按照类似方式的批判，见 Baier 1993。但是，关于一个好的对照，见特里·格罗斯对黑人人权主义者艾莎·伊马姆的采访，他们讨论了穆斯林男子在大街上袭击穆斯林女子的现象，这些袭击是作为性向或性别的自信的"惩罚"，但是它们是在对责任和权利的强有力捍卫的语境下进行的：http://freshair.npr.org/day_fa.jhtml?display=day&todayDate=12/05/2002。

② 我相信，在这点上他没有理解斯特劳森的观点。

感对社会同情心的彻底屈服。”（1998：ch. 5）

那么为什么反应态度不包含报复的欲望呢？难道“报复”的感觉不总是带来敌意和仇恨，或者至少通过相应的伤害来平衡伤害的欲望吗？有两个观念看起来是根本上对反应态度至关重要的。一个是关于主张和要求的观念，而第二个是关于传达者和被传达者相应地位的观
82 念，即传达要求的权威和因此被传达的立场，由此必须对传达者作出回答的立场，必须对她负责而承认和实现这个要求的立场。然而，在这两个核心要素之外，任何其他东西在原则上看来都需要规范性的讨论和争论。①

这是一个我们熟悉的观念：惩罚理论的精神实质可能是报复性的，但它仍然拒绝任何严格比例化的观点，比如以眼还眼之类。此外，正如劳伦斯·斯特恩（1974）所指出，像甘地和马丁·路德·金这样的例子表明，我们有可能一方面区分出责任和反应态度，另一方面区分出惩罚和复仇（也参见 Watson 1987：286）。甘地、金，我们可以再加上曼德拉，当然传达了要求，表达了传达要求的态度，并且明确或隐含地认为他人负有尊重这些要求的责任。但是恰恰因为他们拒绝报复，他们做这些事情的方式提升了他们自己的尊严（或者使它更显眼），同时也尊重了他们的被传达者的尊严。

道德责任不一定要与任何特定的反应态度相关联，或者甚至在原则上完全不一定要与特定的人类反应态度相关联。② 正如我们即将看到的，甚至像怨恨和义愤这些反应态度，也可以与报复或成功复仇的欲

① 然而，从斯特劳森的观点我们可以得出，这个讨论必须在第二人称之内进行。我将在第十二章论证，我们正应该按照这种方式思考契约论的架构。根据同样的精神，这里我们可以说，相互负责的实践应该采取什么形式这个问题本身，恰好可以作为规范理论的一个根本问题在契约论之内得到恰当处理。

② 举例来说，如果我们认为谴责必然包含对愤怒或某种形式的敌意的表达，那么它不需要包含这个意义上的谴责。然而它必须包含在认定负有责任的正式意义上的谴责。

望区分开来。[1] 其中最核心的只是对彼此提出要求的立场的相互承认，
也就是，在道德的例子中自由和理性的人们对平等尊严的相互尊重。 83
人们在尊重他们的平等尊严方面对彼此负责，而反应态度要求这种形式的尊重，并且为这种形式的尊重提供责任的中介。对那些违背这些要求的人，准确说来我们能够要求什么，这是一个规范性议题，它按理说应该讨论，什么惩罚能够最好地实现平等尊重的理想。[2]

当某人把你的脚当作脚垫时，这不仅是对你的脚的伤害，同时也是对你这个人的伤害。作为其他人中的一个具有立场要求他人如此尊重你的立场或尊严的人，这个行为没有将你作为不应该被如此对待的人。[3] 亚当・斯密发现，我们很容易对不尊重我们的人格表示比任何物理或心理伤害同样或更多的怨恨。最“引起我们对伤害或侮辱我们的人怨恨的”，斯密写道，“是他对我们的轻视……由于他那种荒唐的自恋，他想当然以为其他人可以在任何时间为了他的方便而作出牺牲。”（1982a：96）[4]

当然，反应态度的对象始终是不尊重，这一点与它们所寻求的仍然是某种形式的报复（反过来伤害，回报与我们所获得的同样多的好处）并不相悖。然而，正如斯密自己所见，通过反思我们发现这不可能是正确的。如果反应态度是报复性的，那么它们会寻求以不尊重报复不尊

① 关于这个联系，对比一下古希腊的责任形式会很有意思。德拉古的杀人法律要求放逐杀死雅典同胞的凶手，除非这个凶手得到受害者所有男性直系亲属的原谅。然而，假如任何人在放逐过程中报复凶手，除非凶手是出现在边境的公共场所，那么这个报复者会遭到同样的处罚。这里我们看到，得到辩护与没有得到辩护的报复之间的区分开始向我们所理解的道德责任的方向发展。报复的欲望在这里被从外部和程序上加以限制，而不是通过与其对象为不公正的不满的内在区分来限制。见 Stroud 1979。我受惠于兰德尔・柯伦提供这个参考文献以及与我进行的非常有帮助的讨论。

② 比如在契约论的框架中。

③ 我在第十章捍卫这个尊严的观念。

④ 对照斯特劳森的评论：“在我们的大多数行为中，好处或伤害主要或完全存在于态度自身的展现中。”（1968：76）

重。但正如斯特劳森所指出，道德的反应态度本身是一种形式的尊重。它们将目标对象看作“道德共同体的成员”，正像那些持有这些态度的人一样，因此在相互尊重的基础上与他们对话（1986：93）。反应性态度寻求的是对双方都主张和预设（传达者的主张，被传达者的预设）的（平等）尊严的对等认同。斯密深具洞察力地写道，当我们不满意于伤害时，我们的怨恨“主要针对的，不是让我们的敌人感到痛苦，而更多的是让他知道，他伤害的人不应得到那种方式的对待”（1982：95—
84 96）。[①] 反应态度隐含的目标，是让其他人感觉到我们的尊严（以及不那么明显地，感觉到他们自己的尊严）。

如果这是正确的，那么反应态度及其所引起的道德责任的实践，实际上是寻求与报复所追求的相反的东西。报复是以不尊重回应不尊重，而认定某人负责则是以尊重的方式要求对不尊重的尊重。反应态度“将（它们的对象）看作道德共同体的一员”（Strawson 1968：93）。

劳拉·布卢门菲尔德（2002）为这个现象提供了一个生动的例证；她精彩地描写了她尝试寻找枪击他父亲大卫·布卢门菲尔德的男人奥马·哈提卜，目的是按某种恰当的方式认定哈提卜负有责任。[②] 大卫于1986年在耶路撒冷观光旅游，在此期间，奥马与他所属的反对组织PLO的其他成员一道，数次袭击了旧城的游客。大卫是其中一个遭受袭击的旅行者，因为奥马的子弹只是擦伤他的头皮，他才得以死里逃生。在劳拉的旅程中，她在以色列待了数年，试图接近正在监狱坐牢的奥马。她在奥马的家人面前假扮成一个记者，由此认识他的家人，并且开始通过他的家人偷偷送信至监狱与奥马取得联络。通过这些信件，劳拉和

① 在他们的导论中，拉斐尔和麦克菲指出，斯密在他“1775年七月写给《爱丁堡评论》（*Edinburgh Review*）编辑们的信中”写道，他能够“从他自己的解读，描述卢梭的《论不平等的起源》”（Smith 1982a：10）。

② 布卢门菲尔德这本书的题目是《复仇：一个关于希望的故事》。与某些该书的评论者一样，我认为布卢门菲尔德的术语“建构式的复仇”，对于她实际描写（和取得）的相互尊重，或相互承认的责任而言，是一个错误的称谓。

奥马建立起联系,而奥马和他的家人并不知道劳拉的真实身份。奥马始终不为他所做的事情后悔,他不认为他所做的事是针对另一个人的袭击,而认为这是非个人的政治行为。同样,奥马的家人把那次枪击事件当作“非个人的”,当作一种形式的“公共关系,一种引起人们关注自己的方式”。

布卢门菲尔德最终无意间突然想到了一种让对方负责的策略,以及实现这一策略的条件。希伯来大学一个名叫哈诺赫·耶鲁沙尔米的心理学家说服她认为,“唯一能替代复仇的是认罪。”“认罪”,他说,“就是……接受责任。认罪就是你‘承认你自己的内疚’的时刻。”(Blumenfeld 2002：292)

在一次听取奥马因为健康状况恶化而要求从监狱释放的法庭聆讯上,劳拉和奥马第一次见到对方,而劳拉看到了她的机会。在聆讯的关键时刻,劳拉站起来要求发言。当困惑的以色列法官问她为什么时,她 85
首先说,她已经认识了哈提卜一家,而她相信奥马为他所做的事感到遗憾。她接着说,她已经与大卫·布卢门菲尔德谈过,他同意奥马的请求应该得到批准。当法官质疑她讲话的权利时,她面对整个肃静的法庭回答说,她的确拥有这个权利,因为她是大卫·布卢门菲尔德的女儿。奥马和他的家人被发生的一切惊呆了,他们开始哭泣。布卢门菲尔德写道:“奥马的母亲没有理解我的希伯来语,她环顾房间,疑惑地问,‘为什么我的孩子们在哭泣?’”当法官问她为什么要打断聆讯时,劳拉说她想要奥马知道,“我们是人,不是‘目标’。我们是有家庭的人。你不能杀害我们。”之后,奥马写信给劳拉,为成为“你和你善良的母亲痛苦的原因”表示抱歉(劳拉的母亲当时也在旁听聆讯)。他第一次承认受害者的人格,称他为“大卫”。他也写信给大卫,表达了“对我带给你的伤害的深深痛苦和歉意”(Blumenfeld 2002：265—267)。

布卢门菲尔德的故事确认了史密斯的判断。反应态度寻求尊重。它们寻求通过第二人称的方式让其他人参与进来,而当其他人接受传达，承认它的规则，因而尊重说话者的尊严，包括她传达的要求和她传达要求的立场时，它们就成功了。[1] 因此，尊重从三个不同的地方进入反应态度：（1）更确切地说，它们的**对象**总是某种形式的明显的不尊重；（2）它们的**目标**是要求尊重；（3）它们的**方式**包含对他们要求的人的尊重——他们以尊重的方式要求尊重。

责任、自由和非核心的例子

但这可能引起另一个疑虑。如果反应态度必然预设那些我们希望认定其责任的人，具有能力承认我们提出的第二人称理由的有效性，并
86 且有能力根据这个认识行动，这难道不是把门槛设定得过高了吗？是什么给予我们信心，使我们认为，其他人实际上具有这个能力，或者我们自己具有这个能力？[2]

为了合理地认定我们对彼此负有责任，我们不必独立地证明我们具有道德自由（第二人称的能力）。正如康德的"理性事实"所表明的，我们没有特定的理由认为我们不具有道德自由，这就足够了；假如我们不具有道德理由，就会推翻这个不可避免的假设，即我们会按照第二人称传达所要求的去做。但这并不意味着这个假设不可以被推翻。毕竟，斯特劳森对客观态度和反应态度的区分的全部要点就在于，恰恰因

① 另一个悲惨的例子可以在詹姆斯·怀特教长在 1988 年 12 月纪念苏格兰洛克比泛美航空 103 受害者的活动的评论中找到，"我们可能会（的确是被某些人迫使）在回应时紧缩我们的肌肉，以表明我们是人。表明我们是什么？"现在是引用 2005 年 6 月 27 日《苏格兰人》（第 39 页）中怀特的讣告："他的冷静和平衡的推理看来打动了教堂里的所有人和电视机前的观众。他说，看着越来越多年轻人死去，越来越多搜救人员出现在残骸中，这不是勇气的标志，而是非人性的标志。'这是报复所表达的意思'，怀特总结说，'我，对于一个人，将不会报复他人，我希望你们也不会。宣扬正义，反对报复。'"

② 当然，任何特定形式的第二人称传达的规范性预设也同样可以被推翻。在第十章和第十一章，我将论证道德的权威可以通过对它们在一般的第二人称传达中的地位的认识，以及对我们由于我们具有第二人称关系的能力而具有的特定形式的实践自由的认识，而得到证明。

为一些存在者缺少被合理认为具有责任能力所必需的自由，我们可以恰当地"客观地"看待这些存在者。正如斯特劳森所指出的，在有些情况下，当我们一般而言会准备认为具有责任能力的那些人满足了一些条件时（比如严重的精神疾病），我们就会恰当地收回我们的反应态度。实际上，我们没有理由认为这不会发生在我们自己身上。比如在精神分裂的早期阶段，一个人可以对自己作出道德判断，这些判断预设了可惜已经不复存在的道德自由。

因此，即使我们有权利提出可推翻的关于道德自由的假设，这个假设也可以被事实彻底推翻。因此一个版本的疑虑再次出现了。即使我们排除了斯特劳森提到的毫无争议的"客观的"例子，包括非常年幼的孩子和妄想症患者，似乎还是有很多例子，在这些例子中我们希望认定他人具有责任能力，虽然我们似乎有很好的证据认为，他们不能按照我们认定某人负有完全责任能力时所预设的方式根据道德理由自由行动。

这里我们很难彻底地消除这个疑虑。一般而言，我相信，为了系统性地解决这个问题，我们必须认为我们目前所说的一切都可以应用于一个位于中心地位的理想情况（我们可以将其称为"完全责任"），而其他例子都是作为偏离中心，因此必须通过某种方式诉诸中心的第二人称例子才能得到理解。在某些例子里，比如关于小孩的例子，我们引导 87
他们进入完全的第二人称责任的过程，似乎同时采取了两条路径，有时我们按照预期对待他们，好像他们已经适宜于第二人称传达这种发展道德能力的方式，但同时又（"客观地"）意识到，这是一个必须被承认的幻觉。[①]

当有些缺陷排除了完全责任时，比如阿尔茨海默症患者或帕金森症患者，情况也是类似，但在这些例子里没有那种往前看的过程。这里

① 这里我受惠于 Schapiro 1999 和 2003a。另见 Dewey 1998a：343，这个参考文献是伊丽莎白·安德森提供的。

我们也可以采取两条路径,一条路径可能是在相对有限的领域内完全的,或至少假定是完全的第二人称路径,与此一道的是关于界限的持续协商。[1] 还有一些例子我们目前不会进一步考虑,在这些例子中,即使我们的证据表明,他不可能被认为有能力按照我们在认定他有责任能力时提出的要求规定自己,我们似乎仍然认为他完全负有责任。我认为,这些例子必定总会制造一些不安,因为我们将它们当作好像是核心的第二人称例子来对待——可能是为了向我们自己和彼此确认对我们认为具有责任能力的人的要求——但我们却相信,这样做所必需的假设很可能没有得到满足。[2]

讨论完以上这些,我想简要讨论一下两种非常不同的例子。第一种例子与我们试图认定要为某些形式的虐待和暴力负责的人有关。他们试图诉诸不受控制的情绪来辩解这些行为。正如我所看到的,在这些例子里,我们一般而言正确地认为,关于自由的假定没有被推翻。第二种是极端心理变态的例子,这些例子可能对预设带来挑战,可能是某些像罗伯特·安尔顿·哈里斯的例子,他被判定在 1978 年以令人发指的方式杀害了两个十几岁的男孩,加里·沃森从这些方面讨论了这个例子。[3]

88 第一种类型的例子在各种各样的家庭暴力、公路暴力和其他类似行为中得到了很好地例证。通过分析我们通常足够清楚,虐待或暴力的行为是自由选择的;行为者原本能够选择其他行为,但他们放任自己通过一种或另一种方式合理化他们行为的思想和感觉。表明这一点的一个标志是,迫害者并不始终坚持认为,他们所做的事是可原谅的错

① 这里我从与克里斯蒂·哈特利的讨论以及她关于能力缺失者在契约论中位置的著作(2005)中得到帮助。

② 这里我受惠于查尔斯·格里斯沃尔德和理查德·克劳特与我的讨论。

③ 哈里斯在 1992 年被判刑,这是加州 25 年来的第一例死刑。沃森引用 Corwin 1982,提供了哈里斯生平的很多细节(Watson 1987 : 268—271)。另见哈里斯的律师在为死刑上诉时写的一篇文章(Laurence 1997)。

误，而是堕入为他们行为的这样一种假定辩护，即他们的行为是应该的，或者是为受害者好的一种“纠正”。他们不经意间表达出的情感和态度，不是为他们所做的事感到痛苦和内疚，也不是担忧和困惑于他怎么会如此行为，相反，这些感情和态度投射了某种意义上的辩护。这里所发生的是某种像康德所说的“自负”的东西，它通常与某种比如男权统治这样的合法性意识形态相关。[1] 这不是说那个人对道德范畴完全无感；相反，他是出于自己的目的而曲解道德范畴。

然而，心理变态的案例看起来非常不同。虽然在罗伯特·哈里斯人生的某些时刻，他可能更像刚才讨论的那种人，但在他进行最恐怖的谋杀的时候，他展示出冷酷和对道德要求（甚至是对自负这种堕落形式的道德要求）的完全漠视，这表明他不适合于道德传达，他是一个位于道德共同体之外的道德的放逐者。尽管如此，我们也可以有一些理由认定像哈里斯这样的人能够负责。

正如沃森描述的，哈里斯的冷酷源于此前有意选择否认道德共同体，部分地源于他自己作为可怕虐待受害者的历史——这不完全是康德式的对恶的无时间的选择，而更像是一系列否认性的选择。[2] 有可能在这之后，哈里斯除了继续在他之前选择的“通往地狱之路”上前行，
就别无选择。[3] 然而，现在把他当作负有责任的，这就以尊重的方式否 89

① 我在第六章讨论康德对自负的论述。

② 沃森（1987：271）暗示了这点。门诺·迈依杰斯的剧本《马克斯》（2002）暗示了关于希特勒的类似东西。在讨论这个问题时，迈依杰斯说，“希特勒像奥萨马、萨达姆和米洛舍维奇一样，通过展现一个并不复杂的罪恶的图景来强制我们。但没有人清醒过来，成千上万人被屠杀。他们每个人都做出了选择。”他也评论说他的电影“不是关于希特勒那些滔天大罪。观众们已经知道这些。这部电影是关于他的小罪恶——他情感的怯懦，他不断的自怜，他的嫉妒，他的挫折，他聚集和培育罪行的方式”（Malanowski 2002：1，36）。

③ 哈里斯的妹妹被引用说，“他告诉我他曾有过机会，他选择了通往地狱的道路，此外他无话可说。”（Watson：1987：270）然而，即使在那个时候，如果哈里斯仍然能够不满于他受到过的伤害，他就仍然是第二人称观点的一个参与者，只不过是高度选择性的。

认了他此前的否认。即使它包含一个现在严格说来错误的预设，它对于共同体而言仍然有着重要的表达功能，即维护人的尊严。而且，可能并没有公开可靠的方法，可以区分真正缺乏能力的例子，和当事人仍然具有道德补偿能力但自由地选择不去为自己赎罪的例子（可能哈里斯在某个更早的时候，或者甚至更晚的时候是这种情况，谁知道呢）。所以，甚至当我们遇到像罗伯特·哈里斯这样的案例时，道德自由的假设也可以是一种得到辩护的“实践信仰”，我们可能缺乏足够的证据将它推翻。[①]

然而，如果我们认为这个预设事实上在一些具体的案例中被推翻了，这不一定对这个预设在我们日常的责任实践中的运作构成严重的压力。[②] 对于限制一个真正的非第二人称能力的心理变态者的自由，我们仍然能够从自我保护中寻找到恰当的辩护。我们将不得不从其他方面设想我们的辩护，这个事实（即不是真正地认定心理变态者能够负责）将会成为我们的道德责任实践在正常运作时的第二人称特征的
90 证据。[③]

这里我要感谢亚瑟·里普斯顿。

① 当然，这里的暗示是康德在《实践理性批判》中对上帝存在和心灵不朽的假设。

② 关于对于精神病理学和诸如同情这样对第二人称能力而言必要的情感机制之间交叉的可能性的悲观观点，见罗伯特·D. 黑尔（1993）。

③ 这里我从与瓦内莎·卡博内尔的讨论获得了帮助。

第五章

道德义务与责任

当代哲学有一个奇特现象:尽管斯特劳森的批评已经在道德心理学和行为哲学中对责任和自由意志的争论产生了很大影响,这些批评对道德义务的元伦理学和规范道德理论的影响却一直在很大程度上遭到忽视。本章我将论证道德义务和道德责任之间内在的概念上的联系;斯特劳森自己隐含地依靠这个联系。我认为,由此我们可以得出,斯特劳森对道德责任的后果主义解释的那些具有影响力的批评,可以被改造为对道德义务的后果主义解释的有力批评,最明显的是对行为后果主义的批评,但大概也可以用于批评诸如规则后果主义这样的间接后果主义理论。[①] 当我们反思义务与(第二人称)责任的内在联系时,我们发现,正如它对于保证道德责任的主张来说是错误种类的理由一样,促进实现外在目标对于辩护道德义务而言同样是一个错误种类的理由。与道德责任一样,道德义务是一个不可还原地第二人称的概念。我在这里论断,一个行为会违背道德义务,这就是不能做这件事的一个第二人称理由。

① 再一次,除了当这些理论自身植根于所有人具有同等权利这个第二人称观点内的时候。关于这点,见第 81 页注释②和第十二章的《契约论与规则后果主义》。这里我再次受惠于艾伦·吉伯德和吉姆·斯泰哈尔。

责任与道德义务的元伦理学

理解这一点的一种方式，是注意到斯特劳森将“义务感”作为一种
91 （反射的）反应态度，并且注意到他认为怀疑论（他认为对责任的实用主义解释方法是对它的回应）是在宣称这一点：如果决定论是正确的，“那么道德义务和责任的概念就确实没有应用对象”（1968：86，71）。正如斯特劳森所见，关于自由能动性的怀疑论对道德责任和道德义务都构成了挑战。斯特劳森没有直接说明为什么应该如此，但我们足够清楚，他将道德义务和责任当作概念上内在关联的，而不只是一个实质的规范性判断的问题。他似乎认为，我们在道德上有义务做的事情，就是道德共同体成员能够恰当地要求我们做的事情，包括当我们缺乏充分辩解理由却拒绝服从这些要求时，以谴责或其他反应态度作为回应。

足够反讽的是，这个观点最著名的支持者是一个后果主义思想家，即约翰·斯图尔特·密尔。[1] 在《功利主义》（1998）第五章，考察功利主义者如何解释权利和正义的过程中，密尔提供了一个正义观的谱系学，并总结说，“在正义观念的形成中，首要的元素是服从法律”，而服从法律涉及到合理惩罚的观念。密尔很明显认为这是一个概念化的观点。对于我们的目的而言，更重要的是，密尔紧接着将这个概念分析应用于“一般的道德义务”。然后他加上了这段著名的话：

> 除非我们想暗示一个人因为做了某件事而应该通过这种或其他方式（不是通过法律，就是通过他的同胞的意见；不是通过意见，

① 在密尔（1998：ch. 5）。另一个里程碑是罗尔斯在《规则的两种概念》（1995）中的论证：实践经常是由禁止参与者诉诸任何实践可能被认为可以取得的外在目标的规则构成。关于这个观点的一个精彩讨论，见 Johnson 1985。同样相关的是哈特对法律制度或其他规范制度之内的“内在”视角和“外在”视角的著名区分。（1961：55—57）

> 就是通过他自己良心的谴责)接受惩罚,我们就不会将一件事称作错误的。这看来是道德和单纯权谋之间区别的真正转折点。一个人可以被正当地强迫履行义务,是任何形式的义务观念的一个部分。责任是可以从一个人身上索取的东西,正如从他身上索取债务一样。(1998: ch. 5, para. 14)

密尔的这个说法似乎有可靠基础,即我们关于做错事的概念本质上与责任相关。即使我们可以自然地认为,一个只做她被要求做的事 92
的人不具备完全的美德——用朱迪思·汤姆森(1971)的术语来说,她是一个"最低程度得体"的人,而不是一个好的撒马利亚人——我们却不能自然地假定她因此做错了。错误的事情是我们能够在道德上期望不会做的事情,是道德共同体假定有权威禁止我们做的事情。除非我们认为自己处于责任范围内,也就是说,除非行为使得行动者在缺乏充分辩解理由时就要受到谴责,或者成为某种其他形式的寻求责任的反应态度的对象,我们就不会断然将做错事的责任归咎于人。[①]

道德错误这个概念的这个特征一直以来为许多当代作家所强调。约翰·斯科鲁普斯基说,将一个行为称作"道德错误……等同于谴责行动者",道德错误的观念不能独立于应当谴责的观念得到理解(1999: 29, 142)。艾伦·吉伯德相当明显地跟随密尔的引导,他提出,"一个人所做的事**在道德上是错误的**,当且仅当为所做的事感到内疚对于他而言是合理的,并且对于其他人而言,因为他所做的事对他感到愤怒也是合理的。"(1990: 42)我们也能在其他作者的著作中发现密尔式观念

① "归罪"的原始意义在这里是相关的:"清算(一个错误或类似的东西);进行指控;由于……而归罪或归咎于"(《牛津英语词典》在线版)。另见普芬多夫以下对"归罪性"的论述。然而,正如T.M.斯坎伦向我指出的,可能在有些例子里,甚至当我们不认为他们做错时,我们也认为自己有权威谴责某个人,并向他们提出要求,比如当某人做了正确的事,但是出于完全错误的理由,比如出于恶意的种族主义。

的各种版本（Baier 1966；Brandt 1979；Shafer-Landau 2003）。（行为的错误和行动者的值得谴责之间的区别与这些观点并不相悖。如果一个人有辩解理由，那么他可能不必因为做错事而遭受谴责。）

可能最令人惊讶的是这个关联在新尼采主义对道德和道德义务的批判（最著名的是伯纳德·威廉斯的批判）中起到的作用。[1]尼采式批判（道德是奴役人的意识形态，是束缚人的令人恶心的一种错误意识的
93 形式）的威廉斯版本应用了他所注意到的道德义务、谴责和行动理由之间的概念关联。[2]威廉斯明显假设了，对违背道德义务进行合理谴责，谴责蕴含了存在好的和充分的理由去做我们因为没有做而遭到谴责的事情，这是一个概念的真理。当然，这个观点不是说，从某人遭到谴责这个事实，我们可以得出规范性的理由。相反，在提出谴责时，我们暗示或预设了这些理由的存在。根据威廉斯（1995），这个预设某种程度上是错误的意识。根据威廉斯，使他这么认为的，是他著名的**内在理由观点**——这个观点认为，行动的所有规范性理由，都必须恰当地嵌于行动者自己的"动机集合"之内（必须是"内在理由"），以及他的另一个观点），即当我们试图认定行动者责任能力时，我们认为许可谴责的东西，与这些行动者自己的动机之间的任何联系，完全不能得到保证。[3]

---

① 特别是 Williams 1985。关于这方面的一个讨论，见 Darwall 1987。另见 Williams 1995 和 Baier 1993。尼采对道德的在"侮辱性的意义上"的诊断最早出现在 Nietzsche 1994。关于有用的讨论，见 Leiter 1995 和 1997。

值得注意的是，虽然威廉斯是对我们可以称为"道德系统"的第二人称责任的"内在"方面的批评者，他确实接受人权观念和实现人权的必要"外部"形式。但是我相信，这意味着强制的道德实践的参与者，包括所有参与公共活动的公民，都不能够接受他们用来实现他们权利的第二人称要求的正确种类的理由。他们的辩护必须由某些类似使用权力的可取性的东西构成，而不是由任何使用权力的权威构成。在我看来，休谟的正义观导致同样的结果（参见第八章）。两种观点都与斯特劳森观点相反。在此我受惠于与西蒙·布莱克本的讨论。

② 通过在 Williams 1985 第十章的标题（"道德：一种奇怪的制度"）中将道德称为"奇怪的制度"，威廉斯本人鼓励与奴隶制的结合。

③ 前者是我称为"存在的内在主义"的一个版本（Darwall 1983：54—55）。

对于本书的论证来说重要的是，威廉斯关于认定错误和谴责之间关系、谴责和赋予权威性理由之间的关系的看法实际上是正确的。道德义务的确与道德行动者有责任遵守的最低限度得体行为的标准在概念上相关。道德责任的诸种形式（谴责、内疚、义愤、惩罚等等），确实蕴含了行动者有理由（事实上，最终的理由）做他们道德上有义务和责任做的事。[①] 而且，取决于我们怎样理解“动机集合”的观念，我们也可以接受威廉斯内在理由观点的一个版本，这与本书的实质规范性论断一致（即平等的第二人称权威奠定了第二人称理由的基础）。然而我认为， 94
行动理由绝不受制于行动者那些关注状态或后果的欲求，甚至不受制于他形成这些欲求的能力。[②] 用罗尔斯（2000）的术语来说，根据第二人称理由的行动中暗含的欲求，包括按照当我们认定某人有责任服从道德义务时暗示的理由的行动，都是“依赖于原则”而非“依赖于对象”的。我的观点是，第二人称关系和反应态度相当宽泛地传达了第二人称理由，这在某种程度上预设了被传达者有能力通过接受原则而被这些理由打动，他们在第二人称关系中对等承认的参与使他们承诺了这些原则。

当然，任何东西都不依赖于我们使用**错误**和**道德义务**这些词的方式是否符合密尔和这些当代思想家的看法。我们可以在更广的意义上使用这些词，使之包含道德理想或目标。然而，如果我们这样做，我们仍然需要术语来指称这些思想家所指的观念，即道德中关于我们恰当地认定彼此负有责任的那个部分。正如这些作者所同意的，看起来足够清楚的是，这包含了道德要求的观念，即道德共同体有权威要求我们服从的行为标准的观念，这种服从包括通过我们在上一章讨论的那种第二人称形式的责任。因而，在这个理解之上，我就可以按照密尔的方

① 再一次，这在认定人们责任的时候是被蕴含的或预设的。它不是由我们认定他们负责任这个事实蕴含的。我们现在会更深入地考察这点。

② 在 Rawls 2000：45—48，148—152 中，他将这些称之为“依赖于对象”的欲望。

式使用**错误**和**道德义务**这些词，将它们当作蕴含了寻求责任的要求。

我们应该注意，以这种方式使用**错误**这个词，并不要求存在一个被错误对待的受害者（因此，存在一个密尔认为是权利的东西），或者甚至不要求对相互负责的人们组成的共同体的规范的违背会直接威胁人们的利益。错误在根本上与责任（甚至是对其他道德人的责任）相关，这与此观念是一致的，我们负有责任的事情可以扩展到比如对待非理性
95 动物、环境和非理性人类。[①]

明确道德义务的第二人称性

道德理论的争论很少将道德义务与第二人称责任明确联系起来，但是这些争论经常隐含地假设了这样一种联系。在这一节，我们会注意到在两个我们所熟悉的争论中存在的这个现象。第一个争论发生于规范伦理理论内部，即后果主义与其批评者之间关于行为后果主义是否“要求过高”的争论。另一个争论是关于道德权威的，或者有时候表达为“为什么要有道德？”在这两个争论中，对争论最深层的根本分析揭示了道德义务和对错标准与我们作为其成员的道德共同体能够（第二人称地）提出要求之间有概念上的联系。

首先考察“要求过高”的争论。行为后果主义的批评者们有时出于论证的目的承认，一个行动者可以通过最大化总体善，而总是做从道德观点看来最好的事，比如通过总是将剩余的精力和资源投入到对抗全球的饥饿、疾病和压迫。但是他们认为，即使事实的确如此，我们也不能由此推出，不以付出巨大的个人代价去推动总体价值的微不足道的增长是错误的。他们还进一步认为，一个要求我们这么做的理论是不合理地过分苛刻的。[②] 构成这个反驳基础的是什么？

① 见第二章关于这一点的讨论。

② 一个具体的例子是 Scheffler 1982。

以下对这个批评的概括可以帮助我们看到所发生的事：

> 可能我们会尊重以这种方式行动的人。但是要说那些不以这种方式行动的人犯下错误，这是否合理呢？或者说我们有道德义务将我们所有的资源投入慈善事业，这是否合理呢？①

"犯下 错误" 这个短语揭示了一些东西。犯错是某种我们可以被指控的东西，是我们在缺少充分解释或辩解理由时要为之负责的东西，在这里有错是责任的某种类法律的、第二人称形式的裁决（奥斯丁式的"裁定"）。② 96

我们犯下错误，这不单纯是发现我们所做的低于我们能够做到的最好程度（即便当这是一个犯错的规范性标准时）；它是这样一个判断：我们所做的低于被期望的或被要求的，并且我们可以在认识到错误的第二人称感受中隐含地要求自己。因此，构成"过分苛刻"的反驳的基础正是如下担忧：行为后果主义的正当性标准超出了我们可以合理（第二人称地）要求彼此的范围。道德要求就是可以合理向作为我们之中一员的某个人提出的（第二人称）要求，"如果不是通过法律就是通过他同胞的意见；如果不是通过意见，就是通过他自己良心的谴责。"（Mill 1998：ch. 5）因此，要理解"过分苛刻"的反驳，我们必须认为它依赖于以下假设：错误和道德义务与认定道德责任在概念上相关，因而与比如在内疚的反应态度中起作用的第二人称要求在概念上相关。

在另一个争论中，这种概念的联系是被隐含假设的。这个争论关注道德所声称具有的权威，即道德义务是否是富特所说的总是必然地

① 这个概括实际上来自某个想要捍卫后果主义反对"苛刻"反驳的人（Mulgan 2001）。

② 比较尼采的这个论断：虽然在精英主义者的道德中，"善"是首要的概念，"恶"被定义为非"善"，在（侮辱意义上的）道德中，"恶"是首要概念而"善"是它的反面［用我们的术语是"错"和"对"（不错）］（Nietzsche 1994）。

提出或保证（最终）行动理由意义上（舍夫勒将它放大）的绝对命令。在第十章和第十一章，我将直接考察这个问题，并且论证，作为平等责任的道德观念能够建立在实践理性的理论基础上，由此确证道德行动者总是必然具有不违背道德义务的最终理由这个论断。然而，就目前而言，我关注的是究竟什么构成了这个权威性声称的基础。为什么“但这会是错的”这个陈述总是声称提供了一个最终的理由？①

很多作者（最著名的还是伯纳德·威廉斯）已经论证了，通过谴责认定某人为做错事负责，不可避免地包含如下含义，即她有最终的理由
97 不去做她因此受到谴责的事（Williams 1995：40—44；也参见 Gibbard 1990：299—300；Shafer-Landau 2003：181—183；Skorupski 1999：42—43；Wallace 1994）。② 威廉斯相信这个含义是“虚张声势”，是一种毫无希望得到证明或证实的意识形态，因为我们谴责的人唯一可能具有的行动理由，是恰当地嵌入她的欲望或其他动机性的脆弱情感之内的内在理由；他还认为，我们能站在道德要求立场说的任何事情都不可能保证这点。目前而言，我们不需要关注后一个论断。在后面，我们将有各种机会回到当我们提出要求时我们预设了什么样的道德心理学这个议题，以及这个道德心理学与第二人称理由的确证关系的议题。③ 现在我们只需要集中于威廉斯关于谴责包含这个含义的论断，即如果我们不暗示她有好的和充分的理由这么做，我们就不能理智地要求某人以某种方式行动。

① 注意我说的是声称提供了最终的理由。根据 H.R. 哈尔德曼的证言，理查德·尼克松明显依赖于这个含意，当他回应是否贿赂可能被提出要付给水门窃听者的问题时他说：“拿出一百万美元没有任何问题，我们做得到。但这是错的。”（最后五个关键词没有被约翰·迪安的证词所证实。）[《七个被告，一则报道和一个公文包》，《时代》103（March 11, 1974）：10—14]。

② 威廉斯作为对后果主义“过于苛刻”这个反驳的来源，这不是巧合（Smart and Williams 1973）。

③ 这个议题主要在第七章处理。

再一次,这看起来明显是正确的。尝试一下系统表述你用来向某人提出一个道德要求时采用的表达。我怀疑你是否能找到一个表述可以不包含这个含义,即她有最终的理由去做你所要求的事,或有理由不做你会谴责的事。当然没有任何明显的系统表述可以做到。举例来说,你很难合理地说,“你真的不应该这样做”,然后又说,“但是你的确有最终的理由这样做”。如果你尝试拉长你的语调,说“你不应该这样做,我的意思是,你知道,从道德上来说”,虽然你可以最后取消最终理由的含义,但很难看出你如何能够这样做而不同时取消谴责或要求的含义。或者换个角度看,如果某人能够为她对道德义务假定的违背提供事实上好的或充分的理由,那么她似乎已经为自己作出了解释或回答,并且表明她没有做错。[1] 因此,当我们指控她犯错时,我们必须是在暗示说她不能提供这样一个说明。

或者回忆一下菲莉帕·富特关于道德和礼节的对照(1972)。礼 98
节和道德的规范在形式上都是绝对的,并且某些形式的礼节规范可以被表达为与道德规范具有同等强制性:我们绝不能用刀子吃豌豆。但即使如此,我们可以取消举止的“必须”包含最终的规范性权威这个含义,而不必因此挑战礼节习俗性的规范意图。我们可以合理地说,有时候我们有好的理由不去做礼节所要求的,而不需要暗示我们因此在某种程度上揭露了礼节的虚假。有什么能解释这个区别呢?

再一次,我相信能解释它的是道德义务与第二人称责任的根本关联。我们有责任服从是道德要求的观念的一部分。但这种责任看起来绝不会是礼节要求某些事情的观念的一部分。这并不意味着举止不是某种程度的“小写的道德”,或者说礼节不可能是平等尊重的重要部分或补充。[2] 而且某些人也确实真的将礼节或者部分礼节,当作与道德具有同等重要性。我的观点是,与它作为道德义务的一部分不同,责任不

① 我受惠于克里斯蒂娜·科斯嘉提供这种表达方式。

② 关于后一点,见 Buss 1996a 和 Sherman unpublished。

是礼节概念的一部分。相反，当礼节的规范被违背时，它诉诸的通常不是责任，而更像是将注意力从对失态的尴尬对等承认上转移开，或者诉诸第三人称的蔑视。让某人解释糟糕的礼节行为，其本身通常就是一个糟糕的礼节行为。

道德的规范性与第二人称理由

因此，错误和道德义务与第二人称对话的形式之间的内在关联这个观念，正如我们在第四章已经看到的，构成了道德责任的一部分。由此我们可以推出，一个行为是错误的，或一个行为违背了道德义务这个事实，其自身必须声称是一个第二人称理由，或者保证了一个第二人称理由（或很多理由）。没有要求和认定行动者有责任服从的规范性立场，就没有道德义务和错误这种东西。当然，很多为错误要求和义务提供基础的理由，本身都是第二人称的。一个行为将会引起严重伤害，或
99 者甚至引起你的拇趾关节的疼痛，都是某人不能做这件事的理由，不论是否有人具有立场要求他不这么做；而且，这个理由也支持一个相关要求。但是除非有这样一个立场存在，一个行为就不可能违背道德义务，因此，道德义务蕴含的任何理由都必须是第二人称的。由此，如果道德义务声称提供了最终的规范性理由，虽然存在其他相反的理由，那么这必须是在某种程度上从他们的第二人称特征推出的。

正如我在第二章提到的，分析和证明道德特定的声称权威的计划，一般是用“绝对性”的方式构建的，而且理由的规范性力量是道德的。我们现在可以理解为什么我在那里补充说，任何解释道德义务特定约束力的尝试，必须也能明确它与责任的特定关联。对道德义务的充分分析，必须解释它与合理要求之间的概念关联。因此，即使有可能解释道德义务总是声称提供了最优的规范理由，或者解释了它们实际上确实如此，仍然不可能由此明确道德义务所声称的特定控制或约束力。

这必须用第二人称的方式完成。

这意味着，按照传统所设想的方式分析道德规范性的计划，是非常不完整的。而且我相信，道德义务的特定理由是第二人称的，这个事实的重要性甚至超过了这点。我在这一章也已经论证了，理解道德义务与责任的关系，为传统认为的道德所声称的规范性提供了最佳解释。我将在第十章和第十一章进一步论证，当我们找到第二人称理由在实践理性总体图景中的位置时，这个规范性的声称也能够得到确证。由此我们可以得出，认识到道德义务的第二人称特征，这对于理解它的规范性意图（包括它声称的规范性力量和与道德责任的概念关联），以及支付这张巨额期票的最有希望的方式都是必要的。

道德作为平等责任

我一直在论证，受道德义务的制约，包括了对那些有规范性立场要求服从的人的责任。目前为止，这一直是一个概念的论点：**作为责任的道德义务**。 100

然而，这个抽象概念允许不同的具体化或观念。① 在本章的剩余部分，我将讨论责任道德在早期现代的唯意志论版本：**作为对上帝负责的道德**。按照唯意志论者的观念，只有上帝有最终的权威提出道德要求。即使人类通过服从上帝的命令互相受益，我们本身并不具有期望彼此或我们自己服从的规范性立场。然而，当普芬多夫这样的唯意志论者彻底全面思考了提出作为真正第二人称理由的要求所要预设的东西时，他们开始看到，他们也承诺了这个观念，即道德主体必须被假定能够通过认识到道德要求有效应用于作为理性人的他们身上，而将道德要求加于自身的能力。这为他们的思想施加了重大的压力，使它转向

① 关于一般的概念 / 观念框架，见 Rawls 1971：5。

一个不同的观念，我将它称为**作为平等责任的道德**。

我们也可以在其他思想家身上看到类似的思想转变。虽然很少被认识到，亚当·斯密也将责任作为他的道德图景的中心。[①]“一个道德存在者，”斯密说，“是一个有责任能力的存在者。”他“必须向其他人解释他的行为，因此必须根据这个他者的喜好约束自己的行为”（1982a：111）。虽然斯密认为，人们“在原则上对上帝负责”，他很快补充说道，每个人“在他能够形成神的观念之前，都必须必然地将自己设想为对他的同胞负有责任”（1982a：111n）。[②]

作为平等责任的道德是我在本书捍卫的观念。根据这个观念，道德规范约束了一个平等、互相负责、其本身自由和理性的行动者组成的共同体，而道德义务是这些行动者有立场向彼此提出的要求，并且他们相互有责任遵守这些要求。用康德式的术语来说，道德义务的规范是一个“目的王国”的“法则”，它们建构和定义了人们的平等尊严，这些存在者不能以某种方式受到对待，而必须以另外的某些方式受到对待，

101 他们具有平等立场，以第二人称方式向彼此要求这种对待。[③]按照这样的设想，“道德是，”正如康德所说，“理性存在者能够自身单独作为一个目的的条件，因为只有通过道德，才有可能成为目的王国中的立法成员。”（1996b：435）

作为平等责任的道德将道德观点理解为根本上是**主体间的**。它认为道德视角是第二人称观点的不偏不倚地遵守规范的版本，在这个视

① 我在 Darwall 1999b 中讨论了斯密观点的这个方面。

② 然而，需要注意到，斯密并没有在第 6 版保留这个段落。我受惠于维维恩·布朗和查尔斯·格里斯沃尔德提醒我这一点。

③ “我将（目的）王国理解为各种理性存在者通过共同法则的系统联合。”（Kant 1996b：433）还有：“在目的王国，每个事物都要么有**价格**要么有**尊严**……道德，以及由于其道德能力的人性，是唯一具有尊严的东西。”（434—435）正如我在第六章和第十章强调的，康德也说“（一个人）是通过”人的尊严“从世界上的所有其他理性存在者那里索取**尊重**”（1996d：435）。

角中，我们作为任何人［或者，作为道德共同体的复数第一人称（**我们**）的一个平等参与者］，也将某个人（自己或他人）作为任何人（作为另一个平等成员）来对待。[1] 将这种关于道德观点的理解与内格尔在《利他主义的可能性》中论证的非个人观点进行对照会有帮助。内格尔认为从这个视角出发，我们必须能够把其他人的利益，并且最终把自己的利益，看作是提出理由的（Nagel 1970）。内格尔认为，这样一个观点是我们可以从它出发，将自己看作“其他同样真实的人们中的一员”的观点。

然而，**看待**其他人中的一个人的非个人视角，不必然等同于其他人中的一个人**具有的**视角。它不是某人作为其他人中的一个人与其他人发生联系，并对等承认他的地位的主体间的立场。[2] 根据作为平等责任的道德，道德观点在严格意义上是主体间的。它是一个不偏不倚地受约束的第二人称立场，而非对单纯作为其他人中的一个人（包括自己）所采取的第三人称视角。[3] 在作为平等责任的道德中，行动者作为他人
中的一个人，以第二人称方式彼此联系；他们不是单纯以第三人称的方 102
式看待彼此。[4]

我们现在应该回顾一下本章开头的那个想法，即由于道德义务和责任之间的联系，斯特劳森对责任的后果主义解释的批评可以被转变为对义务的后果主义解释的一个批评。回想一下，解释责任的实用主

① 关于道德观点是“第一人称复数”的观点，见 Postema 1995。这也是科斯嘉著作的一个主题。

② 在 Korsgaard 1996d：esp. 275—276，301，这也是科斯嘉的一个主题。然而，科斯嘉在那里似乎认为，所有理由都涉及理由的提出（虽然我将此限制于第二人称理由）：“说你有一个理由就是说某个关系性的东西，某个暗示了他人的存在或至少另一个自我的存在的东西。它声称你对那个他人具有主张，或者承认她对你的主张。”（Korsgaard 1996d：301）在我看来，这混淆了规范性理由的一般范畴与向彼此辩护自己时所包含的特别的第二人称理由。

③ 我相信这也是理解亚当·斯密道德判断，特别是正义判断的情感主义元伦理学的正确方式。关于这点，见 Darwall 1996b。

④ 关于这点，见克里斯蒂娜·科斯嘉的重要著作（1996a）。

义方法的问题在于，它们指向了错误种类的理由，因为可取性理由本身与我们在认定彼此责任时不可避免地采取的（第二人称）立场之内所承诺的任何标准都无关。由于责任和义务以我们已经注意到的那种方式在概念上相关，如果解释责任的后果主义理论存在这样的问题，那么这也必然是关于道德义务和错误的后果主义理论的一个问题。某人做某事，不论从某个外在的视角来看多么值得欲求，这对于支持要求他这么做而言，都是一个错误种类的理由，因此对于如果他不做就错了这个论断，这也是错误种类的理由。要求与可取性（甚至道德可取性）的考虑不同，它是第二人称的理由；它的有效性不依赖于任何后果或状态的价值，而是依赖于人们之间的规范性关系，依赖于一个人向另一个人提出要求的权威。由此我们可以得出，关于道德义务或犯错的论断必须能够从第二人称观点之内得到支持，必须基于你和我在对等承认彼此为自由和理性人时所承诺的那些预设之上。

这个思想线索相当直接地驳斥了行为后果主义的道德义务理论。[1]这解释了为什么那些受密尔影响而认为义务与值得谴责相关的后果主义者（像勃兰特，有可能还有密尔自己）倾向于接受某种形式的间接后果主义，比如规则后果主义（Brandt 1965，1979；Hooker 2000；Johnson 1991）。但是间接后果主义似乎只是搁置了困难，因为即使它承认可取
103 性与有义务之间的区别，它能为关于义务的主张提供的唯一支持，也只是关于义务和责任自身的实践（它由某个候选规则规范）如何服务于实现外在目标的工具性考量。这仍然是一个错误种类的理由。[2] 相反，作为平等责任的道德，认为道德义务标准完全在第二人称观点之内获得支持。在第十至十二章，我会概述这如何能够在契约论之内做到，这种

① 关于一个相关的批评线索，见 Johnson 1985。

② 当然，正如我之前注意到的，最近一次是在第 95 页注释①，正当的行为或规则后果主义理论可以避免这个问题，如果它可以充分地建立在对幸福、福利或其他类似东西的平等主张基础之上。

契约论建立于一个第二人称理由理论之上。

早期现代自然法中的责任和第二人称理由

我得再次重申，作为平等责任的道德，也只是对作为责任的道德概念的一种解释（或观念）。在本章余下部分，我将讨论早期现代自然法中作为对上帝负责的道德观念，而我们会在苏亚雷斯、普芬多夫和洛克等人的著作中发现这样的观念。[①] 我的目的是双重的。首先，从细节上掌握责任在清楚表述现代的特殊道德观的最早尝试中起到的作用，这是有益的。[②] 其次，我想要展现早期现代唯意志论内部的紧张，它们导向了作为平等责任的道德。我相信在这些方面，将对上帝负责的道德观理解为作为平等责任的道德观的原型是有益处的。然而，我这里的讨论包含的历史兴趣较少，更多是因为它将会为普芬多夫的观点提供 104
一些背景，这将在第十章的论证中起到重要作用。

平等个体之间的相互责任的观念，有哪些能归功于受制于最高权威的意志的早期现代道德观？从一开始，唯意志论的自然法学家就联结了两个观点，它们对作为平等责任的道德都具有重要性。首先和最明显的是，他们认为道德在根本上涉及责任。道德规范不仅要求我们做什么，而且还要我们为做的事负责。道德要求我们按照它的要求解释我们的行为，并且未被谅解的违背可以被归咎于我们的错误解释。

---

① 以下内容来自 Darwall 2003a。

② 这里我跟随 Schneewind 1998，认为“格劳秀斯问题”——即区分或尝试恰当地联系一个个体的善的观念和其他约束性观念（正义、正当，或者道德义务）——为“现代”道德观提供了特定背景。我在 Darwall 1995a：ch. 1 和 1999a 讨论了这点。西奇威克如下富有洞察力的评论也具有相关性：现代和古代伦理思想的“最根本区别”是，古代人相信只有一种“调节性的和支配的能力”能被“理性的名义认识”，“而在现代的观点里，当它已经将自己厘清时，可以发现有两种理由——普遍理由和自我理由，或者良心和自爱。”（Sidgwick 1964：197—198）关于这个论断的讨论，见 Frankena 1992。

当然，普芬多夫相信道德根本上涉及对一个最高权威即上帝的责任。但是他也相信，唯一可能负责的存在者，是能够认定自己负责的自由理性行动者——他们可以通过接受要求的有效性而规定自己，因而将这些要求加于自身。[①] 我认为，这个观点向他的思想施加了一个压力，使其转向作为平等责任的道德，虽然后者当然不是他已经接受或者通过反思可能已经接受的观念。

第二个观点是，道德规范来自我们有立场向另一个（自由和理性的）意志提出或给出的那些要求，并且，如果通过第二人称关系不能产生这种理由的可能性，道德义务就不会存在。我得再次提醒，现代自然法学家相信，必需关系是不对称的：道德就其本质涉及对上帝权威意志的服从。然而，他们的观点同时也是，相关关系在根本上是理性意志之间的关系，它不同于屈服、恐吓或任何形式的非理性控制，也不同于包含在理性压迫中的那种理由给出。普芬多夫在因为上帝的权威而受到感召，由此接受义务和仅仅服从上帝更强大的力量之间做出了一个明
105 确区分（普芬多夫观点）。

苏亚雷斯论道德义务

为了给普芬多夫的讨论提供背景，我们从简要介绍弗朗西斯科·苏亚雷斯[②] 开始是有用的。苏亚雷斯在很多方面都是一个经典的（托马斯主义的）自然法学家，但是他认为阿奎那的观点遗漏了一个核心要素：即道德在强制道德主体或赋予道德主体义务这方面的特殊力量。他认

① 与普芬多夫一样，洛克也认为"'人'是利用行为及其价值的法庭术语；因此只属于有法律能力的理性行动者"（Locke 1975：346）。然而，他的道德心理学与普芬多夫的有重要不同。关于在这个语境下的相关区别的讨论，见 Darwall 2003a。

② 在源于托马斯·阿奎那的道德和政治思想传统中，弗朗西斯科·苏亚雷斯（1548—1617）是后期的一位重要思想家。关于有用的导论和选集，见 Schneewind 1990。

为，为了说明这一点，仅仅表明不道德的行为与我们作为理性存在者的目的或本性背道而驰，这是不够的。说谎本身可能是“违背”理性本质的，但是这种违背不足以使我们负有说真话的道德义务（Suarez 1944：181—183）。因此，我们不能像托马斯版本的自然法一样，将道德等同于目的论结构，因为这类东西不能解释道德施加义务的力量。它不提供正确类型的理由。

苏亚雷斯相信，为了理解作为施加义务的道德，我们有必要认为，道德法则是更高的权威（即上帝）颁布给我们的命令。这里面包含了几个观点。首先，因为“命令与意志有关”，所以道德规范或法则必须以指导意志为目的（1944：66）。只有这样道德才能具有“强制的力量”（66，67）。其次，道德规范是颁布给我们的上帝的意志。苏亚雷斯的观点不是说，上帝只不过是想要或者意愿我们按某种方式行动。如果这是上帝的意志，我们就不可能违背它（“所有这些规定都会被执行”），因为上帝是全能的（55）。他的观点是，上帝意图以某种方式向他的臣民进行传达（通过命令他们）而“强制”他们。第三，创造道德的那些命令是向自由和理性的人类传达的。道德“只有对于理性存在者而言”才存在，“因为法则只能强加于自由的本性，它的主题只是自由行动。”（37）第四，虽然道德规范“提供动机力量和刺激”，它们是通过提供独特类型的理由而做到的——如果不是上帝以这种特定方式向我们以及我们的意志提出（用我们的话来说，给予我们一个第二人称的理由），这些理由就不会存在。最后，这个第二人称传达使得道德义务成为某种我们有责任遵守的东西。因此，如果我们不“主动遵守法则”，我们就是有罪的（“是上帝眼中的法律罪犯”）（132）。 106

因此苏亚雷斯的图景的核心是，道德来源于一个理性意志与另一个理性意志之间的特殊的第二人称关系。道德规范来源于意志向意志提出的那些主张，这些主张试图向对方提供一个本来不会存在的行动的特殊理由（即第二人称理由），并将他置于如此行动的责任之下。当然，同样核心的是，那种必需的第二人称关系是非对称的，是一个较高级的意志与较低级的意志之间的关系。只有通过理性创造物——即因为被创造而（他认为就其本质而言）受制于他们的创造者权威的理性存在者——的存在，才会有“道德管理”的存在（1944：37—38）。[①] 并且，道德只有通过第二人称传达才会存在，通过第二人称传达，一个理性行动者为另一个理性行动者提供一种他本来不会具有的特殊理由，后者因此负有按照这个理由行动的责任。

普芬多夫论道德义务

我们在普芬多夫这里会发现同样的主题，不过被表达地更清楚，更脱离托马斯主义的框架。[②] 普芬多夫对物理“实体”和道德“实体”的区分更加敏锐地表达了这一主题，他认为，这是事物如何在没有命令性意志传达的情况下存在于自然中，与源于这种传达形式的“附加”道德特征之间的区别（1934：4—7）。“道德实体的产生”是通过上帝将他的意志“强加”在命令之中（5）。因此，“道德实体”是附加于物理领域的，道德律和道德理由是被创造的。

普芬多夫将以下这些称作道德实体的“积极力量”：它“使人们清楚应该如何控制自己的行动自由，而且人们通过一种特殊方式，能够接
107 收善或恶，能够按照一定的后果指导针对他人的特定行为”（1934：6）。人们能够“接收”善或恶和“根据一定的后果”“指导”针对他人的行为，

① 当然，以下这两种观点之间有着深层的紧张关系。第一个观点是，受制于创造者的权威是被造物的本质的一个部分；另一个观点是，正如苏亚雷斯所认为的，责任在本质上是第二人称的关系，如果现在它的原因还不够清楚的话，在我们关于普芬多夫的讨论结束时就应该清楚了。

② 塞缪尔·冯·普芬多夫男爵（1632—1694）是早期现代自然法理论的两个最重要的来源之一（另一个是格劳秀斯）。关于一个非常有用的导论和选集，见 Schneewind 1990。另见 Schneewind 1998 关于普芬多夫的重要讨论。

这些所指涉的就是责任，更具体地说，就是提出和承认得到保证的（或者合法的）立场。

普芬多夫的核心观点是，上帝与他命令对象之间那种关系的独特的第二人称特征，使得人们有服从的责任。一旦上帝以这种方式向我们进行传达，我们就要为我们的行为及其各种各样的后果负责。因此，当上帝使我们意识到，我们违背他的命令会遭受恶果时，他不仅仅是在威胁我们或强迫我们。他是在警告我们合理的处罚，他警告的方式自身就是上帝在命令我们时已经预设的，以及当我们承认他的命令时我们所预设的同一种第二人称责任关系得到保证的权威表达。

当上帝向我们表达他的意志时，他使我们成为"道德原因"，即能够为行为及其后果负责的行动者，并且我们因此而具有责任能力。当然，他必须也要使我们成为自由和理性的人，因为这是责任归予（imputability）所必需的。但自由和理性还不足够，因为在普芬多夫看来，责任归予蕴含了责任，而后者要求强制性。他说，一个道德行为的形式本质"在于它的'责任归予'，由此一个自愿行为的后果才能被归罪于一个行动者"。普芬多夫继续说道，不论后果是"善的或恶的，他都必须负责"（1934：68）。这是"道德的第一公理"：对于能力范围内的任何事情，"人们都可以被要求为此负责"。或者一个等同的说法是，"只要完成这个行为或避免这个行为在人的能力范围之内，任何根据道德律可控制的行为都可以被归责于他。"（70）所以，根据普芬多夫，当上帝向作为自由和理性存在者的我们提出他的意志时，他同时也创造了道德律，并通过使我们负有服从道德律的责任而使我们成为"道德原因"。

所以，具有道德义务不仅仅是位于绝对的应当之下，而且也是对某人负有服从这些应当的义务（解释的义务）。由此，道德义务依赖于第二人称传达所预设的，能够产生必需的（正如普芬多夫所相信的）与上帝的责任关系的权威。普芬多夫同意苏亚雷斯（他指出还有霍布斯），认为这只能来自一个意志。他引用并赞同霍布斯对法律的定义，即"其 108

服从理由来源于制定者意志的一种规则”（1934：88）。他也同意，法律只能强加于自由和理性的意志，并且只能通过一种第二人称传达的形式被强加。① 一条法律是“上级要求下级服从的一条法令”。一条“法令”只有在“以这种主体认识到他必须服从法令的方式传达给他时”才会存在（89）。因此，具有独特的责任形式的道德，只是由于一个（一种）自由和理性的意志能够向另一个意志提出那些独特的要求才能够存在。

然而，正如普芬多夫的批评者（著名的有莱布尼茨）所指出并且普芬多夫本人所认同的，甚至上帝的命令也不能无中生有地创造出责任的整个结构。正如卡德沃思所说，“从没有听说过，一个人将他命令他人的全部权威，和他人服从他的命令的义务或责任，建立在他自己制定的法律基础上，人们就应该被要求，有义务，或者必须服从他。”（1996：I. ii. 3）② 除非我们应该服从上帝的命令这一点已经是真的，这些命令就不能要求我们采取特定的行动。普芬多夫承认这一点。他说，我们不能由上帝的命令赋予义务，除非“我们在此之前已经需要服从这个命令的发出者”（Pufendorf 1934：89）。

这是我们在第一章和第三章注意到的一般观点的一个具体例子（这是斯特劳森观点的一个后果——这个例子可以称为卡德沃思的观点）。因为第二人称要求不能还原为价值命题或非第二人称的行为规范，也不能以任何简单的方式从它们推出，任何来自上帝命令的对上帝的义务，都要求已经有一种规范性的第二人称责任关系作为背景存在。
109 正如第三章所说：“第二人称权威套第二人称权威”。③

---

① 法律只能强制自由理性的意志，这是 Pufendorf 1934：52—65 的一个主要话题。

② 在他的《论普芬多夫原则》（1989：70—75）中，莱布尼茨提出了反对普芬多夫的类似论证。

③ 我认为这是那种试图将上帝命令的权威建立在他的善之上的神命论面临的一个问题。上帝的无限善可以解释，我们为什么应该将他的意志作为完美的建议来引导我们自己。但是它不能解释我们对上帝负有说明性责任或责任，因此不能解释上帝在这个意义上具有命令我们的权威。关于这种版本的神学唯意志论的例子，见 Adams 1999：249—276。

但是根据普芬多夫，有什么可以提供所要求的第二人称背景呢？普芬多夫在区分道德和物理实体时使用的术语显然使他不能够与苏亚雷斯一样认为，被创造的理性存在者就其本质而言，独立于任何强制，他们在由创造者正当统治这个意义上，是创造者的道德臣民。道德实体“不是从事物的物理属性的内在本质中产生，而是……（通过强迫）附加于有智慧的实体的意志”（Pufendorf 19834：5—6）。所以在这些不同种类的理性存在的本质基础之上——上帝的强迫意志通过它获得对于我们的权威——不能建立起一种更根本的义务或责任关系。根据普芬多夫自己所承认的，我们仍然不清楚上帝的强迫如何能够具有强制义务（卡德沃思观点）所需要的背景权威。①

普芬多夫试图通过提出我们出于感激而有服从上帝的责任——由于我们的“存在”（101），我们欠上帝恩情——来修补这个问题。但这引出了它自己的一个问题。如果为了赋予命令的结构以权威，我们被允许自己具有独立基础的感激的义务，那么为什么要假设，所有其他义务都要求赋予它们道德力量的命令？感激有何特别之处？如果一个唯意志论者关于这种义务作出了这种让步，为什么他不应该也对其他义务作出同样的让步？

这可能是像普芬多夫这样的唯意志论者所面临的最根本的问题。他们想要坚持认为，道德要求一种来源于一种意志对另一种意志提出要求的特殊责任形式。但是他们也坚持认为，缺少两种意志已经具有必需的权威关系的规范性结构，而独立于任何第二人称的互动，前面一点是不可能的。这就使得相关要求成为较低级存在者作为较高级存在者的臣民而服从后者的一个义务。但是假定这种先在的道德关系会导致两种困难。首先，有一个我们刚才注意到的困难：假定任何先在的道德关系，都会引出为什么其他关系不能也被假定存在的问题，比如承诺

① 当然我并不是想暗示苏亚雷斯的观点是可信的。

110 者与接受承诺者的关系或父母与子女的关系。其次，正如我们马上会看到的，一旦认为上帝对话的任何理性存在者都因此有服从的责任，唯意志论者就会使他们的观点面临来自理性责任的观念的压力，这种压力似乎会削弱神学唯意志论。[①] 普芬多夫坚持认为，只有当运用自由和理性慎思的能力，可以导致行动者根据服从理由规定自己时——他们在这个第二人称传达中认识到的理由——上帝才能认定自由和理性的行动者有责任服从他的命令。但这就要求自由和理性的（第二人称的）慎思承认了一种独立确立的较低级者与较高级者的道德关系，这种关系首先赋予了上帝的命令以权威。但是有什么保证了这种承认？

责任、道德理由与第二人称观点

现在我们开始讨论普芬多夫的观点，在这里我们必须考察一下普芬多夫作出的一个根本区分，即对能够和违反道德一起出现的善和恶，与这些善和恶进入慎思的方式之间的区分。[②] 很多东西都能够“影响意志，使它转向一边”或另一边，但是非道德的恶“似乎通过某种自然的力量压倒意志”。然而，义务“在道德上影响意志”，因此它“被迫衡量自己的行为，认为除非它符合了制定的规则，否则就应当受到非难”（1934：91）。因此，义务“以一种特殊的方式同强制区分开来”。[③] 虽然义务和

---

① 实际上，他们使得自己承诺了理智的第二人称传达的限制，这将他们的观点推向了格劳秀斯的方向，也就是认为，自然法表达了一种“任何行为就其与理性本质一致或不一致而言的道德必然性”（Grotius 1925：I. x. i）。卡尔·格拉夫·巴勒施特雷姆的一条评论使我看到了这一点。

② 在以下两点之间存在一个紧张：一个是普芬多夫认为意志总是必须以某种善为目标的理论，另一个是他的这个观点——“从义务出发不论我们做什么”，我们都是根据“心灵的内在冲动”来做的。关于这个紧张有很多细微之处，我在这里无法深入讨论。我在 Darwall 2003a 讨论了这些细微之处。

③ 这与哈特著名的有义务和被迫使的区分相一致。哈特在批评约翰·奥斯丁的法律实证主义时提出了这个区分（Hart 1961：6—8）。

强制都“指出某个恐怖的对象,后者只是运用外部力量动摇意志”,因为影响意志的只是“对即将发生的恶的感觉”。然而,“义务迫使人们向自己承认,那种已经向脱离已颁布规则的人指出的恶,降临在他身上是公 111
正的。”①

这是普芬多夫观点的一个最初陈述。然而,根据这个陈述我们还不清楚,普芬多夫观点如何有助于解决这个问题。正如哈特此后会提出的,有义务和被强制二者的区分如何帮助解释,义务以不同于强制的方式影响“它自己的”意志?它如何帮助我们注意到,在前一种情形我们承认,当我们违背道德律时,作为威胁提出的灾祸降临在我们身上是“正当的”?(Hart 1961:6—8)看起来我们可以承认,上帝或任何相关的人具有对我们提出要求的权威,但是我们不必认为,这个要求向其他要求一样,产生了我们行动的理由。这一点如何迫使“自己的”意志赋予要求以内在的力量?

为了了解普芬多夫必须要提出什么观点,我们需要区分仅仅是外部的责难或谴责(甚至是提出了一个我们认为从其他人的观点来看得到保证的要求的那种责难)与内部的谴责,即针对自我的内疚的反应态度。当谴责来自外部,而且未被接受,那么它就是纯粹外部的。我们甚至可能接受这个事实,即某人合理地提出一个作为责难表达的要求,但不接受谴责或责难本身。然而,当我们接受和承认谴责或责难时,我们认可那个进行责难的人从第二人称对我们提出的谴责;我们赞成这个归罪,因此也赞成谴责本身。② 我们认为自己应当遭受谴责。我们由此认为自己负有从我们与他人共享的第二人称观点出发向自己提出要求的责任。所以,普芬多夫观点是这样的:**在认定人们负有责任时,我们承诺了这一假定,即他们能够通过从一个我们和他们共享的视角出发,**

① 出处同上。参见第三章关于强制与第二人称交谈二者区分的讨论。

② 比较由劳拉·布卢克门菲尔德引用的哈诺赫·耶鲁沙尔米的评论:“承认就是接受责任。也就是当你‘认可你自己的内疚’的时候。”(2002:292)

向自己提出要求而认定他们自己负有责任。为了使我们对他们不服从的行为进行谴责，我们必须认为他们能够从同一个视角，即道德共同体中自由和理性成员的视角谴责他们自己。因此，只有当违背道德律不仅可能造成与违背仅仅外在相关的恶，而且也可能导致我们自己的责
112 难时，普芬多夫观点才能解决这个问题。

但是内在的谴责难道不能外在化吗？这里的担忧难道不应该是，我不能够像我通过逃出他人的视线之外而避开他人的谴责那样，避开我自己的注视，因此不能避开我自己的谴责？假如我可以通过吃药来清除我违背道德的记忆，又会怎样？为了解决这个问题，普芬多夫观点必须是这样：尽管药物也许可以完全清除内部谴责的心理状态，它却不能完全消除我们应当被谴责这个事实，正如我们此时此刻（第二人称地）所承认的。[①] 在真诚地对自己作出这个判断时，在第二人称上，我们就已经处于认定自己为与法则相关的行为负责的过程中。我们知道的不仅是，我们对自己的要求从其他人的观点（比如上帝的观点）看来是得到辩护的。就其自身而言，甚至这种辩护也可能没有为我们提供任何行动的理由；目前为止，它只是关注人们可以合理地感觉什么或做什么。相反，在对自己采取一个第二人称的观点，并且承认谴责时，我们对自己提出了要求。在作出那个判断时，我们隐含地承认了一个充分的动机和最终的理由不违背要求。正如我们在本章前面部分所见，判断某人（不论是她自己或是另一个人）应该由于某些她认为她有最终理由去做的事情而被谴责，似乎是不连贯的。因此，当一个自由和理性的进行慎思的行动者承认她将会因为做了某件事而被谴责时，她由此就承认了不去做这件事的最终理由，在这个意义上，她认定自己负有责任。

这个观点将责任从核心上与自由和理性的存在者依照道德律生活

① 参见第七章我对密尔在《功利主义》第三章提出的内在处罚和外在处罚二者区分的讨论。

的理由联系起来。按照这个观点，承认道德理由本身，是道德行动者积极介入一个责任体系的一部分，也是他们认定自己负有接受相关规范引导的责任的一部分。

一旦我们以这种方式看待事物，就对普芬多夫提出的那种唯意志论造成了重大压力。最明显的是，责任就不再单纯是对上帝的责任，而且在某种意义上也是对自己的责任。当然，仍然有可能上帝会独一无二并正当地宣称惩罚和判决的权利。可能只有他拥有作出最终判决的所有证据，或者独一无二地具有作出最终判决的权威。但是假如这个惩罚自身包含自责或内疚感，甚至这些观点也可能面临压力，因为后者 113
涉及内在的，不只是外在的谴责。

由于我们将道德行动者设想为具有内在谴责的能力，我们因此必须认为他们能够参与第二人称的道德共同体。对普芬多夫而言，每一个行动者都单独与上帝形成这样一个共同体，在这个共同体中上帝不对任何人负责。但是普芬多夫也认为，只有当行动者有能力内在地承认上帝的责难时，因而只有当他们能够以这种方式认定自己的责任能力并且对他们自己负责时，行动者才能与上帝一起形成这样一个共同体。在与上帝的联系中，我们对自己作为一个人采取第二人称观点，而且只有当我们也有能力进入一个相互负责的人组成的共同体时，我们才会具有这个能力。当然，普芬多夫自己并没有得出这个结论，但是我们可以推出，只有有能力进入相互负责的关系的人，才能成为道德行动者。或者我们也可以这样表述，只有当人们自己能够一起组成一个道德共同体的时候，人们才能分别与上帝组成道德共同体。①

我们应该认为普芬多夫这样的唯意志论者，提出了一个更一般的作为责任的道德概念的其中一种观念。任何对这个一般概念的解读，

① 再一次，这一点很重要，正如波斯特玛（1995）和科斯嘉（1996e）已经强调的，这涉及到将道德观点看作一个第二人称复数（我在这里加上第二人称）的观点，看作我们向每一个人提出要求是采取的观点。

都必须将道德看作是立足于第二人称共同体的可能性基础之上的。唯意志论观念的特征是，它默认了一种道德的等级制，并由此（通过命令）推出了道德的其他部分。然而，正如我们已经看到的，作为责任的道德这个一般观念之内存在的倾向，对这个观念的唯意志论解读构成了严重压力。为了区分道德义务和强制，普芬多夫要求对道德行动者从共享的第二人称观点出发进行自我非难的独特能力，以及这种能力在自由理性慎思中所起作用的解释。但这有效地假定了，为了能够对上帝负责，道德行动者必须也能够对自己负责。

在一个自由和理性的意志对另一个（作为自由和理性的）意志提出主张这个观念中，隐含了传达者对被传达者那种接受主张并自由地
114 根据主张规定自己的（作为第二人称）能力的承认。但是一个自由和理性的意志可以对另一意志提出什么主张，并且合理地期待对方的对等回应呢？我在第十章和第十一章将会论证，作为平等责任的道德提供了这个问题的答案，第二人称能力的观念为平等的第二人称权威建立了基础。[①] 由此我们推出，只有当我们自己有权威作为相互负责的自由和理性的人形成一个道德共同体时（一个康德式的“目的王国”），我们人类存在者才能（分别）与上帝一起进入道德共同体。

作为第二人称的绝对命令和黄金规则

我一直在论证，第二人称责任是道德义务概念的一部分。此外，当我们认为彼此有责任服从道德要求时，传达者预设了被传达者有第二人称的能力接受权威性的道德要求，并通过在第二人称上向自己提出

① 这将会对安斯考姆在《现代道德哲学》（1958）中的著名论断构成批评。虽然我同意安斯考姆缺少可提出的要求这一观念，道德是不可设想的，但是我认为，她的这个论断最终会按照我已经指出的方式推翻自身，这个论断就是说，这些可提出的要求需要由上帝颁布的要求。这里我受惠于凯特·艾布拉姆森。

要求而自由地根据这些要求行动。在第九章我将论证，这是构成康德所说的“意志自主性”的深层观念，这个深层观念也支持了康德这个论点，即道德义务必须在诸如绝对命令这样的意志的形式原则中（道德行动者可以使用这些原则来确定道德要求，并在他们自己的推理中规定自己服从这些原则）奠定其基础。在结束这一章时，我希望扼要说明一下，绝对命令和诸如黄金规则这些相关命令，其自身可以最直观地通过第二人称来解释。

举例来说，霍布斯发展出一个他认为“甚至最低能者也能理解的”原则：**“不要对他人做那些你不愿对自己做的事。”**（Hobbes 1994：XV. 35）如果我们通过欲求或偏好来理解“你不愿对你自己做的事”，我们就会得到非常奇怪的结论。比方说，琼斯将会给我剥一颗葡萄（正如我将要给他剥一颗一样）。与他选择不给我剥葡萄的状态相比，我更喜欢他给我剥葡萄的状态。在这个意义上，我将会让他不要（或者用霍布斯的话来说：不要让他）[1] 拒绝给我剥一颗葡萄。那么我们就应该将霍布 115
斯的黄金规则理解为要求我不选择不为琼斯剥葡萄（正如我同样也应该要为他剥葡萄一样）。这看起来明显是一个奇怪的解释这个原则的方式。很明显，如果我不为琼斯剥葡萄，我并没有做错任何事，正如如果他具有恰当相应的偏好而不为我剥葡萄，他也没有做错一样。[2]

很明显，直观上看来更可信的是，通过我们期望或要求他人不会对我们做的，或者通过我们反对或抱怨他人所做的（或者可能是，我们会想要能够主张或要求他们不去做的）来解释“不愿对自己做的事”。虽然我会更希望其他人为我剥葡萄，因此，更希望他们不会拒绝这么做，

---

① 如果我们不按这种方式解读霍布斯，我们会得到一个更奇怪的结果，这个结果就是，如果我不会更希望他不为我剥葡萄（比如，如果我对此前景毫不在乎），那么我就不应该拒绝为他剥葡萄。

② 斯坎伦提出了一个类似的观点（1998：170），他注意到，这也是康德在《道德形而上学基础》中的反驳（1996b：430n）。

我当然不会反对他们不这么做，或者要求他们要这么做。正如我不会（想要）对琼斯提出这个主张，假如我不为他剥葡萄，我也没有违背黄金规则。

一种我们熟悉的方式是通过**接受**来理解黄金规则。我们通常认为，如果你不会或不能接受他人这么对你，那么你也不应该这样对他们。但在这个语境下，接受是什么意思？在关于利己主义的讨论中经常有人指出，存在一种理论的意义，在此意义上一个利己主义者能够接受他人的完全关注自我的行为，甚至当这个行为会伤害到这个利己主义者；她能接受这个行为是得到辩护的。按照一种作为普遍立场的利己主义，其他人的利己主义行为并没有比她的行为得到更少的辩护。争论的各方通常都同意，为了在理论上接受这个行为，她并不需要在更实践的意义上也接受它。

但是，某人在实践上接受某件事是什么意思？如果它只是指，与其他选项比起来，某人更欲求或更偏好这个选项，或者至少不是对它没有偏好，那么我们就回到了两个自然段之前的同一个领域，面临同样的问题。可能“接受”意指某种像“不反抗”的东西。但这也会导致奇怪的
116 结果。只要我们玩竞赛性游戏，比如乒乓球，我们反抗对手为赢得比分作出的努力，就是很自然的。所以我们难道不应该在比分上赢她吗？

我认为，短暂的反思可以表明，理解“不要对他人做那些你不会或不能接受他们对你做的事”中的“接受”，最自然的方式是通过我们在本书一开始鉴定出的第二人称的概念循环。根据这些概念，我能够接受的，就是我不会反对的，或者我会主张或要求的。按照这个自然的解释，黄金规则是第二人称的。[①] 它断言了某种我们可以设想为合理性的基

① 关于霍布斯提出他的黄金规则版本的道德哲学的一个精彩研究，关于她所说的霍布斯的核心“互惠定理”（理解为那些我们将会或不会因此而谴责或“归咎”他人的东西），以及她将向彼此辩护自己欲求当作霍布斯道德心理学的一个核心方面，见 Lloyd forthcoming。

本原则的东西，也就是设想为罗尔斯（1980）和斯坎伦（1998）所理解的这个观念。我们不应该按照那些我们要求或期望（或者将会要求或期望）其他人不那样行为的方式行动，换言之，不应该按照我们会不满或反对的方式行动。如果我将会反对其他人踩我的脚（因此要求他们不这么做），那么我就必须不踩他们的脚。林肯的著名评论——“正如我不要成为一个奴隶一样，我也不要成为一个主人”（1989：484）——也是遵循同样的思路：正如我不允许他人对我提出一个主人的主张，我因此也不应该对他人提出一个主人的主张。

或者再一次考察绝对命令的普遍法则公式：“仅仅根据那些你会同时意愿它成为一条自然普遍法则的准则行动”（Kant 1996b：421），[①] 关于如何解读康德的准则观，以及如何依此解读普遍法则公式，关于如何理解按照这种解读与人道公式和目的王国公式（康德认为他们是等同的）相联系的普遍法则公式，存在很多细节的争议。在这里我们很难理清这些争论。不过，在第十二章我将会论证，解读绝对命令的各个公式的最好方式，是在契约论的框架之中进行（基于我们在第二人称观点中预设的自由和理性行动者的平等尊严）。直观的看法是，当我们根据 117
绝对命令规范我们自己时，我们接受和服从的要求，是我们认为从平等的自由和理性人所共享的道德共同体观点出发，可以合理地向每个人提出的。这使得第二人称权威和能力成为根本性的。最基本的是自由和理性人的尊严，它被理解为他们向平等的彼此提出要求的（第二人称的）权威。 118

① 它与黄金规则的根本不同［康德（1996b：430n）自己注意到这点］在于，我们必须能够意愿的是对一个准则的普遍遵守，而不仅是一个具体的行为。

第六章

尊重与第二人称

［f. L. respect-, respicĕre 的词根，（回头）看，注目，考虑。其反复动词为 respectatre。参见法语：respecter（16 世纪），西班牙语：respe(c)tar，葡萄牙语：respeitar，意大利语：rispettare。］

——《牛津英语在线词典》

一个人类存在者作为一个人格，也就是作为道德实践理性的主体……具有**尊严**……他由此从世界上的所有其他理性存在那里要求对自己的**尊重**。

——伊曼努尔·康德，《美德理论的形而上学首要原则》

作为平等责任的道德通过平等**尊重**来理解道德关系。[1] 通过将我们自己看作是相互负有责任的，我们赋予彼此向作为道德共同体平等成员的双方要求某种行为的立场。在这一章，我将论证，对这个权威的承认是一种不可还原的第二人称的尊重形式。用康德式的“目的王国”的“共同法则”来理解（Kant 1996b：433），道德要求塑造和表达了人们

① 这一章在很大程度上来源于 Darwall 2004b。

同等具有的特殊价值——**尊严**，一种“无价的价值”（1996b：462）。本章将论证，人的尊严和尊重（对尊严的恰当反应）都具有不可还原的第二人称特征。我们的尊严包括了认定彼此对对方负有道德义务的立场，对第二人称立场的尊重本身是第二人称的。

尊重从两个不同地方进入作为平等责任的道德。首先，通过认定我们自己对彼此负有责任，我们赋予彼此向作为道德共同体平等成员的人们提出要求的权威，即使那些要求的内容超出了人与人之间的对 119
待。其次，更具体来说，当那些要求是关于我们必须如何对待彼此时，我们尊重我们作为人的尊严。

我们在本章使用的方法是分析的。我只是揭示出我认为隐含在我们现有的道德观中的后果。之后我将试图确证我们的道德观的这些方面，在第十章我将论证，作为任何第二人称理由传达的预设（规范性恰当条件），我们承诺了自由和理性行动者的共同尊严（第二人称权威）。接着在第十一章，我试图将第二人称理由置于实践理性的一个总体理论中。

态度和对象

尊重是对尊严的恰当回应，正如敬重是对值得敬重的对象的恰当回应，欲求是对值得欲求之物的恰当回应，等等。[①] 正如欲求和敬重的正确种类理由必须从这些态度与他们的特征对象（即值得欲求之物和值得敬重之物）相联系的特定方式中获得一样，尊重也是如此。我们所

① 正如在欲求某物时，我们认为它是值得欲求的，或者在敬重某物时，我们认为它值得敬重的，因此在尊重某物时，我们认为它具有尊严或权威。请注意，我们一直所说的关于态度的“正确种类的理由”，与态度是否“适合”（在事物在评价或规范性上从那个态度的视角看来是那样的这个意义上）它的对象有关。“适合”的理由使得一个态度在这个意义上适合它的对象。见 D’Arms and Jacobson 2000a 和 2000b。

关注的那种尊重（即承认的尊重）的特定对象是尊严或权威。[①] 然而，承认的尊重与其他态度不同，因为前者不仅仅可以通过它的对象得到辩护，而且可以被正式地要求。某人没有敬重你那些令人敬重的属性，这可能是没有给你本应得的回应，但是敬重不是你或任何其他人能够期望或要求的。但对你的尊严的尊重却非如此。

康德说，人的尊严是我们“由此”“**要求获得**尊严”的东西，也就是正如康德所说的，我们由此从作为理性存在者的彼此主张或“要求”尊
120 重（1996d：434—357）。[②] 但要求作为一个人的尊重是什么意思？是什么使得我们能够提出这个要求？因此可能被要求的对这个尊严的尊重又是什么？我认为，回答这些问题的关键在于，我们的尊严和作为对这些尊严的恰当回应的尊重所共有的不可还原的第二人称特征。我认为，人的尊严是平等的第二人称的权威：对彼此作为平等的自由和理性行动者提出主张或要求的地位，包括作为相互平等负责的道德共同体的成员。对这个尊严的尊重就是对同样是第二人称的这个权威的承认。[③] 正如尊重的词根“respicĕre”所暗示的，回馈一个真实的或想象的第二人称传达的是“往回看”，即使这只是从自己出发的。

我们说，人的尊严是第二人称的，也就是说它不能完全被换算为（非第二人称的）价值或规范，比如换算为一系列立足于我们作为人的共同天性的行为要求，或者甚至换算为人必须或禁止被对待的某些方式（Kamm 1989，1992；Nagel 1995）。它也涉及作为人主张或要求服

---

① 关于**承认的尊重**和**评价的尊重**的区分，参见下一节。

② 添加了对“要求”的强调，去掉了对“尊重”的强调。我应该提醒大家注意，我所论述的只是对康德关于尊严和尊重的著作的一种解读。康德有时好像说尊严是一种只有当理性存在者遵守道德律时才能被他们实现的价值，而不是一种他们由于道德行为的能力就具有的价值或立场。举例来说，他提到“一个理性存在者（他服从的法则同时正是他提出的那些法则）的尊严的观念”（1996b：434）。在此我受惠于与奥利弗·森森的讨论。

③ 对人的（承认的）尊重的第二人称特征在过去三十五年关于尊重的讨论中（包括我自己的讨论）一直被忽略了。比如，见 Buss 1999b；Cranor 1975；Darwall 1977；Dillon 1995，1997；Downie and Telfer 1970；Hill 1997，1998；Hudson 1980。

从这些要求的一种平等权威。在此回顾一下罗尔斯的表达是有价值的，他说人是“有效主张自我产生的源泉”（1980：546）。乔尔·范伯格提出了一个与此相伴随的观点（我在这章将会发展这个观点），他说“产生自我尊重和对他人的尊重的”，正是“提出主张的活动”（1980：155）。

的确，我相信我们平等的第二人称权威是最根本的，而关于行为的实质性约束来自这个权威。在我看来，我们作为平等的道德人所“亏欠彼此”的，可以在契约论的框架内得到最好的解释，正如我在第十二章将论证的，它自身建立在我们在第二人称观点中承诺的平等的第二人称权威基础之上。 121

评价尊重对承认尊重

我们以区分我们所关注的那种特定的尊重（即承认尊重）与“尊重”可能指称的其他态度以及相近的其他反应来作为开始，这会有帮助。比如，考察一下在某些意义上，我们能够被认为对某人——要么作为一个人，要么因为某种特殊能力（比如作为一个哲学家）——具有更多或更少尊重，或者能够被认为已经获得了或失去了对某人的尊重。在这些情境中，“尊重”指称一种**敬重**。

当然，敬重也能够以我们永远不会想要称之为“尊重”的形式出现。举例来说，青春痘加上人缘不好，能够摧毁一个青少年的自我敬重，但不一定会威胁到他的自我尊重。敬重与我们崇拜、瞻仰、嫉妒，或者想要获得或效仿的东西相关。很多这类优点都不能够以理智的方式成为任何一种尊重的对象，至少在缺少某个既长且不明显的故事叙述时是不可能的。假如那些人缘好的孩子假想的光滑无痕的脸蛋，被认为是由行为（比如个人卫生）差别导致的，或者看起来是他们更优秀的品格的一种表现，那么这就能够提供一种区别尊重的感觉。[①] 但是假如没有这样的联系，它就不能提供。

我们称作“尊重”的那种敬重（本书之后将称作评价尊重）是对某人的行为或品格的评价，或者对某些多少涉及这些行为或品格的事物的评价。[②] 对某人作为一个人的评价尊重是道德的敬重，即认可她作为一个道德行动者。我们也能在更具体的能力方面对人表示评价尊重，但是即使这与道德敬重不同，它仍然与人在相关能力方面的行为相关。因此，虽然对一个作为网球选手的人的评价尊重，不同于对她作为一个人的尊重，这种评价尊重与对她的网球技术或者成就的敬重也不是同一回事。如果我们完全反对她在球场上的行为，比如说因为她试图通过操纵规则获得不公平的优势，这就容易减弱我们对她作为一个网球选手的尊重。即使它不会减少她的胜利和成就，但也会使它们黯然失色。

评价尊重是由于行为或品格而应得或获得的敬重。相反，我们作
122 为人，不考虑我们所应得的，能够要求的尊重完全不是这种形式的敬重。当我们认为甚至那些恶棍也具有尊严，因此保证了他们得到受到尊重的对待［比如像斯特劳森所说的（1968：93），在认定他们具有责任能力时］，我们所想的明显是某种不同于敬重的东西。这个看法并不是说，人格在某种程度上是一种值得敬佩的属性：“诚然，他偷窃了辛勤工作的人们的养老金，但至少他是一个人”。这里起作用的不是评价而是承认。

承认尊重的对象不是优点或功绩；它的对象是尊严或权威。与承认尊重有关的不是某物应该被如何评价或鉴定，而是我们与它的关系

---

① 另一种可能性是，这些东西不会冲击我对自己行为或品格的尊敬，但它们能够削弱我们对我们作为一个人的价值或尊严的感受或感觉，尽管我们的信念是相反的。关于这点，见 Dillon 1997。

② “评价尊重”和“承认尊重”这两个术语取自 Darwall 1977。

应该如何调节或管理。一般说来，当我们赋予某物在我们与它的关系中的地位（权威）时，我们就在承认的意义上尊重它。由于人们具有的这种权威在根本上是第二人称的，对它的尊重也必须是第二人称的；它必须包含承认。①

然而，有一些形式的承认尊重在根本上完全不是第二人称的，也就是只要当尊重所承认的权威不是第二人称的时候。在这些情况下，相关的权威可以在没有得到认可时被承认。而且，在很多这些例子中，权威可以是应得的或被赢得。但是甚至在这些情况下，对权威的尊重也与对任何形式的应得的敬重不同。

举例来说，我们在第三章看到，当一个人试图通过证言为另一个人提供相信某件事的理由时，他这么做的（第二人称）立场，是如何依赖于他的认知权威，以及他作为一个证人有多么可靠或者能够被认为有多么可靠，或者是如何被这些因素挫败的。可以肯定的是，在协作的理论推理中，我们赋予彼此的立场本身是第二人称的（Pettit and Smith 1996）。但是能够挫败理论推理的认知权威则不是第二人称的。我现在所说的观点是，我们有可能完全认识到认知权威，而不需要任何形式的第二人称的承认。我们能够尊重从另一个人的独自沉思中无意听到的知识或智慧，并根据它们调节我们自己的推理。在这个情况下，我们尊重他人的认知权威，但没有承认（即使是隐含地）任何他提出的第二
人称主张。 123

尽管如此，尊重某人的认知权威还是不同于尊敬他的认知美德。后者是通过对他作为一个认知者，或者对他在协作研究中的贡献的正面评价来表现，并且后者就是这个正面评价的一部分。然而，前者是在我们与他相关的认知行为中实现的，比如在决定我们自己相信什么的时候，赋予他的观点以分量或权威。②

① 与承认不同，我认为认可总是针对某个人的，如果只是隐含的和针对自己的话。

② 不过，这里有一个位于承认尊重和评价尊重二者区分的边缘的引起问题的例子。

或者考察一下我们赋予值得信赖的建议者的权威。这也是能够被认为应得或者被赢得的。当我们赋予一个建议者在我们关于做什么（至少是关于我们要相信我们应该做什么）的慎思中的地位时，我们就具有对他的承认尊重。这里的情形与理论的例子完全一致。即使在提出和收到建议时（特别是当那个建议者仅仅推荐一系列行为而不给出理由时）涉及一种第二人称权威，这个权威仍然被认为依赖于一个完全不是第二人称的权威——即建议者的实践智慧，并被认为可能被后者挫败。假如我们开始相信，我此前信任的某个人，不再是与我的实践情况相关的理由的特别好的评判者，或者他尽管还是好的评判者，但是我不再信任他会告诉我他的真实想法，那么我就不再有任何理由对他的建议报以承认的尊重。但是在这里，我对他的建议能力的不敬重，与我随之而来的承认的不尊重不是同一回事。前者在对他作为一个顾问的负面评价中表现出来，或者它本身就是这个负面评价的一部分。后者是在我如何在与他和他的建议的关系中引导我自己的慎思时（在决定做什么的时候，或者在形成关于有哪些理由决定一种或另一种方式的信念时，赋予他的观点较轻的分量）体现出来的。

正如萨拉·布斯（1999b）指出的，另一个例子却是那种在羞愧的
124 经验中通常涉及的隐含的尊重。正如我们在第四章注意到的，当我们像他人看待（或可能看待）我们那样看待自己时，我们就会经历到羞愧，并且我们注意到，这个观点对我们而言，在某些方面是有问题的——比如，因为它涉及蔑视或类似的东西，或者因为它揭露了一个我们更愿意

正如我们能够在调节我们的信念时，表现出在调节我们的行为时对某物或某人同样多的承认尊重一样，在调节我们的尊敬时我们似乎也能够如此。所以，为什么通过对某人品格的恰当评价，来恰当调节我们关于感受什么的想法，不是承认尊重的一个例子呢？而且假如是这样，它与随之而来的对那个人品格的尊敬（评价尊重）的区别是什么？甚至在这里，我们也可能想要区分二者，但是这个例子中的区分似乎非常细微，即使有所区别的话。我受惠于马克·勒巴尔的这个建议。

保留个人隐私的方面。[1] 羞愧不是对蔑视的恐惧；它也不是意识到被人蔑视或者被人以某种表现出蔑视的方式看待。相反，羞愧是感觉到的，好像认为自己可耻这个看法会得到认同。它是通过认识到（虽然不必然认可）我们从他人的视角获得的对自己的看法，以某种让人不舒服的方式被正确看待的经验。这就是为什么布斯说羞愧涉及尊重。羞愧的感觉好像是他者能够看出我们的真实面貌——好像她有这个能力和权威。然而到目前为止，这个权威看起来完全是认知的（在足够广的意义上）；它就好像是我们在严肃对待另一个人的认知态度时认识到的权威一样。

使得对这些不同形式的权威的尊重，在结构上类似于但仍然在重要方面不同于对一个主张或要求的权威的尊重，是前面那些权威的形式与非第二人称理由有关。对认知权威的尊重不需要涉及对任何（甚至隐含的）主张的（甚至隐含的）认可。可以肯定的是，我们通常表现出对理论知识、实践智慧和类似权威形式的尊重的情境，通常都是第二人称的。证言、建议、相互询问和提出的批评，都对听者的注意力、判断或推理提出了一种主张。但是在这些情况下，相关的第二人称立场直接来源于一个更基本的认知或类似认知的权威，这个权威本身在根本上并不是第二人称的，它可以在那些不涉及对尊重的任何（甚至假想的）主张或要求的（甚至假想的）认可的情境中得到尊重。

然而，任何传达第二人称理由的立场在根本上都是第二人称的。当一个中士命令她的部队集合时，她的部下会认为，她由此给予他们的理由直接来自他们的规范性关系，来自她对他们下达命令的权威。再一次，这是霍布斯著名的“命令”和“劝告”之间的差别所表达的观点（1983：XIV. 1）。如果中士不具有以这种方式对待他们的权威，她提出的理由就不会存在。我们能够完全尊重这样一种第二人称权威的唯

① 关于后者的重要性，再次见 Velleman 2001。

125 一方式也是第二人称的。

与此类似，我相信对某人作为一个人的承认尊重也是第二人称的。它是对某人传达和被传达那些根源于人的尊严的第二人称理由的立场的一种认可，这个立场从头至尾都是第二人称的。正如洛克所说，“人”是一个“适用于法庭辩论的术语”；它与责任在概念上相关联（1975：346）。根据作为平等责任的道德，成为一个人也就是具有作为人向他人提出要求，以及在相互负责的平等个体组成的共同体之内，被他人提出要求的能力和立场。这个第二人称的能力赋予所有人平等的尊严，不论他们的功过如何。当我们在与一个人的关系中赋予他这个立场时，我们就因此将他作为一个人尊重。

尊重对关心

因此，承认尊重不涉及对优点或功绩的评价或鉴定，甚至也不涉及对某人作为人的功过的评价或鉴定。相反，它是内在地赋予某人价值（赋予内在于他的价值或以他自己为目的赋予他价值）的一种方式。在尊重某人的尊严时，我们尊重他，赋予他价值。但是对于赋予某人内在于他自己的价值，或者以他自己本身为目的赋予他价值而言，尊重不是唯一的方式。关心或仁慈是另一种方式。① 因此，弄清尊重和关心之间的区别是很重要的，因为它们建立了有着重要不同的道德哲学观念的基础。

与尊重一样，关心也将个体作为它的对象。但是，虽然尊重某人蕴

① 在这里我用“关心”意指我在 Darwall 2002b，特别是其中第三章，讨论的那种“同情的关注”。有一些其他意义的关心，比如当我们被法律要求提供的“义务关心”，其中涉及的是一种尊重形式。在这里我受益于出版社收到的一封匿名读者来信。另外，相互关注的关系，至少那些具有第二人称能力的人之间的这种关系（比如友谊，相爱的关系等等）也涉及一种尊重的元素，它是以这种独特关心的方式与他人相联系的一部分。这里我受惠于约瑟夫·拉兹和苏珊·沃尔夫。

含了与她作为一个具有尊严的存在的关系，关心某人则涉及将她看作一个可以具有福利的存在。在关心某人时，我们想要实现特定的状态，即那些将会使她受益的状态。[1] 然而，尊重是关注态度或行为，而不是关注状态的。在尊重某人时，我们倾向于调节我们在与她的关系中的行为——倾向于去做她的尊严要求我们做的事。 126

根源于尊重的行动理由是**第二人称的，关于行动者的**和**行动者相关的**。对人的尊重是某人由于其作为一个具有第二人称能力的行动者而可以要求的一种反应。我们这里关心的不是（至少主要不是）有助于某人的福利或善，而是在其他事物中，她从作为一个平等的独立行动者的观点看来有价值的和善的东西。通过这种做法，我们认可她（和她的权威）是自由和平等的。比如说，我们可以正确地认为，不健康的习惯会伤害某人，因此违背了她的福利，但是我们也可以认为，尊重反对我们运用超出合理程度的压力来促使她改变。对她以及她的福利的关注，可能会使我们希望她改变，而且希望帮助她改变，但对她的尊严的尊重限制了我们。一个人的价值和偏好能够为其他人提供尊重的理由，允许她提升价值和促进偏好的满足（我在其他地方已经论证了，而且给了她自己追求它们的理由），不论从一个行动者中立的观点来看，所取得的结果在其他方面是否是有益的或好的，或者实际上，不论她是否有其他理由提升和促进它们（Darwall 2001）。而且因为它们是第二人称的，尊重的理由在根本上也是第二人称的。[2] 它们关注其他人必须如何与我们相关联，以及我们要求这一点的权威。

而另一方面，关心的理由是**第三人称的，关于福利的**和**行动者中**

---

① 这是 Darwall 2002b 的一个中心主题。

② 参见第一章、第二章和第四章关于这点的讨论。正如我在那几章提到的，这个理由本身可以是行动者中立的，即使它建立在某些根本上第二人称的和行动者相关的事物基础之上。因此采取行动者中立形式的功利原则，可以被认为是建立于这个更根本的观念之上的，这个观念就是，我们必须按照反映出我们向彼此提出主张的平等权威的方式来对待彼此（和我们自己）。

立的。从同情的关注视角来看，被关心的对象的自身价值，只有体现在他的福利中时才是调节性的。比如，如果我们关心的那个人意志极度消沉，他可能就不会重视他自己的福利，或者那些会大大提升福利的事物。在感受到对他的同情的关注时，我们不是被他所重视或偏好的事物（像在尊重中那样），而是被（我们相信）实际上有益于他的事物所调节。当然，一个人的福利与他的偏好和价值紧密相连，但是只有当事实的确如此时，他的偏好和价值才能产生关心的理由。对于我们关心的对象而言，对福利的考量自身是以行动者中立而非行动者相关的理由
127 呈现的。从行动者中立的角度来看，被关心的对象受益似乎是一件好事，因此，对于任何能够带来这些结果的人，而不仅仅是对于那些有被关心对象有某种特殊关系或者恰好关心她的人，都存在一个理由。① 最后，对我们的尊严的尊重是任何人都能够要求的；但对我们自己或者我们福利的同情的关注却并非如此。

通过反思父母与子女的关系，我们可以更容易看到仁善的关注和尊重之间的区别。对于足够年幼的孩子对吃一些有益健康的食物的抗议，父母可以合法地赋予这种抗议相对较弱的内在重要性，尽管他们应该考虑到这样做对孩子福利的影响，比如吃这种食物会成为一种不愉快经历的可能性，坚持要求她吃这种食物对孩子心理健康造成的长期影响等等。在这个阶段，父母可以恰当地仅仅由孩子的福利来指导。然而，举一个极端的例子来说，当他们的女儿在中年以后回到原来的家里，情况就有很大改变。因为如果父母不认为一个已经是中年人的女儿的意志具有内在分量，实际上，认为它是支配性的，这就明显是一种缺乏尊重的带有贬义的家长制。② 现在，他们的女儿具有她在生命早期完全不具有的一个第二人称立场。如果她的父母试图在这个时候强迫

① 关于对这些论断的进一步捍卫，见 Darwall 2002b：49，69—72。

② 关于对家长制——在这个联系中特别明显——的一个非常深刻的解释，见 Shiffrin 2000。

她吃“她的西兰花”，他们就会受到正当的指责。他们没有做到尊重，这会引起一个第二人称的反应，这种反应要求他们对她的第二人称尊重。[1]

或者再次设想一下因为某人正在踩着你的脚而使你感到疼痛。对于某个关心你的人而言，解除你的痛苦看起来是世界的一个好的状态，因此好像任何有能力的人都有一个理由努力实现这个状态。当然，由于那个踩你脚的人，很可能处于做到这一点的因果网络中的最佳位置，这对他而言似乎就是一个挪开他的脚的特别好的理由。但是它仍然是 128
一个行动者中立的理由。踩你脚的人与你的关系，只是因果结构的一部分——这个因果结构使得你免于痛苦值得欲求这个行动者中立的规范性事实，与他的慎思状况特别相关。然而，如果你看到，他把他的脚从你的脚上挪开，这是由相互尊重所要求的，你就会认为他有建立于你要求他挪开他的脚（事实上，要求他从一开始就不要踩你的脚）的权威之上的一个理由。这个理由就会是第二人称的和行动者相关的。[2]你将会认为，他与你的关系（他无缘无故地引起你的痛苦）与他应该如何引导自己对待你之间具有内在关联。而且正如我在第十章和第十一章将会论证的，这个行动者相关关系（在逻辑的意义上）的相关性，可以被看作在第二人称意义上如何相互联系的结果。第二人称的联系是首要的和根本的。像“我们不应该引起他人无缘无故的痛苦”这样的行动者相关的规范，可以在契约论的框架内得到详细说明——这个契约论

① 然而，我们应该注意到，我们经常称作关心的各种形式的关系，比如朋友之间的关系、爱人之间的关系，通常既涉及尊重也涉及善意的关注，并且具有不可消除的第二人称特征。举例来说，作为朋友，我们认为自己应该相互扶持，包括帮助他们追求他们的偏好，这在某种程度上独立于对彼此福利的考量。这里我受惠于约瑟夫·拉兹和苏珊·沃尔夫。

② 再次，这个规范之所以是行动者相关的，是因为它在缺少对行动者的不可消除的指称时，就不可能得到陈述。很多道德规范，也就是那些有时被称为“道义论约束”的规范，在这个意义上是行动者相关的：比如，其他条件维持不变，一个人应该遵守她的诺言。关于这点，见 McNaughton and Rawling 1993。

的框架建立在我们与彼此第二人称地联系时作出的承诺之上。

尊重与我们如何在与他人的关系中引导自己的行为有关，而关心反映的是他人的事情进展如何，不论这是否涉及与他们的关系。就其自身而言，关心既不是由任何针对它的对象或与它的对象相关的特定行为所定义的，也不是必然涉及这种行为。因为我们关心某个人，我们在对待他的行为中的利益是工具性的。仁善的关注导致我们希望以最能导向他的福利的方式行动。然而，对某人的承认尊重涉及的是他作为一个人而言，我们对待他的行为方式，或者与他发生联系的方式，也就是那些他的尊严所要求的方式。

由于以上考察，我们完全可以预期，哲学上基于普遍仁善的道德观，应该采取行动者中立的后果主义形式，而诸如作为平等责任的道德观，则应该发展出具有行动者相关约束的道义论的道德理论。[①] 如果道
129 德建立在关心或关注基础上，那么它就有一个最终的行动者中立的目标，即所有人或有知觉的存在的福利，对行为和社会实践的道德评价因此最终是工具性的。当然，我们有可能接受这样一种观念，并且像密尔（1998：ch. 5）一样认为，将行为评价为错误，这个评价自身不是工具性的，而是依赖于其自身得到工具性辩护的那些构成责任的规范。不过这样的评价在另一个层次仍然是工具性的；它们将责任的个人态度和公共实践看作实现公共善的工具。而且，因为它们是从一个更基本的行动者中立目标得出的，它们的规范性也必须最终是行动者中立的。

实际上，最后一点是将斯特劳森关于道德责任的后果主义方法扩展到道德义务的结果。对一个外在目标的助益，不同于我们在提出道德要求时采取的第二人称观点中承诺的标准。相反，基于平等尊重的道德观，将道德理解为在最根本上与我们应该如何与彼此相联系有关

① 从哈奇森到西奇威克的功利主义理论是前者的例证，斯坎伦的契约主义则很好地说明了后者。关于道义论与行动者相关性关系的精彩讨论，见 McNaughton and Rawling 1993 和 1995。

的，即我们有立场提出什么要求以及我们有什么立场提出这些要求。这使得道德在根本上是一个第二人称的问题，因此道德规范也必须在相互尊重的行动者相关的或自我—他人的观点中建立。这个框架（不需要进一步论证）当然是与以下这点一致的，即我们能够从彼此那里要求的，可以包括对我们的福利的平等考量，因此也与这点一致，即对彼此的尊重要求服从例如功利的行动者中立原则。这将会是对密尔立场的某种颠覆——从一个根本上行动者相关的道德观得出一个行动者中立的规范。[①] 而且，与之平行的观点看起来也成立，也就是说，根据这样一个观念，这样一个行动者中立的规范的规范性，自身将会是根本上行动者相关的（尽管是隔了一层的）。

康德论尊重

我们现在将更细致地考察尊重的第二人称特征。这一特征很容易被忽略。比如在我 1977 年的文章里，我就忽略了它；当时，我将对人 130
们的承认尊重，等同于"在思考要做什么时，严肃对待和恰当衡量他们是人这个事实"[②]（38）。这使得尊重成为某种我们可以在第二人称关系之外发现的事物；我们只需要充分认识到关于某人的一个事实或者特征，即她是一个人。[③] 按照类似的思路，艾丽斯·默多克对康德的观点提出这样的抱怨：康德使得尊重的对象成为"人们内心的普遍理想"（Murdoch 1999：215），而不是个体的人。[④] 在这一节，我们将考察康德关于尊重的观点。这些观点本身就非常有趣，同时它们还包括我们在

① 在此我受益于与艾伦·吉伯德的讨论。

② 在 Hill 1998 中，小托马斯·E. 希尔接受了一个类似的观点，他写道，对人的承认尊重是一个"在我们的慎思中赋予某人是一个人这个事实（不论值得称赞与否）以恰当分量的倾向"。

③ 关于一个类似观点，见 Buss 1999a：797。

④ 我受惠于卡拉·巴尼奥利提供这个参考文献。见 Bagnoli 2003。

本书余下章节会继续采用的一系列重要观点。在本章剩余部分我将论证，要理解对人的承认尊重实际上如何，是一种针对个体的态度，而不仅仅是针对关于个体的一个事实或一个属性的，关键在于认识到尊重在调节个体之间的第二人称关系（即亲缘关系）中所起的作用。我将指出，这个观点的种子已经埋藏在康德自己关于尊重的论述中了。

尊重（Achtung）在康德伦理学著作中出现于三个不同地方。[①] 首先，在《道德形而上学基础》的第一节，康德论证说“对法则的尊重”刻画了具有道德价值的行为的特征，“责任是出于对法则尊重的行为的必然性”（1996b：400）。其次，在《实践理性批判》中，康德提出了道德行为的经验心理学，以及在此之内的关于尊重的心理学的解释（1996a：71—89）。第三，在《道德形而上学》中，康德讨论了对自己和对他人的尊重的义务（1996d：434—437，462—468）。

康德没有明确区分评价尊重和承认尊重。大多数时候，他关注对人以及人的特殊尊严的承认尊重，但是在有些地方，他想说的非常明显
131 是一种形式的评价尊重，即比较性的道德敬重：“面对一位我认识到他正直品格而自觉不如的谦卑的普通人，**我在内心向他鞠躬**。”[②] 紧接着康德补充道，“**尊重**是我们不能拒绝对优点表示的一种**赞誉**。”（1996a：77）用我们的话来说，回应优点和“正直品格”的尊重是赞扬的尊重。

我们有些不清楚，为什么在他人显得具有更大优点的例子中，康德应该关心那些标示出评价性尊重的例子。康德相信，尊重的经验总是包含谦卑的情感，而且正如我们将会看到的，他可能还认为，除非我们

---

① 在这一章我非常感谢彼得·弗拉纳斯（Varanas 2001：25—49）对康德论尊重的分析。我在很多但不是所有方面（比如，他倾向于将敬重等同于一种评价尊重的形式）追随了弗拉纳斯的分析。我也从 Dillon 2004 和伯纳德·雷津斯特的《自我欺骗的道德区分》（在康德伦理学会议上宣读，University of San Diego，January 16—18，2003）中获得了帮助。

② 关于康德有时混淆了作为承认尊重对象和作为赞扬尊重（道德的尊敬）对象的尊严的某些证据，见第 126 页注释②。

认为他人具有更大优点，这个要素就可能会缺失。① 然而正如我们同样将会看到的，康德相信，对人的尊严的承认尊重，总是包含对道德律的谦卑的认可，根据他的分析，道德律不可避免会“击败自负”（1996a：73）。他在这里重复了这个分析，他说那个普通人的例子“将一个法则呈现于我面前，它击退了我的自负”（77）。但是不论人们是否将他者看作与这个法则靠得更近，这都将是真的。

康德对尊重作出的唯一明确区分是对敬重（reverentia）和敬畏（observantia）或者“实践意义上的尊重”之间的区分，前者他总是用来意指一种尊重的情感，后者则与“通过另一个人中的人道尊严来限制我的自我敬重的行动法则”等同（1996d：402，449）。很明显，敬重就是刚才讨论的比较性的评价尊重中所包含的东西。但是对于康德的道德心理学来说重要的是，对道德律和人的尊严的承认尊重（敬畏）也会引起敬重。因此，在讨论自我尊重的义务时，康德评论说，人们具有的价值“是无价的……是不可异化的尊严（dignitas interna），它在他之内注入了对他自己的尊重（敬重）”（436）。

我们没有直接感受到敬重的义务（1996d：402）。康德认为我们不可能具有经历一种情感的义务。相反，我们具有在我们和他者中尊重人道尊严的敬畏的义务，并且这样做的现象经验或情感就是敬重。 132
与此类似，当康德说对爱和尊重的义务的“履行”相应地“伴随着”爱和尊重的情感时，他同时是在区分爱和尊重的病理学形式和实践形式（448）。病理学上的爱是在我们履行（实践的）仁善义务时感受到的，敬重是当我们履行敬畏或者“实践意义上的尊重”的义务时所感受到的（448—468）。

这将我们引向了康德对敬畏如何引起敬重的解释，即对道德律和

① 康德并没有说，我们必须相信或者判定他人具有更大优点，而是说在经验到对他人的这种尊重时，我们看到、感觉到，或者经验到他人优于我们。我首先知道我自己不完美，但是他人“在我看来更纯粹”（1996a：77）。

人的尊严的实践尊重如何保护特定的尊重情感。康德关于尊重的思辨心理学的框架基础是他的先验观念论和“两个观点”学说——康德区分了当我们将自己和自己的行为经验为感官经验的“现象”世界的因果结构的一部分时采取的观点，和当我们思考做什么时采取的理智视角（参见 1996b：451—462）。从慎思的立场（并且重要的是，从认定彼此负责包含的第二人称视角）来看，我们首先关心的，不是搞清楚将要发生什么，或者已经发生了什么。我们关心的是，我们应该做什么，我们或者其他人本来应该做什么，以及如何根据人们实际上已经做的事情，恰当地认定他们的责任。从这些视角看来，对我们的尊重的现象的感觉，即敬重，不在考察范围之内。

举例来说，在思考要做什么时，我们通常不考虑作为心理学的事实，即我们实际上将会或者将能够如何按照我们最终接受的理由行动。[①] 在慎思的过程中，我们通常也不考虑我们在思考或行动时的感受如何。为了能够理智慎思，我们所必须假设的只有，我们能够按照我们将会看到的好的和最终的理由行动。[②] 与此类似，在认定某人负有责任时，我们必须继续假设，他本来可以按照他被要求的那样行动，不用推翻证据。然而，在这些实践的需要之外，我们也有理论的需要，将我们
133 自己、彼此，以及我们的行动理解为我们所经验的世界的因果结构的一部分。在这里敬重——即当一个人按照道德律行动和在“实践意义上”尊重人们的尊严时所产生的感受——进入了视野。

对康德而言，敬重是在我们的现象心理学中，作为原因起作用的一种情感。康德认为，我们可以先验地知道我们受制于尊重的情感，实际上，任何有限的理性存在都可以。正如康德所相信的，假如对道德律的

① 在这点上 Korsgaard 1996c 非常有帮助。

② 当然，有人可能会确定地知道实践的不足，并且据此合理地慎思。但是这种情况必定是相对有限的，是由人们能够按照他们认为好的和充分的理由行动这一普遍假设所限定的。

承认是纯粹实践理性的可能性条件，那么它因此也是实践尊重的可能性的先决条件。这是“理性的事实”（1996a：30—31）。为了认为我们必然受制于道德律，我们必须假定我们能够服从它。但是，只有当道德上有义务的行为所对应的现象部分具有现象的原因时，这些行为才能够在现象领域得到实现，而且康德认为，这个原因必须是一种情感。因此，任何受制于道德命令的有限理性存在，也必须在心理学上被刻画为实践尊重所对应的现象部分，它的作用是引起道德行为所对应的现象部分。尊重（敬重）就是扮演这个角色的情感。

然而，比起尊重的功能角色，我们更感兴趣的是康德关于它特殊的现象学的讨论。康德说，对道德律的尊重“阻止”和“限制”自爱，但是更重要的是，它“贬低”和“击败自负”（1996a：73）。康德用“自爱”来指这样一种“自然的”“倾向”，即把意志的仅仅是“主观的决定基础”当作具有客观的规范重要性。正如一个朴素的经验者认为在水里看起来弯的棍子真的是弯的一样，一个朴素的行动者可能把他的欲求对象当作理由的一个来源，而没有意识到他的欲求给予他的视角的特性。在他看来重要的事情似乎的确重要。然而，这种意义上的自爱对道德没有很强的威胁；原则上，它不会比我们一旦能够在我们的经验中区分主观和客观，并将某些东西接受为仅仅是表象时就能纠正的视角错误更危险。康德认为，自爱只需要被道德律限制。

然而，自负直接威胁道德律，因此它必须被“贬低”。它是一种自大（arrogantia），即假定自己具有独立于道德律的某种价值或尊严，通过 134
这个假设，自爱成为“制定法则的和无条件的实践原则”（1996a：73，74）。这不仅仅是将从我们的视角看起来的规范相关性与客观的规范力量相混淆的幼稚倾向。它是一个极端的观念，即某件事具有客观的规范重要性，是因为它是我们主观上意愿的东西——首先，我们具有独一无二的立场来创造独立于或不受限于道德律的行动理由；其次，我们能够将这些理由传达给他人，并且期望别人服从，换句话说，我们具有独一无二的传达第二人称理由的权威："在我们对别人尊重的要求方面缺乏谦逊就是**自负**（arrogantia）"（1996d：462）。[①]

一个"自爱"的人会混淆她所欲求的对象和客观上值得欲求的对象。在欲求她的口渴得到解除时，她认为在原则上，对于所有人都存在欲求并实现这个状态的理由。但是她不认为，因为这是她所欲求的，其他人就应该这样做。相反，在想要它时，在她看来这些理由存在。与此相反，自负是这样一个观念：我们自己的意志是规范性理由的一个来源（并且是独一无二地如此）。自负的人如果口渴，会认为别人有理由解除他的口渴，因为这是他意愿的或想要的（尽管如果把角色颠倒，他就不会有这样的理由）。

因此自负是关于第二人称地位的幻想。[②] 它是这样一种自负：我仅仅因为我是谁或是什么就具有传达理由的规范性地位，而他人却不具有。[③] 这个观念不是说，一个人具有一个特别优秀的建议者所具有的那
135 种权威，即一个人比其他人更好地看到了本来就存在的理由。（虽然如果人们用它来辩护一个特殊的第二人称地位，它可能涉及这个想法。）它是这样一个幻想：我们具有一个根本的"立法"的地位，而其他人都不具有——似乎我们是国王或上帝。[④] 这远非只是一种无害的幻觉，虽

① 参见卡伦·霍尼对精神病患者的自我中心的讨论："一个就其自身而言是相当可以理解的愿望或需求，成为一个要求。它得不到满足，就被感受为不公正的挫败，作为我们有权利感到义愤的冒犯。"（1970：42，在 Swanton 2003：190 中被引用）

② 比较一下狄龙所说的自负和"人与人之间尊重"的关系（2004）。狄龙区分了另一种形式的自大，即"首要的自大"，它首先不是关于人与人之间的不尊重，而是对于自己并不拥有的权利的自大。然而，如果正如我所相信的，权利的观念自身包含提出主张或要求的不可还原的第二人称权威，那么首要的自大自身可能也最终是一个人与人之间的或第二人称的观念。

③ 参见鲍勃·迪伦的《自负的疾病》（2004：534—535）："今晚特别多人看见重影 / 由于自负的疾病 / 给你伟大的错觉 / 和邪恶的眼睛 / 让你以为 / 你是大好人，不应该死去 / 然后它们将你从头到尾埋葬 / 来自自负的疾病。"

④ "自大（superbia，以及，正如这个词所表达的，想要总是**高高在上**的倾向）是一种野心，我们要求其他人在与我们进行比较时把他们自己看得渺小。"（Kant 1996d：465）

然康德追随卢梭，认为只要当社会比较威胁到自爱（amour propre）时我们就可以绝望地预见到的。①

因此，道德律不能仅仅减少自负或者保持原状；它必须“将其击败”。它必须将那些先于与道德律获得一致之前，对自己尊敬的要求宣布为“无效和完全没有保证的”（1996a：73）。我们不应该被康德在这里对“尊敬”的使用所迷惑。道德律必须取代自负的僭越的第二人称权威，以及它假设的要求承认它试图提出的主张和要求的地位。康德在定义敬畏或者“实践意义上的尊重”为“通过其他人身上的人道尊严限制我们的自我尊重的**行为准则**”（1996d：449）时，以类似的方式使用了“尊敬”。很明显，在这个情境下，“尊敬”必定是指称承认尊重而非评价尊重。自负是这种幻想：我们具有得到他人的承认尊重的主张，但是他们对于我们并没有任何对等主张。

道德律用人的平等尊严（目的王国中的相互责任）替代自我欺骗的幻想式专制。② 与一个令人尊重的“谦卑的普通人”相遇，引起了对所有人都分享的那种共同尊严的回应。这不是人们可以有差别地应得的尊敬（评价尊重），③ 而是一种任何个体仅仅作为一个人就可以要求的尊重（1996d：434—435）。通过承认我们的相互责任（比如通过反应 136
态度），通过认定我们自己对彼此负有服从这些要求的责任，我们承认彼此作为自由和理性存在者提出要求的平等权威。因此，对他人的尊重包括使自己对他人作为平等的人负责，而不仅仅是在我们自己私人

关于康德哲学中“想要成为上帝的愿望”的角色的精彩讨论，见 Neiman 2002：57—84。

① 关于康德伦理学对自负作用的强调的一个深刻解释，见 Wood 1999。

② 我相信这也为思考其他自我服务的意识形态，比如种族和性别的意识形态，提供了一个有用的框架。

③ 虽然甚至这也是一个重要的观念，正如密尔所注意到的：“现代道德和政治运动的原则是，行为和行为自身蕴含了尊重：不是人们是什么，而是人们做了什么，构成了他们对尊重的主张；首先是功绩，而非出生，是唯一对于权力和权威的有权利的主张。”（1988：88）

的慎思中考虑到彼此作为人的任何事实、规范或者价值。

康德将"对单纯作为人的他人的义务"区分为爱的义务和尊重的义务。对爱的义务的履行是"值得称赞的",并且因而"将他人置于义务之下"。然而,履行尊重的义务并不引起相互的义务,因为我们仅仅是在为他人做那些我们已经"亏欠"他们的(1996d：448)。"爱的义务被忽略时,没有人被错误对待;但是忽略尊重的义务就侵犯了我们的合法要求。"(464)事实上,"每个人都有从他的同类那里得到尊重的合法要求,并且也**反过来**必须尊重每个他者。"(462)因此,"对其他人类的尊严(dignitas)的承认(Anerkennung),即对无价的价值的承认",是他人能够"从我这里要求"的东西(462)。[①]

因此,尊重的义务包括任何特定的人们有权威要求服从的义务。将他人作为平等的人尊重,要求我们履行这些义务。但是它也要求我们承认他人对于我们这样做的"合法主张",而且,我们只有通过承认他们主张或要求我们这样做的权威才能这样做。这就引入了责任和第二人称地位。在认为人的尊严是我们能够由此从他人那里"要求"、"索取"或者"要求"尊重,并且每个人由此具有对尊重的"合法主张"的东西时,康德承诺了这个观点:人的尊严包括传达对一阶尊重义务的服从的要求的第二人称权威。为了尊重这个权威,仅仅服从一阶义务是不够的,即使这种服从是基于义务要求服从这一理由。[②] 传达要求的立场只能通过使我们自己对彼此作为平等的自由和理性存在者负有服从相关
137 的一阶要求的责任,才能被承认为第二人称的。正如范伯格(1980)所说,正是"主张的行为"促成了自我尊重和人们的平等尊严。目的王国是一个彼此负责的人们组成的共同体(Korsgaard 1996a)。

① 注意康德这里对"Anerkennung"的使用。正如我们将在第十章看到的,这是一个在费希特的讨论中大量出现的术语。

② 除非后者被给予了一个第二人称的解释。

自负与道德:斯大林的例子

在第十章,我将论证自负的幻想最终是自我削弱的,因为一般来说,第二人称传达使我们承诺了任何人仅仅因为第二人称能力就具有的权威。简要来说:传达第二人称理由总是不仅预设了传达者认定被传达者负有服从责任的权威和能力,也预设了被传达者认定自己负有责任的权威和能力。因此,它承诺了传达者和被传达者能够共同占据的视角的权威,即相互负责的人们的第二人称观点。甚至当某人传达他认为来自他对于被传达者的非相互的权威的理由时,他也只能从他的被传达者能够谴责自己的同一个立场——也就是他们作为自由和理性人共同分享的那个立场——来谴责他的被传达者的不服从。因此,正如斯特劳森注意到的,反应态度包括一种对它们的对象作为人的尊重,这些人也具有认定他们自己和他人负有责任的同一种权威(Strawson 1968:93)。

对于这个论证的一个自然的回应可能是同意这一点:如果被传达者能够从这个共同的立场自由地承认和提出,权威性要求这个假设是第二人称传达这个观念的一部分,那么,它可能的确使我们承诺了自由和理性人的平等尊严,但是也使我们否认了,按照这样理解的第二人称传达对我们而言有很大利害关系。当然人们可以假定权威,而不必思考他们认为在他们权威之下的那些人,是否能够被期望自由地接受这个权威,并且在此基础上服从。与此不同,人们似乎可以仅仅满足于拥有对他人的权力,而不用任何形式的授权性对话。

我同意,甚至康德式的自负,即我们具有其他人都不具有的权威这个观念,作为一个抽象命题也是连贯的,我的论证也不会假设相反的观点。我所论证的是,对他人采取第二人称观点和对他们提出第二人称 138
理由,使得我们承诺了相互责任,因此否认了自负(不管这个命题在其他情况下是多么可以理解)。我不宣称或假设以下这一点,即不考虑任何要求第二人称理由的权威,我们就不可能具有或想要具有对他人的权力——如果是那样就好了! 不过,值得指出的是,自负(至少在一种排除了根本的道德化理性化的纯粹形式上)和对权力的纯粹和简单的欲求(排除了授权性的理性根据)都不是我们所发现的人们之间所共有的东西。

举例来说,考虑一下斯大林。斯大林看起来一直对权力非常饥渴,无论何时都沉迷于自负,但是至少在爱德华·拉津斯基的精彩传记(1997)中,他也显得是一个被丰富阐明的反应态度所打动的人,可以肯定的是,他出于自己的目的利用了这些态度。正如拉津斯基对他的描述,斯大林的自负不是纯粹的。他的情感生活充满频繁上演的戏剧情节,对他而言,他对他人的正当权威是很明显的,是通过其他人能够认识到的方式得到辩护的。甚至他最残忍的杀手,都伴随着事实上充满了自我辩护的情感和叙述。实际上,毫不夸张地说,斯大林的这种特别形式的恶,根本上运用了道德自我辩护的愤世嫉俗的和歪曲的形式,他出于自己的目的操纵它们。因此拉津斯基告诉我们,斯大林的标准手段之一,是抓住某个他想要"消灭"的人的谎言,在发现这个人说谎以后,斯大林"感到应该对说谎者和叛国者感到道德上的仇恨"(237)。拉津斯基描述了斯大林孩童时期的一个生动场景,当他在戈里教会学校的同学用人搭桥,以便年长的老师能够跨过一条宽广且汹涌的激流时,有人听斯大林说道:"你们是驴吗? 就算是上帝自己,我都不会给他搭桥。"拉津斯基对此补充道:"他有着病态的骄傲,就像很多经常被羞辱的人一样。"(29)

我发现,如果不以一种仇恨的形式看待它——这种仇恨将自己视为正当地而非赤裸裸地抓住和掌握了权力——就不可能读出拉津斯基对斯大林在斗争、清洗、谋杀和意图牺牲自己无辜的平民时充满愤怒和冷静计算的解释。在我看来,这种歪曲的自我服务的道德化实际上相
139 当常见,虽然很幸运的是它们没有达到斯大林的程度。人们经常在理

性化他们的特殊免除和背离的叙述中操纵道德框架的各方面。我认为，对于人类来说，公开拒绝第二人称立场的情况实际上相当少见，因为首先我们的情感生活充满了本质上包含第二人称立场的反应情感和态度。虽然“伪善”可能不是我们首选的短语，甚至斯大林看起来也例示了罗什富科的格言：“伪善是恶付给美德的赞赏。”（Rochefoucauld 1973：79）

作为第二人称的尊重

我们现在能够看出，对人的尊重在两个独立的，但是相关的意义上是第二人称的：它包含了对第二人称权威的承认，而承认自身来自第二人称观点。首先来考察前一个方面，一个人可以接受建构了人们尊严的一阶规范，并且用这些规范谨慎地限制自己，而不接受任何人要求他如此做的权威。他甚至可以将它们接受为义务性规范，而不接受任何关于他的服从主张。我希望我们现在已经弄清楚，虽然这样一个人因此会尊重人们能够要求服从的义务，但是不尊重他们要求这点的权威，他也可能在重要的意义上不尊重他们。他可能会不承认他们作为自由和理性人的平等权威，因此没有以平等尊重的方式与他们相联系。

在《权利的领域》中，朱迪思·汤姆森说，如果“对人的尊重仅仅是对他们权利的尊重”（1990：210—211），那么对人的尊重在道德中就具有根本的地位。[1] 但是对人的尊重是否单纯是尊重他们的权利呢？如果我们认为尊重某人的权利，就是给予她那些汤姆森认为我们具有权利的特定东西，比如禁止闯入私人领地，强迫，以及引起无来由的伤害和痛苦，遵守承诺，等等，那么将她作为一个人的尊重就不可能仅仅由此构成。因为我们可以在这种意义上尊重人们的权利，但却不将它

① 我感谢朱迪思·汤姆森关于这些点的讨论。

们作为他们的权利,或作为他们有权威从我们这里主张或要求的东西来尊重。

这是尊重作为第二人称的第一种方式:根本上第二人称的权威。
140 但是这种形式的权威自身,也是某种通过以认可这个权威的方式与他人相联系,而在第二人称上被恰当承认的东西。以下是尊重作为第二人称的第二种方式。不仅仅它所承认的权威是第二人称的,而且它的这种承认的特定形式也是第二人称的。我们在构造相互责任的第二人称关系中赋予权威——这种构造是通过承认彼此的要求、抗议、拒斥、控诉、谴责、怨恨、感到义愤、原谅、宽恕等等立场的方式,使彼此相联系来完成的。因为责任就其本质在两种意义上都是第二人称的,对人的尊重也是如此。

这看起来是可能的:尊重某人具有第二人称权威这个事实——比如,她能够声称某个行为是她的权利——而不以她作为一个人所包含的真正的尊重与她相联系。[①] 为了看到这点,首先考察一个理论推理中的类似例子。假设你在形成自己的信念时,不太倾向于相信某人的判断,但是通过反思,你拒斥了你的不信任,认为你应该将他的证词作为证据。当他说"p"时,这不会增加你相信 p 的倾向,或者给他的证词以证据的力量,除非你回忆起你关于他的可靠性的反思后的观点,这个观点会纠正你的不信任。这里我们可以自然地认为,虽然你尊重他是一个可靠的证人这个事实,以及他对于你的信念具有主张这个事实,但是你仍然没有完全相信和尊重他以及他的判断。

现在来考察一个完全第二人称的例子。假设有一位父亲还没有习惯于将他上大学的女儿看作一个具有第二人称权威的完全独立的人,至少没有真心实意地这么认为。我们可以想象,他通过反思相信,他应该这样看待他的女儿,即她具有与他一样的对尊重的主张。但是作为

① 以下讨论,我受惠于阿曼达·罗思。

父亲的习惯很顽固。当她说她不想做某件在她决定范围内的事情，而他相信这件事对她更好时，他不会倾向于在他自己关于她要做什么或感受什么的推理中听从她的意见，除非他记得他考虑过的信念。当她批评他的专断时，除非他回想起来她是正确的，他不会自然而然地，或者按照后天习惯倾向于从她的权威视角出发（比如通过感到内疚或羞愧）认为和认定自己负有责任，而是为自己辩护；她实际上跟他同样应 141
该得到尊重。再一次，这里看起来虽然这个父亲尊重了她的女儿具有和他同样的尊严这个事实，但是他没有以平等尊重的方式与她相联系；他没有在与她的联系中赋予她完全的第二人称权威。[①] 这种类型的尊重是与某个具体的人相联系的不可还原的第二人称方式。它是与个体的人的首要关系。事实上，某人具有第二人称权威这个事实，恰好就是她具有主张以这种方式被联系的立场。

将某个人作为一个人尊重，不仅仅是用我们对他负责这个事实来约束我们的行为，甚至也不只是对他承认这个事实的真实性；而且也是要使我们自己对他负责，而这在第二人称关系之外是不可能的。我相信，这是植根于“尊重”的词根“respicĕre”（往后看）意义最深处的东西。回到某人的位置和往后看他，就是建立第二人称关系，和承认其他人的第二人称权威。看着某人的眼睛，就是使我们自己和我们的眼睛（我们心灵的“窗户”）对他敞开，并且是双向的。我们给其他人一扇窗户，作为我们对他的回应，同时也使我们自己通过同情对他的态度和回应开放。[②] 当传达是认定人们负责的尝试的时候，回应他人的传达，对他的主张保持开放（包括通过给他这扇窗户），它本身就是认定我们自己对他负责的一部分。[③] 142

① 参见萨拉·布斯关于“尊重的首要的反思前模式”的讨论（Buss 1999b：539）。

② 在最首要的层面上，通过模仿和感染，但也通过想象的投射，因为我们必须已经在第二人称地与他联系时如此做了，正如我们在第三章已经看到的。

③ 当我将本章的早先版本在 2004 年 4 月美国哲学学会中部分会上作为主席致辞

作风、荣耀和公共空间

当我们承认她的尊严时，我们就将她作为一个人来尊重。当然，这种承认不需要总是明确的。我们从彼此那里主张的一部分是个人的隐私空间或自主空间，在其中我们能够按照我们想要的或多或少保持独立。如果对人们的尊重总是要求明确的承认，这个主张就不可能被实现。此外，在个人尊严的要求被充分建立和一般地得到相互承认的社会环境中，明确的承认更少被要求。但是想一想人们的尊严（比如某些特定群体的尊严）遭受打击的环境，不仅仅是在他们受到各种形式的伤害这个意义上，也是在他们对尊严的主张，他们作为人的第二人称地位遭到威胁或者没有被一般地承认的意义上。在这样一个环境中，说我们尊重这个群体的成员的尊严，却不愿意公开承认它，这将是困难的。

尊严在其中扮演核心角色的共享公共空间的另一个方面是礼节。萨拉·布斯论证说，表达尊重是"好的礼节的核心功能"（1999a：

时，我在它之前配上了《布鲁斯兄弟》中的一个片段，其中艾瑞莎·富兰克林扮演的角色试图认定马特·"吉他"·墨菲负有责任表演"思考（你最好想一想你在对我做些什么）"，在表演的大部分时间，她都是边唱歌边与马特四目相对跳舞。我的想法是，在我1977年的文章中表达的关于尊重的观点，与艾瑞莎·富兰克林著名的"尊重"观点很像，在我的致辞中（和这本书中）表达的观点与她的布鲁斯兄弟的"思考"很像。前者是一个第二人称的，给某人"她应得的东西"的观点；后者将对人的尊重当作根本上第二人称的。

贝尔纳多·斯特罗齐的绘画《贡钱》表现了同样的观点。正如马太讲的故事（在英王钦定版的《圣经》中），法利赛人试图困住耶稣，询问他给予凯撒赞赏是否合法。"但是耶稣看到了他们的邪恶，说，为什么要引诱我，你们这些伪善的人？"（Mattew 22：18）我将这想象为斯特罗齐的绘画所描绘的那个时刻。耶稣是在向法利赛人进行**传达**，并尝试认定他们负责。但是仔细看看右边的法利赛人——他没有往后看着耶稣，而是绕过他看另一侧的另一个法利赛人。我愿意认为，这表明斯特罗齐理解了普芬多夫的观点：甚至上帝为了认定我们负责，也必须取得我们的承认。感谢威尔·达尔沃注意到这点，感谢尤利安·达尔沃和威尔·达尔沃在这点上的有帮助的讨论。

795)。[①] 她的观点不单纯是说，尊重通常要求礼貌。这一点我们从父母那里就学到了。她是说，礼节的习俗至少部分地是尊重的公共仪式，在某些方面有点像宗教仪式表现神圣的观念。通过友好慷慨地对待彼此，我们给为对其自身是第二人称的人的尊严的“内在的和精神的”**敬畏**给出了“外在的可见的标志”。

当然，礼节也能够，而且可能经常都是，强化与平等尊重相冲突的分离和等级制。甚至要求“普通的大方”和“得体”也能钝化和破坏对现行不公正秩序的挑战，而后者对于将他人作为平等个体的尊重是真正必要的。[②] 不过，如果得到恰当理解，礼仪是平等尊重的道德的一个重要补充。 143

如果我们比较一下对彼此作为人的尊重在相互负责的公共空间中被传递的方式，与一种表面上相似但根本上不同类型的承认尊重和不尊重在荣誉的文化中被实现的方式，这会是有帮助的。侮辱是后一种不尊重的典型表达。但是虽然侮辱总是被传达，[③] 当他们攻击某人的荣誉时，他们威胁到的立场不同于第二人称权威，因为与人的尊严不同，它是社会地构成的。[④] 在传统的荣誉社会中，像莎士比亚的《理查二世》中博林布罗克对莫布雷的“苍白颤抖的胆小鬼”的侮辱性称谓，这

---

① 萨拉·布斯(1999b)引用了休谟的一个著名段落，其中休谟说礼仪的功能是检验自负：“正如在**社会**中各种相互冲突以及利益和自爱上的各种对立强制人类确立了**正义**的法则，以便保持相互援助和保护所带来的好处，同样，在**交际圈**中人们的骄傲和自负引起的连续不断的矛盾也引入了良好作风和礼貌的规则，以便有利于心灵的交流和一种不受干扰的交往和谈话。”(Hume 1985a：261)另见 Sherman, unpublished。

② 威廉·蔡菲(1980)为北卡罗来纳的白人在抵制废除学校种族差别时如何诉诸“文明”给出了很多有趣的说明，这些抵制发生在最高法院的布朗诉托皮卡教育局一案中认定种族差别违宪很久之后。

③ 我们可以感到被羞辱和被冒犯，但是没有被传达，即使是以侮辱性的方式被间接地传达。对于某些人来说，也有可能表达一些真正对他们侮辱性的，但是却不指向他，即使是间接地。然而，不可能侮辱某人而不指向他，至少是间接地。

④ 我将进一步论证，它在根本上也不是关于责任的。

些侮辱对接受他人喜欢的称谓和作为某人的优点接受的能力提出了质疑。荣誉可以表现为优点，但是正如阿维沙伊·马加利特所说的（1996：24），它是"由社会授予人们的"。不论博林布罗克的侮辱和指控是否有根据，莫布雷相信他会名誉扫地都是正确的，除非他能以说服人们重拾对他的信心和赞誉的方式成功维护自己的好名声。

足够广泛的不尊重通过造成名誉损害来摧毁声誉。但是甚至普遍的不尊重也不能损害自由和理性人的尊严，至少不会直接损害。平等的尊严不是人们可以授予的东西，所以也不是任何人或群体能够通过不尊重移除的东西。以贬低、去人格、去人道为目标的贬抑必须以不同方式起作用。他们必须不仅仅寻求降低某人在其他人眼中的地位，
144 而且也在他自己眼中贬低他以便使他失去自尊。甚至这样也不能直接摧毁人的尊重和自我尊重所回应的尊严。我们仍然知道，通过暴力和威胁使用暴力，甚至通过相对非暴力的不尊重关系或机构的统治，有可能——用戈夫曼的话来说——充分"完全"地击败、麻痹和削弱自信自尊，以便使对于负责任的存在者来说必需的那些第二人称能力萎缩（Goffman 1961）。

尊重或不尊重的态度支持和强化荣誉结构的方式，与反应态度在第二人称的相互尊重的体系中起作用方式之间，有一些重要的不同。不尊重（瞧不起）没有名誉的人是鄙视——这个态度不是指向它的对象，更多是指向那些有立场对那个人授予荣誉或不名誉的人。鄙视并不要求，甚至也不真正欢迎来自它的对象的回应；它是排他性的而非包含性的。当一个人名誉扫地时所失去的，不是一个相互负责的共同体之内的立场，而是"面子"，一种社会地位（在那里人们可以显得有面子，而不用向他人证明自己）。①

① 与此相关的是我之前（第62页注释③）注意到的，诚实和对真相的追寻，与公共责任之间的深层联系。通过"表面价值"评价人的方式，荣誉文化实际上对公共思考和公共责任都构成了障碍，同时鼓励了逃避和保持外表。在这样一种社会结构下，要求辩护

然而，我们用来认定彼此负责的反应态度，具有来自它们的第二人称特征的包容性。谴责、义愤、怨恨、抱怨等等，可以说都是对等地传达给它们的对象。在要求承认时，它们有隐含的相互性或对等性。正如斯特劳森所说，“**这些**态度保障的善良意志的部分撤销是**继续**（将它们的对象）看作道德共同体成员的后果。”（1968：93）反应态度以第二人称方式介入它们的对象，希望将它们引入将会构成他们负有责任的交
互中。[①] 它们的提出隐含了答复请求。 145

尊严从何而来?

因此，作为平等责任的道德，预设了每个自由和理性行动者具有尊严，并且他们能够要求对这个尊严的尊重。但是什么能支持这个观念呢？我在第三章和第四章曾经论证，道德义务在本质上与第二人称责任相关。这就是作为责任的道德的观点。正是道德义务这个观念预设了第二人称权威或尊严的观念，正如不论是在早期现代自然法的作为对上帝负责的道德观中，还是在康德式的和契约主义者的作为平等责任的道德观中一样。

但是有什么能够支持或确证这些观念呢？正如康德在《道德形而上学基础》第二节结尾处评论他的论证所说的，我们关于这一点的方法一直是将道德义务的假设和预设分析为后者是“一般地被接受的”（1996b：445）。然而，正如康德指出，与这些分析结果完全一致的是，道德和道德义务的观念只不过是“心灵的虚构”（2002：445）。[②] 如果的确如此，我已经论证的概念地或分析地包含在道德和道德义务中的第二人称权威的观念也将是幻觉。

本身就是一种侮辱。

① 我相信，这为回应安妮特·贝尔（1993）对康德路线的批评提供了基础。

② “心灵的虚构”是艾伦·伍德对 Hirngespinst 一词的翻译。

康德说，为了确证道德义务和人的尊严，表明它们不仅仅是虚构的，对实践理性的“批判”是必要的（1996b：445）。在第九章，我会考察康德如何在《道德形而上学基础》第三节和《实践理性批判》中寻求这样一个批判。最终，康德摒弃了《道德形而上学基础》第三节提出并讨论的策略，这个策略首先试图在实践理性批判中确定自由或自主性的观念，然后表明其他核心道德观念如何能够由此推出。在《实践理性批判》中，康德满意于将对道德律的接受当作我们实践生活的一个中心的不可否认的方面，并且从那个视角来捍卫它。[①] 康德最终拒绝他的《道德形而上学基础》的方法，这是正确的，但是正如我将在第十章论证的，康德放弃为道德提供一种比他后来满意的辩护策略更本质的确证的尝试是错误的。

146 我们已经看到，斯特劳森观点的教益是，一个充分的道德责任理论，必须引出内在于第二人称观点的标准。我已经论证了，道德义务与责任的概念关系产生了进一步的结果，即充分的道德义务理论也必须能够在第二人称视角中发展出。但是这种论证是通过分析“普遍接受”的道德责任和义务的概念，从而揭示它们的不可还原的第二人称特性来进行的，因此它自身并不能确证它所分析的那些观念。然而，在第十章，我将从相反的方向切入，论证第二人称观点的预设在被充分搞清楚时，包含了人的尊严和道德律。对于任何一种第二人称理由来说，不论基于何种形式的第二人称关系，传达者和被传达者都通过他们的关系预设了，他们具有一个仅仅因为是（具有第二人称能力的）理性人就具有的一个共同的规范性立场。这在第二人称理由存在的假设之上，我们确证了道德义务和人的尊严。

但是为什么要假设任何第二人称理由是有效的？第十章和第十一章也发展了费希特观点：第二人称传达使我们意识到我们自己的行动

① 这是罗尔斯（2000）称作“作为捍卫的哲学”的方法。

的特殊形式和一种从根本上区分了实践理性和理论理性的自由,即自主性。在第二人称传达中,我们发现我们具有一种自由,而如果关于做什么的推理与关于相信什么的推理一样时,我们就不可能具有这种自由。这帮助我们将第二人称理由置于实践理性的一个总体理论之中。 147

第三部分

第七章

第二人称的心理学

当我们给予他人在与我们的关系中以地位,并承认他们的第二人称尊严时,我们就是在尊重他人。但是尊重和第二人称观点中包含什么样的心灵机制呢? 对自由和理性行动者就其本身而言的主张敏感的能力,以自然主义的方式来设想,在原则上如何可能在人类心理学中被实现呢? 是否存在尊严这个东西,具有这个地位意味着什么,这些当然都不是经验心理学的问题。作为平等责任的道德论点是道德和哲学的,而不是心理学的。不过,作为竞争对手的后果主义道德理论,能够通过我们熟悉的休谟式道德心理学获得经验支持和实在论,它们经常与这种心理学相联系,因此具有一种显而易见的默认的可信性,而康德式的理论则很少具备这些优势。对于某些人而言,有这样一种挥之不去的感觉,即任何宣称先验基础和官能的道德理论,都不可能应用于我们实际所是的人类存在之上。

这一章我们将讨论道德心理学与作为平等责任的道德,以及更一般地与第二人称地位相关的方面。我们已经(在第四章和第五章)看到,我们熟悉的反应态度如何具有隐含的第二人称结构,使它们嵌入相互责任的实践。在这一章,我们会考察它们如何与其他也扮演着关键支持角色的心灵机制互动,最显著的是同情和吉伯德所说的我们的“规范心理学”，即与通过规范接受和限制行为和情感相关的特殊人类能力（1990：55—82）。

151 在一开始我们有必要提出这两点忠告。第一，我应该再次强调，我在这一章所说的任何东西，都不是想要为作为平等责任的道德或者第二人称理由的存在提供直接支持。任何关于这些观念的论证都必须是规范性的和哲学的。[①] 不过，在人类行为可以被表明包含第二人称道德观念在心灵上被实现的能力这个意义上，这些观念也能被看作与我们的心理学相符合，或者至少不与它相冲突。

第二，虽然我依赖于逐渐增加的实验心理学文献，我的某些心理学假说是抽象和思辨的。在某种程度上这是无法避免的。值得注意的是，休谟式的框架类似地运用了一个比常识或实验心理学中能找到的欲求观念更抽象的观念。事实上，休谟式的欲求观念理论是非常抽象的，以至于我这里指出的现象很可能与休谟式的动机理论的基本“法则”相一致，这个理论认为，所有意向行为都源自恰当搭配的欲求和信念（Davidson 1980；Smith 1994）。事实仍然是，我讨论的机制隐含在（用罗尔斯的术语来说）“原则依赖”而非“对象依赖”的欲求中。[②] 这里将

① 关于这些，见第十章至第十二章。

② 关于基本的休谟式观念，见 Smith 1987 和 1994。关于罗尔斯的区分，见 Rawls 2000：45—48，148—15。另见 Freeman 1991。关于这些点的进一步讨论，见第九、十、十一章。

罗尔斯的区分与内格尔对“有动机的”和“无动机的”欲求的区分相似，但又有重要不同（Nagel 1970：29—30，38）。对内格尔而言，如果一个欲求是基于一个理由的，即如果有某些东西是行动者如此欲求的理由，那么这个欲求就是有动机的。无动机的欲求是那些我们直接具有的，比如对冰饮料的欲求，像我们说的，“没有理由”。然而，一个欲求可以是有动机的，但仍然是对象依赖的，即如果行动者的理由来自欲求对象的属性，或者如果行动者因为认为某件东西是内在善的因而欲求它。这些欲求在康德意义上就是“对象依赖的”和“异质的”，因为它们不会仅仅来自意志作为“独立于意愿对象的任何属性的法则”。（见 Kant 1996b：440 和本书第九章至第十一章。）相反，“原则依赖的欲求”来自行动规范，我们单纯作为一个理性意志，独立于意愿对象的属性，因而独立于它的价值，也就是独立于任何代表性的事态或世界的可能状态，而从属于这些规范。

有两个关键点。首先,有时候(也可能很频繁)帮助解释我们的意向行为的欲求,是由于我们接受某些行动规范而具有的那些欲求。其次,我 152
们明确接受的一些规范,本质上包含第二人称权威的观念。

最后,我们应该记住我在第五章结尾提出的一点,包含在诸如黄金法则和绝对命令这些原则中的道德推理的熟悉形式具有直观的第二人称解释。人们不应该违背他人的期望或隐含地要求这个思想,以各种方式在我们的心理学中被揭示出来,从反应态度,到像科尔伯格(1981)所研究的那种道德发展心理学的更原则化的道德推理。任何对这些形式的推理以及依赖于它们的情感作为人类心理学的深刻和普遍特质的否定,引用毕晓普·巴特勒来说,都将会“是太明显而不需要驳斥的错误”(1983:I. 8)。[①]

欲求与规范

我们可以首先考察哲学家通常理解的欲求和吉伯德描述的规范接受分别扮演的动机角色。再一次,我认为第二人称能力本质上包括被规范指导的能力,特别是关于主张和要求的权威的第二人称规范。最终我论证,还存在一种更本质的要素:从我们相互负责的他人的视角,批评性地评价我们接受的第二人称规范和其他替代选择的能力,以及通过我们从这个视角将会同意的规范被指导的能力。[②] 有这样一种看待本书的论证方式,即将它看作尝试表明只不过是隐含在任何第二人称思考(比如反应态度)中的内容更充分发展的版本。

吉伯德通过讨论意志软弱的例子引入了规范接受的观念。比如,

① 这里的上下文是巴特勒在论断良心是人类自然具有的东西。

② 正如吉伯德理解的,这是通过相关的更高阶规范被指导的能力。见吉伯德论规范判断的“权威”(1990:177—183)。

153 假设你在聚会上不停地吃坚果（1990：56）。[1] 一方面，你想要一直吃。而另一方面，你认为你不应该这样做。就我们当下的目的而言，你为什么会这样无关紧要。理由可能是关于健康，避免粗鲁无礼，不要获取比自己应得的更多，或者任何其他东西。重点在于，在你对坚果的欲求与你关于你有最强理由去做的事情的规范证据之间存在冲突。当然，我们知道经常是坚果胜出。但重点是它们不总是胜出，而且甚至当它们胜出时，通常会存在某种冲突。至少某些动机似乎来自接受存在更强的停止吃坚果的理由。[2]

当然，这还不足以确定动机不是来自进一步的独立欲求。在这个例子里，它有可能来自对健康的欲求，或者来自不要变得或看起来粗鲁无礼的欲求。然而，有很多理由认为，一般而言这不会总是如此，相反我们对规范和规范性理由的接受总是会对我们的行为施加某些影响，这些影响不能还原为其自身不是依赖于原则的独立存在的欲求。[3]

其中一个理由是，只有基于我们通常具备工具合理性这个假设，信念和欲求自身才能将行为解释为意向性的，而这个假设只有当工具合理性的规范扮演调节性角色时这个假设才成立（Korsgaard 1986）。刘易斯·卡罗尔（1895）关于应用于信念的推理提出了著名的类似论断。没有推理规范的引导，一系列信念或被相信的前提就不能产生结论。（当然，信念可能单纯以某种非理性的方式产生进一步的信念，但是这不能将思想的传递解释为理性的。）举例来说，如果某人相信 p 以及如果 p 那么 q，除非她遵循假言推理这个推理规则——这个规则将她从（她相信）p 和如果 p 那么 q 带入（相信）q——她就不能够得出 q。试

① 这个例子与柏拉图在《理想国》中讨论的例子具有同样的结构，柏拉图讨论了一个通过看见有更好理由不喝水而忍受饥渴的人（437d—439d）。

② 关于动机总是来自欲求和规范判断回应的理由，而从不来自回应它们的心灵状态的论证，见 Dancy 2000。

③ 这里涉及太多议题。关于相关的讨论，除了 Dancy 2000 以外，另见 Darwall 1983，Nagel 1970，和 Smith 1994。

图进一步加上一个类似推理规则的信念(如果p,如果p那么q,那么q),这不会有帮助,因为它仍然将采取遵循假言推理的方式来理性地从这些增加的信念来得到信念q。因此,通过推理得到的新信念的理性形式, 154
不能通过信念得到充分解释;它也要求推理规范的约束。

这与从目的到必要手段的工具性推理完全类似。[①] 为了推出一个结论,为了采取必要手段达到目的,要求的不仅仅是我们具有目的并相信某些手段对达到目的是必要的,而且还要求我们被实践推理的规范所约束,这个规范将我们从这个欲求和信念带到采取必要手段的实践结论。[②] 目的和信念能够理性地引起采取手段的欲求的唯一方式,就是通过类比于假言推理的工具性推理规范。由于刘易斯·卡罗尔在理论的情况下指出的同一个理由,采取必要手段达到我们目的这个进一步的欲求自身是无力的。

因此,这些理论和实践种类的规范的约束,对于解释理性行为(甚至是用休谟式的欲求—信念心理学来解释)是必要的。然而,与这个现象同等重要的是,我们对应该或有理由做某件事情的接受倾向于为做这件事提供动机,并且正如在吉伯德的坚果例子里一样,这个倾向与当下的欲求相冲突,在这种情况下这种约束并没有完全抓住规范接受被包含的方式。理由在于,这必然包括不仅仅接受推理规范,而且接受能够提供实践推理前提,即行动的根本规范性理由的规范。假言推理、工具理性规范,以及像非矛盾定律和形式决策理论这些融贯的理论和实践推理的相关联的规范,都可以最好地被解释为“相对合理性”的规范(Darwall 1983:14—16,44—49,66—67;以及 Darwall 2001)。如果我们有理由不相信p和如果p那么q,那么我们相信p和如果p那

① 这个观点在 Broome 1999 中得到了特别好的阐述。另见 Blackburn 1995 和 Railton 1997:76—78。

② 在这点上,我忽略了将某物当作目的(这按理说包含意图)和欲求某物(这不需要包含意图)之间的区别,因为这对当下的目的而言是无关紧要的。

么 q 这个事实就不能（通过假言推理）给我们任何相信 q 的理由。而假言推理将前两个信念的不论什么理性支持都传递给第三个信念。相信
155 q“相对于”具有理由相信 p 和如果 p 那么 q 来说分别都是理性的。

再一次，这个情形与工具推理完全类似。如果我们没有理由具有一个目的（并且 / 或者没有理由相信某个手段对于获得这个目的是必要的），那么我们具有相关的目的和信念这个事实本身，不能为我们提供采取这个手段的任何理由。工具合理性最多可以要求的是我们要么采取手段，要么放弃目的和关于手段不可或缺的信念二者之一。假言推理的实践相似对应物将理性支持从目的和信念传递到手段。相对于存在理由具有目的和相信相关手段是一种必要，采取手段是理性的。①

我们的信念、欲求和意图必须不仅仅是可以被理由融贯支持的。因此，当我们真诚地认为有理由做某件事或我们应该做这件事时，我们必须接受超越任何来自融贯的信念、欲求和行为规范的实质的规范性主张。此外，我们有好的理由认为，接受这些规范性判断的影响，比如接受实践推理规范的影响，不能被还原为独立存在的欲求的影响。

像丹西这样的特殊主义者在这点上可能坚持认为，我们接受的规范理由通常拒斥普遍规范的形式，而普遍主义者可能认为，如果我们判断，比如我应该放弃继续吃坚果，因为这样做对我自己好，这就使我们承诺了一个深思熟虑的普遍规范。但是这些区别对于我们的目的而言是无关紧要的。不论动机影响是来自对特定规范主张的接受，还是来自对普遍规范主张的接受，重要的是它不能还原为独立存在的欲求。②

① 直观的观点是，理性在这里排除的是不融贯的态度的结合。它并不基于我们具有其他态度或行动而排除某种特定态度或行为。关于这点，见 Broome 1999；Dancy 2000；Darwall 1983，2001；Greenspan 1975；以及 Hare 1971。

② 再一次，严格说来丹西认为任何动机的影响都必须来自规范理由自身，而不是来自对它们的接受或者任何可以回应它们的欲求。如果“动机”指的是行动者的理由，即行动者认为有利于行动的环境的（被相信的）事实或特征，这看起来当然是正确的。不过，我们也经常是用“动机”来指主观的动机状态。举例来说，当我们说某人被恐惧刺激时，

因此我使用“规范性接受”来指称对任何一种规范的接受。① 156

现在我要指出我认为的欲求和规范接受之间的重要区别。然而，首先我们需要注意一个重要的逻辑区别。正如在休谟式框架下的理解，欲求将命题或可能事态作为对象。② 欲求和信念是通过它们关于一个共同的命题内容或世界的可能状态的不同的“符合方向”被定义的（Anscombe 1957；Platts 1979：256—257；Smith 1994：111—119）。信念p代表了世界是p这样，如果世界不是p这样，那么这个信念就是错的，就应该被修改。因此信念被认为具有“从心灵到世界”的符合方向；它们寻求将心灵与世界相匹配。欲求以相反的“从世界到心灵”的方向工作。欲求代表了世界应该包含的可能事态（从欲求的视角看来是如此）。

按照这种理解，欲求在本质上是**与世界相关的状态**。具有一个欲求，就是倾向于引起某个世界状态。我们可以说，它是具有**目的论**倾向的。甚至当欲求的状态将我们完成一个特定行为作为核心部分包括在内时，甚至当完成一个行为由这个状态完全构成时，欲求的动机影响仍然完全是目的论的。我们被推动而将一个行为作为事件的核心（或唯一）的构成要素来完成。

然而，规范接受具有不同的逻辑结构。③ 实践规范和行动的规范理由要求的是纯粹和单纯的行为，或者有可能是实现一个行为的选择或意图。类似的，信念的规范推荐这个或那个信念；情感的规范推荐这个

我们并不是说恐惧是他的理由。行动者认为有利于他的行动的不是他的恐惧这个事实，而是他的恐惧为他“照亮”的使他受到惊吓的事实。

① 关于规范接受的心灵状态的讨论，见 Gibbard 1990：55—82。另见哈特对规范或法则采取“内在”视角的讨论（Hart 1961：55—57）。

② 在这个情境下，休谟式的观点不是必然与休谟的观点相同。关于按照这些线索对休谟的解释，见 Bricke 1996。

③ 关于类似的观点，见 Scheffler 2004：231。

或那个情感,等等。将任何可以被规范约束的东西称作"态度"。[①] 将任何其态度可以被规范地约束,因此规范可以应用于其上的东西称作一个"主体"。态度是主体因为某些原因能够具有的状态,也就是说,不仅仅存在某些关于他们具有这个态度的非理性化的(比如随意的)解释(解释的理由),而且存在主体具有这个态度的理由的某些东西,即某些
157 主体自己看作规范性理由并且据此行动的考量。

所以,虽然欲求是关注世界状态,规范性的接受则是关注主体的态度;实践规范是关注意图或行动的。[②] 因此规范性接受直接为意图和行为提供动机,而不是通过对某个状态的欲求提供动机。[③] 也许我们应该说它"以道义论的方式"提供动机。甚至当规范是目的论的时候,比如像"带来 p",规范性的接受也并不以目的论的方式提供动机。甚至当这些理由命令的行为与对 p 的欲求为我们提供动机的行为是同样的时候,它也只能为我们按照可应用的规范或规范性理由提供行动的动机。这个逻辑的差异引起一个心理的差异:与接受一个建议我们使 p 发生的规范不同的是,对 p 的欲求可以在 p 没有发生时导致的失望中出现,不论我们是否能够认识到这点。

欲求和规范接受之间的心理差异也以其他各种方式显现于我们的经验中。其中一种方式是在**遗憾**这一现象中显现。只有当我们认为曾经有某个理由完成某件事使欲求已经得到满足时,未能满足欲求才会

① 就现在的目的而言,我们可以将做 A 这件事等同于做 A 的意图或选择。

② 由于事态本身并不承认规范性约束,所以不存在(未还原的)状态的规范性理由——没有纯粹的应当如此。(我在 Darwall 2003 中以更长的篇幅论证了这个观点。粗略来说,当我们说存在获取某物的理由时,我们能够合理意指的是,有理由对那个状态采取某种态度。)

③ 当然,欲求也能被规范性地约束——值得欲求的正是我们有理由或者应该欲求的。但是行动的理由不能还原为欲求的理由(虽然休谟主义者和非休谟主义者同样能够接受工具合理性的原则——有理由做将会带来值得欲求的世界状态的事情)。关于这点的讨论,以及对西奇威克和摩尔关于伦理学的基本概念是应该(规范理由)还是内在价值的根本争论,见 Darwall unpublished。

引起遗憾。[1] 最熟悉的经验是,我们遗憾做了我们认为总的来说不应该做的事,比如不停吃坚果。但我们也可能为我们认为有某些理由不去做的事情感到遗憾,虽然总体的理由支持我们这么做。在这些情况下,我们很可能说我们很遗憾"不得不"做我们做过的事,而不会说我们单纯地为做了这件事感到遗憾,因为后者暗示了总体而言的遗憾。重要的是,没有按照欲求行动,只有在这个意义上才会使我们遗憾,即它包 158
含了我们认为是行为的规范性理由的东西。

另外一个涉及遗憾的欲求和规范之间的差异,将会在欲求和规范接受的不同逻辑结构被揭示后显现。宽泛地讲,遗憾和不满足的欲求都是"负面态度",但是尽管后悔是针对或"反对"某个行为(或不作为),未满足的欲求则是"反对"某个状态。因此,考察一个遗憾的对象是没有完成某个行为的例子,完成这个行为是你内在地欲求的状态的核心构成部分。假设你认为你此前应该做 A,你欲求(或希望)你做了 A。甚至在这个例子里,遗憾没有做 A 与对你做 A 这件事没有发生感到不满意仍然不同。然而,只有你认为你有理由做 A(即使只是因为你认为你欲求做 A 给了你这样一个理由),你做 A 这个事态没有发生的不愉快才能引起你自己的不满意。

第三,虽然接受一个规范对态度的约束典型地包含获取这个规范指出的条件下的相关态度(Gibbard 1990:55—82),但我们具有那个态度的欲求自身并不包含(至少不是直接地)获得相关状态的倾向。因此,相信某件事的这个欲求本身不能引起相关的信念,虽然它能刺激我去寻找支持这个信念的理由,在此基础上我可能会获得这个信念。欲求是一个可以用它自己特有的(正确种类的)规范理由来进行规范性约束的态度。在欲求我相信某件事时,在我看来我具有这个信念将会是值得欲求的,并且对我来说有理由欲求那种世界状态(在其中我具有那

① 更准确地说,我的评论是要采取哲学家们称为"行动者—遗憾"的那种遗憾形式。比如,见 Williams 1973:170—205 和 1981b:31,74—75。

个信念和那些理由),因此有理由引起那种世界状态。但是这些不是使信念可信的正确种类的理由,也不可能通过接受它们而形成信念。我们只能形成我具有这个信念的欲求。这是对我们在第一章注意到的"错误种类理由"问题的另一个反思。然而,假如我要相信有关于这个信念的认知理由,那么我就会接受这是我应该相信的东西。在这些基础上有可能形成一个信念(即使我们不能说得更具体这些理由是什么)。[1]
159 对于实践规范接受也是类似:认为有理由做某件事(即使我们不确定这些理由具体是什么)包含了行动或意图的某种倾向。再一次,可以由规范约束的态度恰恰是那些主体能够形成理由的心理状态——他们的理由——也就是他们当作具有相关态度的规范性理由的考虑。[2] 然而,我们不应该在欲求和规范性接受之间划出太明确的界限。再一次,欲求是能够被规范性约束的态度。为了在为意向性行为提供动机时扮演正确的角色(即使按照休谟主义的图像),欲求不太可能仅仅是提供动机。[3] 他们必须更像是斯坎伦称作更好的"被指导的注意力"的东西。当我们在"被指导的注意力的意义上"欲求 p 时,"p 这个想法不断以美好的形象出现在他或她的脑海……这个人的注意力被持续导向那些将它们自身表现为有利于 p 的考察。"(Scanlon 1998:37)但是这只意味着,并且斯坎伦也认为它意味着,当我们欲求 p 时,在我们看来好像有

① 这一点对于实践理性的重要性有可能被一个事实掩盖了,这个事实就是,我们做 A 的欲求确实看起来会引起我们做 A。然而,我相信为什么看起来是如此的理由是,我们将我们应该做可以带来值得欲求的或有价值的状态当作一个明显的实践理性原则来接受,当我们具有做 A 的欲求时在我们看来真实的是,做 A 将会是好的或有价值的。我认为,甚至是这里,欲求引起一个行为[即某件出于(表面的)规范性理由被做的事情]也只是由于这个额外的规范性接受(或者至少是表面的规范性接受)。

② 拉比诺维茨和伦诺—拉斯穆松(2004)论证,态度隐含地包括了作为它们内容的一部分的独特的态度相关的理由,并且认识到这个现象是对"错误种类理由"问题的解决。

③ 这个观点在 Quinn 1991 中得到辩护。

(规范性)理由欲求 p,因此,根据工具理性原则,有理由引起 p。[1]

即使这将欲求引入规范性的领域,它仍然与规范性接受有一个重要差异,即欲求包含表面的规范性理由,不论我们通过反思是否接受这些理由的实际存在。在坚果的例子里,你不停吃坚果的欲求与你接受你有更好的理由停下来相冲突。当然,在其他条件同等的情况下,你可以接受它,但是仍然认为有理由不停吃。但是为了不停地吃,你不需要
接受甚至是**暂时的**规范性判断。对于欲求而言,甚至在被引导的注意 160
力的意义上,吃坚果在某种方式下看起来是好的,看起来有某种理由这样做,这就足够了。即使你拒绝认为有不停吃的理由,那也可以如此。这类例子在感性经验里可能更明显。一旦你熟悉了错觉,筷子在水里看起来弯曲这个事实,就不会给你提供任何理由认为它真的是弯曲的。经验的这个错觉特征不会超越一个仍然存在的理由;它会挫败本来有可能的原因。欲求也会发生同样的事。在你看来吃坚果对你的吸引力,可能恰好也是你拒绝当作理由的特征或考量,甚至当它们看起来一直有吸引力。

当我们(用吉伯德的话来说)"处于规范的掌控中"(1990:60)时,一个相关的现象可能会发生于规范接受自身。吉伯德讨论了与米尔格朗著名的服从实验相关的现象,这些实验现在由于不同原因获得我们的注意。米尔格朗实验中的实验对象被一个权威人物要求向另一个实验对象施以电击,以测试人们如何学习。"老师"被要求用强度不断增加的电击来回应"学生"的错误,从 15 伏一直到 450 伏。事实上,被施加的不是真正的电击,那些学生实际上都是实验者。当然,这些不是实验对象所相信的。令人难过的是,在最初一组实验中,绝大多数实验对象(大约三分之二)执行了他们被命令执行的所有电击,一直到 450 伏,而最高几个级别都有标志写着"危险:严重电击"。尽管很多人都明显

① 同样的观点参见 Bond 1983;Dancy 2000;Darwall 1983;Hampton 1998;Pettit and Smith 1990;以及 Quinn 1991。

感到不安并挣扎，但只是在抗议下就服从了施以更高级别的电击。①

我们自然会对这些实验报以失望的回应，我们断定实验对象不应该按照他们被命令的那样执行电击，并且希望如果我们处在他们的位置我们不会这么做。然而吉伯德指出，按照实验结果，我们应该假定我们很可能会那样做，尽管会有挣扎和保留。毕竟 80% 的实验对象都将电击执行至 225 伏（超过了电击发生器的一半）。吉伯德将这个例子分析为涉及对冲突的两种规范的接受——反对伤害他人和反对不服从权威。但是虽然实验对象真正地接受了两种规范，很多人也在权威的规
161 范的“掌控中”，因为在那种情况下，权威的规范看起来超过了反对伤害的规范并奠定了更强理由的基础，虽然这与很多实验对象（经过反思）实际上所接受的相反。而且，在某种程度上，似乎有可能会完全处于一个规范的掌控之下，也就是说，有可能它看起来提供了规范性理由，即使我们通过反思拒绝它，判定它没有给出任何规范性理由。

米尔格朗实验揭示出的那种规范接受在心理上与欲求具有差异。当然，我们可以说，实验对象不想不服从，他们也不想要伤害，在那种环境下，他们明显想要前者多过后者。至少在欲求的注意力被引导的意义上，我们可以说，具有这些欲求时，在他们看来似乎有一些欲求的理由，因此有带来他们不曾伤害他人的世界状态的理由。但是看起来很明显，米尔格朗的实验对象不仅仅是纯粹和单纯地想要这些后面的状态；他们想要这些状态，至少部分是因为他们认为他们不应该伤害。②他们的欲求遵从他们的规范；他们是依赖于原则而非依赖于对象的。而且正因为如此，由指令冲突行为的规范导致的他们的心理冲突，明显与仅仅是具有冲突的依赖于对象的欲求（也就是欲求两个不能同时被实现的结果）的某个人的心理冲突不同。它以焦虑、不安和情绪低落的

① 在 Milgram 1974 中对这些实验有大篇幅的描述和分析。关于精彩的讨论，见 Sabini and Silver 1982：chs. 3—5, 9—11。

② 当然，他们也可能出于同情而想要。

形式展现自己，这与某人被强迫在她厌恶的两个选项中进行选择完全不同，但是后者本来不会违背她接受的或者控制她的任何规范。

对道德规范的接受与第二人称

我已经为人们的规范接受能力寻找了思辨和经验两方面的证据，因为这个能力是第二人称能力的一个核心方面。当你和我向彼此传达第二人称要求时，我们预设了我们都有接受第二人称规范并据此行动的能力，这些规范提供了相关的第二人称理由，不论我们对世界状态的（对象依赖的）欲求如何。甚至在我们的第一个例子中，当你向某人传 162
达不要踩你的脚的要求时，这也是一个核心方面。你试图向他传达的理由不是来自你疼痛的坏处（好像在对你脱离痛苦的欲求中可能显现的那样），而是来自禁止踩脚的规范。在向他传达理由时，你由此假定了他会接受这个规范并按照它行动，与任何希望你的脚免于痛苦的（对象依赖的）欲求无关，甚至与踩脚引起的疼痛（这是理由的行动者相关方面）无关。[①]

目前为止，我在本章所说的都与一般而言的（实践）规范接受相关。然而，我们似乎有可能具有那个能力，但同时缺少与第二人称理由特别相关的接受和认同规范的心理机制。为了例示第二人称能力，人们的才能必须包括某种像反应态度那样的第二人称责任的媒介，还要具有在批判性地接受第二人称规范和理由中反思和修正这些东西的能力。

在这个联系中，吉伯德注意到，米尔格朗实验中展示的情感现象不仅仅表明有规范在起作用，而且表明有独特的社会规范在起作用。对

① 回忆一下，在说你预设这些事情时，我不是在做一个心理学的判断。我不是说你实际上所想的，或者我能够合理地认为你想过这些事情（虽然你可能确实想过）。我是在说，你的对象的第二人称能力是你的传达的一个规范性恰当条件：你试图传达的理由只有当你的对象具有第二人称能力时才能被有效传达。

一个慎思规范的违背本身,不太可能引起米尔格朗实验对象明显感觉到的尴尬、羞愧和自责这些种类的情感。如果我不停吃坚果,因为这对我不好所以我不应该如此,这个想法不能支持诸如此类的情感,除非我在某种程度上将它与某种体面的或道德上得体的自我理念联系起来,以至于我由于在公开场合展现出的不节制感到尴尬,或者甚至当我独自吃坚果时也觉得羞愧,或者因为我从来不为别人留下足够的坚果感到悔恨。

对于我们的目的而言更重要的是,在米尔格朗实验中最明显涉及的规范是第二人称的道德规范。他们是关于人们具有权威命令的那些东西。服从的规范就它们的本质而言是第二人称的,并且我已经论证
163 了,任何不去伤害他人的道德义务也是第二人称的。此外,对实验设定和结果的分析揭示出,在实验对象的回应中,有些第二人称的方面在起作用,它们甚至超出了隐含的规范的第二人称特征。举例来说,实验对象处于他们作为志愿的实验参与者有义务服从的指示之下,这一点不是仅仅作为一个抽象命题对他们是明显的。权威人士实际上与它们在同一个房间,并且他命令他们。当实验对象询问他们是否“必须”要继续,或者抗议被命令要做的事时,明显具有权威的实验者用一些列逐渐增强的“刺激”来回应:(1)“请继续”或者“请接着做”,(2)“实验要求你继续”,(3)“你继续是绝对必要的”,(4)“你没有别的选择,你必须继续。”(Milgram 1974：21)

现在,我们来考察这些刺激如何能够在心理上起作用。不过,首先我们应该注意,它们不是实验中仅有的第二人称要素。[①] 在最初的设定中,学生在毗邻的房间。他不会被看到,并且直到他被施以 300 伏以上的电击时,他才会被听到。不过,在这个时候,学生开始猛击墙壁发出声音。敲击一直持续至 315 伏,之后就完全没有声音从这个房间传出,

① 接下来的细节来自米尔格朗对实验不同设定的描述和数据(1974：32—43)。

而且学生实际上停止在学习练习中作出回应(实验对象被告知将这些当作错误来对待)。在最初的实验中,四十个实验对象中没有任何人在听见抗议之前停止施加电击。不过,五个人在第一次表达抗议时停止了。四个人在下一轮(315 伏)时停止,两个人在之后一轮,而在之后两轮分别有一个人停下。所以,四十个实验对象中有十三人(32.5%)在第一次抗议后的五轮之内停止了电击。此外,这就是完全停止的所有人。[①]

第二组设定完全一样,除了可以通过墙壁听见口头的抗议。在这个版本中,几乎同样数目的人坚持到最后——二十五人而非二十七人。但是八个人停止在“强电击”的范围(135 伏—180 伏)遵守电击的命令,这比第一个设定中产生第一个不服从的 300 伏提早了很多。 164

在第三组设定中,学生被置于同一个房间,距离实验对象只有几英尺,能被实验对象看到和听到。这时十三个实验对象在“强电击”范围的末端停止了服从命令,而只有小部分人,即十六个人执行了所有的电击(与最初的设定相比,几乎少了 40% 的人执行了所有电击)。

第四组,也是最后一组设定与第三组设定相同,除了只有当学生的手放在电击盘上时才会受到电击。在 150 伏时,学生要求离开并且拒绝将手放在电击盘上,实验者命令实验对象强行将受害者的手放在盘上,以便他能受到实验对象施加的电击。值得注意的是,在这组设定中,十二个实验对象持续到了最后,但即便如此,这少于第一组设定这样做的人的一半。更重要的是,二十个人(实验对象的一半)在“强电击”的范围停止了电击,这再一次比第一组设定中的不服从来的要早。

很清楚,向他们提出抗议对实验对象的行为造成了重要差异。在第一组设定中,在任何可听到的抗议之前没有任何不服从,出现的不服从中有 80% 是在抗议之中或者在抗议之后不久出现(十三人中的十一

① 其他人(二十七人)继续施行电击直到最后(450 伏)。

人）。在第二组设定中，抗议能听到的时间提前了，也就有明显更多的不服从提前出现。在第三组设定中，抗议（和它的基础）同时能明显看到和听到，这也显著增加了更早的不服从。而在第四组设定中，实验对象不仅仅被命令不管抗议施行电击，并且被命令强制否决学生被释放的要求（而且有可能因为他们的要求而惩罚他们），不服从的数目是最多的。

米尔格朗实验对象经历的冲突不仅仅是相反规范之间的冲突，而且也是奠定命令基础的第二人称规范之间的冲突。此外，这些要求是在某个时刻由实验对象认为有权威向他们传达的人进行传达的。他们对规范的接受和有规范性基础的要求的传达似乎都有心理上的后果。规范在各种各样的设定中是恒定的，与实验者对命令的传达一样。变量是学生抗议的证据和显著程度。

但是为什么集中于抗议之上？被改变的不仅仅是抗议，而且也有疼痛和引起疼痛的证据和显著程度。为什么不可以说是学生的痛
165 苦增加的程度和鲜明性解释了不服从人数的增加？但是考虑一下：对墙壁的敲击是如何被第一个设定中的实验对象经历的？按理来说，痛苦在这个时候已经很严重，以至于学生请求实验对象和实验者停止电击。就像有个实验对象所说的："我认为他在试图交流，他在敲墙壁。"（Milgram 1974：32）

从实验对象的视角来思考一下。你相信，学生是像你一样志愿参加实验的人。你可能认为，他像你一样感觉有义务参加。你甚至可能认为（如果只是作为一种理性化），只要他做了，你不做好你的工作就是对他不公平。至少，你当然认为他是否志愿被引起疼痛对于你是否应该引起他的疼痛而言是有关的。这些都是第二人称的事情。它们与你的相关主张有关，与你和他如何具有作为相互负责的平等者相互关联的权威有关。

不服从的总体比例的最明显改变，发生在学生被转移至与实验对

象同一个房间之时。此后实验对象可以看见他做的事情的后果。但同样重要的是，他第一次意识到学生对他的意识。在前两组设定中，即使可听见的抗议被经历为主张，条件也使得相互承认不可能。将学生带入这个房间向实验对象展现了一个他为之负责的人——在所有设定中实验者具有的第二人称优势。米尔格朗自己注意到这个因素的可能的相关性：

> 比起当他能够看见我们所做的事时，我们在他不能观察到我们的行为时更容易伤害这个人。他对针对他的行为的监视可能会引起羞愧或内疚，这可能会转而抑制行为。语言中的很多表达都指涉了面对面攻击中引起的不舒服或抑制。我们经常说，比起直接面对一个人，我们更容易在"他背后"批评他。(1974：38—39)

他者此时不仅仅是作为某个具有立场要求服从规范的人出现，这个规范要求他不受到伤害，并且也是作为某个具有立场判断我们对规范服从的人出现。① 166

这个情形的第二人称方面使得一个心理差异变得充分明显。② 但

① 另一个相关的研究是由约翰·蒂鲍特和劳伦斯·沃克进行的，他们对评判犯罪正义的对抗系统的心理学方面具有兴趣。实验对象被要求朗读一系列关于一个袭击案例的事实，一半是控告有罪，一半是免除罪名，并且被要求评判有罪或无罪。在第一组设定中，事实是由一个人读给他们听。在另一组设定中，由两个人读，其中一人通过仅仅阅读无罪的事实"代表"辩方，而另一人"代表"控方。第二组设定中被读了这些事实的实验对象明显比第一组的实验对象更有可能认为被告是无辜的(1975：42—53)。

② 在另一个米尔格朗实验中，实验对象是一些地铁上的乘客，他们被要求在这种请求没有理由辩护的情况下放弃他们的座位。当米尔格朗第一次让他的学生进行这个实验时，他们的迟疑和他们报告的执行方面的困难使他讶异。他决定亲自主持一些实验。一篇新闻纪实报道了他的经历："但是当他走近他的第一位坐着的乘客时，他发现自己僵住了。'词语卡在我的喉咙，完全无法出来，'他在采访中说道。他退在一旁，责备自己说：'你是怎样一个懦弱胆小的人啊？'在数次尝试失败之后，他终于能勉强说出这个请求。'在我坐上那个人的座位时，按照一种能辩护我的请求方式行为的需要占据了我'他

是它是如何起作用的？这里包含的机制如何与规范接受相互作用？毫无疑问，我们在某种程度上受到对来自他人的赞同或尊重的欲求的推动，或者受到不要与他们不一致的欲求的推动，甚至当我们完全不在乎他们应用的标准或者完全不想要分享他们的观点时也是这样。但是我们只是在某种程度上这样被推动。亚里士多德注意到，我们更在乎那些我们自己崇拜或尊敬的人对我们的崇拜和尊敬，并且他的结论是，这必定是因为我们独立地（和更多地）在乎我们赋予评判我们的权威的人的尊敬（1980：I. 5）。

这看起来明显是准确的。当米尔格朗实验中的实验对象被那些他们在同一个房间中施予电击的人的抗议困扰时，他们不太可能只是在经历被以要求的方式对待的不愉快。在各种程度上看起来更有可能的是，移情将他们带入受害者的视角，至少有些实验对象经历了诸如羞愧和内疚的情感，在这些情感中他们通过移情认为自己应该遭到鄙视（羞
167 愧）和（或者）谴责或者其他形式的第二人称责任。[①] 除此之外我们还能如何解释至少对某些人来说必然已经涉及的心理冲突的深度和多样性呢？实验者和受害者的外部要求的冲突，很可能在不同程度上在实验对象对他们自己的观点中以移情的方式被复制了。

说，'我把头埋在双膝之间，我能感觉到我的脸变得煞白。我不是在角色扮演。我实实在在感觉到无地自容。'"（Michael Luo, "'Excuse Me. May I Have Your Seat?': Revisiting a Social Experiment, And the Fear That Goes With It." *New York Times*, September 14, 2004。）多年以后，米尔格朗的一个进行过该实验的学生回忆起一个他请求让座的人的反应。"那位女士嚷道：'如果我站着你坐着，我还认为问你让座是非常合理的，但是我不会给你我的座位。'"这看起来是第二人称心理现象的明显证据。我受惠于特里斯特拉姆·麦克弗森提醒我这个实验。

① 这里可以比较一下亚当·斯密关于屈服于上级的自然倾向的论述，这是由于向他们的立场的移情的投射："这个与有钱有势的人保持一致情感的人类倾向，建立在等级区分和社会次序的基础之上。比起受益于他们的善良意志的私人经验，我们对上级的曲意逢迎更多是来自对他们地位的优越性的崇拜……最强的动机，最激烈的情感，恐惧，憎恨和不满都不足以平衡尊敬他们的这个自然倾向。"（1982b：52—53）

再一次，这与我们在第三章了解到的关于同情在第二人称思考中的作用相符合。当我参与另一个人的第二人称传达时，我不可避免地获得一个对我自己的第二人称视角。只有我在与我自己的关系中看到他们时，我才能够将他人的回应当作第二人称的加以把握。只有我能将我的传达看作从其他人的视角出发时，我才能做到这点。通过以这种方式受到他人影响，我能从他人的立场受到外表的影响。因此谴责能够被感受为内疚。[①] 当然，谴责也会引出防御性的回应，但是这恰好证明了同一个观点。如果我们不曾将我们自己看作他人以移情方式看待我们的那样，并因此责备我们自己，就不会有任何东西需要防御。

在这里比较一下密尔在《功利主义》第三章关于道德惩罚所说的话将会有帮助，在那里他考察了功利原则的规范性（或者像他解读的推动性）力量。“它的惩罚是什么？”他问，“遵守它的动机是什么？或者更具体地，它的义务的来源是什么？它从何处得到了它的强制力量？”（1998：ch. 3，section 1）密尔首先讨论了“外在惩罚”，包括从他人和从 168
上帝那里得到“好感的希望和不愉快的恐惧”，不论是自私地或者出于同情或使我们倾向于服从他们意志的“敬畏”。但是密尔简短地处理了这些问题。他的主要兴趣是“内在惩罚”。这个“最终的惩罚”，密尔说，是“良心”：“我们心灵中的感觉；伴随着违背义务的或强或弱的痛苦，这种痛苦在受过恰当培养的道德天性中发生，在更严重的情形中，这种痛苦成为不可逃避的。”（ch. 3，section 3）[②]

---

① 一个相关的现象是，单纯被其他人强行施加的生动表象说服的类似经验。（这里有一个例子：有一天我到附近的游泳池游泳。因为与外面相连的玻璃门被修理过，而且又正值严冬，水温比平常要低。排在我之前的一位年长女士转身对我说：“现在水温是 75 华氏度。你不可能在这么冷的水里游泳。”因为她以如此权威的方式说出来，我被说服了。我按照她描绘的方式来看事情。当我回到车上的时候，我想：“好吧，其实 75 度并没有那么冷。我以前经常在 75 度或更冷的水里游泳。”然而，那时我已经在我暖和的车里，完全将为什么我没有在当天游泳是更好的事情合理化了。）

② 密尔认为，虽然良心的命令自然而然地给予“直观的”常识的“习俗道德”以优势，这可能随着时间而被“分析的溶解力量”侵蚀，如果我们接受它对社会是无益的。另一方

但是什么使得良心成为内在而非外在的惩罚？避免他人不愉快的欲求并不比良心的感受更内在于心理。为什么它使得不愉快是源自他人还是来自自身变得重要？比起避免我们自己的不愉快，也许我们可以更容易避免他人不愉快，但是密尔的讨论没有重视这个可能性。他所强调的是良心使得我们对行为自身的感受的方式。当道德规范被内化，规范要求的行为的思想“与它本身就是义务性的感觉一道将它自己呈现给心灵”（1998：ch. 3，section 1）。在一个“恰当培养的道德天性中”，违背一个核心规范的想法对我们来说“是不可能的”。因此，使得良心成为内在惩罚的不是它的心理位置。来自他人的不愉快的痛苦，比起被我们自己弄得不愉快的痛苦，并不是更外在的状态。对于密尔而言，使得良知成为内在惩罚的是它的对象。当我们考虑我们已经做了我们认为错的事情时，我们不仅仅有痛苦的感觉。我们有一个痛苦的“表现”，即我们不应该做我们所做的事，不做这件事“就其自身是义务性的”。我们有一个默认的意识，我们与道德共同体的成员（我们自己也是其中的成员）的合理要求背道而驰。①

169 诉诸共同规范的第二人称传达，比如抱怨或谴责，可以以移情的方式引起与那些规范相联系的良知的感觉。米尔格朗的实验对象很可能经历了冲突的规范性感受，这些感受的鲜明程度依赖于其他人要求他们服从的第二人称权威的显著程度。当然，这些形式的传达也可能引起防御性的回应。但是他们能这样做的部分原因，还是要保护自己免于谴责的影响和内疚的经验。通过移情，我们不仅仅感受到他人的谴责，并且感觉到我们应该受到谴责。

因此，同情和第二人称传达能够与规范心理学互动的一种方式，是

面，功利主义道德有另一个心理学支持，它易于将心灵按照它的方向塑造，即“与我们的同胞融为一体的欲求”（1998：ch. 3，section 9，10）最终，时间站在了密尔这一边，当它被广泛接受时，良心将命令服从它。

① 这里我依赖于密尔对“错误”和道德义务的分析，我在第五章也有所讨论。

交换反应态度和产生良知的感受,或者甚至是规范性的接受。我在第四章论证了,反应态度具有第二人称的概念结构,它要求相互承认的回应,这预设了它的(隐含地传达的)对象能够做到这点。对于普通人来说,移情提供了支持这个预设的心理学机制。

作为这一节的结尾,我将简要提及移情和第二人称传达被包括在我们的规范心理学中(即在关于个别案例和规范自身的批判性的规范讨论中)的另一种方式。吉伯德认为规范接受具有一种独特的进化作用,使得人们能够使用语言,通过语言将动机编码以解决合作的问题(1990:64—80)。规范接受不仅仅将自身展现在调节行为中,而且展现在"不受限制的规范讨论"(74)的情境下声明规范的倾向中。对于吉伯德,规范讨论不仅仅是指道学家、道德哲学家或者专栏作家所从事的那种事情,而且也指某种实际上在人类生活中独有的东西,从说人闲话到讨论小说、电影和情景喜剧,到"我这样……;他那样……"的对话,在这些对话中参与者展现了他们对其他人行为和感受的反应。[1] 在所有这些情形下,人们商讨如何理解对人们所做的事情作出回应的问题,以及接受什么样的评价行为的规范最合理的问题。当他们这样做时,移情将他人的观点带入我们的视角,因此他们成为我们批判性反思的一部分,而不仅仅是作为对他人所想的记录。第二人称责任当然不是 170
社会批判的唯一形式,但是可以肯定的是,人们讨论的很多东西都与他们和我们能够合理向彼此期望和要求什么相关。

合作与第二人称动机

其他实验也证明和阐明了第二人称心理机制在人类合作中的存在。为什么人们在合作有悖于他们的利益时,还要进行合作?合作是

① 关于说闲话与共同道德反思的相关性,见 Sabini and Silver 1982:ch. 5("A Plea for Gossip")。

有组织的互动方式，在合作中，虽然总体模式促进合作个体的利益，它也要求参与者作出对个体而言并非最优的行为。一个经典的例子是囚徒困境，在这个困境里，如果双方都采取合作策略，那么所有人都会更好，但是对个体而言最优的策略是不合作。[①]两个人在这种情况下会面临囚徒困境：每一方通过使得对方获益最少的行为产生的后果获益最多（比如，通过自己拥有武装而敌对方解除武装），而如果双方都作出对个体而言非最优的选择（比如双方都解除武装），双方都获益。每一方都按照如下方式排列他的后果：最优的是我拥有武装，她解除武装；次优是我们都解除武装；再次是我们都拥有武装；最差是我解除武装，而她拥有武装。在这种情况下，为了增进自己的利益，看起来毫无疑问应该拥有武装，因为不论其他人怎么做，我们都会更好。但是比起他们都做总体而言最优而对个体次优的行为（双方都解除武装），这样会导致对双方都更糟的后果。

因为在很多当代社会科学中，不用提实践哲学中，主流的观点是，对自我有益的行为默认是理性的，而问题是要解释为什么人们会像现在明显所做的那样合作。为了解释具有一个“多次反复”的囚徒困境结构的例子中的合作——在这些案例中，“以牙还牙”或其他要求在“一次性”博弈中次优的行为策略，可能对于个体博弈者来说会是最优的（Axelrod 1984）——不要求任何超越偏好满足或自我利益的动机。当有反复博弈出现时，对个体现在合作的回报是，使得他的伙伴将来采取
171 互惠合作。但是很多研究已经揭示出很多这种自我利益策略不能解释的人类合作。

有越来越多的经验证据表明，包括一种特定的第二人称在内的规范接受经常被涉及。[②]恩斯特·费尔和西蒙·加切特尔进行的一些特

① 关于囚徒困境的简短介绍，见 Barry and Hardin 1982：11—12，24—25。

② 特别好的有 Fehr and Schmidt 1999。其中很多文献在 Ben-Ner and Putterman 1998 中都有讨论。关于精彩的批评性总结，见 Anderson 2000。另见 Mansbridge 1990。

别有趣的实验表明，反应态度经常被隐含。费尔和加切特尔（2002）分别给四人一组的对象每人 20 单位的钱币（MUs），他们可以将这些钱贡献给整组的计划，也可以保留她没有贡献出的部分。投入整组计划的每一单位钱币，会使每个组员收入 0.4 单位钱币，不论她投入多少。因此投资者每投入 1 单位钱币的回报是 0.4 单位钱币（不投入的预期回报是 1 单位钱币）。然而，如果所有成员都不投入，每个人都会最终得到 20 单位钱币，而如果所有人都投入自己的全部 20 单位钱币，每个成员都会挣到 32 单位钱币。

实验操控的变量条件是，投入的那一轮是否（已知）跟随着对象能够匿名地“惩罚”不作出贡献的人。在这个条件下，所有对象会收到一份其他人在第一轮中贡献情况的简介，但不包括每个人分别贡献多少的情况。每个人可以给任何其他个体从 0 到 10 打分，每一分会相应花费“被惩罚”对象 3 单位钱币，“进行惩罚”的对象 1 单位钱币。因此个体只能自己付出代价进行惩罚。[①]

不出意料，当合作贡献轮次在惩罚轮次之前进行时（他们事先知道），合作的程度比没有预期惩罚时要高（大约是 13 单位钱币比 11 单位钱币）。这也随着时间而逐渐增长，而没有惩罚的后期合作程度要更 172
低。在第六轮，有惩罚的合作中值是 14 单位钱币以上，而没有惩罚时就减少到 6 单位钱币以下。然而，就目前为止来考虑，这些结果可以单纯通过避免惩罚的自我利益欲求来解释。

关于对人类合作的惩罚为基础的解释比进化论框架下的互惠基础的解释要好得多的精彩论证，见 Sripada 2005。

① 实验由六轮贡献组成，一半有配对的惩罚轮次，另一半没有。为了避免通过以牙还牙的互惠或声誉的方式重复制造合作或惩罚，分组构成会不断更改，使每个对象不会再次遇见另一个对象。关于反复说明活动中的互惠的“进化”，见 Axelrod 1984 和 Trivers 1971。关于声誉的效果，见 Alexander 1987；Leimar and Hammerstein 2001；Lotem, Fishman，以及 Stone 1999；Nowak and Sigmund 1998a，1998b；Wedekind and Milinski 2000。

更有趣和更重要的发现是，实验对象为付出代价进行惩罚做好了准备，即使有时代价很大。[1] 总共有 84.3% 的实验对象在六轮中至少受到了一次惩罚，34.3% 被惩罚了五次以上，还有 9.3% 被惩罚了十次以上。费尔和加切特尔将惩罚称作"利他的"，但是他们的意思明显只是，实验对象做好准备即使自己付出代价也要认定不合作者的责任。实验对象报告说，他们用负面情感来回应不合作，他们预期其他人在他们不合作时也用相同的态度来回应。在被问到他们如何在虚构的情节中感受到他们被搭便车的人利用时，实验对象的预测是，他们会用严重的"生气和讨厌的反应态度"来回应，正如他们预测别人在他们搭便车是也会回应的那样。

我们可以清楚地看到，像不满和义愤这些态度被涉及了，对实验对象而言，这些态度看起来是由他人的不合作而得到合理保证的。有这些反应态度的实验对象，认为他们自己具有一个理由，一个第二人称的理由，认定不合作者负有责任，而这是独立于比如自我利益这些其他种类的理由的。同样足够清楚的是，这些理由不仅仅是独立于自我利益的；对于大约 85% 的实验对象而言，这些理由明显胜过了自我利益。[2]

但是如果实验对象在回应他人时受到反应态度的影响，这些感觉比起通过在他们对他人的想象的或实际的回应中的移情的投射不会更
173 少。这可能已经给了他们让自己合作的动机，这与规避惩罚的欲求有很大区别。[3] 举例来说，这些情感本可以作为对他们接受的第二人称规范的生动提醒而起作用，他们的显然得到辩护的反应态度本身"执行"

① 当然，我们可以说，在这些案例中实验对象也通过满足他们的愤怒而获益，但是尽管这毫无疑问是正确的，就愤怒至少涉及第二人称理由的表象而言，这看起来是一个以原则为基础的欲求。

② 也很有可能有一些自我利益的考量，与反应态度中涉及的第二人称理由相关，比如不想要经历意识到被利用的痛苦的欲求。但是这些都是依附于第二人称理由的。

③ 当然，除了避免得到辩护的惩罚的欲求（就像在普芬多夫观点中那样）。但是这些也本来是依附于辩护惩罚的第二人称理由之上的。

了这个规范。要不然，或者在此之外，将他们自己放在想象的惩罚者的角度本可以以移情的方式引起针对他们自己的反应态度。[①] 举例来说，在他们为搭便车而遭到谴责的情感中，他们也因此会向他们自己传达一个合作的第二人称理由。

以任何一种或所有这些方式，对象隐含地将他们自己和其他人看作（用他们自己的话来说）具有提出第二人称要求的权威，这些要求是隐含在他们给出的“惩罚”中的，并且因此具有提出服从这些要求的第二人称理由的权威。如果不满的威胁为合作提供了重要支持，正如这些实验所暗示的，那么第二人称立场的隐含假设也必须扮演重要角色。实际上，有证据表明，被认识到的惩罚的合法性，即他们是否被当作真正具有权威的，是以好的信念被应用的，还是单纯威胁的策略，这本身是合作程度的重要决定因素。费尔和罗肯巴赫已经表明，当惩罚被认为是以自我利益为目的的应用，而不是表达在认定他人负责时的有效要求，这实际上会减弱合作，也就是使它比在没有惩罚的条件下本来有的合作程度更少。[②] 这是一个值得注意的结果，因为从策略的角度看，（第二人称地）未得到辩护的惩罚与得到辩护的惩罚同样不值得欲求，它们同样会产生情感上的逃避。

第二人称心理机制显然在足够深层的地方起作用，因此人们愿意
放弃利益或付出代价，不仅仅是传达得到辩护的要求，而且是蔑视未得 174
到辩护的要求。人类不是唯一被发现具有这种回应的种群。布罗斯南和德瓦尔已经发现，在实验中由于同等努力得到同等回报的僧帽猴，在它们看到有其他猴子开始得到更多奖励时，就拒绝进一步的参与。通

① 关于道德发展中的“移情的愤怒”的重要性，见 Hoffman 2000：96—102。

② 费尔和罗肯巴赫对这个差异作了如下解释：“我们的结论表明，惩罚的道德合法性是一个关键因素。在公共善的情境下，对‘搭便车者’的惩罚是一个被认为道德上合法的利他行为……在当下的情境，惩罚为惩罚者的自我利益服务，如果它被用来强化一个有利于惩罚者的不公平的收益分配，它会减少利他的回应。”（2003：137—140）再一次，费尔和他的同事倾向于用“利他”来指“合作的”。

过注意到有一些根本的证据表明“公平感”是人类普遍具有的，[①]他们将他们的发现描述为“支持了反对不平等的早期进化根源”（2003：297）。但是正如我们看到的那样，如果平等是得到辩护的主张和要求，那么就可以得出，他们的研究支持了第二人称或类第二人称的心理机制的早期进化根源。

第二人称立场与合作的相关性得到了罗伯特·弗兰克（1988）对合作者和不合作者能力区分的另一个研究的进一步支持。在一个关于在单次囚徒困境中——他们接下来的参与是相互不可见的——是否合作的三十分钟对话之后，对象来预测他们的对话者是否会合作。他们都预测得比较准确。60% 的被预测为不合作的参与者都没有合作，而 75% 被预测为会合作的参与者都合作了（134—145）。这样高的总体准确率随机发生的概率是 1%。此外，与之后被证明错误的预测相比，对象对之后被证明正确的那些预测具有明显更强的自信。仅仅基于三十分钟的谈话，没有任何对话者此前合作记录的知识或经验，参与者展现出了关于另一个人会为了互惠互利合作还是会为了他自己的个人利益而拒绝合作的异乎寻常的判断能力。

用什么来解释这种成功？弗兰克假设它与对非志愿的身体征兆探测有关，比如可以为合作提供动机的表情。这看起来当然是正确的。然而，他的其他候选解释（同情的证据和羞愧或内疚这些情感）在原则上对于任何从第三人称视角观察对话的人和那些参与对话的人都同样可用。而且有实验证据表明人们总体而言不是特别擅长探测谎言
175 （Ekman，O'Sullivan，and Frank 1999；Good 1999）。显然有一些关于对话真实性的东西，也许特别是关于是否合作的对话，使得人们更容易探测。

我推测人们在这些情形下会对相互承认相对敏感，也就是说，他们

---

① 他们引用了 Henrich 2000 和 Henrich 2001。

能够探测到他们是否正在参与一个关于是否合作的严肃的第二人称思考,在这个思考中,某个人已经在那一次互动中赋予了他们第二人称权威。考虑一下:在关于是否在单次囚徒困境中合作的讨论中,合作者和不合作者的动机之间有一个重要差异。由于一个以自我利益为中心的不合作者的选择,完全独立于他是否相信它的对话者将会合作或不会合作(因为不论怎样,他不合作都会有好处),他在决定他的对话者的意图或动机时就没有利害关系。[①] 他在说话时的唯一动机是尝试说服他的对话者合作。但是合作者的动机既包括说服她的对话者合作,也包括确定在他说他会合作的时候他是否真的会一直合作,因为甚至一个合作者也会合理地希望避免被利用。在审视她的对话者时,她必须确定他是否同样在审视她,确定他们的审视是否是双向的。当她看着她的对话者的眼睛时,她是否看到他也在反过来看她是否在看他是否在看她是否在看他,等等。短暂的反思会发现,这种互惠利益是某种我们经常检测到的东西。想一想探测相互的爱情或性的兴趣。如果那是如此,合作者能够以这种方式帮助彼此确定他们合作的意图。结果是,每个人都通过在关于是否合作的对话中明显地尊重彼此,而使得她尊重合作协议的意愿可以被预测。

一个相关的实验结果是,当实验对象交谈关于在单次囚徒困境中怎么做时,合作的可能性就差不多翻倍了(Orbell, Dawes, and van de Kargt 1988, 1990)。当然,就其自身这也是可以注意到的,因为不合作仍然是理性自我利益中明显占支配地位的策略,甚至在这样一个对话发生以后也是如此。毕竟,另一个人要么会按照达成的协议行动,要么 176
就不会,不论哪种,我们不合作都会更好。所以为什么合作会增加?从这些研究我们看出,这不是因为这种讨论一般地加强了道德敏感性,因为它显然没有增加与陌生人的合作。再一次,某种本质上第二人称的

① 也就是说,除非他足够老练,能够认识到一个老练的合作者将会尝试确定他是否在尝试确定这一点。

东西看起来在起作用。熟悉的人更有可能与彼此合作。

一个自然的解释是，这种合作只是当两个对话者关于做什么进行一场严肃对话时，对以某种形式已经隐含的相互承认进一步表达和扩展。我们之前注意过，佩蒂特和史密斯（1996）的观察是，严肃的对话包含对彼此权威的相互尊重和承认的某种衡量。此外，在讨论他们要做什么的时候，要么是独自的，要么是一起，每个人都试图承认他人具有参与这样一个实际讨论或者实际上是一个共同思考的权威，因此具有成为行动理由来源的权威（不仅仅是认为某些行动理由存在的理由）。他们将彼此认作对他们相应的意志和行为的主张，而不仅仅是对他们的信念的主张的来源，甚至关于对一方或双方什么是合理的行为也是如此。他们将彼此看作第二人称理由的来源。当然，这可能完全只是幻觉。我可以尝试让你相信我是一个合作者，包括相信我正在看着你的眼睛以确定你是否正在看着我的眼睛，以确定我是否正在看着你的眼睛，等等。但是那可能不是很容易假装的。

一个相关的可能性是，至少某些这样的对话引起了一个真正的集体的合作意图，即对话人一起从“第一人称复数”的视角共同思考：我们应该做什么？从这个视角来看，合作很明显压倒了任何其他（集体的）策略。在讨论这个可能性时，道斯注意到，在他的研究中，很多对话实际上都采取了集体思考的形式（Orbell, Dawes, and van de Kragt 1988；1990）。但是这个假设与合作来自相互承认的解释不冲突。根据玛格丽特·吉尔伯特的“意志库”的理论（1990, 1996a），为了让两个人决定比如一起散步，每个人都必须向对方（第二人称地）传达她的意愿，以便为了这个目的构成一个复数的主体（一个“意志库”）。但是这意味着他
177 们必须已经相互第二人称地承认了彼此。用一句俗语来说：通往“我们”的道路要经过“你”和“我”。[①]

① 我在下一章讨论吉尔伯特关于这个联系的观点。

亚当·斯密论正义的判断

在第三章,我简要地介绍了亚当·斯密如何预见了当代模拟主义的观念,即将心灵状态归于他人通常都涉及站在他人角度的移情的投射,还介绍了斯密关于“交易、贸易和交换”的特殊人类倾向,以及它与相互尊重的关系的评论。在本章的最后一节,我希望简要讨论一下移情投射(斯密称作“同情”)在他的道德判断理论中的地位,更具体说来,在他的正义判断理论中的地位,因为这支持了前两节的反思。

根据斯密,当我们在判断一个行动者的行为或动机时,我们通过(不偏不倚地,好像我们确实是如此一般)投射进这个行动者的视角和观看实际情形来判断,好像我们想象在思考中与她遭遇。如果这个人的实际决定和动机,与我们在这些理想条件下模拟的结果相符,那我们就将它们判断为“恰当的”。当我们判断某人的感觉或反应时,我们从她作为一个受动者的视角来判断和观察情况,好像我们想象面对她,作为某个回应它的人。

这点很重要,即斯密式的道德判断隐含地认为他人具有一个独立观点。这已经将斯密的思想推离了哈奇森和休谟的以观察者为基础的美德伦理。① 虽然像休谟和哈奇森一样,斯密是一个元伦理的情感主义者,他们观点的重要区别在于,斯密式的恰当性判断不是从第三人称视角作出的,而是从理想化的(不偏不倚地训练的)个人和人际观点出发的。正是他的正义的元伦理学,使得斯密与哈奇森和休谟离得更远,并使他进入第二人称视角的。②

对斯密而言,不正义与得到保证的怨恨有本质联系。它不只是单纯的不恰当行为,而且是其恰当回应以某种方式挑战或认定行动者责 178

① 关于对休谟和哈奇森观点的这个方面的讨论,见 Darwall 1995a。

② 关于对斯密强调人际方面的另一种解读,见 Tugendhat 2004。

任的第二人称反应情感的不恰当行为。所以根据斯密的观点，不正义只能通过将我们自身不偏不倚地投射到行动者的、关键是受影响的那些方面的视角，然后考察从那个视角是否感到不满才能判断。正义的这个关注个体—接受者的特征，导致斯密反对功利主义者的权衡，他认为对不正义的拒斥并不是由总体功利的考察所保证的，而是由将会被伤害的“那个个体”的关注所保证的（1982a：90，138）。此外，我们从受影响的人的观点出发考虑的是，是否以一种自身预设了人们之间相互负责的特定情感作为回应。根据斯密，对受害者受伤的感受的同情，不只涉及分享他们对被错误对待的感受。它也包含对他们通过拒绝被错误对待而提出挑战的权威的承认，或者在没有成功抵制错误对待时，要求某种形式的补偿或惩罚的权威。它承认了他们提出正义要求的第二人称权威。[①] 因此，通过想象处于受影响的人的位置，考虑我们中任何有理性的人是否会感受到反应的责任追寻的情感，我们只能判断是否有某件事情被恰当地抱怨了或拒斥了，这种情感隐含地提出了某种第二人称的挑战或抱怨，并提出了一个第二人称的理由来尊重这个挑战。

我在这里引入斯密，以便为前面两节的实验结果奠定和提供一个框架。当米尔格朗实验中的对象经历到一个权威人物和他们的受害者之间互相冲突的主张的情感冲突时，他们不太可能只是将这些经历为不相容的外在要求。在某种程度上，他们很可能投射到他们的对象的相应观点中，感受到他们的主张的正义和他们谴责并认定他们负责的权威。正如我们已经看到的，实验证据表明，当惩罚被看作合法的时候，合作的机会会增加，但是当它们被认为只是作为策略被应用时，合作机

① 考虑一下在这个联系上，斯密关于那些不公正地伤害了他人而感到愧疚的人所说的话。甚至当他们的受害者没有认识到犯罪时，愧疚也会使得他们坦白他们的内疚，将“他们自己提交给他们侵犯过的同胞的怨恨”，希望某种形式的和解（Smith 1982a：118—119）。

会会降低（Fehr and Rockenbach 2003）。在一种情形下，惩罚被看作正
义的，正如对象通过模拟他们（潜在的）惩罚者的怨恨和义愤会以斯密 179
式的方式判断的那样。在另一种情形下，对象的模拟必定不会引向怨恨，而是引向某种自我利益的动机，它不能支持正义的判断和认定负责的权威，也就是会引导向一个错误种类的理由。

非经验的道德哲学的和心理学的思辨所表明的东西，得到了实验心理学的确证。现在在一个不同的情境下引用毕晓普·巴特勒，我们具有独特的第二人称的规范心理学能力，看起来“以所有这些方式得到了有可能的强有力的和明显的证明，假设我们的天性中存在（这些心理
机制）”（1983 : I. 6）。[1] 180

① 巴特勒是在描述无利害的仁慈的经验案例。

第八章

插曲：里德论正义对休谟论正义（以及当代的共鸣）

如果我们现在停下来考察一下托马斯·里德对休谟著名论断（正义是“人造的”，以协议为基础的美德）的批评，并反思这个批评的一些当代含义，这将会帮助我们填补合作和正义的第二人称方面的图景，也会为第四部分的建构性论证搭建好舞台。休谟的著名论证是，正义是协议性的，因为它依赖于个体之间的自利的合同，这个合同的意图（可能是隐含的）是要用某些规则（正义的规则）约束他们的行为，只要其他人也这么做的话。事实上，休谟使用“协议”来部分地指称这种共享的意图的集合。① 他论证说，没有这个意义上的协议，就没有任何正义或非正义之事。他还认为，也没有任何行使正义的内在义务，即便正义规则偶然得以建立。正义的义务完全来自协议的有用性。“自然义务”和“建立正义的原初动机”是一种自利的欲求，它是为了得到确立的正义实践所能够提供的个人好处（Hume 1978：498，499）。行使正义的“道德义务”存在于我们的认同情感中，这种情感是通过对正义作为一个规则所推动的公共利益的同情而产生的（498—500）。

① 正如我们将会看到的，休谟关于意图要得到恰当共享的必要条件有一个最小主义的观点，这更像 Bratman（1993）而不是 Gilbert（1990）。

对于休谟的分析而言重要的是，建立起财产、承诺和契约规则结构的实践合同，其自身不是某种承诺或契约，不论是明显的还是隐含的。休谟认为，在这个前协议的阶段，不存在真正的承诺或契约。但是在他 181
看来，任何这种明显的共同合作都不是必要的。个体之间能够彼此交流他们对建立正义实践的共同利益，交流他们关于如果其他人做到他们就会尊重规则的相应条件性意图，这就足够了。作为结果的合同（或“协议”）较少是两个个体之间的，而更多是在群体之间产生的。它是他们的个体意志的“结合”。

与这些论断相反，里德论证道，首先，与正义相关的情感和动机不需要“人为的”合同就出现于正常人类发展中，就像隐含在休谟式的诸如恩惠这样的“自然美德”中的一样。实际上，里德与现今用反应态度对合作和正义的解释相一致（例如费尔和加切特尔），[①] 与预示了阿克塞尔罗德（1984）和特里弗斯（1971）的“合作生成”或“互惠利他主义”理论的休谟式模型相反。其次，他认为道德义务的观念内在于正义的观念，不能被还原为正义的一般有用性（斯特劳森观点的一个版本）。第三，里德认为休谟的解释忽略了正义的关键的第二人称要素，尤其是遵守承诺和契约的义务。[②]

里德对休谟的批评，呼应了我们在玛格丽特·吉尔伯特关于“复数主体”（1990，1996b）的能动性的观念和斯坎伦对遵守诺言的实践基础解释的著名批评（1990，1998：295—327）中简要提到过的主题。探索一下它与吉尔伯特著作的联系，会帮助澄清第二人称复数观点和第一人称复数观点之间的关系。发展它与斯坎伦的批评的联系会为我在第十二章要论证的这个观点铺平道路，即我在第十章和第十一章提出的

① 虽然他没有明确用反应态度的术语，我相信西里潘达（2005）也可以被认为处于这个传统中。

② 我最开始是被卢卡·帕里索利的“休谟和里德论承诺”（2001）启发思考这些话题的，我在 1999 年七月爱尔兰科克大学学院的大卫·休谟学会会议上评论了这篇文章。

一种对道德义务、尊严和自主性的第二人称确证，也为斯坎伦式的契约主义提供了基础。

里德对休谟的批评的核心是里德作出的“心灵的操作”（在“不需要被表达就能够存在和完备”或者能够“被任何他人所知”这个意义上，它是“稳固的”）和“社会”合作（它“不通过词语和符号的表达就不能
182 存在，不能为他人所知”）之间的区分。里德说，没有社会合作，人们仍然可以“思考、推理、慎思和意愿”。但是“他不可能提出问题、提出命令、请求帮助、测试事实、作出承诺或讨价还价”（Reid 1969：438）。用我们的话来说，社会的心灵合作是第二人称的。①

休谟论正义

休谟的正义理论的主线广为人知，所以我们的讨论可以相对简略。② 与仁慈和同情这样的“自然美德”不同，正义是在社会意义上有用的（休谟因此认为它是道德上的美德），不是在具体事例中有用，而是对社会整体有用；不是在每个环境下有用，而只是在某些确定无疑地刻画了人类生活主要方面的具体条件下有用，这些条件是相对稀缺的资源和有限的慷慨。如果善行或仁善比一般情况多很多或少很多，正义就是不必要的或无效的。即使当“谨慎的、嫉妒的美德”被需要时，它们也没有任何内在地值得敬仰的东西（Hume 1985b：183）。我们赞同仁善和同情自身，不论它们的情境，但是对于正义，我们的赞同来自这

① 里德的《论人类心灵的积极力量》发表于1788年，比亚当·斯密在《国富论》（1776）中对人类“交易、贸易和交换”的习性的讨论晚十二年，比J.G. 费希特的《自然权利基础》（1796）早八年，后者将承认（Anerkennung）建立为康德之后德国哲学的核心哲学范畴。

② 休谟在《人性论》（Hume 1978）第二部分第三卷和《道德原则研究》（Hume 1985）第三节提出了这些主线。对此的讨论包括：Baier 1991；Cohon 1997；Darwall 1995a；Gauthier 1979，1992；以及 Haakonssen 1981。

个事实，即由正义规则塑造的“整体计划或框架”和整体实践可以在正常人类环境下推动所有人的利益（1978：497）。[1]

假如我们仅仅依赖我们自己的资源或者他人的善良意志，相比于 183
我们在确立了保护财产和提出承诺、契约和法律的规则时可以拥有的状态，我们就会处于一个安全程度低得多的状态，虽然也许不会处于霍布斯式的自然状态。一般而言，人类行动为自己或他人带来善：“当善或缺少恶可以通过心灵或身体的任何行动取得时，意志就会发挥自己的作用。”（Hume 1978：439, also 399）但是当人们为了使他人和自己受益而行动时，他们自然而然地偏向那些与他们亲近的人（488）。缺乏确定的正义规则，我们就不能从朋友、陌生人以及敌人那里得到抵御这些自然人类偏向的有保证的共同期许。

问题（至少最终）在于，只有当个体有可能采取那些不能被私人的或公共的利益（不论这些利益是多么长期的）所辩护的行动时，正义规则才会发挥这个作用。第一个现象从囚徒困境我们就能熟悉。正义的“整体计划或规划”只有当规则要求个体牺牲时才能对所有人有利。休谟写道，实际上，“很容易设想一个人会如何由于一个显著的正直行为而使自己陷于贫困，并有理由希望，对于这个单独的行为，正义的法律在宇宙中暂时停止了作用。”（1978：497）但是正如休谟认识到的，这一点同样适用于公共利益。“一个单一的正义行为经常与公共利益相悖”，比如当一项法律、承诺或契约要求归还“巨大的财富给一个守财奴，或者一个作乱的顽固派”（497）。[2] 然而，如果个体不通过正义规则

① 这里的核心观念可以表达如下：休谟是在运用罗尔斯意义上的规则的“实践观念”而非“概要观念”（Rawls 1955）。正义是在其参与者将规则看作“神圣不可侵犯的”（Hume 1978：533）而非为了制造社会善的策略或“经验法则”的规则结构实践中实现的。

② 实际上，上下文表明，休谟在这里并不是真正想说，当我们充分考虑它们对一般实践的影响时，正义规则所要求的行为在总体上会是有伤害的。他在《人性论》中的观点可能是这永远不会发生。然而，在《道德原则研究》（1985b：282—283）中著名的“合理的无赖”的段落中，休谟显然考虑了这个可能性。对于我们的目的而言，我们可以忽略这

约束自己，甚至当这些规则要求牺牲长期自我利益和公共利益时，“整体计划或规划”的集体利益就不能实现。

但是，休谟如何认为人类有可能建立和维持正义的规范，并且用它们来约束自己呢？由于确立的正义实践的一般利益是清楚的，理解个体如何会想在正义规则下生活，以及实际上想要做任何必要的事情以
184 保证这些规则被建立并普遍地被遵守，就没有任何困难。问题在于，如何从对正义规则处于良好运作秩序的欲求，或者甚至从用这些规范约束行为，或者在对于公共或私人利益必要时接受它们的欲求，或者也就是从所有这些都是值得欲求的想法，到达实际利用这些规则来接受或约束行为。我们应该清楚的是，这只不过是斯特劳森观点的另一个版本，是“错误种类理由”问题的一个例子。对于辩护正义的主张或者保障任何作为正义规范的东西而言，关于值得欲求的东西的考量是错误种类的理由。

休谟的解决办法是，规则可以由**协议**来建立，也就是每个人通过规则约束行为而形成的“一般意义上的共同利益”，以及由此而来的这样行为的一般“决定”或“合同”（1978：490）。每个人都可以看到普遍服从正义规则为他自己和他在乎的人带来的好处，所有人都将这种理解，与每个人“在其他人做同样事情的条件下，用（规则）规范他的行为”的“决定”一并“向彼此表达”（490，498）。休谟说，这就足以给任何有“第一次机会”的人充分的动机去行使正义的行为，作为“他人的榜样”（497），其他人就更可能遵从规则并且自己成为榜样。到此为止都没有问题。建立正义协议的可能的可欲求性（善），是尝试建立它们的正确种类理由。“因此正义通过一种协议或合同建立自己。”（497）但是问题在于如何以这种方式建立起一个协议，由此参与者自身能够出于正义的理由行动，也就是出于与强制财产、承诺和契约的主张特别相关的

些复杂性。我在 Darwall 1995a：284—318 中讨论了这些问题。

那种理由,或者用我们的话来说,出于相关的第二人称理由。

休谟式协议是个体意志的"集合",每一个个体意志在他人遵守规则的情况下决定遵守规则,以便获得确立的正义统治下的合作努力带来的利益。[①] 休谟关于个体如何可能单纯出于自利而这样做的著名例子是,"有两个人,他们通过达成一致或协议划桨,虽然他们从来没有向 185
彼此作出承诺。"(1978 : 490)再一次,协议只是他们只要他人划桨他们就划桨的深谋远虑的条件性意图中的巧合。由于这个原因,他们都想要在同一艘船中到达同一个地方,这就足够了。

我们应该再一次明确地注意——因为这在后面会很重要——休谟式的协议并不要求在玛格丽特·吉尔伯特称作"日常"的意义上的任何东西,比如我们可以更自然地称为"合同"(明确的或隐含的)的东西,在那种日常意义上,当两个人达成一致做某件事时,他们通常认为自己在为彼此创造某种作为结果的主张,不论是多么弱的主张。[②] 吉尔伯特(1990)认为,这是在没有任何诸如承诺这样正式的东西的情况下,人们决定做某件事时起作用的那个意义,比如一起散步。在这个更坚实的意义上通过达成一致做某件事,这更像是斯密式交换。它至少包含一个位于第二人称空间的隐含邀请和接受,在这个空间中双方都理解规范性的情境。双方都必须预设,没有任何一方可以单方面地强制或废除合同,每一方都有结果性的理由尊重它,在另一方不尊重时提出反对,不论这个理由多么容易被击败。

① 关于一个不同的解读,见 Postema 1995。波斯特玛的"第一人称复数"解读赋予"利益的常识"和"公共利益的感知"之间的区分以重要分量,休谟自己没有一贯地表明这个区分。此外,波斯特玛正确地强调了同情在第一人称复数的视角中的地位,同情明显没有在休谟对建立起正义规则的习俗形成的解释中起到任何作用。相反,休谟相当明确地说,建立正义的最初动机是自我利益。

② 然而,与吉尔伯特相反,我认为这个理由不是单纯可压倒的;它是可以取消的——事实上,很容易被取消,以至于比如在合同是被强迫的时候它可以完全没有任何力量。

当然,两个人也可以按照这种合同的结果一起划船,但是休谟的观点是,他们不需要如此。[1] 没有任何第二人称的东西被要求。甚至不需要那种对于"日常"合同所必需的隐含的交流,对于两个共同知道他们想要从一个岸边到达对岸的人,他们也可以走向同一艘船,拿起一把结实的桨,开始划船,直到他们到达对岸才停止。如果其中一方在任何时候想要休息,她可以停止划桨,并相信另一个人也会同样停下来,而在一个对于双方都方便的时刻重新开始划,并且一直有信心认为,由于两个人都想渡河,双方会尽早重新开始划桨。当然,事情也可能没有这么
186 简单。

在重复囚徒困境中也展现了同样的特征,在那里,以牙还牙或者某种更复杂的策略,对于双方而言都明显优于单次囚徒困境中起支配的非合作策略,不论是集体的或是个别的(Axelord 1984)。事实上,划到另一方停下为止,休息至另一方重新开始划,这就是以牙还牙。休谟的观点是,那些还没有建立起正义实践的个体所面对的情况,与服从的"第一次机会"将会是实质上相同的。如果建立正义符合每个人的利益这一点是公共知识,那么情况就与两个人走向一艘能够把他们带往对岸的船的情况类似。可能第一个服从者比第一个划桨的人承担更多风险。不过,只要她有条件观察他人未来的服从情况,并且在他人不服从时停止服从,并且只要这是充分明显,与他人充分相关,这就与划桨的例子和重复囚徒困境足够相似,使得个体可以合理地出于他们自己的利益服从正义规范。

但是休谟承认,这个推理仅仅在相对小的范围内有效。当社会足够"巨大"时,涉及的利益"更遥远;人们也不那么容易意识到,无序和

① 当然,吉尔伯特的观点是,休谟的划桨者们并不是真的在一起划船。如果一方停下了,另一方说,"喂,我以为我们是一起在划船呢。"前一个人可以相当合理地回答说:"你说'我们'是什么意思?"

混乱跟随着对这些规范的每一次违背”(1978:499)。① 在这点上,人们不再能够依赖这种一般意义,即个体的违背使得“整体计划或体系”陷于危险。因此,当数目足够巨大时,自利就不再是正义的充分动机。只有当它对于维持实践是必须的时候,自利才继续推荐正义行为,但是当它不是必须的时候,当自我获取的足够多时,它就推荐我们非正义地行动。

再一次,我们应该注意到,任何形式的仁慈也是如此,不论是部分的还是普遍的。一旦数目足够巨大,个别的违背与实践的健康程度之间的关联就足够远,这时对具体个人或群体,甚至对每个人的福利的关心,就同样会推荐非正义。如果充分保密,将一个作乱的顽固派的财产 187
“捐献”给乐施会,甚至按照对正义实践的影响来计算,这也可能会更好地推动整体福利。在这种情况下,普遍的仁慈就会推荐非正义而不推荐正义。而且很明显的是,对于以不论何种规模或特征的群体为目标的仁慈动机而言,类似的例子都可以找到。

由此我们得出,当正义规范被用来联结足够大的群体时,自我利益和任何形式的仁慈都不能提供必要的纽带。休谟相信,正是在这点上,正义的道德义务必须起作用。然而,如果到目前为止事情都还相对直接明了,它们现在开始变得非常复杂,这是因为两个主要的原因。一个原因是,休谟的理论是美德伦理;因此他一般地称作“道德义务”的,是一种赞同或不赞同的情感,它的对象首先绝不是一个行为,而总是某种动机或性格特征,对此,行为最多是一个“标志”。“当我们赞扬某些行为时,我们仅仅考虑产生它们的动机,将行为当作心灵和脾气中的某些

① 正如我在第193页注释②中提到的,这段话暗示了,休谟在《人性论》中相信,对规范的破坏实际上有悖于破坏者的利益。不过,他在这里指出的问题是,即使服从更有利于破坏者的长期利益,它们不能成为意识到这一点的基础。再一次,我们不需要担忧这个复杂性。

原则的标志或指示。”（Hume 1978：477）[①] 第二个原因是，在休谟看来，使得正义成为一个人造美德的，恰好是不存在总是推荐正义的“自然”动机（例如任何种类的自我利益或慈善）。因此问题产生了，如果道德义务由道德情感构成，或依赖于道德情感，如果道德情感将动机或品格作为它的恰当对象，而将行为仅仅作为这些动机或品格的标志，那么什么是正义的动机或品格？换句话说，哪种动机是构成正义义务的赞扬的对象？

由于我们已经看到的原因，答案不是自我利益；当数目足够大时，自我利益不再总是推荐正义。由于同一个原因，它也不能是任何种类的仁慈。当然休谟可以认为，正如霍布斯对愚人的回应有时被解读的那样，因为拥有良好运作的正义实践的好处是如此巨大，因为人们众所周知地非常不善于知道他们的行为将会对实践（或者他们自己的名
188 声）带来极坏的影响，正确的自我利益的策略绝不会违背正义的规范（Hobbes 1994：XV. 4；Kavka 1995）。类似的论证也可以从仁慈得出，不论是部分的还是普遍的。但是尽管这些策略在逻辑上是开放的，它们在休谟看来并非如此。

在他对“合理的无赖”的回应中（这个人质疑当正义没有好处时有什么理由行使正义）休谟的确指出，甚至最谨慎的无赖也有搬起石头砸自己脚的危险。[②]（1985b：283）但是休谟也说，无赖的挑战不能用他自己的（自利的）方式充分回应：“如果有人认为，这个推理要求一个答

① 任何认为休谟在这里是在谈论一种不同于正义中涉及的优点的想法，都可以被这个事实消除，即他在第三部分（“论正义与非正义”）开头将这个论断作为正义是一个人造美德的论证的一部分。

② 因此，有美德的人“经常获得这样一种满足，即，看到恶棍们尽管将他们的狡诈和伎俩全部伪装起来，然而他们自己的准则却又将它们暴露无遗；当他们企图有节制地和隐秘地行骗时，诱人的事情的出现、本性的脆弱就使他们坠入陷阱中吗，他们不彻底地名誉扫地、不丧失人类将来对他们的信任和信赖，就绝不能由之而脱身”（Hume 1985b：283（休谟：《道德原则研究》））。

案，要找到一个对他而言满意的和有说服力的答案有一点困难。如果他的内心不拒斥这些邪恶的准则，如果他对虚荣或卑鄙的想法没有抵抗力，他实际上已经失去了美德的一个重要动机。”这是在说，自我利益本身是走向正义的不充分动机，它要求对非正义的道德谴责作为补充。此外，休谟这样来结束他的回应，他说这个无赖错失了生命中最大的满足，它包含道德赞同：“性格的无价的满足”和“对自己行为平静的反思”（283）。这就意味着，如果正义最终与自我利益一致，这只是因为对自己的正义动机和性格的道德反思填补了缝隙。但是如果是这样，道德情感所赞同的正义动机自身不能是自我利益，因为，如果不是道德赞同已经关闭了缝隙，自我利益就不会总是推荐正义。

在我们回过头考察休谟认为什么是正义的动机之前，我们应该注意到休谟所说的“道德义务”（道德情感）和嵌入道德责任中的第二人称反应态度之间的一个根本区别。这可能会被休谟频繁使用“谴责”作为不赞同的同义词，以及他对于意志自由相关的一种责任的讨论所模糊。我在此不能充分讨论这些话题，但是正如我们在上一章末尾比较休谟和斯密时简要提到过的，赞同和不赞同对于休谟而言是第三人 189
称的回应，而不是像不满这样的第二人称反应态度，就像后者嵌入斯密式的正义判断，或者义愤或第二人称谴责那样。[①] 正如我说过的，休谟的确频繁使用“谴责”这个词，但是很清楚，他的想法并没有任何本质上第二人称的东西，因为他谈论了对非自愿的缺点的谴责，并且批评了“通常在所有伦理系统中”的道德美德和恶行与自然能力和无能的区分。[②] 虽然他认为道德评价涉及责任的归予，这种责任与确定性格的“持

① 关于更扩展的讨论，见 Darwall 1994，1999b，和 2004a。

② “我希望有人告诉我一个原因，为什么美德和恶行不能像美和畸形那样是非自愿的。这些道德区分来源于痛苦和快乐的自然区分；当我们从对任何品质或性格的一般考察中获得这些感觉时，我们将它命名为恶的或有美德的。”（Hume 1978：608—609）也参见 Hume 1985b 的附录四“论某些字面的争论”，在那里休谟论证说，道德恶和美德的区别与自然能力和无能（比如机智和愚钝）的区别只是字面上的。

久的和一贯的”作为尊敬的坚实基础的特征相关，而不是与我们一直认为的那种第二人称道德责任相关（1985a：98）。①

那么，休谟认为正义的动机是什么呢？我在其他地方探讨过，并在不同段落暗示过的一个可能性是，休谟假设正义的性格特征包含将正义规则接受为有效规范。② 正义的道德赞同由对这个性格特征的认可构成。③

这个建议为赞成的道德情感提供了一个动机，为成为正义提供了正确种类的理由，但是有一些植根于休谟的深层哲学理论的理由，可以
190 解释为什么他不能简单地接受它。我倾向于认为，这些对休谟的框架而言更糟糕。其中的紧张有如下这些：首先，如果某人接受正义规则作为有效规范，那么她将会认为她有规范性理由做某件事，仅仅因为她不做就不是正义的（或者因为她会违背规范）。但是这意味着，正义的道德义务由对性格特征或正义动机的赞同构成这个观点，使得事情倒退回去。我们所赞同的正义的性格特征已经包含了将正义当作内在义务性。④

其次，正如我们已经看到的，按照休谟的官方观点，志愿的行为试图带来某种善（Hume 1978：439, also 399）。这是当代“休谟式”动机

① 关于这点，见 Watson 1996。沃森区分了某件事能够在伦理上被归予某人（为了他所说的最高善的评价的目的）与这个人能够在可以被谴责或被道德惩罚这个意义上负有道德责任。沃森认为，责任要求一种形式的控制，而责任归予性不要求。

② 因此休谟说，个体“将他们自己置于这样的规则的限制之下”（1978：499），正义的规则是可以“理解被接受”（1985b：192）。见 Darwall 1995a：284—318。

③ 另一个可能性是，正义的性格特征并没有像与遵循正义规则的有益习惯那样，与正义的独特动机或理由联系紧密。这与休谟的原文在各方面都更好地契合，但是似乎没有给我们提供一个可以赞同的独特动机。我受益于里米·迪贝斯的这个提议。

④ 一个类似的“外在化”包含在前面引用的密尔的评论中，密尔认为对良心的感觉是正当行为的一个动机。正如密尔自己注意到的，当我们接受“习俗性的道德”作为良心的问题，一个道德上被要求的行为“将它自己与自身是义务性的感觉一道呈现于心灵”（1998：ch. 3. Section 1）。

理论的一个来源，根据这个理论，行为总是来自欲求[这些欲求以某种明显好的（值得欲求的）世界状态作为其对象]。然而，正如我们在上一章注意到的，规范接受是不可还原地与主体态度相关而非与世界状态相关的。在接受一个要求我退回一个作乱的顽固派的财产的正义规范时，我认为有一个如此做的理由，这个理由不能被还原为（欲求）任何状态存在的理由，甚至是钱被退回的状态。如果钱被捐给了乐施会，世界可能会变得更好；那可能是更值得欲求的事态。并且，即使我认为退回财产的行为被实行是一个更好的状态，我会赞赏接受一个要求我退回财产的正义规范的理由，也将不同于任何来自那个状态的价值（或由它构成）的理由。再一次，想象一下我能够通过自己违背规范而导致其他两个本来要违背规范的人不违背他们之前打算违背的规范，并由此带来更好的有价值的状态。来自一个财产规范的行为的（行动者相关，第二人称）理由不会建议我这么做。一般而言，行动的理由不能被还原为欲求状态的理由，尤其是退回一个作乱的顽固派的财产的正义理由更不能如此。至少某个具有正义动机的人必须认为，如果她要以这种方式规范自己的行为，她必须为了一个整体计划或系统使它在整体上有益。但是再一次，这与休谟的一般动机理论相冲突。

最后，如果休谟接受了这个建议，这将会在他关于正义规则如何建
立的解释中撕开一道巨大的裂缝。按照休谟的叙述，个体认识到，如果 191
每个人都遵循正义规则，这将符合他们的共同利益，并且他们向彼此交流这个感想。然而，假设正义规则只有当足够多的人实际上接受规则为命令性的规范时，才能在一个充分大的社会里建立。这将会在每个人那里支持一个欲求，即足够多的人会因此接受规则。但是这个认识和欲求自身，不能直接为任何个体提供将规则作为正义的有效规范来接受的动机。它提供了一个错误种类的理由。假设你被说服，认为有益的正义规则只有在你接受规则为正义的有效规范时才能被建立。那么，你就有正确种类的理由想要成为某个接受规则为有效规范的人，但

是这仍然不是实际上接受规范为正义规范的正确种类理由。你不能由于这个理由接受规范。

再一次,这是斯特劳森观点的一个结果,是“错误种类理由”问题的另一个示例。我可能想要成为一个相信世界上的事情在变得更好的人,但这个事实和我想要变得乐观的理由,不能给我一个正确种类的理由认为世界不是正在走向毁灭。[①] 或者,我可能想要成为一个不害怕坐飞机的人,但是欲求所回应的理由与我的恐惧无关。与此类似,我可能认为接受正义规则作为行动规范会更好(并因此想要如此)。但是为了这样做,我必须接受某种行动者相关的、第二人称的实践理由。我不能仅仅在如此做会对我或者甚至对社会更好这个基础上就这样做。

里德对休谟正义观的批评

我们现在来考察里德对休谟的协议主义的正义解释的批评。里德承认,除非人们“已经在社会上生活了一段时间”,否则一个“正义的美德观念”是不可能的,但是他否认这表明正义是协议的,因为理由自身依赖于社会情境下的发展和成熟(1969:405)。里德论证说,在任何情况下,正义感都会与一般的道德判断能力同时产生。并且这个感受已经包含了对“一个从对功利的考量抽离出来的对正义的义务”的理解
192 (406)。

作为这些论断的证据,里德引用了**眷顾**和**损害**的概念独立于休谟式的协议,与正常人类(社会)发展一起出现的事实,以及这些概念预设了正义和非正义概念的事实。眷顾的观念正是有意识的好处的观念,它超越了任何它的受益者有立场作为她正当地获取能够期待或要求的东西。损害的观念就是一个违背了正义规范的伤害的观念。[②] 将我们

① 当然,这可能会促使我寻找正确种类的理由。

② 很明显,里德所说的“损害”指的不是物理的或医学的东西,而是某种可以被恰当

自己看作受益于他人或被他人伤害(甚至是有意的)是一回事,而将他人的行为看作一种眷顾或损害是另一回事。后者只有在与里德归于正义概念下的得到合理保证的期待的关系中才有意义。正如他所说,正义所要求和允许的东西可以“填补二者的中间地带”(1969:419)。

此外,里德明确地将这些观念与(第二人称)反应态度联系起来:“眷顾自然会带来感激。对我们的损害导致怨恨;甚至当损害是对他人造成的时候,它也产生义愤。”(1969:410)[①] 当然,在我们有眷顾和损

抱怨的东西,比如在这个表达中,“先生,你对我造成了损害。”

① 对比一下休谟的《道德原则研究》中的一个段落是有益的:“如果有这样一种与人类共处的被造物,它们虽有理性,却在身体和心灵两个方面具有如此低微的力量,以至于没有能力作任何抵抗,对于我们施予的最严重的挑衅也绝不能使我们感受到它们的忿恨的效果;我认为,其必然的后果就是,我们应当受人道的法则的约束而礼待这些被造物,但确切地说不应当受关于它们的正义的任何限制,它们除了拥有如此专擅的君主,也不能拥有任何权利或所有权。我们与它们的交往不能称为社会,社会假定了一定程度的平等,而这里却是一方绝对命令,另一方奴隶般地服从。凡是我们觊觎的东西,他们必须立即拱手放弃;我们的许可是它们用以保持它们的占有物的唯一根据;我们的同情和仁慈是它们用以勒制我们的无法无规的意志的唯一牵制;正如对大自然所如此坚定地确立的一种力量的运用绝不产生任何不便一样,正义和所有权的限制如果是完全**无用的**,就绝不会出现在如此不平等的一个联盟中。”(1985:190,休谟,《道德原则研究》)根据休谟,为了让正义起作用,参与者必须具有充分接近的权力使得遵守它的规则真正有好处。他认为,如果我们的权力在与某种我们可以用来为我们的目的服务而免于惩罚的被造物的关系中足够巨大,这就不会是如此。

正如凯特·艾布拉姆森对我指出过的,休谟提及忿恨是值得注意的。但是同样重要的是,休谟不认为它的相关性是内在的(或者甚至是作为非正义的证据),而是通过相互好处而间接的。只有在被造物能够使我们“感受到它们的忿恨的效果”时——通过使得建立朝向它们的义务的协议对我们有利的方式,正义的议题才会产生。

休谟在这里会遭到我已经频繁提及的并特别在第五章(第 98 页注释①)用来反驳伯纳德·威廉斯的同样一种斯特劳森式的批评。与威廉斯一样,休谟想要容纳正义的范畴(或者对威廉斯来说,权利的范畴),但是没有对于我们能够接受挑战非正义的“正确种类的理由”而言所必需的第二人称道德心理学。再一次,不论从任何人的个体观点出发,还是从某种共同的观点出发,认为认定某人为做某事负责是值得欲求的,这是一回事,而认为这个行为是一种与要求禁止的权威一道保证忿恨的合理性是完全另一回事。与威廉斯一样,休谟只承认当我们认定彼此负责时在第二人称观点之内接受的任何理由之外

193 害的概念之前，我们能够在受益时感到愉快，当这是有意的时候尤其如此，而在被伤害时感到不愉快。然而，为了具有眷顾或损害的概念，我们必须有某种我们能够从他人那里合理期望或要求的东西的观念。它们关注我们对彼此具有期望和提出要求的立场，并且它们与预设这个权威的第二人称回应相关联。正如斯特劳森关于像怨恨这样的消极反应态度所指出的，“提出要求就是倾向于这些态度”，我们还可以补充说，反之亦然（1968：92—93）。[①]

里德也预见了斯特劳森观点。他注意到，为了将某个东西看作是一个损害，必须“具有正义的观念，并且将它的义务与它的功利区分开”（1969：406）。将某个东西看作被正义所要求的“与它不可分割地伴随着关于它的道德义务的意识”（413）。因此，仅仅通过互利的协议产生独特的正义情感是不可设想的。

里德对休谟承诺观的批评

就我们的目的而言，里德的批评中最有趣的，是他对休谟关于兑现承诺的义务的批评。休谟对诺言的解释是非常复杂的，[②] 而且试图掌
194 握所有这些复杂性会使我们离题太远。这样说就足够了，虽然休谟合理地将承诺理解为包含了志愿地承担一个义务（“那个义务的意愿，产生于那个诺言”），他的道德心理学和美德伦理学要求义务通过道德情

的挑战非正义的理由。在此我受益于西蒙·布莱克本的讨论。

① 也请注意里德的这段话：“他意识到对他造成了损害并且他有权利纠正。忿恨的自然原则通过它的恰当对象的观点被引起，激励他维护自己的权利。甚至造成损害的人也意识到他在进行损害；他害怕正当的报复；如果被损害的人有权利报复，他认为这是正当的和应得的。”（1969：416—417）

② 或者像休谟可能说的“罗马式的”，因为他说承诺是“我们能够想象的最神秘最不可理解的操作之一，可能可以与变形论或者神圣秩序相比，在这里某种形式的词语加上某种意图，可以完全改变外部对象的本质或者甚至人类的本质”（Hume 1978：524。休谟：《人性论》）。

感在个体心理的经济性中的地位来理解(1978:517)。与此相反,里德指出,承诺的观念和它产生的义务在本质上都是社会的,他们是对他人的,也因此包含“人类心灵的社会运作”;用我们的话来说,必须包含第二人称的心理机制。里德论证道,履行承诺的义务也不能依赖于承诺的协议性的社会实践的有用性,正如休谟认为正义的道德义务一般而言是如此一样,因为在他们具有承诺的社会功利的观念之前,小孩能够理解并自然地接受包含在保持信任中的基本公平和互惠(1969:444)。

里德一直强调协议之前第二人称形式的相互义务的必要性,后者是个体为了具有真正的协议义务必须已经隐含地认识到的。关于这点,我们是否为要求特定协议情境的保证保留“承诺”和“契约”这些词并不是很重要。如果我们保留了,那么观点仍然是,除非我们能够首先具有使得协议义务一般地成为可能的先于协议的第二人称义务,我们就不能具有通过协议建立的承诺和契约的义务。假设我们为在“承诺”及其同义词的标签下履行的协议定义的义务保留“承诺”这个词,而为那些要求作为情境的契约法律保留“契约”这个词。根据这种定义,承诺和契约将会是本质上协议性的,他们带来那种特定的义务,将以某种方式取决于他们相应的协议情境。正如休谟所说,他们将取决于某种“语言形式”,因此取决于通过“人们的协议”应用“机构化的标志和记号”(1979:522)。然而,如果里德是正确的,这些仍然将依赖于志愿承 195
担非协议的第二人称义务的可能性。为了能够预期,个体必须有可能通过一种合同——其自身既非协议(在通常意义上)亦非单纯自利的条件性的意图的合作——来创造规定性的协议,正如在休谟的划船的例子或重复囚徒困境的例子中那样。

里德指出休谟的错误,即他没有抓住承诺的“社会的”或第二人称的特征。命令、作证、请求、协商和承诺全都是不可还原地“社会的”:“它们如果不通过词语或符号被表达或者被另一方所知,就不能存在。”此外,不可能将社会合作“分解为任何单独的修改或创作”(1969:438)。

（我们应该注意到，这是我们在第一章描述的第二人称概念的不可还原的循环的一个结果。[①]）因此，我们不可能用比如“意愿一个义务”（将“义务”理解为休谟那样）或者“解决执行”承诺过的行为的表达这样的“牢固的”休谟式心灵行为来理解承诺（Hume 1978：518，517）。

此外，即使契约和承诺在已建立的实践中采取的独特形式依赖于“人类发明”，这些也仍然预设了使得协议实践首先成为可能的第二人称社会性。里德关于语言作出了一个类似的论断。毫无疑问，语言在很大程度上也是协议的，但是没有自然的非协议的第二人称回应的倾向作为背景，协议性的语言对话将是不可能的：“对话至少在其初始阶段必须通过自然符号进行，它们的意义在所有合同和一致之前就被双
196 方所理解……人们通过询问和拒绝、威胁和恳求、命令和服从、作证和承诺将社会对话按他自己的类型进行的能力”不可能是人类的发明，而必须是“像视听能力一样是我们的身体构造的一个独特部分”（1969：439）。

当代认识论的讨论借助了里德式的关于证言的相关论断（Burge 1993；Coady 1992；Foley 1994；Moran 2005）。[②]里德论证说，除非我们倾向于赋予他人理论推理的权威，通过将他们的证言当作提供了超越其他人在支持他们所说的话的任何理由之外的信念的理由，我们的理由给予的实践就不能起步。这是我们从第三章佩蒂特和史密斯（1996）中所注意到的观点的一个版本。当我们进行一种严肃的“理智的对话”时，我们必须向彼此注入一个第二人称的给我们理由相信某些

① 正如塞尔在《如何从“是”推出“应当”》（1964）中提出的著名论证，引起对被承诺者的义务是承诺观念的一个部分。然而，正如我们在第三章中注意到的，我们不能真正从“是”得出“应当”，尽管塞尔持相反观点。要么一个真正的义务从承诺中得出，这时一个人是否实际作出过承诺自身是一个规范性问题而不是一个事实问题，要么如果它是一个事实问题，那么唯一得出的就是要求承诺被遵守的事实上的权威，而不是一个真正规范性义务包含的法理上的权威。

② 我从与爱德华·S. 欣奇曼的讨论和 Hinchman 2000 得到很多帮助。

事情的权威。[1] 伯奇赞同"接受原则"，按照他所说的类似里德式的线路："对于一个作为真呈现给他的东西，并且他也可以理解，他就有资格将其接受为真的，除非有更强的理由不这么做。"（1993：467）

里德注意到，"一旦他们能够理解声明"，小孩子"就被他们的构造所引导而依赖于它们"。并且"就他们自己而言，他们不会更少被结构引导向真实和坦率"（1969：444）。这听起来似乎是正确的。如果小孩自然地倾向相信他们被告知的，坦率地表明他们自己的信念，我们就很难看出他们如何能够被诱导进入理论理由给出的实践，或者甚至是学习语言。当然，即使信任和真实是自然的默认设置，这并不意味着这个预设不能被不可靠的证言记录击败。实际上，对于我们后面关于第二人称理论权威在这方面最终是可挫败的，并且与我们在提出和承认第二人称实践理由时预设的那种权威完全不同的论证来说，这将是关键的。不过，甚至普通的询问也必须预设某种可能的（理论）权威。

里德论证说，类似的观点对于实践的信任也必定成立。忠诚在实践领域必定与在理论领域一样是自然的默认设定。小孩天然信任其他人关于未来行为的保证，就像信任他们说的其他事情一样（Reid 1969： 197
444）。此外，除非我们已经认为自己对彼此负责，并且赋予彼此承担这些特定义务的第二人称权威，我们就不可能达成一致、作出承诺和制定契约。[2] 当然，违背合同或承诺不会直接使关于未来行为的宣言变成谎言。它们是特定形式的不正义，有着自己独特的纠正方法。如果我同意或承诺去做某件事，那么我就有义务让这件事发生，而我通常没有义务以这种方式让我断言为真的事情发生。我只有义务仅仅断言为真的或者我相信为真的事情。

再一次，由协议界定的志愿承担第二人称义务的特定方法，我们是

① 然而，正如我们在第三章看到的，这些理由在第三人称上是可以被取消的。

② 对比尼采在《论道德的谱系》（1994）第二章开头的评论："用作出承诺的权利来养育动物，这难道不是大自然在人的问题上设置的两难困境吗？"

否为它们保留“承诺”和“契约”的名称并不重要。里德的观点是，只有当我们能够预设向彼此提出要求和承担志愿义务的权威时（这个权威自身不依赖从前的协议），这些协议性的义务才有可能。我们从里德的话里能听出斯密关于交易的观点的回响：

> 一个小男孩拥有一个陀螺，而另一个小男孩拥有一根鞭子；第一个小男孩对另一个小男孩说，如果你借给我鞭子，我用来转陀螺，一直玩到它停下为止，那么你就可以接着用我的陀螺，玩到它停下为止。另一个小男孩说，同意。这是一个双方都完全理解的契约，虽然他们从没听说过乌尔皮安或蒂蒂乌斯给出的定义。而且他们都知道，如果对方打破合同，他就会受到损害，而如果他自己破坏合同，他就做错了。（Reid 1969：437）[①]

里德这里所说的“契约”是玛格丽特·吉尔伯特（1990）认为产生复数主体的“日常”意义上的那种合同。当两个人以这种方式达成一致，他们以第一人称复数的形式共同做某件事就成为可能。

里德和吉尔伯特主张，这种合同产生于志愿为彼此承担的义务。
198 一旦合同达成，每一方都有义务做他应做的那部分，除非由对方解除合同。[②] 因此，这些义务是第二人称的。达成合同的人们对彼此负有义务，不仅仅是在他们具有与对方相关的义务这个意义上，而且是在他们对彼此负有说明的义务这个更进一步的意义上。未能履行义务就为另一方的第二人称反应态度（比如不满）提供了基础，也可能为某种补偿提供了基础。目前而言，我们考察这些第二人称义务如何可能志愿地产

---

① 根据《牛津英语辞典》，陀螺是用鞭子抽打其上部而产生旋转的物体。乌尔皮安是 3 世纪罗马法学家，蒂蒂乌斯明确出现于布莱克斯通的《评注》中归还财产的一个例子里。

② 关于“日常”意义的合同与相互交换的承诺之间的有趣差别，见 Gilbert 1996a。

生。不过，在考察之前，我们应该注意，如果正义的义务可能以这种方式产生，这就会填补休谟解释中的缝隙。

回想一下，休谟说，缺乏正义传统的人们，能够通过交流用正义规则约束行为给他们带来的共同利益来建立正义传统："我发现，让他人拥有他的物品将会对我有利，假定他也会以同样的方式对待我。"当这是"相互表达"成为共同知识的时候，"它会产生恰当的解决办法和行为。"（1978：490）当人数足够少的时候，这可能足以开始建立一种协议，但是当人数不断增加时，这就会无效。超过某个临界点以后，共同利益的表达就不足以建立或维持任何通过正义规则进行约束的协议，因为正如我们已经看到的，在个别情形遵循规则不再会一直促进或看起来促进个体和公共的利益。

然而，如果个体能够在"日常"意义上达成遵循财产规则，遵守诺言和契约的一致，他们就能够通过协议建立起这些规则。为了做到这点，他们不会仅仅告诉对方，如果其他人也遵守规则的话，遵守规则也会促进他的利益。像里德例子中的两个小男孩，或者斯密式的交易者一样，我们可能会提议，在他人遵守规则的条件下，她也服从规则，并且其他人也可能会接受这一提议。假设有可能以这种方式通过志愿的合同使他们自己具有义务，那么所有人都对彼此负有将规则作为权威的义务。财产、承诺和契约的特定规则就会通过"其本质并非承诺"的"协议或合同"建立起来（像休谟一样，将"承诺"这个词保留给涉及以"人 199
类协议""制度化的标志和记号"的特定形式的第二人称保证）。[①] 但它也不会是休谟称作"协议"的那种合作的审慎的条件性意图。相反，合同将会是那种"日常的"，其自身不预设此前达成一致的规则。

① 当然，这可能仍然不够有效。我的观点只是，如果各方都将他人看作具有第二人称能力和权威的，协议就会有可能因此被建立。与休谟的故事不同，各方能够认为他人有（并且认为他们自己也有）服从的（正确种类的）理由。

吉尔伯特论合同和义务

当然,休谟不准备同意日常合同的可能性。那么为什么我们应该同意?事实上,对于个体而言,如何可能通过一个合同而使自己对彼此负有义务?我相信答案会在一般的第二人称介入的预设中找到。当有人提出一个任何种类的第二人称理由时——包括仅仅提议一个供他人考虑的合同(其自身包含进行考虑的理由的隐含提出)——他都总是预设对方具有作为自由和理性的行动者的第二人称立场。正如我在第十章所论证的,他使自己承诺了人的平等尊严,也就是承认了他们作为相互负责的平等个体,对彼此提出主张和要求的共同权威。即使只有合同实际达成以后,双方才能以他们的合同条款所具体规定的方式向彼此负有义务,他们的相互交谈也预设了他们作为自由平等的理性人已经一般地对彼此负有义务。①

回忆一下我们在上一章考察的实验,在这些实验中,实验对象经过关于是否合作的谈话之后,进入囚徒困境的游戏。在其中一组设定下,个体展现出预测对话者行为能力方面的显著提升(Frank 1988)。在
200 另一组设定下,合作的数量几乎翻倍(Orbell, Dawes, and van de Kragt 1988, 1990)。我推测,如果我们注意到第二人称认识在实验设定中的作用,我们就可能解释这些结果。我已经断言过,确定他人在关于是否合作的谈话中的真诚度的特定能力,包含对相互尊重的敏感性。假设某人告诉你他将会合作。他是在说真话吗?他是真的想要做对集体有益的事情,只要你也这么做?或者说,他只是想要你相信他愿意?那

① 这是我们称作“卡德沃思观点”的一个结果,它是斯特劳森观点的一个示例(见第五章)。正如上帝只有在具有相对我们的第二人称权威的情况下,才能通过他的命令使我们具有义务,除非两个人已经有能够以同样方式向彼此施加义务的第二人称立场,他们就不可能使自己具有义务,尤其是通过一个合同对彼此具有义务。再一次,“第二人称权威套第二人称权威。”

么,如果你是在讨论是否合作,问题就真的成为“这是一次严肃的交谈吗?”他是否在真诚讨论这个问题并赋予你第二人称权威,还是仅仅在决定要相信什么和单方面地做些什么?如果是后者,那么不仅他的选择没有包含任何对等性的东西,而且这次交谈也没有包含任何真正的对等性的东西;这场交谈就不是严肃的。为了确定你将会怎么做,他将不会有任何特殊的需要,比如仔细聆听,因为他的选择将会是单方面的。如果他是一个利己主义的不合作者,那么不论你说什么或做什么,他都不会合作。为了回答(相信)你将要做什么的理论问题,或者回答他自己要做什么的实践问题,交谈对于他没有任何损失,他也不会赋予你在对话中的任何权威。没有真正的慎思(不论是理论的或是实践的)会发生。[1] 我推测,正常人类社会发展,部分地包含了探测相互注意和严肃参与的存在或缺乏的能力。

与此类似,在展现了合作数量实质性增加的第二组设定中,实验者们注意到,关于做什么的对话频繁地以第一人称复数进行,实验对象思考他们(“我们”)将会一道做什么。这意味着,至少在某些情形下进行着真正的共同慎思,它最终达成了在吉尔伯特意义上“一道”合作的合同。然而,如果吉尔伯特是正确的,这些对话必定已经具有严肃的第二人称方面。两个人只有通过至少隐含的第二人称的互动才能在吉尔伯特的意义上达成一致共同做某件事。[2] 合作的决定要构成吉尔伯特式的合同,必须存在邀请和接受,即使只是隐含的(Gilbert 1990 : 6—8)。
这将增进合作是不奇怪的,因为正如吉尔伯特指出,合作者将会已经恰 201
当地感觉到对彼此负有的服从他们合同的义务。任何这种义务包含的服从的(第二人称)理由,都不会在合理性自我利益的模型中得到充分表示,但是根据那些模型,增加的合作无论如何都不应该发生。甚至在

① 我从 Scanlon 1998 : 268 获得这个有用的术语。

② 然而,注意到看起来个体不需要完全满足吉尔伯特的条件就能够分享意图,如果不是在日常意义上达成一致的话。关于这点,见 Bratman 1992 和 1993。

严肃的对话过后，支配性的自利策略仍然是不合作。

我相信，个体达成一致和形成复数主体的能力，取决于他们已经首先预设了彼此在严肃相互交谈中的第二人称立场。因此任何随之而来的义务既依赖他们所预设的东西，即双方都具有必需的权威，也依赖于他们相互传达预设了这个权威的条件。正是这个作为一般地相互负责的个人的地位条件，赋予了双方通过合同的条款将自己置于对彼此的特殊义务之下的权威。[①]

达成协议和以协议为义务的地位，蕴含了相互责任的一种第二人称权威。再一次，这是卡德沃思观点的一个结果（这个观点是斯特劳森观点的一个版本）。正如上帝不能用命令来创造赋予他的命令规范性力量所必须的第二人称权威一样，义务也同样不可能完全从合同中产生。除非你我已经有权威通过一个合同规定我们自己，正如我们在彼此交谈时所预设的那样，我们就不能创造出由之而来的义务。于是，在你我达成一道做某件事的合同之前，我们已经作为平等自由理性的人对彼此负有义务（正如我们在关于是否同意的任何严肃对话中所预设
202 的那样），尽管还没有像我们在达成合同后那样具有特殊义务。如果第一种义务不存在，第二种义务就不能够建立。我们再次看到："第二人称权威套第二人称权威。"

目前看来，这可能仅仅让双方进入了理性和相互责任的空间。他们（预设的）共同第二人称权威为此已经足够，而对于他们迫使自己受制于合同而言也是必要的。但看来这可能对于一个强制性合同还不足够。然而，某些对好的信念的要求必须被包含在第二人称权威这个观

---

① 吉尔伯特（1996b）主张，即使合同是强制达成的，合同双方也有义务服从。她同意可能不存在维持强制合同的义务，但是她认为仍然有创造出行动的规范性理由的义务。但是假如像我所相信的，合同双方在以第二人称方式相互传达时预设了他们作为自由平等的人具有平等尊严，我们就很难看出这如何可能。如果合同是强制的，合同通常产生的任何第二人称行动理由看起来都会被推翻。当然，可能有别的理由维持一份强制的合同，比如自我利益的理由。但是缺少一个第二人称理由，就不会有维持合同的义务。

点之内，因为这些要求的本质是与对话有关的。① 这个范畴的存在就依赖于严肃的代表或承担与不严肃的代表或承担之间存在的区别。但是为了使这个区分得以确立，个体们必须对彼此负起他们的代表或承担的严肃性的责任；他们必须对彼此具有一个主张，即他们不会在假装出严肃代表或承担的样子（当然是用游戏、幽默、反讽等等这样通常的逃避性条款来实现）。所以，如果双方都展现出自己是在进行一场关于是否要同意某件事的谈话并因而达成一致，那么双方都具有一个随之而来的维持合同的主张。双方都已经具有一个主张，即任何关于是否同意的事项的谈话都必须出自真心。而且，由于关于是否同意的严肃对话的一个预设是，如果他们达成一致，双方就受到约束，因此从他们要求好的信念的共同权威中，也必须推出某种实际维持合同的主张。

斯坎伦论承诺

这些观点及其相关观点的另一个当代共鸣，可以从斯坎伦最近关于履行承诺的义务的著作中发现。正如反驳休谟的已确立实践之外不存在履行承诺的义务的论断一样，斯坎伦捍卫里德式的论点——履行承诺的义务不要求协议（1990，1998：295—327）。然而，斯坎伦的解释
对于里德强调的承诺的第二人称方面的敏感性不够充分。 203

斯坎伦的明确目标是罗尔斯的这个观点，即履行承诺的义务是在互利实践中公平分担责任的一般要求的一个具体例子（Rawls 1971：344—350）。他展示了一些缺乏履行承诺的实践的案例，并论证说，在这些情形中，人们可能向彼此作出对未来行为的保证，这些保证会产生忠诚的义务，不论我们是否将这些实践外的行为称作“承诺”。斯坎伦的论证主线在我看来取得了大部分成功，尽管假如它对承诺的第二人

① 按照类似的路线，有人可能会说，诚实交易这一得到保证的要求被包含在与他人的责任关系这一观念之内。

称特征（即承诺是预设了承诺者和被承诺者的第二人称权威的传达形式）更为敏感的话，它会更成功。[①]

斯坎伦的论证依赖于拒斥 F 原则是非理性的论断：[②]

> 如果（1）缺乏可反驳的限制，并对他或她的处境有充分理解（或者有能力获得这种理解），A 有意地引导 B 期望 A 会做 X，除非 B 同意 A 不这么做；（2）A 知道 B 想要得到这个保证；（3）A 的行为目标是提供这个保证，并且有好的理由相信他或者她已经这么做了；（4）B 知道 A 具有以上描述的信念和意图；（5）A 希望 B 知道这一点，并且知道 B 的确知道；（6）B 知道 A 具备这个知识和意图；那么，在缺乏特殊确证时，A 必须做 X，除非 B 同意 A 不用做 X。（245）

我们可以假定这些条件在标准承诺中完全满足。斯坎伦的论断因而是，破坏承诺的错误可以用违背 F 原则的错误来解释。然而，除非我们以已经预设了被保证者要求服从的权威的第二人称方式来解读“提供保证”这个观念，或者至少假定保证人和被保证人向彼此展现出自己预设了这个共同点，我就会怀疑我们可以这样解释。

首先，考察一下我们有意地或疏忽大意地导致某人期望我们会做某件事的例子。斯坎伦令人信服地论证了，在这些情形下经我们引导
204 而具有这个期望的那个人获得了对我们的一个主张。如果她还没有依赖于这个期望，那么她就有主张让我们纠正错误的期望。如果她已经依赖于此，那么她就有要求赔偿的主张。但是如果她还没有依赖于期望，她就不具有要求我们实现期望的主张，只具有要求我们纠正其中错

① 以下段落来源于 Darwall 2006。

② 我这里提到的是斯坎伦的报告（2003）。一个非常类似的解释由 1998：295—317 提供。

误的主张。当然，承诺与此不同。如果我们承诺去做某件事，而对方还没有依赖于我们将会做这件事的期望，如果我们不想按照承诺的去做，我们不能简单地打消她的期望。对方有一个仍然有效的主张，要求我们去做承诺的事，而不仅仅有主张要求在依赖的情形下通知她未能实现或对她作出补偿。

F 原则试图通过与提供保证相关的一系列复杂条件来抓住这点。但是这个观念能够以两种不同方式解释。一个是提供保证的**因果**解释：导致某人得到保证某件事将会发生，比如我们将会做某件事。不过，根据**第二人称**的解释，提供保证将包含一个**保证**的行为，即与承诺同种类（也许与承诺是同一个东西）的向另一个人以公认方式提出主张的传达。

斯坎伦不需要推翻 F 原则就能够自己利用提供保证的第二人称解释。我们从那些由瑟尔（1964）引出的文献中得知，表明承诺的观念只能用假定的对义务的承担来理解，这是一回事，而确定真正有约束力的义务事实上得以建立则是另一回事。[①] 然而，如果我们用因果来解释提供保证，F 原则就没有说服力。

为了表明这点，我们需要想象一个相对精致的例子，其中 F 原则的所有条件都得到满足。假设你想要我参加你的聚会。如果我承诺过我会参加，那么我就通过特定形式的第二人称传达给了你一个要求我这么做的主张；你可以有保证地从我这里期待这件事，而不仅仅是有辩护地期待我将会这么做。但是首先假设我仅仅是有意导致你期望我会这么做，比如通过告诉你的朋友我会这么做。在这种情形下，如果你还没有依赖于这个期望，我就能够在你依赖于这个期望之前，单纯通过及时告知你我实际上不会参加来解除你对我拥有的任何主张，如果不参加是我的意图。但是再一次，如果我向你承诺或保证了我会来，事情就不 205

① 例如，参见 Hare 1967。

会如此。在那种情形下,你就会具有一个主张,它不能够通过告诉你我决定不来的真正意图而被解除,即使你还没有依赖于我会来的那个期望。但是假如F原则被那些由因果解释的各种保证条件所满足,情况又是怎样?

假设你和我都知道,你能登录我的电子邮箱,并且你在定期查看。(先不要担心为什么会**那样**!)我周一发了一封电邮给一位朋友,告诉他我坚持想去参加聚会,除非你希望我不要去[条件(1)的同意维度],但是我不会亲自向你承诺或保证,因为我所欲求的是,如果我反事实地改变我的意图,你就不会再有让我来参加聚会的主张。尽管我具有对这个极为不可能的反事实情况的复杂欲求,我的确定意图仍然是来参加聚会,除非你不希望这样。这满足了条件(1)。由于我知道你想要得到保证,除非你不希望如此,否则我就会来参加,条件(2)也满足。我发这封邮件是为了让你确信,因为我知道你会读这封邮件,让我们假定相信我有好的理由相信你将会因此得到确信。当然你相信,假如我改变主意,我就不会再认为你具有任何让我来参加的主张(因此,你相信我不是第二人称地**向你保证**我会来),但是你也相信我会改变心意的概率可以忽略不计,所以条件(3)也满足。

那么再假设我周二发了第二封邮件给我的朋友,说因为你很可能已经读了并且相信了我的第一封邮件,正如我所希望的那样,因此你现在很可能确信我会来参见聚会,除非你不想我来。由于你读了第二封邮件,你因此知道我写第一封信是为了让你确信,而且我相信你已经确信,所以条件(4)也满足。由于我写第二封信的意图是你会读并相信它,并且我知道你会读它,条件(5)也满足。

接着再假设周三我发送第三封邮件给我的朋友,说因为你很可能已经读了并相信了第二封邮件,正如我所希望的,你现在必定知道我写第一封信的意图是使你得到确信,并且我知道你已经确信。你读了第三封邮件,因此你现在知道我曾具有这个知识和意图;因此条件(6)

满足。 206

现在假设我**的确**改变了我的想法，决定不去参加你的聚会，**并且**你还没有依赖于我将会参加的期望。当然，你有要求我在你依赖于此之前通知你的主张。但是你是否实际上具有除非你同意我不来我就要来的主张呢？你似乎并不具有。毕竟，虽然我有意地造成了你对我将会参加的期望，因为我曾有确定的意图这么做，我也有意地造成了你对我会在完全不可能的情况下改变主意的期望，我实际上将不会来，我也不会认为你具有任何要求我来的主张。因此，在相关方面，这看起来与另一个情形相似，在其中我有意地造成一个期望，并且你在依赖于这个期望时有要求补偿的主张，有要求我在改变意图时及时通知我的真实意图的主张，但是如果你还没有依赖于那个期望，而我已经及时通知你我改变了主意，那么你不具有你已经被引导期望的我实际会来的主张。

因此，即使条件（1）至（6）都满足，情况看起来仍然是这样，如果我已经通知你事情有所变化，并且你还没有依赖于那个期望，你就没有继续存在的要求我实际来参加你聚会的主张。我的结论是，存在一个例子，在其中违背一个按照因果解释的 F 原则不会是错误的。虽然我还没有直接论证，但按照因果解释论证的 F 原则是我们可以合理拒绝的，我希望已经相当清楚这是否如此，如果不是如此，就无法解释为什么违背承诺是错误的。

承诺具有一个本质上第二人称的特征，按因果方式解释的 F 原则不能抓住这个特征。说话者给予对话者的一个承诺或一个保证的这个观念的一部分是，理解她由此具有一个要求说话者遵守的主张。此外，当我向某人承诺或保证我将会做某件事时，我必须已经授权他人假设，她和我分享对彼此提出主张和负责的第二人称权威。在上一节，我已经论证了 F 原则不能解释违背承诺的错误，除非我们用第二人称方式解释它。

我相信，我们由此学到，遵守承诺的义务具有本质上第二人称的特

征，它不能在第二人称观点之外得到充分说明。通过非第二人称的材
207 料，比如通过计算我们的行为已导致的利益和伤害以及由此推出的义务，不能构造出我们通过第二人称保证为他人提供的特定主张和对我们的权威。再一次，“第二人称权威套第二人称权威”。[①]

解释承诺中包含的特定责任形式的需要，使我们提前看到第十二章讨论的一点。像斯坎伦这样的契约主义道德义务理论，必须寻求将无人能够合理否认的规范与相互责任以正确的方式连接起来。对作为相互负责的平等个体的确证是契约论框架下的一个基本观念。但是什么使得我们承诺这个观念呢？并不是所有对他人的合理性辩护都是遵循契约论道德的相互责任所要求的那种方式。合理想法经常并且恰当地是孤立的而非里德意义上的社会性的。诚然，大多数人欲求能够向彼此辩护自己，至少在他们生活的特定领域（Scanlon 1982）。相互责任也的确是大多数人高度评价的关系（比如友谊）的一个不可取消的方面（1998：148—168）。但是与这些事实同样重要的是，他们给了我们错误种类的理由认为，我们实际上以契约论假定的方式对彼此负责。它们没有为向彼此提出主张和要求提供权威基础。这又是斯特劳森观点。因此在第十二章，我论证契约论不能具有它要求的基础，除非它建立在第二人称观点之上。第二人称实践推理就其本质而言包含辩护。

① 朱迪思·汤姆森论证说，承诺引起义务的能力不需要特别解释：“关于一般而言的答应和特殊而言的承诺如何产生主张，没有什么更深入的东西需要说明或者可以说明。它们的道德力量在于他们产生主张的能力；他们产生主张这个事实，可以用提出邀请就是提供一个对自己的约束这个事实来解释，因而当邀请被接受时，提议也被接受了，并且我们也由此被限定。”（1990：303）但是这个解释看起来已经假设了约束和被所接受的邀请限定的（第二人称）权威；没有这个权威，即使我们假定一个将自己受制于他人的提议是一个邀请，并且假定如果他人接受了这个邀请，她就将接受我们受制于她，我们仍然不清楚为什么我们不能单纯通过收回邀请来取消它（就像如果有一个真正的义务我们就不能取消一样，就像如果我们和她首先具有被限制和限制的相关第二人称权威就会有真正的义务一样）。关于引自汤姆森的这段话，我受惠于加里·沃森。（参见 Watson unpublished。）

在第四部分，我们转向建构的论证，这样一个基础必须由此建立。
到此为止，至少特别在之前两章，我希望已经确立的是，这些论证将会 208
利用的第二人称概念在人类心理学和强有力的道德观念和论证中具有
坚实基础。在本书余下的几章，我试图表明，第二人称权威不仅仅是被
深刻坚持的道德观念和情感的核心要素。它也是我们占据第二人称视
角以传达任何种类的主张或要求时都会预设的东西。并且，不管怎样，
第二人称观点是实践理性的核心要素。 209

第四部分

第九章
康德哲学中的道德和自主性

从第三章起，我们一直关注于第二人称观点如何包含在我们的道德观念和心理学中的问题。在这一章和接下来两章，我转向更基本的确证问题。什么能够证明我们道德思想的这些方面？我们如何能够说明一条宣称平等尊严的法则声称具有的规范性？

我们认为康德提出了最具说服力和系统化的对道德作为尊重人平等尊严的说明。在这一章，我们考察康德自己对道德律至高无上权威的捍卫，包括他在《道德形而上学基础》中的建构论证和《实践理性批判》中的"理性事实"。它们都赋予康德称作"自主性"——即"意志由之成为自身法则的属性，而不管意愿对象的属性是什么"（1996b：440）——的特定自由和道德与自由之间被声称的等价关系以核心地位，阿利森将后者称作"对等性论点"。正如阿利森对这个康德式学说的阐述："意志自由不仅仅是道德律的必要条件，而且也是充分条件。"（1986：395）道德律以及人的尊严蕴含自主性，反之亦然。在《道德形而上学基础》中，康德将这个等价论断用作建构用途，论证自主性是慎思观点的一个必要预设，并且我们能够从这个独立前提推出道德律的至高无上性。在《实践理性批判》中，康德放弃了这一策略，论证了自主性的意识自身只来自对我们受制于道德律（理性的事实）的认识。

在我看来，这两种方式都不能完全令人满意。从理性事实出发，我
213 们不能得到对道德义务所声称的权威的说明，也不能得到关于它的任何保证，而最多只能由此再次确认我们不需要这样的说明，因为我们已经相信了道德的权威。尽管可能如此，不过引入怀疑论的担忧不是这个说明可以为之服务的唯一目的。我们也可以合理地希望，由此更好地理解科斯嘉（1996e）所说的道德律的规范性“来源”。《道德形而上学基础》的建构论证的目标是提供这样一种理解，但是我将论证，康德在《道德形而上学基础》第三章中的原初论证和哲学家们近来从《道德形而上学基础》第一章的材料中构建出的论证最终全都会瓦解（例如 Korsgaard 1996b，1996e，1996f 中构建的那些论证；Wood 1999）。我相信他们都失败于同一个原因，也就是因为它们意图仅仅从（第一人称）慎思观点的预设中推出道德律。

按照我的看法，任何这类论证都必然会失败，这是因为，在出于理由而行动的计划中，没有任何东西以第一人称方式使一个慎思的行动者承诺了康德所定义的自主性。我现在初步勾勒一下这个诊断。不过，我们首先应该注意，即使康德的论证从这些方面来看是成功的，它仍然不能完全抓住道德义务的独特规范性，因而不能充分确证它。正如我在此前的章节中所强调的，理由在于，道德义务假定的规范性包含一个不可还原的第二人称要素。道德义务不单纯假定要提供至高无上权威的理由。它们也是我们有责任要做的事情，是道德共同体的成员有权威要求我们做的事情。即使某些其他类型的论证能够表明道德义务总是提供最重要的理由，除了在第二人称框架下，我们也没有其他方式建立责任性。这是斯特劳森观点教给我们的，或者正如我一直所说的：“第二人称权威套第二人称权威”。我相信，由此我们可以推出，道德义务的规范性不可能在第二人称观点之外得以确证。

此外，我相信在第二人称之外，也不可能建立起道德义务在更熟悉

的提供至高无上权威理由这个意义上的约束性。[①] 康德在《道德形而上学基础》第三章的策略是，首先论证自主性是慎思的一个不可避免的预设，然后从这个预设推出道德律的有效性。我同意康德，意志的自主性是实践理性的一个深层特征。但是我不同意他在《道德形而上学基础》第三章的论断，即自主性（按照康德的理解）必须在所有可理解的（第一人称）慎思中被预设。正如我所看到的，作为第二人称能力和第二人称权威形式的自主性和人的尊严，是我们从第二人称观点承诺的预设。 214

康德在《道德形而上学基础》第三章中论证的基本问题来自这个事实，即按照康德对意志自主性的定义，它在理论理性中没有任何结构上相似的对应物。这意味着，如果康德想要论证，自主性是实践观点不可逃避的预设，他必须表明，关于要做什么的慎思不可避免地预设了一种其他类型的推理都没有预设的自由。[②] 但是在《道德形而上学基础》第三章，他可信地鉴定为实践理性不可逃避预设的那几种自由，都是同时适用于理论推理的那些自由。正如康德所阐述的，在任何应用理性的领域中下“判断”时，理性不可能从外部“接受指示”（1996b：448）。

如果存在意志自主性在理论上的相似对应物，就必须存在一些形式的规范（比如绝对命令），它们能够为信念奠定与关于人的尊严的道德理由提供同等重要的理由。某些理论推理的规范表面上看来的确来自信念的“形式”。举例来说，因为信念必然以真为目标，信念就受制于一致性和融贯性的形式规范。但是这些仅仅排除了不融贯或不一致的信念组合；它们并不在任何特殊的信念中起规范作用，即使只是暂时的（pro tanto）。[③] 然而，正如康德理解的意志自主性，它具有远远超出像

① 或者，如果道德义务提供最重要理由被认为是一个概念性的论点，我相信同样不可能证明我们实际上具有任何道德义务。

② 此外，那不单纯是“设定目标”的能力。即使这有一个明显的类似对应物，比如关于相信什么的推理，很明显这不是康德所说的意志自主性。

③ 关于这点的讨论，见第七章。

工具理性原则和理性选择形式理论这样的实践融贯性和一致性的规范之外的规范性蕴含。如果那就是它所包含的全部，自主性将不能蕴含道德律。

215 与此类似，逻辑信念大概也植根于信念的形式。但是这些也都远不如道德律重要。可以肯定的是，纯粹理性批判能够产生比如普遍因果原则这样的先验综合真理，这是康德批判理论哲学的核心。但是，如果我们寻找像因果原则或最佳解释推理这些理论原则的实践类似物，其实这些也不能推出绝对命令，可能除了它的自明形式："仅仅根据普遍法则行动（或者仅仅根据能够成为普遍法则的规则行动）"。这甚至比"仅仅根据你能够意愿其成为普遍法则的规则行动"要弱得多，更不用提人道公式。此外，关于自主性的有说服力的论证不应该依赖于康德先验观念论中被反驳的问题。

如果康德要成功论证实践观点不可避免要预设自主性，那么他必须表明，它预设的自由与我们在理论推理中所不可避免要预设的任何自由都不一样。此外，我论证他失败了，并且任何这样的尝试都必定失败，因为只要是讨论可理解的（第一人称）慎思的预设，行动理由可能就全都来自意愿对象的特征而非意愿的形式。为了使这个可能性变得鲜明，我将考察实践理性从**朴素的（第一人称）实践观点**来看是什么样。

假设某人欲求某个状态 p。[①] 在（内在地）欲求 p 时，她将 p 看作（内在地）值得欲求的；她将 p 的特征当作保证了对 p 的欲望，并且当作暂时保证了可能产生 p 的行为（Bond 1983；Dancy 2000；Darwall 1983；Hampton 1998；Pettit and Smith 1990；Quinn 1991；Scanlon 1998：41—55）。从实践观点来看，欲求被作为"背景"，就像从理论的观点看待信念一样（Pettit and Smith 1990）。假设 p 是解除你的痛苦。对于某个欲求 p 的人而言，就好像你处于痛苦中和你脱离痛苦都分别有某些

① 正如我在第七章注意到的，p 是 A 被实现的状态与 A 在相关意义上是工具性的，这二者是一致的。

方面是欲求你从痛苦中解脱的理由。这些理由看起来也会是做A的理由，如果A会带来这个结果。在这种情形下，做A的理由看起来不是来自意愿的形式，而是来自“意愿对象的（诸）属性”，因为表面上看起来，它们来自欲求的对象（虽然再一次，不是作为被欲求之物；与信念一样，欲求也是在背景中）。

朴素的实践推理者从（批判性地修正过的）信念和欲求的视角来思考要做什么。对这样一个行动者而言，欲求（以及相关的诸如愉快和 216
享受这样的心灵状态）看起来是对后果或可能事态的价值或可欲求性的反应。行动者从由她的信念和欲求内容推出的前提出发进行推理，而不是从任何关于它们的形式出发。此外，对于这样的行动者而言，实践推理与理论推理在结构上类似。当我们从信念出发推理时，我们当作前提的是关于世界的假定事实，正如我们从我们信念的视角看起来那样。而当我们从欲求（理解为包含对世界可能状态的评价）出发推理时，我们的前提是关于值得欲求的世界的样子的假定事实，正如它从我们的欲求的视角看起来那样。[1]

当然，我不接受这个朴素的意志图景。但是问题仍然存在：是什么排除了它？我论证，在理智的第一人称慎思条件中，没有任何东西排除它。在我看来，我们需要第二人称对话来驱散这种朴素性。这是费希特观点的一个方面。我们从第二人称观点同时预设和发现的关于我们的能动性的本质的东西，排除了朴素实践推理的他律性。费希特观点

[1] 表明实践观点的预设不排除这个图画需要一些努力。最大的挑战是，表明以理由为基础的行为规范必须被包含在实践行为中的方式，其中没有任何东西会排除这个图画。行动者从他们所理解的规范性理由出发行动，并且这包含隐含地将行为的普遍规范作为必然应用于所有理性行动者来接受，这是康德的一个重要洞见。在第七章，我论证了对规范的接受关注主体状态而非关注世界状态。此外，行为规范与欲求规范有概念上的差别，这是“错误种类理由”问题的一个重要的进一步结果。但是尽管如此，理智慎思中没有任何东西排除了所有行动理由可能都依然来自欲求理由的可能性，因此没有排除所有行为理由都是工具性的可能性。再一次，另一个议题关注理性规范的必然性及它与欲求的关系。我论证，摩尔式的（后果主义的直觉主义的）版本能够处理这个担忧。

的完整含义是：首先，第二人称视角总是预设分别被理解为第二人称能力和第二人称权威的自主性和人的尊严（第十章）；其次，这个观点解释了理论理性和实践理性分别包含的那种自由之间的根本差别（第十一章）。

217 如果能够构造出第十章和第十一章的论证，那么我们就将拥有关于道德律宣称具有的规范性的证明。然而，这一章的任务是表明像康德那样的仍然停留在第一人称观点之内的论证必定会失败。[①] 只有在第二人称上得到丰富，更"精致"的第一人称慎思才能产生，在其中自主性和尊严这些核心的康德式概念才能够扮演康德赋予它们的角色。[②]

对道德或自主性的证明的需要

在《道德形而上学基础》第二节结尾处一个引人注目的地方，康德注意到，道德可能只是"心灵的虚构"，这一点与他目前为止的论证并无冲突（2002：445）。[③] 他相信，他已经在第一节和第二节表明，道德"以

① 当然，我是指"非第二人称的第一人称观点"。正如我此前已经注意到的，第二人称观点总是第一人称观点的一个版本。

② 虽然它没有扮演明显的基础角色，我们应该注意到，在康德著作中的很多地方，道德律的第二人称特征是隐含于其中的。我在第六章已经注意到了一些段落，其中康德提到了尊严、尊重和自欺的第二人称方面（Kant 1996d：434—435，462）。此外，康德有值得注意的关于良心的讨论，作为复制司法场景，包括公诉人等等（例如 1996a：98—100；1996d：400—401，437—440）。更根本地，康德认为"只有因为我同时将自己置于义务之下时，我才能认识到我有对他人的义务"（1996d：417—418）。（我受惠于罗伯特·约翰逊提醒我这个段落。）从《实践理性批判》："每个人也将道德律作为命令，然而如果他们不先验地将恰当的后果与它们的规则联系起来，因而将它们与承诺和威胁联系起来，他们就可能不会这样认为。"（1998：A811—812，B839—840）（我受惠于雅各布·罗斯向我指出这个段落。）举例来说，正如大卫·费尔曼已经指出的，康德在《道德形而上学基础》前言中说"'你不应该说谎'这个命令"对所有理性存在都成立（Kant 1996b：389；Velleman 2005：116—121）。

③ 这是艾伦·伍德对这段话的翻译，它看起来优于玛丽·格雷戈尔的翻译。

意志自主性为基础”（1996d：445）。他已经论证了，道德的根本原则是绝对命令，并且只有意志能够仅仅由于它的形式，而独立于它的对象的任何属性受制于法则时，这才成立。从相反的方向，他已经论证了自主性蕴含绝对命令。因此，在第二节结尾，对等性观点已经确立。

但是康德的论证到目前为止一直是完全分析性的。他已经分析 218
了“普遍接受”的道德概念，为它包含意志自主性提供了基础（1996b：445）。从相反的方向，他已经论证了，仅仅由其形式约束的意志观念蕴含绝对命令（402，420—421）。然而，这些都表明，如果存在道德这样的东西，意志就必须具有自主性；如果存在意志自主性这种东西，道德律（绝对命令）就必须是意志的法则。因此《道德形而上学基础》前两节的论证与道德律、人的尊严、绝对命令和意志自主性全都是“虚构的观念”并无冲突（445）。自主性和道德都不能从对等性观点推出。我们所能得出的只是，它们要么同时成立，要么同时不成立。

意志自主性和绝对命令都要求“对实践理性综合使用的可能性”，因此二者都不可能以分析的方式确立。二者都要求康德在《道德形而上学基础》第三节着手进行的那种实践理性的“批判”（1996b：445）。不过，在我们考察它之前，我们应该先了解一些康德行动理论的核心要素。

康德的行动理论

根据康德，“欲求是通过我们的表象成为这些表象的对象之原因的官能。”（1996a：9n；1996e：211）欲求和信念都包含对世界可能状态的表象。我们可以说，信念是通过世界使我们的表象符合世界的“官能”。而欲求是通过我们的表象，使世界符合我们的表象的官能。[①]

① 关于“符合的方向”，见 Anscombe 1957；Platts 1979；Smith 1994。

并非所有源自信念和欲求的行为都包含理性能动性或意志。实际上，按照康德的看法，甚至不是所有以“合理化”、目的论方式源自信念和欲求的行为都包含理性意志。① 康德将意志定义为“根据法则或原则的表象行动的能力”。因此，有意愿的行动总是按照某种（公认的）合理
219 性原则或规范采取的；它必定包含规范的接受（1996b：412）。② 不过，按照同样的说法，一个行动源自一个欲望，这并不排除它是真正能动性的一个例子，实际上也不排除它包含纯粹实践理性（正如康德所相信的，包含自主性）。如果行动者据此行动的原则自身被一个提供“成为原则的条件”的欲求所“排除”，那么这个原则就是“经验性的”。③ 它不能“提供一个实践法则”，并且意志是他律的（1996a：21, 33）。意志的自主性、纯粹理性自身作为实践的，这些只有“理性能够规定欲求官能本身”时才能被实现（1996e：213）。

因此，康德同意所有行动都来自欲求。他所否认的是，所有欲求都是“依赖于对象的”；某些行动是“依赖于原则的”（Rawls 2000：150—151）。某些欲求不是作为对被表象的世界可能状态或后果的明显回应而产生，而是因为行动者接受了独立于任何被欲求或可欲求状态的属性的行动规范或原则。④ 只有当一个激发性的欲求完全是依赖于原则

---

① 见唐纳德·戴维森的经典论文（1980）。

② 这个学说应该被解读为允许意志软弱的可能性。这样做的一种方式是，认为康德持有这种观点，即除非行动者从某个理由出发行动，这个行动就不算真正的行动，因此行动者必须将她的行动看作按照某个合理性规范暂时被推荐的。这与以下观点是一致的：行动者仍然同时相信（接受），她的行为与她具有总体上来讲最强理由去做的事情相反，因此与有效的合理性规范最推荐的行动相反。关于“规范的接受”，见第七章。

③ 在这里，康德似乎忽略了规范性理由可能不依赖于欲求，但仍然依赖于欲求对象特征的可能性，在摩尔式的直觉中，假定某个世界的可能状态是内在善的，是值得欲求的，这些就有可能。

④ 关于这个区分与内格尔对有动机的欲求和无动机的欲求的区别的互动，见第 160 页注释②，自主性不仅要求意志由它自身的原则（法则）支配——这些原则或法则独立于对任何状态的欲求应用于它（即，它们不是上一段所说的那种意义上的“经验性的”），而且要求它由独立于任何后果或状态的（表面）价值（比如可欲求性）而应用于它的规范所

而非依赖于对象时，也就是当欲求依赖于一个原则并且这个原则自身不是“经验性的”（以此前的欲望为基础）或者来自一个独立的后果或状态的价值（比如可欲求性）时，自主性才能被实现。[①] 因此自主性依赖于行动者接受规范性原则和据此原则行动的可能性——这些原则独立于她对任何可能成为她的行为结果的对象或状态，为行动建立实质性理由的基础。最明显的是，行动者对原则的接受必须独 220
立于对某个状态或结果的任何欲求，即使这个欲求与同情的关心具有同样认知上的丰富性。稍微不明显但同样重要的是，自主性要求行动者也接受独立于对某个后果或状态的任何公认评价的原则[比如一个可能状态是内在善的或“应该为其自身而存在”的摩尔式直觉（Moore 1993：34）]。

我们可以这样来阐述这一点：行动者认为结果有价值，甚至结果本身具有价值（比如它值得欲求），这些作为接受一个原则的基础都是错误种类的理由，如果这种接受是为了表现自主性的话。或者同样地，工具性的理由是错误种类的理由。康德说：“**善或恶**……总是标志着与**意志**的关联。”（1996a：60）自主性“从头至尾”都要求以理由为基础的行动规范，也就是要求独立于任何世界可能状态的价值，对最根本层面上单纯作为（其他人中间的）理性行动者的行动者具有约束力的原则。只有这样，意志才能“独立于意愿对象的任何属性作为自身的法则”（1996b：440）。[②]

康德式的自主性有另一个核心的方面，可以通过对比康德的观念

支配。关于这点，参见下面的段落。

① 这是自主性的必要但非充分条件。一个进一步的条件会在两个段落以后得到描述。

② 看到自主性像康德所定义的一样具有规范性和形而上学两个构成部分是重要的。存在有效的（以理由为根据）独立于意愿对象的任何属性而应用于合理性意志本身的规范，这是规范性的构成部分。而意志能够按照法则行动，这是非规范性的、形而上学的构成部分。

与理查德·普赖斯(1974)和W.D.罗斯(1930)[1] 支持的道义论类型的合理性直觉主义看到,这个方面我们在之后会有更多考察。道义论的直觉主义者与摩尔这样的后果主义直觉主义者的区别在于,前者认为存在不是来自后果价值的根本行为规范。比如,考察一下罗斯主义者,他们认为存在遵守承诺的暂时的道德义务,并且它是先验自明的。按照道义论直觉主义者的方式接受这个原则,是否能展现康德式的自主性呢?我认为答案必须是否定的。可以肯定的是,这样一种接受不是基于行动者欲求的任何对象的特征,也不是基于世界的任何可能状态的独立可欲求性。因此,行动者因为将这个原则作为先验自明的来接受,她据以行动的任何欲求都将是依赖于原则而非依赖于对象的。但
221 是,她对原则的接受仍然将是基于"(她的)意愿对象的(诸)属性",而独立于任何与意志形式有关的东西(Kant 1996b:440)。她是因为(如她所相信的)遵守承诺是(自明地、暂时)内在正当的才接受这个原则。她不是因为它由某个像绝对命令这样的意志的形式原则推出而接受遵守承诺的原则。她的接受是来自遵守承诺的内在特征,以及她认为由这些特征规定的正当性的属性。

在注意到他律的这个道义论直觉主义的形式以后,我想将它暂时搁置一旁。我将在以后考察康德对"理性事实"的说明时回到这个话题。如果康德要在实践理性批判之内确证自主性的真实性,他必须论证,实践的观点广泛地排除了后果主义和道义论的直觉主义观点。因此,为了表明康德自己尝试的确证是失败的,只要表明它没有排除后果主义的直觉主义观点就足够了,而这是我要集中考察的。

最后进行一些澄清。首先,我应该再一次强调,我不是在捍卫后果主义的图景。我是在论证,康德在《道德形而上学基础》第三节引入的材料没有排除后果主义图景,而这需要第二人称观点才能做到。其次,

① Rawls 1980 和 Korsgaard 1996e 在这点上都有帮助。

因此虽然我同意自主性是实践理性的一个深层特征，我否认它能通过康德在《道德形而上学基础》第三节尝试的方式被建立。第三，我同意康德，自主性是道德义务和人的尊严的一个预设。但是再一次，我这样认为是因为我认为这些观念有一个预设了自主性的不可还原的第二人称要素。

在《道德形而上学基础》第三节确证道德和自主性

康德用意志和自由的相互定义开始第三节："意志是存在者因其合理性而具有的一种因果性"，而自由是"这种因果性的属性，它能独立于外在的决定原因起作用"（1996b：446）。康德指出，这只是消极地定义了自由，所以必定是不充分的。一个随机产生"选择"的装置可以独立于外在原因工作，但是它不是自由意志。意志是实践理性，或者包括实践理性，因此它必须包含"实践法则"（"自由法则"），也就是实践理性的有效规范的指导（448）。[1] 因此，虽然自由不是"根据自然法则的意 222
志的一个属性"，但它"不因此是无法则的，相反必须是根据一种特殊的不变法则的因果性"（446）。意志的充分定义必须包括一个消极的自由概念和一个积极的自由概念。意志独立于外在的原因（消极自由），而根据合理性规范（积极自由）规定自己。

康德认识到，从这些反思不能推出我们实际上是自由的，不论是在消极的意义上或者是在积极的意义上。我们目前为止具有的实际上只有另一个对等性论点，这一次是意志与消极和积极自由之间的对等性。如果意志存在，那么消极和积极自由也存在。反之亦然。然而，意志和消极和积极自由全都是"虚构的概念"，这与它们的对等性并不相悖。

根据《道德形而上学基础》第三节，使我们进入这个概念循环的是

① 当然，康德不能简单地假设实践理性规范包含自主性（因而是那种意义上的"自由法则"），除非假设对方还没有接受的东西。

慎思观点的一个不可逃避的预设：

> 我现在说：每个只能**在自由观念下**行动的存在者，正是因为如此才在实践方面是真正自由的，也就是说，所有与自由不可分割的法则对于他都是自由的，正如在理论哲学中他的意志自身也被有效地宣称为自由的一样。（1996b：448）

康德的策略是这样的。我们假定对等性论点已经确立，因此自主性蕴含道德律的约束性。然后我们尝试表明，任何慎思的行动者都必须预设自主性。那么，从对等性论点就可以推出，任何慎思的行动者都必须也预设她受制于道德律。如果是这样，那么出于实践的目的，她就的确受制于道德律。她不受制于道德律的可能性，或者她受制于某个与之冲突的其他实践法则的可能性（比如建议她即使在与道德律冲突时仍然带来更有价值的事态的实践法则），是某种她必须作为她自己的慎思的可理解性条件来拒绝的东西。

如果这个策略能成功实施，它将会是一个出色的策略。事实上，我们很难看出，一个慎思的行动者必须接受为她自己慎思的可理解性条件的规范，如何不能有效地应用于她。这可能初看起来也是一个有前途的策略。至少在康德提到的某些意义上的消极自由和积极自由的预
223 设，的确对于慎思的可理解性是必要的，这看起来是相当可信的。

以消极自由为例。为了具有消极自由，我必须能够“独立于规定我的外在原因”思考做什么，并根据我的慎思行动。当然，我不能说我在这个意义上是否是消极自由的。但是如果我将“外在原因”解释为可能阻挠我推理的原因，那么看起来我当然必须在我是消极自由的假设下进行慎思。严肃的实践慎思，恰好就是尝试弄清楚，为了按它们行动而去做某些事的那些理由。为了算作慎思，我的思考必须在这个假设下进行，即我合理地思考或者按照实践理由行动没有被这个意义上的

“外在原因”排除。[①]

理解为根据合理性规范思考和按照合理性规范行动的内在能力的积极自由，情况也是同样的。再一次，为了使我能够合理地思考要做什么，我必须预设，我能够按照合理性规范这样做，并且按照我的慎思结果行动。为了将我自己理解为在进行慎思，我必须在我能够合理地思考要做什么这个假设之上进行思考。

到目前为止，重要的是要看到，消极和积极自由的相关预设并不是实践推理独有或特有的。不论我们是否进行关于相信什么、感受什么或者做什么的慎思，我们都必须预设，我们能够不受制于外在原因，而仅仅根据合理性规范思考。康德也这么说：“我们不可能设想，理性会有意识地在有关判断的事情上接受外来的指引，因为这样，主体就不是把判断力的规定给予自己的理性，而是给予外在的动力了。”（1996b：448）这对于理性的所有应用都是如此。只要当我们作出有关相信、感受或行动理由的规范性判断时，我们就必须在我们的判断不受制于外部原因而是根据合理性规范这个意义上，预设消极和积极自由。

到此为此一切都进展顺利。不过，康德也宣称，他所确定的积极自由与意志的自主性是同一个东西。“那么，意志的自由除了是自主性即 224
意志作为自己的法则的属性之外还能是什么呢？。”（1996b：447）但是我们为什么应该如此假设？唯独在它对于实践理性和理论理性都是如此这个意义上，康德才已经确证了积极自由的预设。正如我们已经看到的，意志的自主性与理论推理没有结构上的相似性。因此，理论推理和实践推理共同预设的那种自由不能保证自主性。

然而，可能有些关于实践观点的特殊东西，会要求一个慎思的行动者预设自主性。那么，考察一下慎思如何可以从朴素的（第一人称）实

① 这里必须强调“外在的”原因。至少到目前为止，我看不出论证要求我们的合理性思考自身不是一个因果过程这个预设。康德是否相信慎思的行动者必须假设非融贯论的自由，这个问题我将搁置一旁，它与我们关心的问题无关。

践视角进行。最原初的慎思现象，是将关于世界的某个事实作为做某件事的理由。想要知道该怎么打发晚上的时光，我就浏览报纸，希望发现吸引人的可能性，比如去看一场电影。我当作值得去看电影或者实际上去看电影的理由的，是看电影这个可能状态的一些特征，在此基础上我可能想要看电影，或者如果我不能清楚说明这些特征（在我看来正是如此）那么理由就是，看电影这个事实将会是好的或者值得欲求的一个可能状态或结果，因此存在某个理由使它发生。① 那么足够明显的是，如果我因为那个理由或这些理由决定去看电影，我去看电影的理由就来自我的欲求（因此我的意愿）对象的属性；它将依赖于世界的可能状态所带来的好处的特征，这个可能状态将会是我行动的结果，正如从我的视角看起来那样。同样明显的是，我还没有假设这些理由是来自意志的形式。

但是我们具有了真正的能动性和意志吗？对于康德来说，合理行为不仅包含信念和欲求，而且包括行动者接受并隐含地使她自己据此行动的某个规范或原则（1996b：412；1999：23—24）。为了理智地追求我想要包含在我的意志中的结果，我必须在某个合理性规范的基础上慎思，这个规范在我看来有效地应用于任何可能的合理性的行动者。我还必须预设，我受限于这些规范，它们是我自己的慎思的可理解性的
225 一个条件。但这是否要求我预设自主性呢？为了使这个假设等同于自主性，我的慎思环境的逻辑必须已经要求我预设，（至少某些）产生理由的规范的有效性，是独立于我被它们建议要使之产生的对象的任何属性的。在慎思的情境中，是什么迫使我预设这点呢？

考虑一下我因为期望看到好的状态（因为我对状态的考量呈现给我的那些带来好处的理由）而决定去看电影时，我可能接受什么规范。

① 当然，这些可能包含关于我自己的事实，我期待的情绪，我如何期望享受这部电影等等，这些事实被我当作去看电影或者想要去看电影的理由。但是这些仍然是关于得到最恰当理解的欲求对象的事实，不是关于我的欲求本身的事实。

我在看电影这个状态，在我看来将会是内在善的东西，[1] 用摩尔的话来说，是一个应该以其自身为目的而存在的状态。[2] 因此，对我可能接受什么样的规范这个问题的一个自然的回答就是摩尔的回答。我可能接受一个要求总是做推动善或可欲求的状态或结果的事情的行为后果主义规范，并且在接受这个规范时，认为任何合理的行动者都应该做同样的事情。

我应该澄清，我现在不是说，在慎思的情境下，任何东西都会迫使我接受这个规范。我只是说，没有任何东西排除这种接受，而且从一个朴素的实践观点来看，接受它是相当自然的。正如信念的目标是准确反映世界的实际样子一样，因此从具有欲求的行动者的朴素实践观点来看，行动的目标是带来内在地可欲求的状态或后果，正如从她的欲求的视角看来的那样。[3] 226

这是摩尔在《伦理学原理》中的观点。实际上，在这本书里他认为，只存在唯一的根本伦理概念，即内在价值的观念或者某个东西“应该为其自身而存在”的观念。他的结论是，一个行为是正当的（或者是我们应该做的）这个概念，在概念上可以还原为内在价值的概念和经验因果的概念：“断言某一系列的行为在一个特定时间是绝对正当或有义务

① 比较康德在 *Reflexionen* 6660d 的评论：“‘它是好的’表达了与欲求的关系，就像‘它是真的’表达了与信念的关系一样。”（Kant 1900—）这里我受益于蒂莫西·罗森库埃特尔的《康德实践哲学的语义学研究》，在美国哲学学会中部分会 2003 年俄亥俄州克利夫兰会议上宣读。以上段落的翻译是罗森库埃特尔的。

② 按照反思，一个状态就是应该这样，这个观念不可能充分融贯。我在 Darwall 2003b 中以更长的篇幅发展了这个观点。我论证了，摩尔的观念应该被拒绝，这主要是因为它与我们能够从第二人称观点理解的意志自主性不一致。有一些讨论同情这个观念，即从实践观点来看，慎思最好以摩尔的方式解读，见 Regan 2003a。

③ 也对比康德：“理论知识可以被定义为**是**什么的知识，而实践的知识可以被定义为**应该是**什么的表象。”（Kant 1998：A633）这是摩尔在《伦理学原理》中的方法，虽然他没有将什么状态具有内在价值（“应该为了自身的目的而存在”）的判断等同于对那些状态的欲求。不过，摩尔的确从这个观点得出结论，认为行动本质上是工具性的，行动的规范性理由完全来自状态的内在价值。

的，明显是在断言，如果这系列的行动而不是其他行动被执行，那么世界上就会存在更多的善或更少的恶。”（Moore 1993：section 17，77）

因而摩尔的（概念的）定义性论断绝对是一个错误，正如可以用他著名的开放问题论证来表明的那样。任何人，如果知道一个系列的行动会造成最好的状态，当他问是否仍然有更好的理由采取其他行动（比如不要偿还贷款给一个作乱的顽固派），很清楚他是在问一个开放的问题。[1] 如果某个人断言，即使会造成较不值得欲求的状态的代价，也存在最强的理由偿还债务，很清楚他并没有自相矛盾。因此存在做某件事的理由的概念，与一个行为将带来最值得欲求的可行状态的概念之间是有区别的。即便如此，某些人可以相当融贯地，并且从一个朴素的慎思观点相当自然地认为，虽然这些是不同的概念，关于后果可欲求性的考量仍然为行动提供了唯一的理由。她可能不是将摩尔式的学说作为对正当或应该去做的定义来接受，而是作为一个根本的规范性原则来接受。[2]

按照后果主义原则的实践推理，在一个重要的意义上与关于相信什么的理论推理有形式上的相似性。按照摩尔定义的路线，它可以被分解为两个部分。一个部分是纯粹单纯的理论推理，计算出我们能做什么及其长期后果，也就是确定对于每个可行的行为，如果它被执行了，世界将会是什么样。[3] 另一个部分是伦理的，即评价所有可能的事态，确定哪个事态“应该存在”以及在什么程度上如此。但是，尽管一个可能状态是好的或者应该存在的想法，当然与一个状态实际存在的
227 想法不同，但是它们具有相同的结构。二者都是关注世界状态的。我们可以认为前一种思想是在欲求中被给定的，而后一种思想是在信念

[1] 也就是说，只要我们独立于它们与行动的有效规范的关系来评价状态。

[2] 实际上，正如摩尔后来所做的（1966）。

[3] 很明显，我避开了认识论的议题。我假定这个模型能够被修改，以考虑到概率的信息、不确定性等等。

中被给定的。在欲求和信念的影响下，受摩尔式原则严格控制的朴素的慎思，就成为对哪个可行的行为将会带来最有价值状态的确认，这是在行动者（经过批判得到的）信念和欲求影响下被确定的。

但是，这真的是一个行动者了吗？很明显，一个仅仅从她当下的欲求和信念的视角出发思考要做什么的存在者，如果她不能退后一步并批判性地修正她的欲求和信念，她就不是我们这里感兴趣的任何意义上的那种行动者。正如科斯嘉所说，一个慎思的行动者必须是并且能够将她自己看作某种在她的欲求"之上的东西"，她自己"选择根据那个欲求行动"（1996e：100）。但是对于一个朴素的行动者而言，她有相当大的可能做到这一点，并且不需要假设康德式的意志自主性。当然，她将不得不假设能够按照批判地修订的欲求行动而使她的行为成为"她自己的"这个意义上的自主性（例如 Dworkin 1988）。正如我们已经设想的，朴素行动者的欲求等同于她对欲求对象的世界可能状态价值的当下评价。她当然能够从这些评价退后一步并重新进行评价，以获得关于这些状态的特征和价值的更好观念——她认为这些状态的价值由这些特征决定。

正如一个理论推理者能够通过经验和反思来影响包含在她当下经验中的信念倾向，比如压制或挫败任何相信她面前在水里看起来是弯的筷子真的是弯的这种倾向，一个朴素的实践推理者也能够以类似的方式批评性地修正她的欲求。举例来说，一个朴素慎思的慢跑者碰上一条对他咆哮的狗，他可以根据过去的经验和反思来压制与之搏斗或迅速逃跑的强烈冲动，而形成一个以他悠闲的节奏继续慢跑的欲求，同时手心向下使双手保持放松，并假装若无其事。

很明显这个慎思的图景仍然太朴素。一方面，虽然一个隐含的实在论的认识论对于理论推理而言能够显得相当可信，但是很难看出我们如何以形而上学的方式理解状态的内在可欲求性，如何保证欲求（或者可欲求性的直观评价）与这样理解的状态的内在价值之间的正确种 228

类的认识论关系。另一方面,这个图景假设了合理性慎思在本质上是工具性的,而我们没有好的理由相信这点。但是,我勾勒出这个后果主义的目的不是要捍卫它,而是要指出它与从朴素的慎思观点看待事物的方式至少有某些相似,并且想要知道,在任何可理解的实践推理的预设中,是什么排除了这个图景。在我看来,没有任何东西排除它。在这个基础上的慎思当然是可理解的,即使是错误的。

因此,虽然可理解的慎思必须预设某种形式的积极自由,但它不需要预设意志的自主性。如果它足够朴素,它能够通过假定一种形式上与我们在理论推理中必须预设的东西相似(在我已经阐明的意义上)的积极自由而进行。朴素的实践推理者可以理智地假设,她的推理是由最终来自其对象的本质和价值的规范所引导的(正如它所应该的世界),正如一个理论推理者必须假设这个推理由依赖于它与其对象关系的规范所引导的一样(世界如其所是)。由此可以推出,康德在《道德形而上学基础》第三节对自主性的论证失败了。

《道德形而上学基础》中的其他论证

然而,有可能《道德形而上学基础》中的其他论证能够确证自主性和道德律。最近经常讨论的其中一个论证是康德对绝对命令第二公式即人道公式(FH)的“推演”:“因此在行动时,你要将人道(不论是你自己的,还是其他人的)总是同时作为目的而不仅仅是手段来使用。”(1996b:430;特别是 Korsgaard 1996f 和 Wood 1999:124—132)虽然康德自己明确注意到,第二节关于人道公式的论证依赖于他在第三节才会尝试证明的假设(在刚才仔细考察过的论证中)(1996b:429n),它有时被作为一个独立的论证提出。

克里斯蒂娜·科斯嘉和艾伦·伍德将康德对人道公式的论证展现

为一个“条件的后退”。[①] 这个论证采取了两种不同的形式。第一种是 229
从关于任何实践推理都必然包含的那种对目的的一般价值评判的前提出发(“目的价值”论证)。第二种是从任何慎思行动者都必须具体归于自己合理能动性的那种价值出发(“能动性价值”论证)。

“目的价值”论证从这个前提出发,即当一个行动者因为一个理由而行动时,她必须按照某种她认为客观上有价值的目的行动(Korsgaard 1996e：122；Wood 1999：129)。然而它宣称,只有当某个东西是其价值的来源时(或者正如有时简单的说法,如果它具有客观价值的“条件”得到实现),一个目的才能具有客观价值。[②] 这个论断在某种意义上是没有争议的。如果存在某个目的有价值的条件,并且如果是否有理由做某件事依赖于那个目的的价值,那么在按照那个理由行动时,行动者必须预设相关条件得到满足。

那么论证就转到行动者是否必须预设什么,以作为她的目的的价值的条件或来源,以及能从中推出什么。科斯嘉将康德的论证阐述如下：

> 他想要知道是什么使得这些对象成为善的,并且在拒绝一种形式的实在论以后,他确定善不存在于对象本身……康德看到,我们因为某些东西对我们重要而认为这些东西重要——并且他得出结论,我们必须因此将我们自己看成重要的。(1996e：122)

伍德提出了类似的系统陈述,他说,“我们只能够认为这个善(即我们必须认为我们的目的所具有的客观的善)的来源是我们根据理性设定目的这个事实……目的的合理选择是客观善由此进入世界的行动。”

① 在 Korsgaard 1996e：122,她给出了她对康德关于人道公式论证解读的精致版本。

② 在 1996f(最初出版于 1983)中,科斯嘉倾向于后一个形式,而在最近(比如 1996e)更倾向于前一种形式。

伍德为康德作出的结论是，“所有这类价值的来源都只是合理意志自身的价值，只有预设了它具有客观价值时，它才能够将客观价值赋予其他东西。”（1999：129—130）

那么在某个意义上，只有当她对目的的选择与理性一致时，一个行动者为她自己设定的目的才是毫无争议、具有客观价值的。像摩尔这
230 样的后果主义实在论者会同意这点，因为他们认为，当对价值的评判与关于为选择提供理由的世界可能状态价值的事实不一致时，对价值的评判就与理性不一致。[①] 他们必定会拒绝的是，实践理性是形式的（它们的来源在意志形式中），因此拒绝认为后果的可欲求性和行动的值得选择性依赖于它们是否能够根据这样的形式法则被欲求或意愿。他们所断言的是他律：实践理性的法则是由后果或世界可能状态的价值赋予的，而欲求和状态评价明显是对它们的回应。

然而，从科斯嘉反对康德本来打算拒绝的一种形式的实在论（一般认为摩尔所代表的那种“实质的实在论”）的前提可以弄清楚的是，她的论证前提已经排除了他律，因此假设了意志的自主性。[②] 但是正如康德相信的，如果除了他在《道德形而上学基础》第三节采取的那种实践理性批判以外，没有任何东西可以保证那个假设，那么就《道德形而上学基础》中的材料而言，关于人道公式的最终论证必须最终依赖于《道德形而上学基础》中关于自主性的论证，这个论证我们已经看到了它的不足。

我应该再次强调，我可以同意科斯嘉和伍德对人道公式的论证的前提。我的观点是，就《道德形而上学基础》第三节或者当代强化这个论证的尝试所提供的材料而言，我们不能获得关于它的论证。我相信，我们需要第二人称观点提供的材料来建立以下三点：人的尊严、绝对命

① 另见 Parfit 1997。

② “实质的实在论”是科斯嘉在 1996e 中的术语。

令和自主性。[①]

由此我们可以推出,如果没有关于自主性的论证,“目的价值”论证就不能建立人道公式。那么,“能动性价值”论证又如何?这个版本在康德的文本中找到了更好的支持。 231

> 人类存在必然以这种方式(作为目的自身)表现他自己的存在(作为一个合理行动者);目前为止,它因此是人类行为的一个**主观**原则。但是,每一个其他合理性存在者也因此在对我成立的同一个合理性基础上以这种方式表象他的存在;因此它同时是一个**客观**原则,它作为一个至高无上的实践基础,必须可能从中推出所有意志的法则。(Kant 1996b : 429)

这段话恰好位于康德对人道公式的陈述之前,因此它可以被合理地解读为康德用来支持人道公式的话。

在一些无可争议的意义上,一个慎思的行动者必须将她自己的合理能动性作为目的本身来对待。为了她的慎思的目的,她除了至少隐含地赋予合理思考和行动以价值外,没有其他合理选择。如果这没有价值,那么她就应该不是在进行慎思,而是在做别的事情。她也必须假设好的推理的价值。慎思是我们只能通过尝试恰当地去做,才可能做到的事情。在这些意义上,关于合理性实践思考价值的预设完全是融入慎思之中的。此外,严肃慎思就其本质可以说不仅仅是试图回答建

① 实际上,即使我们要在蕴含自主性的意义上假设第一个前提,也就是价值的条件或来源(根据形式法则)被合理地意愿,我们仍然不清楚,如何推出像人道公式这样的结论。正如许多评论者已经指出的,这里的基本问题是,为了使任何其他东西从它推出价值,价值的条件或来源为什么必须自己具有价值,而这是不明显的。塞缪尔·克施泰因(2001)指出,我们有同样多的理由认为合理能动性是贬低价值的来源(也就是说,如果某个东西是客观上不好的被认为依赖于它被合理地作为一个目的而拒绝),但是没有人会认为推出合理能动性因而是贬低价值的。

议者的问题,即“关于做什么,什么是给我自己的最好建议?”它也尝试合理地指导意志。在所有这些意义上,合理行动者价值的预设仅仅是严肃慎思的一部分。

就第一人称推理的预设而言,这看起来确实如此。[①]我能够在这个假设之下进行慎思,即虽然我的合理想法现在具有巨大价值,它在过一段时间以后可能就没有这些价值(这对我而言是目前而非以后进行慎思的一个理由)。[②]当然,我如何能够有可能确证这样一个假设,这是不
232 明显的。但是其中没有任何不融贯的东西,并且那个假设也会与理智慎思完美相容。我当然可能认为,我合理思考和行动的价值在未来会被其他价值超越,比如,如果我被给予一个霍布斯的选择,我只能以比如牺牲我的孩子的生命为代价才能作为一个正常工作的合理行动者继续存在。

此外,重要的是要看到,赋予我自身的合理能动性以价值,在任何这些意义上都不会使我承诺赋予他人的合理能动性以价值。举例来说,当我进行慎思时,在预设了我(当下)有能力判断理由,并按照这些理由行动的这个意义上,我赋予我自己的合理性思想和能动性以权威。[③]但是那个授权中没有任何东西使我承诺它存在于他人之中,或者承诺认为它将会在一段时间以后继续存在于我这里。当然,我必定要认识到,

---

① 关于这个论证的精彩讨论,见 Regan 2003b,我从中受益良多。戴维·萨斯曼(2003)论证说,里根的论证作为对康德的批评是失败的,虽然它们可以作为伍德和科斯嘉对后退论证的解读的批评而成功。萨斯曼可信地论证说,里根,伍德和科斯嘉全都混淆了实践必然性与客观价值,而康德的论证依赖于当一个合理行动者自身具有一个目的时,她因此在实践必然性之下采取必要手段的那种方式。正如他指出的,由此推出了科斯嘉自己在 1997 中追求的一条线索。我在 Darwall 2001 中批评了这条线索。其中一个问题是,就工具理性而言,行动者处于合理性必然性之下,只能采取必要的手段或者放弃目的。所以工具理性自身不能充分为行动理由提供来源。

② 相关的价值可能至少部分地是工具性的。

③ 伍德提出了一个与此相关的论证。见 Wood 1999:130。这里讨论的那种权威不同于在前面段落中提到的其他形式的赋予价值。

其他人在他们慎思的时候，也承诺了他们自己的合理性权威，但是这不意味着我必须授权给他们，或者甚至他们在未来也承诺授权给自己。我可能认为，我或者他们或者我们在未来都完全不能作为实践推理者被信任。这也不是说，为了现在能够理智慎思，我必须认为我有理由推动或尊重他们或者甚至我未来的合理能动性。再一次，我现在并不是说关于这些事情的思考有任何确证。我只是在说，它们看起来没有被任何作为构成合理慎思的那种行为的规范所排除。如果一个人接受它们，她当然仍然算作是在慎思，虽然举例来说，如果她没有为行动寻求规范性理由或者假设她能够为了她自己当下的慎思合理地思考，她就可能不会接受它们。

这些可能性全都可以通过考察摩尔式的图景变得更鲜明，我已经提出，这个图景是从朴素的第一人称慎思观点来看待事物的自然方式。从这个视角来看，合理权威在根本上是认识论的；任何人的头衔，不论是他自己的或者是其他人的，最终都依赖于他或她的思维如何可靠地反应关于世界的事实和可能后果的内在价值的独立次序。由此看来，
合理权威能够被挫败或取得，正如认知权威在理论推理中一样。足够 233
清楚的是，用自己探询的权力来保障目前的信任，并不会使我们现在相信我们过去或未来的判断，或者相信任何其他可能的探询者现在的判断。使另一个人介入关于相信什么的严肃对话，隐含地授予了他人认知权威，正如我们在第三章已经看到的。但是第一人称理论推理不需要同意这种权威，第一人称实践推理也不需要，如果它采取的是摩尔形式的朴素后果主义。

因此，这一点就变得重要，当康德说每一个“合理性存在者也将他的存在表象在对我也成立的同一个合理性基础上”时，他在一个脚注的评论中说，他“在这里将这个命题作为一个假定提出”，并且“它的基础将在最后一节找到”（1996b：429n）。这表明了康德的一个认识，即为了使一个合理性存在者关于他自身合理性本质价值的论断蕴含人道公

式，它自身必须被建立在意志自主性的基础上。但是如果是这样，任何这种没有已经预设自主性的论断将不足以蕴含道德律，而且正如我们已经看到的，康德不认为他在第一节和第二节所说的任何东西已经证明了自主性。他相信，他在第三节之前提供的论证与道德律和意志自
234 主性都是虚构的观念相容。[①] 所以，《道德形而上学基础》关于确证尊

① 科斯嘉（1996e）为人道公式提出了一个不同的论证，它以慎思观点的自我反思特征为基础。科斯嘉注意到，能动性要求某种程度的自我反思，行动者必须认为自己"超越（他的）所有欲求并在它们之上"，他自己"选择按照那个欲求行动"（100）。这使得行动者向自己承诺了"实践的同一性"，即一个关于他自己的规范性观念，他在慎思中依靠这个观念。她论证说，有一种实践同一性是我作为慎思的合理存在者不能质疑的，即我作为一个慎思合理行动者的同一性。在慎思观点之内，我向自己承诺了我"作为**一个人类存在**的同一性，一个需要理由来行动和生活的反思的动物"（121）。她论证说，这意味着我必须将我自己的人道或合理能动性作为某种程度的规范性理由来源来对待。然而，为了确证道德律的约束力，我们需要能够得出这一结论，即我承诺将其他人的合理能动性作为对我而言也是规范性的来对待。科斯嘉从这里开始的论证变得比较复杂，它首先来自关于私人语言的不可能性的维特根斯坦式的主题（131—136）。它的基本观念是，合理性本质是**行动者相关**理由的一个来源这个论断——即行动者的合理性本质特别为他提供了理由——将这些理由作为路德维希·维特根斯坦表明不融贯的本质上私人的那种现象来对待。科斯嘉论证说，关于实践哲学的私人语言论证的含意是，所有理由都必须是"公共和可分享的"（136）。所以，不论一个行动者的作为和理性的规范同一性给了他什么理由，这些理由必须也是公共的和可分享的。因此，其他人的合理性本质对于他来说跟他自己的合理性本质一样是规范性的。

这个策略的问题在于，任何能够从维特根斯坦的私人语言论证得到的教益都是相当一般性的，并且与应用于实践推理一样同样应用于理论推理。此外，理论探询与实践慎思一样是自我反思的。与合理性的行动者一样，合理性的信念者也必须能够将她自己看作"某种超越"她的倾向的东西（在这个情况下，关于信念的倾向，就像这些信念是在经验中提供的一样）。并且正如我们已经看到的，她必须也将她的推理看作不受外在原因的规定，而由合理规范引导。最后，在探询中，我们就像在慎思中被实践同一性引导一样，我们被自身作为理论推理者的合理性观念所引导。我们必须像在慎思中一样，同样在关于相信什么的推理中赋予我们自己一种权威。由此推出，这些考量就其自身而言，不足以建立自主性或任何等同于自主性的东西，因为它们与刻画理论推理的那种他律相容。举例来说，它们与朴素慎思观点的摩尔式实在论相容。当然，科斯嘉会拒绝这种形式的实在论，正如我也会。但是问题在于，从实践同一性论证或私人语言的不可能性出发的论证，其自身没有任何东西排除摩尔式的实在论。因此论证不能建立自主性或道德律。

严和道德律的案例最终依靠第三节的论证,而正如我们已经看到的,那个论证不成功。

理性的事实

在康德写作《实践理性批判》时,他已经明显放弃了《道德形而上学基础》第三节的策略。在《实践理性批判》中,他认为除了通过道德律的概念,没有其他路通向自由概念:

> 尽管自由实际上是道德律的存在基础,道德律则是自由的认识基础。因为假如道德律没有**已经**特别地在我们的理性中被思考,我们永远不应该认为自己有确证**假设**自由这样一个东西(即使它不是自我矛盾的)。但是如果没有自由,道德律就完全不会在我们自身中**被遭遇**。(Kant 1996a:4n)

如果慎思观点没有包含与道德律的"遭遇",它就不要求自主性的预设。然而,当我们意识到道德的约束,我们承认一种不可能"被任何合理条件超过"或"独立于它们的""规定基础",而这"直接导向自由概念"(29—30)。 235

康德为这个观点提供了两个生动的例子。第一个例子是,某个人宣称受制于不可抗拒的性欲。康德这里的评论带有融贯论的特征:这样一个人当然能够控制他的性欲,只要他被威胁一旦被逮住就会被送上绞架(1996a:30)。然而,他能够在这个意义上控制他的性欲,与他的行为完全被他当下最强的倾向或依赖于对象的欲求完全控制相容。它仅仅表明,在环境改变以后,另一个依赖于对象的欲求可以更强。并且他可能有某个这样的欲求,可能比如自我保存的欲求,它不仅仅超过他的性欲,而且超过包括任何对于激发真正道德行为必要的依赖于原则的欲求在内的所有欲求。

康德的第二个例子就是处理这个可能性。这里我们需要想象某个人,他的君主要求“他做伪证来指证君主想要在令人可信的借口之下消灭的一个高尚的人,否则他就会被立即处以绞刑”。康德写道,这个人是否将会做这种事情,“他可能不敢坦承”。但是,不论他是否会做这件事,他“必须毫不犹豫地承认,他是可能做的”。

> 因此,他判定他能够做某件事,因为他意识到他应该做,并认识到他自身之内的自由,如果没有道德律,这个自由对他而言仍然是不可知的。(1996a:30)

一旦他承认他应该拒绝服从君主的要求,即使付出绞刑的代价,他就不能融贯地认为他因为不可抗拒的自我保存的欲求而不可能拒绝服从。这个观点看起来可以从慎思(规范性的)实践判断的本质推出。如果他假定他自我保存的欲望是绝对无法抗拒的,他将据此在实践推理中被强迫得出结论,他应该另作选择——毕竟,他不能放弃他的生命。但是康德明显认为,没有人真正相信除了拒绝出卖那个高尚的人之外,在这种情况下有任何其他事情是他应该做的。当我们对自己诚实的时
236 候,我们承认我们不应该屈服于一个腐败的独裁者而杀死一个诚实的人,即使可能付出死亡的代价。如果我们承认这点,那么我们也被迫假设,那是我们能够拒绝去做的事情。①

① 现在,回想一下富特(1972)的这个观点:恰当合格的应当的论断,像礼节的论断一样,并非必然是实践上规范性的;它们并不蕴含至高无上的权威性的甚至真正规范性的行动理由。认为我们最终不能如礼节要求的或建议的那样做,并不包含任何不融贯。甚至除了心理障碍以外,还可能有物理的障碍使得设置一张得体的饭桌变得不可能。我们可能只是缺少足够的叉子。与此类似,至少可能有试图取消道德应当和道德义务通常假定具有的规范性力量的方式,这个规范性力量使得这些应当和义务具备礼节的应当和义务已经看起来具有的资格。单引号或者恰当的声调改变可以使我们表达这个想法:虽

康德这里仅仅是得出了他认为已经包含在接受道德律约束性之内的逻辑结果。他说，对道德律的意识是“理性的事实”，

> 因为我们不能从先在的理性材料推出它，比如从自由的意识推出（因为这并没有在此之前给予我们），也因为它作为一个先验综合命题将它自身强加于我们。（1996a：31）

康德明显相信，只要他们对自己诚实，并且我们可以将例子解读为在这个想法之下提出的，他的读者们就会同意他的道德现象学。我们将自己代入例子中的人物，从那个视角模拟实践思考，并同意在那些环境下，要做的事情是拒绝腐败独裁者的要求，不让一个诚实的人死于我们手上。我们是否认为我们会那么做呢？当然我们希望如此，但是可惜，我们也知道米尔格朗实验的结果。但是我们必须接受我们能够那么做。

不过很明显，这些反思不能建立道德律的约束力，因为他们已经预 237
设了我们接受那么做（虽然它们可能会激励一个愤世嫉俗者，他已经寻求过逃避他自己最坚信的事情）。但是，康德不再是在尝试提供一个积极的论证说明道德不是虚幻的。他是在应用罗尔斯称作“作为捍卫的哲学”的策略，以表明为什么我们一旦已经接受了道德律我们就不需要放弃这种接受。在某种意义上，这个策略与斯特劳森在《自由与怨恨》中的策略相像。意志不是自由的（或者自主的）这个可能性是否威胁到

然拒绝君主的要求是我们应该做的，但是“你知道，从道德上来讲”，我们不能够服从。但是康德的观点是，如果我们也能够认为我们应该将它作为一个慎思的想法来拒绝，也就是说，作为一连串实践推理的结论来拒绝，而还认为君主的要求在严格说来不可能拒绝这个意义上是不可抗拒的，那么这在慎思上是不融贯的。毕竟，如果这是不可能的，那么你就不可能融贯地考虑要做这件事，因此你必须得出结论说你应该做的是别的事。关于这种方式下“应当”蕴含“能够”的非常有帮助的讨论，见 Vranas unpublished。弗拉纳斯论证说，“应当蕴含能够”是概念上必然的，只要“能够”具有“有能力和机会”这个意义。

道德呢？如果我们在可以合理认为我们在道德上是受约束的之前，已经建立了作为一个前提的自主性，那么这可能是一个威胁。康德认为，我们已经开始接受道德要求和观念，包括道德律的约束力。一旦我们接受了它们，我们必须以慎思的不融贯为代价接受自主性。当然，如果某人能够表明，我们缺乏成为道德上有义务所预设的条件，那么我们就会陷入困难。

然而，即使我们不需要哲学的论证来说服我们自己道德律有至高无上的权威，我们仍然有哲学上的兴趣理解为什么如此。[①] 正如我在下一章要开始表明的，我相信答案将在第二人称观点中找到。不过，作为这章的结论，让我提出一种方式，根据这种方式，我们实际上需要第二人称视角来保障康德在《实践理性批判》中提出“理性事实”的使用。

紧接着我们已经讨论的那段话，康德提出了他所说的纯粹实践理性的根本法则：“我们要这样来行动，你的意志的行为原则能够总是同时在给出普遍法则时的一个原则成立。”（1996a：30）这在本质上与《道德形而上学基础》中绝对命令的更形式的版本是一样的：普遍法则公式（“仅仅根据你能同时意愿其成为普遍法则的原则行动”）和自然法则公式（“好像你的行动的原则会通过你的意志成为普遍自然法则那样行动”）（1996b：421）。但是我们应该问，为什么康德认为理性事实支持像纯粹实践理性根本法则这样的形式原则？在实践理性纯粹法则之后
238 的“注释”中的推理本质上诉诸了意志的自主性：“意志被认为是独立于经验条件的，因此是纯粹意志，它被法则的单纯形式决定”。然后康德再一次说：“这个根本法则的意识可以被称作理性事实……因为它作为先验综合命题将它自身强加于我们。”（1996a：31）

但是，这个论断（由于我们应该做道德法则要求的事并拒绝君主的

① 或者，如果我们假设道德律有至高无上权威是一个概念真理，我们有兴趣了解是什么使得某种我们认为是道德律的东西实际上成为道德律。道德真理只会是，如果任何东西是道德律，它就具有至高无上的权威。

要求,我们能够这样拒绝)与康德理解的意志自主性或纯粹实践理性根本法则之间的关系究竟是怎么样的?自主性和纯粹实践理性根本法则之间的关系看起来足够清楚。但是“理性事实”的例子与自主性或纯粹实践理性根本法则的关系是怎样的?罗斯式的道义论直觉主义者能够轻易同意康德关于这个例子所说的,并从中概括出,不论一个人在道德上应该做什么,这些事情必须是她能够做的。但是为什么他应该由此推出纯粹实践理性根本法则?难道他不能否认像纯粹实践理性根本法则这样的原则构成了他接受的那些义务的基础,或者否认这样一个形式原则被要求用来解释为什么向君主屈服是错误的?难道他连纯粹实践理性根本法则都不能否认吗?

如果他同意康德关于这个例子所说的,并且同意“应当”蕴含“能够”,为什么他应该被从这里被引导向意志自主性?正如我们此前注意到的,道义论的直觉主义者否认自主性,因为他们认为行动(意愿的对象)能够是内在正当或错误的,并且法则由此推出。在康德关于那个例子所说的话里,没有任何东西应该引导他们放弃这个立场。如果康德补充说,我们直接意识到作为先验综合原则的绝对命令,那么看起来他只是在道义论的直觉主义者的地盘上与之争论,他仅仅是在对道德义务是否能够被总结为一个单一原则提出异议。不论怎样,从“理性的事实”出发,没有明显的道路通向意志自主性或纯粹实践理性根本法则。[①]

理性事实:第二人称的解读

我相信,从康德提出的那个例子那样直观的例子出发,确实可以为纯粹实践理性根本法则和绝对命令构造出论证。然而,这样一个论证将会依赖于道德义务的第二人称方面:它与责任的概念关联。首先,回

① 当然,如果“理性事实”自身包含对绝对命令的意识,那么就没有任何步骤可以采取。

239 想一下在康德自己的讨论中起作用的“能够”的意义只是一个开放的慎思选项，即某种使得我们与之相关的能力和机会不预先排除是否做它的理智考量的东西。这就是为什么“应该”蕴含那种意义上的“能够”是如此明显为真的。“应该”具有推出慎思的规范性判断的意义：在我能够做的事情里，这是我应该做的。但是我们现在注意到，某个人能够在这个意义上做某件事这个事实，与她不知道她应该做这件事，她不能够知道，以及她缺乏实践推理的任何形式过程（包括像纯粹实践理性法则这样一个原则，而通过这个形式过程，她能够确定这是她应该做的事并规定她自己据此行动）完全相容。举例来说，罗斯主义的直觉主义者能够认为某个人（称她为“公民”）应该拒绝君主的要求，即使她不知道她应该这样做，不能够知道她应该这样做，并且没有像纯粹实践理性根本法则或绝对命令那样她可以由此发现这一点并规定自己这样做的推理过程。即便如此，罗斯主义者也可以赞同康德说，由于公民应该拒绝君主的要求，她就能够这样做。但是再一次，这并不蕴含任何关于绝对命令或自主性的东西。

公民有道德义务拒绝君主的要求，如果她不这么做就是错误的，以及因此那是她应该做的事情并由此是她能够做的，这些论断具有共同基础。然而，正如我在第五章论证过的，如果这是公民在道德上有义务做的事，那么这也是她有责任做的事；它是道德共同体（她是其中的一员）有权威要求她做的事。如果我们作为道德共同体的一员，接受支持这些要求的第二人称规范，并在此基础上向公民提出这个命题，[①] 我们不仅仅是在告诉她“在道德共同体中”事情是怎么样的，正如一个人类学家可能告诉某个人他自己不接受的道德观念一样。我们隐含地向公民提出要求，将它们作为权威性的要求提出，实际上，就好像公民承认道德义务时自己所做的那样。

① 实际上，或者公民向她自己提出。

我们通过“道德交谈”与公民相联系（Watson 1987：263—264）。此外，在这样做的时候，我们受制于沃森式“道德交谈限制”，即为了使传达要求、认定责任、谴责等等能够用我们自己的话来理解所必须满足的条件。（正如我已经用其他方式说过的，这些是我们尝试传达存在的 240 第二人称理由的规范性恰当条件，因此也是我们的传达成功的恰当条件。）因此，虽然没有任何概念的压力认为，某人做某件事的好的和充分理由的存在，蕴含他知道或者甚至能够知道这一点（好像本来就是如此），但是的确看起来有概念上的要求谴责和认定公民为没有拒绝君主的要求而负责（如果她没能做到），我们预设了她必定已经处于知道她本来应该拒绝的位置，并且她本来能够按照相关的理由规定自己拒绝。

当我们认定人们的责任时，我们暗示了他们自身有责任按照他们应该的那样行动，不仅仅是在其他选项对他们开放或者他们没有在物理上被阻止的意义上，而且是在存在他们本来能够进行的推理过程的意义上，通过进行这种推理，他们原本可以认定自己负责，并且规定自己按照他们本应该做的那样行动。我们暗示了，他们本来可以决定，用伯纳德·威廉斯的话来说，按照“合理的慎思路线”来做（1981a）。[回想一下威廉斯（1995）自己论证，谴责预设了这点（威廉斯认为是不合法的）。]但是我们能够假设那些受制于道德义务的人必须可用的何种推理过程呢？康德的观点是，它必须是一种程序，它自身与首先使我们受制于道德义务的东西相联系，我们作为理性意志，并且因此它必须与意志的“形式”有某些联系。绝对命令和纯粹实践理性法则是康德关于必需的推理过程的计划，实际上，**是道德推理必须采取的形式，如果它要将我们引导向我们能够被合理地认为有责任达到它这个结论**。意志的自主性可以由此作为必然结果推出。但是我的观点是，为了理解认为公民在道德上有义务（有责任拒绝）与认为必须有推理过程（绝对命令或纯粹实践理性法则，她本来可以通过这个推理过程确定她的义务并规定自己拒绝）之间的联系，我们必须集中于道德义务的第二人称特征。对这个康德式论断的第二人称解读是,(某种像)绝对命令推理是第二人称能力的一部分。

如果我们通过第二人称能力在认定彼此责任中的作用思考,我们
241 可以得到本质上相同的结论。当我们认为彼此作为道德共同体成员有责任服从道德义务时,我们暗示了,我们每个人也能够认定自己负责。但是这要求我们通过任何人能够接受为作为相互负责的平等的共同体平等成员的合理要求来严格控制道德要求,并因此要求自己。在第十二章我将论证,绝对命令,特别是在目的王国公式(FRE)中,是这个直观观点的一种解读,也就是说,绝对命令是一种推理过程的公式,当我们认定彼此有责任服从道德要求时,它构成了我们所预设的第二人称能力。

这种方式推理中的根本,是我一直宣称的第二人称权威是人的尊严的核心方面:人们具有的(平等)权威,就其本身,向彼此提出主张和要求。意志自主性和形式慎思过程的必然性来自这个更根本的观念,而不是相反,它作为第二人称权威的可能性之必要条件,作为沟通第二人称关系的中介。只有当第二人称能力存在时,才存在第二人称权威。只有当我们能够假定自主性和某种像绝对命令的道德推理形式时,人们才能够被假定具有第二人称能力。只有当人们自己能够通过它们接受和规定自己时,人们才能够被认定有责任服从规范(普芬多夫观点)。但是,只有使保证要求的规范有效的东西是来自人们能够至少在原则上经历他们自己的推理并因此对自己提出相关要求的过程产生时,这才能被确保如此。

然而,被设想为平等的第二人称权威的人的尊严,如果是根本的道德观念,是什么使我们承认这个观念?为什么我们应该接受它自身不是一个虚幻的观念?我们现在具备了回答这些问题所需要的几乎所有
242 材料。

第十章

尊严与第二人称:费希特主题的诸变化

> 一个人类存在者作为一个**人格**,也就是作为道德实践理性的主体……具有**尊严**……他由此从世界上的所有其他理性存在那里要求对自己的尊重……他能够从所有其他人类存在那里要求的那种尊重的对象,就是他的人格中的人道。
>
> ——伊曼努尔·康德,《美德理论的形而上学首要原则》

本章我将论证,确证我们作为人的尊严,关键在于理解,当我们说(就像康德在上述段落中那样)尊严是我们用来"从每个其他人类存在"那里"要求"或"主张"尊重的某种东西,这意味着什么。正如我们在第六章看到的,承认主张有效性的那种尊重是第二人称的,正如主张及提出主张的权威也是第二人称的。在那里我论证了,人的尊严是作为平等存在的第二人称立场。它是道德共同体("目的王国")的平等成员具有的地位,由此他们认定彼此有责任服从那些形成自由和理性人之间关系的强制规范。因此,当某个人尊重另一个人作为人的尊严时,她赋予他在他们的关系中的第二人称平等立场。

正如我们在第一章注意到的,尊严在某种程度上包含对待人们方式的可允许性约束——我们必须以某些方式对待人们,绝不能以某些方式对待人们（Kamm 1989，1992；Negal 1995）。但那只是尊严的一部分，因为有一些要求是没有任何人有立场要求我们去做的。[1] 这种立场就是处于提出主张或“获取”尊重的位置带给我们的，即要求通过相互
243 责任服从尊严要求的权威。

按照这种方式设想的尊严，包含了在道德共同体中的平等地位，这个共同体被理解为相互负责的自由和理性行动者之间的合作。[2] 那么我们可以说，人的尊严是融合了以下三者的复杂整体：关于对待他人的行为的实质性强制规范，作为相互负责的平等个体中的一员要求服从这些规范的立场，以及基于这个权威的有效要求。[3]（再次，我在第十二章将论证，特定的道德要求的内容能够在基于第二人称观点的契约论框架中得到阐明。本章试图表明，第二人称视角承诺了被设想为共享的基本第二人称权威的尊严。第十二章将论证，绝对命令的程序化版本能够建立在这个权威基础上，包括对目的王国公式的契约论解读。）

但是什么使我们承诺了这个立场？为什么我们应该假定，我们仅仅作为平等的人，就具有从彼此那里主张某些东西的权威？如果上一章的推理是正确的，那么即使道德律、人的尊严和意志自主性三者是彼此相互联系的，第一人称实践推理自身也没有任何东西要求我们接受它们中的任何一个。行动者可以在所有这些都是虚幻的观念这个假设之上（从朴素的第一人称观点）进行理智慎思。在本章，我将展示认为尊严和自主性（第二人称权威和能力）在第二人称立场中不可避免地被

① 比如逻辑要求。参见第一章对这点的讨论。

② 此外，可能存在超越对待人的道德义务，比如对待其他非人的动物和对待环境。人的尊严也在这些例子中展现自身，因为它包含道德共同体的成员资格，所有人都有责任服从这些要求。

③ 因此正如我在第一章注意到的，道德义务必须被理解为包含“具有力量”的隐含要求，即使实际的个体没有明确提出它们。正如斯特劳森指出的，“提出要求是（反应）态度的倾向。”（1968：92—93）再一次，这与哈特对边沁对涉及“准命令”的法律的解释的解读相似。参见第 9 页注释②对这一点的讨论。

预设的理由,并且我开始表明(它的主要部分将在下一章被展示)第二人称实践思考的解释对于完全充分的实践理性解释是核心的。

然而,如果道德律在本质上与人的尊严相联系,并且如果尊严包含 244
不可还原的第二人称立场,那么第二人称视角成为理解道德律约束力的关键,这就毫不奇怪了。没有任何传达各种第二人称理由的权威,可以还原为能够从第一或第三人称充分理解的价值命题或权利的规范性原则命题,因为没有任何这类东西自身包含主张或要求的不可还原的第二人称要素。[①] 由此,如果人们有立场作为自由理性存在者向彼此提出主张,这必定是某种我们在第二人称视角之内要承诺的东西。此外,在我看来,正是以这种不可还原的第二人称方式作出的对人的平等尊严的承诺,带来了意志自主性和绝对命令的承诺,而非相反。

序曲:组装材料

因而,我们在这一章的目标是为这个论断构建一个论证,即人的尊严(设想为被分享的基本的第二人称权威)从第二人称观点不可避免地被预设为传达第二人称理由的规范性恰当条件,因此意志自主性也是如此被预设的。我希望得出这个结论,即不论传达何种第二人称理由,必然将会使我们承诺这两个假设。目前为止,我们拥有很多这个论证所需要的材料,包括斯特劳森观点和普芬多夫观点。在这一节,我们会简要概述这些材料,以便我们在接下来的章节能够将它们与费希特关于第二人称传达的一般观点相结合,以形成一个具有说服力的论证。费希特认为,第二人称传达就其自身,总是假定通过行动者自己的自由选择引导行动者的意志。它试图通过将她作为自由和理性行动者的传

① 很明显,我这里是想要排除这种第三人称命题,比如 A 有权威要求 B 挪开脚(这本质上包含能够以第二人称传达的主张或要求的观念)。也要排除同时也是第二人称的第一人称命题。

达来向她提出主张。我们可以称之为第二人称传达的**费希特分析**。

那么，**费希特观点**就是，为了使按照这种分析的第二人称传达成功，必须有两个条件得到满足；因此有两个假设是以第二人称理由对某
245 人进行传达的任何尝试都承诺要作出的。① 第一个条件是，传达者和被传达者分享作为自由和理性存在者向彼此提出主张的平等权威。第二个条件是，他们分享根据植根于这个权威中的主张来行动的自由。按照我的解读，费希特观点是，所有第二人称传达都必须同时预设这个第二人称权威和第二人称能力。② 实际上，我们应该这样理解“自由和理性”这个短语中的“自由”，它所指的就是具备第二人称能力。③ 那么，我们在这一章的目标实际上是为费希特观点构建一个论证。我相信这能够通过联合费希特分析与斯特劳森观点和普芬多夫观点而做到。

斯特劳森观点。认定某人负责总是传达了一个要求，并且对任何这种要求辩护的唯一方式是用第二人称理由，即从我们为了传达它必须占据的那个观点内部进行辩护。否则我们将会是在提出“错误种类的理由”。这为我们提供了四个可相互定义的、不可还原的第二人称观念的框架，我们已经鉴定出了它们：（1）可传达的要求，（2）传达它们的权威，（3）隐含在它们的传达中的第二人称理由，（4）对他人的责任。四个观念中的任何一个都隐含地包含其他三个观念，没有任何方式可以将它们中的任何一个的独特规范性还原为不从第二人称观点就可以

---

① 在本书中，我的意思始终是：为了使它在规范性上取得成功，也就是正如我已经说过的，有两个第二人称传达的“规范性恰当条件”。再次，这意味着，为了使它试图传达的（规范性）理由实际存在和被给予，第二人称传达必须满足两个条件。如果相关的权威在实际上存在，不论是否在法理上存在，第二人称传达就可以在协议的（奥斯丁式的）意义上成功，比如一个语言行为可以构成一个命令。

② 再次，我的意思是，传达在概念上承诺的预设，不是人们在以第二人称方式对待他人时实际上预设的。

③ 正如在“作为自由和理性的存在向彼此提出主张的平等权威”中。

充分理解的规范和价值。

斯特劳森对道德责任提出了这些观点，但是没有任何东西限制这些观点在道德情形的应用。一个人只要提出了一个声称有效的论断或者任何种类的要求，她就假定开启了一段不可避免地包含所有这四个概念的第二人称关系。这个框架中的两个要素与本章的论证特别相关。一个要素是传达要求与责任之间的关联。传达一个要求总是试图开启 246
一段关系，被传达者由此能够被假定负有服从要求的责任。（反过来，认定某人负责总是传达要求。）正如我们已经看到的，除非传达者和被传达者之间已经取得一个更一般的责任关系（他们在传达和承认要求时分别预设的关系），这样的尝试就不可能成功。这是斯特劳森观点的一个版本，我们把它称作卡德沃思观点，我们在卡德沃思对神学唯意志论的批判中看到这个观点，并且我在第八章结尾讨论吉尔伯特和斯坎伦时援引了这个观点。上帝不能通过特定的要求使我们具有义务，除非我们已经一般地对他负有责任，而且，除非我们已经具有第二人称权威来提出或拒绝合同，或者作出或接受承诺（正如我们中的一方在发出邀请或试图作出承诺，而另一方接受或拒绝时，我们所预设的那样），你和我就不可能达成协议一起散步，我们中的任何一个也不可能个别地作出承诺。

第二个要素是权威性要求总是会传达的特殊种类的行动理由，以及当我们传达任何要求时都会预设的按照这种理由行动的能力（第二人称能力）。第二人称理由是关注权威而不是关注后果或世界状态的。回想一下我们最初的例子，因为有人踩着你的脚，所以你感到疼痛。你在忍受疼痛，而那个人挪开他的脚可以解除你的痛苦，这个事实本身对于他而言，是挪开他的脚的一个行动者中立的、关注后果的、非第二人称的理由。这个人只是有特别好的机会创造更好的世界状态；对于他来说，要这么做的这个理由，其他能够造成这个状态的人在原则上也同样具有。然而，如果你向他传达让他挪开他的脚的要求（因为他首先没有权利踩你的脚),你试图提供给他的理由是关注权威的,而不是关注世界状态的;它是行动者相关的和第二人称的。在传达要求时,你不需要预设:因为解除你的疼痛是一个更好的状态,所以他有理由促使它发生。你要预设的是,你有权威要求他挪开脚,因此他有理由这么做(不
247 论他是否想要这么做或者是否认为这是一件特别好的事),并且他有责任这么做。

正如我们在上一章结尾看到的,当我们认为彼此具有道德责任时,我们预设了,我们每个人都能够服从道德要求,这不仅仅是在具有能力或机会服从这个较弱的意义上,而且也是在具有能力承认它们包含的特殊第二人称理由并根据这些理由(自由)行动这个较强的意义上。我们也看到,这要求我们预设,我们有能力按照完全根源于自由和理性行动者就其本身而言的第二人称权威,因此独立于“意志对象的任何特征”的理由行动。[①] 因此,道德责任预设了意志自主性。我们所能负责的事情,只有那些我们能够认定自己负有责任的事情,后者是通过从作为众人之中的一个自由和理性行动者的视角,我们向自己提出道德要求而产生的。[②]

我认为费希特分析的一个结果是,这些预设不限于道德的例子;它们总是隐含在第二人称传达中。任何第二人称理由都是关注权威而非关注结果的,而任何第二人称传达都声称开启了一段责任关系,在这段关系中,双方作为理性和自由的存在对彼此负责(第二人称能力)。那么,费希特分析的一个结果实际上就是,第二人称传达,必须总是预设

① 这里有两个要素。首先,我们必须预设,我们能够根据相关的行动者相关的规范(比如不要踩彼此的脚)行动。其次,同样重要的是,我们必须假设,我们能够认定彼此和我们自己负有服从这些规范的责任。因此我们必须假设,在受制于道德要求时,我们具有两种关联的动机能力,这个假设等同于意志的自主性。我受惠于瑞安·普雷斯顿在这点上与我的讨论。

② 正如康德所说,“只有我同时将自己置于义务之下时,我才能认识到,我处于对他人的义务之下。”(1996d:417—418)

人的自主性和尊严。如果任何第二人称理由的传达是针对一个自由理性行动者的，那么服从的责任必定涉及被传达者按照理由自由地规定自己的能力，这些理由根源于传达者和被传达者必须被假定共同具有的第二人称能力和权威。[1] 第二人称传达必须总是预设共享的第二人 248
称权威和第二人称能力。

普芬多夫观点。我们的论证需要的第二个要素是普芬多夫观点，普芬多夫将它作为关于道德动机的论断提出。为了使上帝的命令产生义务，我们必须能够区分以下两个方面：一方面是，一个人出于对上帝惩罚的恐惧，或避免上帝惩罚的欲求而具有服从的动机；另一方面是，一个人出于对惩罚"公正地施加于他"的信念而获得动机（1934：91）。[2] 只有当我们有能力接受他的权威，并根据这种接受自由地规定我们自己时，我们才能真正具有服从上帝命令的义务。我们必须具有第二人称能力。

我们已经用这种方式阐明了这一点，即我们说，为了能够受制于一个义务，并且因此负有服从的责任，具有义务的行动者必须能够认定自己负有责任。为了做到这点，他必须能够将传达者的主张或要求不仅当作从外部施加的（即使从传达者的视角看来这种施加得到了辩护），而且要当作某种他作为被传达者，从他和他的传达者共享的观点出发，能够向自己合理要求的东西。他必须能够认为，不仅在他不服从时，其他人有理由对他提出非难，而且他会遭到谴责，他谴责自己也是有合理性保证的。

这可以说是从被传达者视角出发的普芬多夫观点。但是它有两个从传达者视角出发的必然结果。首先，尽管特殊权威可以包含被传达

① 然而，关于那些不是来自道德义务的第二人称理由，这里的预设只是，行动者能够自由地规定自己，以按照这些暂时的理由（也就是说，尽管有其他相反的理由）行动。

② 不仅仅是在霍布斯的意义上，上帝应用它是没有错的，而且上帝有权威应用它。

者对具有特殊权威的传达者的那些特殊形式的责任,但必须总是存在被预设的传达者和被传达者共同具有的认定责任的根本权威。任何特殊权威仍然都必须预设,被传达者的不服从将是谴责和其他反应态度的恰当对象,并且正如斯特劳森指出的,这些总是蕴含了具有第二人称能力的人们本身(道德共同体)的视角。为了使传达者认为被传达者将会因为不服从她的要求而受到谴责,她必须认为,不仅仅她(传达者)将
249 有立场抱怨,而且她的被传达者值得被谴责,也就是说,被传达者将会被所有人恰当地谴责。[①] 她必须认为,她的被传达者具有谴责他自己的基本权威,这与她谴责他的时候所具有的是同样的基本权威。

其次,普芬多夫从被传达者视角,对按照避免惩罚的欲求行动和按照第二人称理由行动的区分,引出了从传达者观点出发的一个补充的区分。第二人称理由的任何传达者都承诺了这两者的差别:一方面是,在提出有效要求或认定他有责任服从要求时,以“要求的”(指导的)方式与某个人联系;另一方面是,单纯强迫他服从,比如通过某种灾祸的威胁。责任这个观点的一部分就是,必须存在某种东西(称它为“惩罚”或“后果”),具有认定一个人责任的权威的人,能够要求这个人接受它,如果这个人没有做他有责任做的事。究竟会有什么样恰当的后果,这是一个规范性问题,而不是一个概念性问题。理论上来讲,它可能仅仅是不得不成为反应态度的对象,不得不听取控诉,不得不认可责任或内疚,或者也许甚至是某种更弱的东西。但是这个概念必须包含的,是对某种后果的承担,也就是说,某种后果将会公正地“降临在”我们身上,因此接受这个后果将会帮助构成我们为我们做的事承担的责任。

因此,责任的观念要求这两者的区分:一方面是用作为认定他负责的一部分的一个惩罚来警告某个人的权威;另一方面是在缺乏权威时不合法地以同样的恶作为威胁,也就是强迫。由此可以推出,传达要求

① 了解这点的一种方式,是问要不然抱怨能由什么构成。除非抱怨本身是被传达者能被期望接受的某种东西,否则具有说出“你本来不应该这么做”的立场就是空洞的。

或用一个声称有效的惩罚提出警告的人，她预设了，尽管她可能因为她的权威而以这种指导式的或“要求”的方式对待他人，但如果她没有相关权威，她就不能合法地这么做。在缺少那个权威时，本来有效的惩罚的警告就变成强迫，而这将会侵犯被传达者的权威。实际上，如果没有相关权威，甚至通过提出要求指导行动者意志的企图首先也会变成强迫。[①] 因此，她承诺了这个观点，**我们需要第二人称权威，来为指导另一** 250
个自由理性行动者的意志提供正确种类的辩护（**第二人称理由**）。

我们能够在谴责的现象本身中发现这点。反应态度向它们的对象施加了一种指令性的压力。因此，我们自然会怨恨，我们变成我们认为没有保证的怨恨的对象。但是谴责不是纯粹和单纯的影响。谴责声称是在第二人称上有保证的影响形式，也就是，声称通过它的对象能够接受（因为它最终来源于他自己拥有的同一个权威），并且他为了成为一个负责任的行动者必须要接受的那个权威而得到辩护。当我们谴责某个人时，我们“将他看作道德共同体的一个成员；只不过是作为一个违背了共同体要求的成员”（Strawson 1968：93）。所以在谴责他时，我们认可他的权威，并隐含地承认，如果我们的谴责没有充分的第二人称基础，那么我们的指令性影响就是不合法的；它将会侵犯他的权威。

普芬多夫观点映照了我们对康德的“理性事实”的例子的第二人称特征分析。在我们第九章的例子里，一个公民必须在服从不出卖一个诚实的人（与一个独裁者合谋）的义务与保住自己的性命之间作出选择。康德的观点在某种程度上是，我们认识到，我们能够按照道德上应当的去做，尽管我们的恐惧和自我保存的欲望与此相反。我已经论证了，如果我们注意到道德责任的预设，我们将不仅同意，服从道德义务在慎思上总是对我们开放的，而且会同意，我们能够由于我们具有义务这个原因而像具有义务一样行动。这使得我们承诺了普芬多夫关于通

① 在这点上我受惠于雅各布·罗斯。

过对某种可怕后果的恐惧获得动机和通过我们对道德义务的接受(用我们的话来说,就是通过接受道德共同体要求服从的权威,通过从同一个视角以第二人称方式对我们自己提出要求)获得动机之间的区别。

普芬多夫观点和对"理性事实"的这个第二人称分析都得到了发展,像斯特劳森观点一样,特别是关于道德义务和责任。但是费希特分析的一个教益是,只要当我们传达要求和假设认定彼此负责的权威时,我们就使自己承诺了普芬多夫区分的被传达者版本和传达者版本。我
251 们预设了通过对善或恶的欲望获得动机和通过接受相关第二人称理由(因此向自己提出相关要求)之间的区别。我们也使自己承诺了,用相关第二人称权威引导他人意志的合法尝试,和非法地将我们的意志强加于他因而侵犯了他作为自由和理性人的权威之间的区别。

费希特分析:第二人称传达和自由实践理性

我们现在可以开始通过首先尝试理解费希特分析,来发展出对费希特观点的论证。费希特将所有第二人称传达称作"传唤"(Aufforderung)。他论证了,提出或认可传唤,使得传达者和被传达者同样承认了他所说的"权利原则":"我必须在所有情况下将外在于我的自由存在者承认为自由存在者,也就是说,我必须通过他的自由的可能性概念限制我的自由。"(2000 : 49)[①] 因此,关于权利的考虑就是那些根源于你我作为自由理性存在者具有的共同权威之上的第二人称理由。费希特也论证了,任何传唤都预设了传达者和被传达者根据这些理由行动的自由。按照我的解读,他的论断是说,任何传唤都使双方承认了权利原则,以及传达者和被传达者根据它所编码的第二人称理由

① 如果我有时说它"预设"或"假设"了这点,这将会更容易说明。我希望我所指的意思现在已经为大家熟悉了,即预设是第二人称理由被成功传达的一个规范性恰当条件,不论传达者是否事实上作出这个预设。

行动的自由。

我应该强调，我将费希特的论断和论证扩展到了他自己没有或者不会涉及的地方。[①] 因为一些我在此无法充分讨论的理由，费希特区分了道德义务和权利，他将可强制执行的权利约束理解为“技术性的”或“实践性的”，也就是理解为行动者们只有因为他们的目标是在一起生活才会承诺的假设性要求。[②] 然而我相信，费希特的观念支持（实际上， 252
它们要求）一个更强的命题，即第二人称传达总是预设根源于人的尊严（第二人称权威）和意志自主性（第二人称能力）的绝对要求。

费希特将他对第二人称传达的分析与他对理论理性和实践理性各自包含的那种自由的根本区分联结起来。当你和我进行关于要相信什么的推理时，我们的目标是构造一个共同世界的表象，“将对象……表象为”他们“不受我们影响”的样子（2000：19）。在理论推理中，我们的视角是世界在我们各自看来所是的方式。[③] 因此，如果你有理由认为，我对事物的观点是错误的或歪曲的，你可以在形成你自己的信念时不信任我的信念，而将它们当作仅仅是表相。

然而，从第二人称观点来看，我们看不到任何类似的东西对于实践理性也成立（尽管朴素的第一人称慎思与之相反）。当你和我对彼此的意志提出主张时，我们认为自己有根据理由行动的自由，这些理由不是基于不同后果或世界可能状态的独立价值排序，而是基于我们对彼此的权威。因此，我们相应的实践视角不单纯是关于某种独立的东西的观点，当它们对这个东西的反映比较糟糕时就可以被贬低。费希特的

① 因此费希特自己可能拒绝我这里所说的“费希特观点”。不过，我会论证，这个观点隐含在他的论证中。我不能够确切地说，他是否会被说服和接受我试图归于他的功绩。（前后延伸两个世纪的第二人称关系是特别复杂的。）

② 关于更仔细的讨论，见 Darwall 2005，我这里借鉴了那里的讨论。也见 Frederick Neuhouser 2000 对费希特的导论和 Neuhouser 1994。

③ 这是一个关于信念本质的概念性观点，它甚至需要在像费希特这样的观念论者框架中得到解释。

观点是,它们是这样的视角,我们从这些视角出发引导我们作为自由和理性行动者的生活,并且以尊重这个地位的方式彼此联系。当我们以第二人称方式向彼此提出主张时,我们承认了理由的一个来源和一种自由(第二人称权威和第二人称能力),它们使得实践理性在根本上不同于理论理性。

因此,与康德一样,费希特承诺了,实践理性体现的自由超越了理论理性(或朴素的第一人称实践理性)中预设的任何种类的自由,不论是积极的自由还是消极的自由。费希特论述道,能动性自身包含了将
253 自己"假定"为一个行动者,而一个行动者不能"在不将自由效力归于自己时对自己作出假定"(2000:4, 18)。然而,费希特强调,我们在实践理性中假设的"自由效力"不同于我们在合理性表象或"直观世界"中必须预设的任何自由效力。任何这种表象"在它的内容方面都是**受约束**的和**受限制**的"。[①] 信念就其本质而言,目标是将世界表象为实际所是的样子。相反,在行动者的自我假定中包含的活动,是"与这种表象活动相反的",并且"在它的内容方面是自由的"(19)。用我们在上一章发展出的术语来说,它包含的自由,超越了一个朴素的行动者必须假设的任何自由。

但是,与康德一样,对于费希特而言,实践自由也不单纯是设置目的的能力。[②](回想一下,对于康德而言,它也包括自主性。)费希特的确说,"在自由概念中首先和最初包含的,只不过是通过绝对自发性构建我们的可能效力概念或一个目的概念的能力。"(9)自由能动性所包含的超越设置目的的能力(形式自由)的东西,是我们自己的自由能动性的"假定"。正如我们在下一节将看到的,费希特也认为,我们从第二人

① 再一次,我认为费希特在这里是提出一个甚至观念论者框架也必须尊重的概念性的观点。

② 关于一个相反的观点,见 Neuhouser 的费希特导论 2000:iv。

称观点假定我们自己为自由行动者。

对于费希特而言，正是第二人称介入使得我们意识到我们具有的一种自由，它在根本上不同于理论推理或者从朴素的第一人称观点进行的实践推理中包含的任何自由。费希特相信，第二人称介入使传达者和被传达者同样通过“权利原则”限制他们的“外部自由”。[①] 在这样做时，每个人都“通过内部自由限制他自己的外部自由”（2000：10）。“内部自由”因此必须包含第二人称能力。当传达者和被传达者接受彼此的权威并向自己施加要求（权利原则）时——这些要求是每一方都会从他们作为理性和自由行动者分享的观点出发向双方提出的（第二人称能力），他们自由地限制了他们的外部自由。因此，按照我的解读，费希 254
特式的“内部自由”（第二人称能力）是康德的意志自主性的在形式上的类似物。

费希特的分析：假定能动性和第二人称理由

但是，为什么费希特要假设我们从第二人称观点“假定”了自己是自由行动者？从第一人称视角，能动性是“作为背景的”，不属于行动者“慎思领地”的一部分。[②] 慎思行动者的注意力焦点是她所面临的诸多选择及其支持理由。因此，除非那些理由是一种特殊的关注能动性的理由，比如第二人称理由，否则它就不是关于自己的能动性的（Pettit and Smith 1990；Rcgan 2003a，2003b）。再次考察一下，一个行动者占据朴素的第一人称观点，基于她的偏好、欲求或者对可能后果的摩尔式评价进行慎思。她将可能状态或后果看作或多或少值得欲求的（值得使之产生），将可能的行动看作或多或少可能实现它们的。她关于她自己的能动性的慎思是工具性的和透明的——它通过她的意志看到她能

① 与康德一样，费希特用“外部自由”指称对自由活动或行动的合法保护范围。

② 我从 Pettit and Smith 1990 和 Harman 1996 获得这些说明性的术语。

够取得的有价值后果。①

然而，当我们按照从一个理性行动者对另一个理性行动者的"要求它决定运用它的效力"的"传唤"进行第二人称慎思时，②我们被要
255 求假定传达者和被传达者同样的自由能动性，作为我们推理的一部分（Fichte 2000：31）。尽管能动性毫无疑问可能在任何慎思的背景中都被假设了，但只有从第二人称观点出发，传达者的自由能动性（和被传达者的自由能动性）才能被假定，也就是作为前提被带入他们的推理中。并且在这种情况下，传达者和被传达者同样必须也假定，他们都有能力按照第二人称理由行动，都在第二人称上具有能力。

传唤是对某个作为自由行动者（包括作为具有第二人称能力）的人提出的，所以在被传唤者意识到它时，她也意识到她自己是作为自由行动者被看待的。然而，如果只是到此为止，这可能与一个观察者的意识并无不同。某人将自己看作自由行动者，这不过是事物在世界中所是的方式的另一个侧面，或者是可能变得更好或更坏的事物因果次序的一部分。导致差异的是，传唤以第二人称方式传达给我们；她与答复请求一并出现。在接受传唤时，甚至是在公开考虑是否要接受它时，每

① 然而，也许这只有我们用后果主义方式设想慎思时才是真的。如果行动者接受行动者相关的行为原则，比如每个人应该遵守她自己的诺言，情况又如何？难道这不会使她慎重地追求她自己的能动性吗？我们从"理性事实"知道，在假设她受限于一个行动者相关原则时，行动者必须预设她能够根据这个原则行动。但是正如我们现在也看到的，这只要求她假设这个行动是在慎思上开放的。它并不包含自主性的预设。此外，康德相信，这个原则只有在自主性的条件下才应用于行动者。所以问题仍然是，在慎思的观点之内，是什么东西使行动者承诺了那个假设？关于行动的工具性观念，见 Schapiro 2001。

舍夫勒按照有些类似的风格论证，将自己参照一个标准这个想法，要求我们设想一种其自身并非工具性的或以后果为基础的理由来源或行动规范。然而，正如舍夫勒承认的，这与规范自身是后果主义的并不相悖（比如我在上一章提到的产生最优后果的摩尔式规范）。不过，舍夫勒论证说，这个后果主义的可能性与我们通过反应态度认定彼此负责的正常人类模式之间存在紧张。然而，相信这些反应就是隐含地相信第二人称观点。（见 Scheffler 2004。）

② 这也可以是从行动者（第二人称地）到她自己。

个人都与其他与她作为自由行动者相联系的人发生联系。我们在第二人称关系中慎思,在这个关系中每个人都对等地将他人承认为一个“你”,而我们反过来对于她也是一个“你”。理智的第二人称慎思思想的预设,要求我们按照这个假设或前提慎思,即我们和他人都是具有第二人称能力的行动者。通过以第二人称方式回应一个传唤,“主体就以这种方式行动,使得它自己作为自由行动者的概念与外在于它的理性存在的概念成为被相互规定的和条件性的。”(Fichte 2000:40)这为我们提供了一个关于我们自己的能动性的实践视角,这个视角不能还原为我们可能具有的我们自己作为一个因果序列的一部分的任何意识。我们在我们自己的慎思之中,同时将自己和他人“假定”为自由和理性行动者(9)。

通过第二人称理由,我们可以获得对费希特观念最明晰的解读。传唤是向某个自由和理性(具有第二人称能力)的行动者传达第二人称理由的尝试。只有通过传达一个第二人称理由,一个行动者才能试图通过他人的自由选择指导他人的意志。“理性存在者的活动绝不是以结果被原因必然决定的方式被传唤必然决定的;相反,理性存在者是根 256
据传唤规定自己的。”(2000:35)传唤试图为另一个行动者提供(第二人称理由),通过这些理由,她能够自由地规定自己,而且它是通过将他人作为理性和自由的来传达理由的。[①] 这是费希特对第二人称传达的分析。

如果一个人试图为另一个人提供一些不是第二人称的理由,那么这就不涉及任何当前意义上的第二人称传达;没有提出对他人的意志的主张,并且只有认知的权威被预设了。在指出行动的非第二人称理由时,建议者的目标不是指导接受建议者的意志本身:“我不是告诉(要求、请求等等)你做任何事情。我只是提供建议给你。”[②] 建议提出的主

① 即使它明确传达的唯一理由来自用于规定她自己的请求。

② 当然,这只有关于建议自身才是真的。在假定她听取和考虑建议的时间和注意

张不是针对接受建议者的意志或行为，而是针对她关于她有理由做什么的信念。建议者传唤被建议者，不是要她以某种方式行动，而是要她相信某些考量是她行动的理由。因此建议者不是直接将被建议者作为行动者，而是作为实践理由的认知者进行传达。

然而，如果我们提出一个请求、命令或要求，比如说，如果你要某人将他的脚从你的脚上挪开，那么你就将你的被传达者作为一个行动者来传达，这个行动者能够自由地规定他自己按照你传达的理由行动。如果他接受你的传达（如果你们都知道他已经听到了，他就不可能避免接受它），那么他就回应了一个对等的传达（作为某个与你一样具有立场和能力传达，并按照第二人称理由行动的人）。甚至一个单纯的请求，也在可能位于它背后的非第二人称理由之外，传达一个第二人称理由，因为它预设了提出请求的规范性立场。

费希特观点：权利原则和平等尊严

费希特最特别考虑的那种例子是，一个要求被传达给某个单纯作
257 为其他人中一员的自由和理性行动者，也就是平等的人。因此，请求或要求另一个人将他的脚从你的脚上挪开，这可以最自然地被表现和解读为，它基于一个被假定存在于自由和理性人自身之间的规范性关系。在将你的请求解读为这样一个（第二人称）理由的传达时，你的被传达者必须预设，你是单纯作为一个具有第二人称能力的理性人在主张一个第二人称权威，而你必须假定他也具有这个地位。

现在我们考察费希特的这个论断，即第二人称承认使双方承诺了权利原则。然而，作为平等个体的对等承认应该导向这个结论，这看起来可能是不奇怪的，因为它似乎已经首先被包含在形成这种相互尊重

力时，按理来讲有一个隐含的主张。但是这些东西自身就会预设第二人称理由。

的前提中了。但是，预设传达者高于被传达者的不平等、不对等的尊严的传达又是怎样的？按照费希特的分析，甚至第二人称传达的等级制形式，在根本上也是针对作为自由和理性行动者的另一个人的，因为它们传达了被传达者能够用来自由地“规定（他自己）”（2000：35）的（第二人称）理由，而只有当被传达者能够接受被传达者（单纯作为自由和理性人）预设的权威时，这才是可能的。因此，甚至是一个被假定为基于不对等的、等级制的权威的要求，它的传达者也必须假设，作为这个要求基础的权威，是被传达者能够自由和理性地接受的。否则，我们就没有费希特式的第二人称传达的例子，而只有按照某种其他“剥夺（他的）自由行动能力”的方式影响或导致服从的尝试（41）。

此外，在假设被传达者有责任服从一个要求时，传达者承诺了一些其他假设，它们蕴含了从第二人称能力得出的第二人称权威。首先，只有她假设了他能够认定自己负责，传达者才能够可理解地认定一个被传达者服从的责任。但是，只有被传达者能够谴责自己的不服从，也就是，只有他能够从他接受传达者权威的同一个视角，即自由和理性行动者的视角，对自己提出命令，他才能够这么做。其次，为了认定被传达者负责，传达者必须假设被传达者在没有服从要求时应该受到谴责。因此传达者也必须预设，她自己谴责被传达者不服从的权威最终来自 258
同一个观点。她必须认为，如果被传达者在没有合理借口时不服从，他就一定要受到谴责，也就是从传达者和被传达者作为自由和理性人共享的视角出发应该受到谴责。第三，在假设一个被传达者有责任服从要求时，传达者必须预设，她有权威与被传达者以“要求的”方式相联系，而如果她没有这个权威，这样做就是不合法的。

这些假设中的每一个，都使传达者承诺了一个来自第二人称能力的第二人称权威。前两点阐明了斯特劳森的这个观点：像谴责这样的反应态度，总是包含相互责任的特质，因为它们总是从某个作为具有第二人称能力的人（道德共同体的成员）的视角，被传达给另一个作为具有第二人称能力的人（因此是一个平等成员）（Strawson 1968：93）。因而他们最终从这个视角，推出他们传达隐含要求的权威。第三个假设明确了一个已经隐含在前两个假设中的观点，即认定责任的权威蕴含了合法地以“要求的”方式与某个人发生联系，和缺乏相关权威时，不合法地以相同方式与某个人发生联系的区别，前者不论是怎样指令性的，都不等同于强迫，因为它们得到了第二人称理由（按照假定，被传达者可以自己自由地接受这些理由，并且认定自己负责将会要求他接受这些理由）的保证，而后者将会是强迫，并且因此是对被传达者作为自由和理性人的权威的非法侵犯。

举例来说，考察一下在一系列军事命令中，上级对下级下达的指令。如果一个中士命令一个士兵做十个俯卧撑，她就向他传达了一个理由，它预设了她下达指令的权威和士兵服从命令的义务。目前为止，唯一相关的规范性预设是不平等的权威；中士有立场向士兵下达命令，而士兵没有立场向中士下达命令。但是一个命令并不是简单地指向一个位于规范性空间的理由；它声称以第二人称方式传达了这个理由，因此认为被传达者有责任服从。作为第二人称传达，一个命令预设了它的被传达者能够通过接受它传达的理由和作为这些理由基础的权威，
259 自由地规定他自己，并认定他自己负有服从这个命令的责任。任何第二人称传达都要求对它预设的权威的对等承认（在这个例子里是中士的权威）。它试图通过被传达者自己对权威的自由接受来引导被传达者的意志。

这为预设的权威和作为结果的第二人称理由设置了更高标准，因为它要求权威是被传达者能够作为自由和理性人接受的。这是当我们将费希特分析与普芬多夫观点结合时，可以从被传达者的视角推出的。在被传达者（士兵）因为逃避某种恶的欲望而服从命令，与他因为他自由地接受传达者的（第二人称）权威并因此接受被传达的第二人称理由而服从之间，必须存在一个区分。所以，虽然中士当然不是仅仅将她的

命令传达给一个理性人,而且是传达给那个士兵,但是在一个重要的意义上,她的被传达者必须被设想为偶然成为一名士兵的一个人。第二人称传达,总是传达给一个自由和理性的行动者的。这就是为什么,一个命令能够构成一个传唤,接受这个传唤,要求被传达者将他自己和他的可能的上级都假定为自由和理性的行动者。因此,在预设士兵能够接受她的权威时,中士不能单纯地假设,他作为一名士兵能够被期望接受它。关于实际地占据那个角色,没有任何东西与是否接受定义这个角色的规范和权威关系相关。相反,中士必须预设,士兵能够接受她作为一个人[也就是从他们作为自由和理性人共同分享的(第二人称)观点出发]主张的权威,并且必须预设,他作为一个人,能够接受她在他扮演士兵角色的假设情形下,试图施加给他的具体规范性要求。

在假设士兵有责任服从命令时,中士承诺了认为如果士兵不服从而且没有充分的辩解理由,他就会受到正当的谴责。但是,像谴责这样的反应态度,从他们预设他们的被传达者能够分享的视角出发,传达了要求。所以,虽然中士假设她有特殊的权威认定士兵有责任,这首先与她下达命令的特殊权威相伴随,但是任何这种特殊授权的立场,必须最终基于她必须假设士兵与她分享的一个权威(为了认定他自己负责)。否则,以惩罚作为威胁将会给他一个错误种类的服从理由,即使他不能 260
抱怨这种惩罚。不论他是否可以逃避惩罚,这个理由将不是做俯卧撑的第二人称理由,而接受第二人称理由是认定他自己负责任的一部分。

最后,因此以这种方式向作为自由和理性人的士兵提出主张,中士必须也预设这二者的区分:一方面是以尊重他作为自由和理性人的权威的方式,向士兵的意志提出一个合法主张;另一方面是以某种"剥夺(他的)自由行动能力"(Fichte 2000:41)的方式,通过单纯将她的意志强加于他,也就是通过强迫非法地引导他的意志的企图。因此,不论是怎样等级制的,任何第二人称理由的传达也隐含地预设了作为自由和理性人的共同第二人称权威。这是通过费希特分析,从传达者视角,被投射进入一般第二人称框架的普芬多夫观点。

举例来说，假设中士相信，如果士兵不服从，那么她将有资格拘禁他。在发现她认为不服从的最初迹象时，她提醒士兵这个事实；她用她在认定他有责任时将会被授权应用的惩罚警告他。在这样做时，她必然地预设了这两者的区别：一方面是这个惩罚得到辩护的威胁——她必须假设这与被传达者通过由她的命令提供的第二人称理由自由地规定他自己相一致；另一方面是仅仅通过构成惩罚的同一个不受欢迎的选择的威胁，即缺乏相关权威，试图以未得到辩护的方式规定他采取同样的行动。用哈特的术语来说，她必须预设通过命令使士兵具有义务与通过强迫非法地迫使他之间的区别（1961：6—8）。她必须假设，虽然士兵要服从她的命令，但是如果她缺乏必需的权威（和其他同等的东西），而试图通过威胁同一种恶来引导他的意志，这仍然是对他的规范性立场的侵犯。这使她承诺了他作为自由和理性行动者的权威的预设。

与此类似，从被传达者的视角出发，如果士兵有责任服从，而且被中士拘禁是在第二人称上得到辩护的认定他有负责的方式，那么士兵
261 必须接受为了规避惩罚（不论这个惩罚是否得到辩护）而服从命令的理由与服从中士通过对他下达命令而试图给予他的理由之间的区别。认定他自己负责，这样要求他接受后一种理由并据此行动。此外，如果他没有服从，那么接受惩罚不单纯是默认某种他应得的东西；这也是认定他负责的一种方式，只有从他和他的中士作为自由和理性人分享的观点出发，他才能做到这点。所以中士和士兵都承诺了承认他们的共同第二人称能力和第二人称权威。

现在我们讨论到了费希特的这个论断，即理性行动者之间的对等承认使双方都承诺了权利原则："我必须在所有情况下都将外在于我的自由存在者承认为自由存在者，也就是说，我必须通过他的自由可能性概念限制我的自由。"（2000：49）按照这个抽象形式，权利原则已经隐含在我们详细讨论过的思想线索中了。如果这一节的论证到目前为

止都是正确的,那么第二人称介入总是使双方预设了,他们的关系是由他们作为理性人的共同立场恰当支配的,更具体地说,预设了每一方将寻求只按照与对方作为自由和理性人的自我决定相容并且不削弱他的自我决定的方式来"规定"对方。费希特得出进一步的结果说,这要求对"自由领域"的承认,个体在这个领域中具有按照他们的意愿做事的可强制权利,其他人禁止干涉(10, 40—41, 44)。如果任何合法干涉必须能够通过他们自己作为理性人能够接受的第二人称理由向其他人辩护,那么这将会划出一片领域,在其中个体具有不被干涉的可强制的主张。[①] 262

① 正如我提到过的,费希特坚持认为,权利原则与道德律不同,而且独立于后者。他有时宣称,权利原则强加的任何义务必须能够被自愿假设,实际上,能够通过对他人的"专断的"假定,并同时制定不侵犯他的外部自由法则个别地被假设(2000:81)。由于这个原因,费希特将权利概念称为一个"仅仅是技术—实践的"而非道德的概念(10)。他断言,"权利法则""没有说过一个人应该限制他的自由这种意思的话。"(14)它只是说从自愿的自我限制能推出什么——这种自我限制是与我们同时承认的另一个个体相对立的假定的一部分。

按照这个"唯意志论者"的解读,为了通过权利原则而具有对(和关于)一个具体个体的义务,需要个体自愿参与"对等声明"(2000:15)。然而,我不相信费希特能够支持唯意志论者的解读,如果他要认为自我意识的条件足以确证权利原则的话。费希特有时似乎意识到这点,比如,他说虽然我们不能抱怨另一个人在拒绝承认时对我们造成的伤害,我们仍然能够宣称,他人"必须将自己从所有人类共同体中移除出去"(12)。[参见"当人类存在要与彼此生活在一起时,每个人必须限制他的自由,以便他人的自由能够与那个自由一并存在"(14)。]这暗示出,个体能逃脱权利原则强加的义务的唯一方式,是完全逃避其他人。然而,我们不清楚的是,为什么按照唯意志论解读这应该如此。为什么不只是兴起各种各样的自愿的权利共同体,在这些联合体中,个体由权利原则赋予义务,而对外人不负有义务?我们难以看出,唯意志论的解读如何能够避免这个后果。

费希特的其他论述也同样不适合唯意志论者的解读。首先,费希特断言,行动者要求当他们对等承认彼此时,对他们自己和他们的自由"在未来"的持续承认(2000:48)。但是再一次,按照唯意志论者的解读为什么这应该如此?不论个体是在临时的有限时段还是无时限地自愿使自己具有义务,似乎他们同样会是自由的。然而,正如我已经暗示的,如果对等承认的个体承诺了理性人的第二人称立场(不是作为自愿协议的问题,而是作为第二人称传达的预设),那么这样一个要求就会被期望。从一个特殊个体那里要求

“对所有未来”的持续承认，将只不过是从所有人那里获得所有情况下的尊重的一般要求的一部分，我们将这个要求作为提出第二人称主张的预设而承诺了。这个情况将会与康德的描述完全一致：一个理性人“拥有尊严……由此他从世界上的所有其他理性存在者那里要求对他自己的尊重”（1996d：435，“要求”原本有强调添加）。

其次，费希特经常说，对等承认的行动者们承认彼此为理性存在者，他们因此承诺了将彼此作为理性存在者对待（比如 2000：42，43）。但是这些论断预设了，存在一些（恰当地）对待和错误对待理性存在者自身的方式，因此预设了，未能承认一个理性行动者，这不是放弃作出我们有自由不作出的自愿承诺。它们预设了理性存在者自身是一个规范性地位，仅仅因为他们作为理性存在的本质，就存在某些尊重或错误对待人们的方式，因此我们没有不承认和不尊重他们的自由。再一次，这使得我提出的“预设性的”解读具有了完美的意义。理性人本身的尊严，和个体在作为理性人之前的尊严，是我们所承诺的东西——作为以第二人称方式对他的承认的可理解性的预设。

最后，关于唯意志论者解读的最重要问题是，除非我们假设使得行动者（对彼此）有义务遵守他们自愿作出的承诺的背景规范性关系，唯意志论者的解读就不能解释一个自愿协议如何能够产生任何尊重自由领域的义务。（这是我们此前在第八章讨论吉尔伯特论日常协议和斯坎伦论承诺时遇到过的卡德沃思观点的一个版本。）费希特清楚地假设了，一旦对等承认已经发生，如果他们侵犯了对方的自由领域，个体就已经具有针对彼此的得到保证的主张。如果我已经遵守了我的合作回应者和我在对等承认彼此时使自己承诺的法则，而他接下来违背了这个法则，那么我就有立场控告他侵犯了我的权利：“我……诉诸一个对我们都有效的法则，并将它运用于当下的情境。我因此假定自己是法官，也就是他的上级……但是，在我与他的对立中，由于我诉诸了共同的法则，我就邀请他与我一道成为法官；我要求在这个情境中，他必须由于思维规则的强制，将我针对他的行为看作是一致的，并且必须赞成它。”（2000：47）但是，究竟是什么赋予了我们自己承诺的“法则”以规范性力量？是我们自己承诺这个法则，好像我们一起接受了它这个事实吗？只有存在一个赋予我们自愿地强制我们自己的权威，并且这个权威自身不依赖于一个自愿的承诺的进一步的背景规范性关系，这才可能是如此（同样是卡德沃思观点）。只有我们已经具有使自己承诺的权威，我的共同回应者和我才能够被我们的“对等宣言”置于义务之下，因此，我们是否具有权威，本身不能依赖于我们的自愿承诺。我们必须已经具有传达第二人称理由的规范性立场，正如我们在向彼此传达时预设的那样。

或者假设我们这样来解读费希特所说的话：我不是诉诸我的共同回应者和我使我们自己承诺了法则这个事实，而是诉诸我们使自己承诺的法则本身。但是，如果我的共同回应者现在拒绝这个法则，并且拒绝承认我，这似乎就没有提供任何帮助。当然，费希特可以论证说，他根本不能拒绝承认我。为了让他承认我，我需要做的只不过是以第二人称方式，用控告、抗议或其他传达来传唤他。[“我能够迫使他承认，他知道我也是一个（理性存在者）。”（2000：42）]然而，这意味着，如康德所说，我必须有立场从“世界上的所有

反驳：奴隶制

在下一节即最后一节，我将上一节中以非形式的方式阐述的对费希特观点的论证进行系统表述。不过，首先我想考察一个对我目前为 263
止已经勾划的思想线索的似乎明显的反驳。 264

想一下我们熟悉的服从和支配（明显采取第二人称形式）的例子，第二人称传达必须预设任何与共享的尊严哪怕有些微相像的东西，这看起来都是相当令人难以置信的。当然，那个论证证明了太多东西。比如，我们说奴隶制是不道德的，这是一回事；而我们说奴隶制包含概念的混淆或者某种实用上的矛盾，这是另一回事。当然，某些东西必定是错误的，任何论证都会要求我们得出这样的结论。

不过，不论是为费希特代言，还是以我自己的身份，我所说的话中没有任何部分蕴含如下观点，即奴隶制或类似实践必然是概念上混淆的或实用上矛盾的。我所说的话确实暗示了，奴隶主向奴隶传达要求或命令，作为意图成为第二人称传达，的确预设了奴隶主和奴隶分享作为自由和理性人的共同规范性立场。与服从或征服不同，任何第二人称传达就其本质都寻求对等承认。然而，为了避免对这一点的误解，有

其他理性存在者"那里，单纯通过以第二人称方式传唤他们来要求或"索取"尊重，不论他们在此之前是否承认我。并且按照反思，这似乎恰好是费希特应该相信的。只有当成为人就是具有要求尊重的立场时，第二人称传唤才足以为理性存在者提供作为自由和理性行动者的意识。

费希特可能同意这一点，但是仍然论断，即使一个理性人总是有立场向任何其他人要求尊重，但仍然是承认这一事实在施加义务。不过，在这点上，承认是被自愿给予的，这个观点看起来就非常不可信。此外，这是最后一个重要点，对某人作为一个人的承认，似乎自身包含了对它回应的但不赋予的规范性立场和尊严的承认。这是卡德沃思观点的另一种形式。因此，最后，唯意志论者的解读没有提供融贯的观点来替代以下观点，即第二人称传达中涉及的对等承认，预设而非创造了人们具有的传达第二人称理由的规范性立场。

几点观察是必要的，所以稍微细致考察一下奴隶制的例子将会有帮助。①

第一点是，我不是说奴隶主必须实际上接受，他们的奴隶具有任何方面的平等立场。首先，即使奴隶主意图以第二人称方式向奴隶进行传达，他的传达也可能是不真实的或不真诚的。这就像奥斯丁称作“滥用”的那种对语言行为恰当条件的违背（1964：18）。即使奴隶主意图传达一个纯粹的第二人称理由给奴隶，我最多宣称的是，如果奴隶主不接受奴隶具有作为平等的自由和理性人的规范性地位，那么他就是在以“滥用”的方式向奴隶进行传达。他的信念与奴隶被奴隶主的传达给予的期望的主张相冲突，并且与为了使任何第二人称理由被成功传达，因而使任何更具体的这种理由被传达给奴隶而必须为真的东西相反。（再一次，我在这个例子里的论断，与在其他例子里一样，关注的是
265 为了使理由实际存在和被成功给予的“规范性恰当条件”，而不是使语言行为成为一个命令的习俗的、奥斯丁式的条件。前者预设了法理上的权威，而后者只是预设事实上的权威。）

其次，奴隶主对待奴隶的方式可能甚至并不声称成为我们的意义上的第二人称传达。他可能只是在试图以某种方式强迫奴隶屈服或服从，这些方式并不声称传达第二人称理由。可以肯定的是，最有趣和最令人困扰的支配的例子包含了第二人称的痕迹或影像，比如对奴隶主使奴隶屈服的权力的屈辱性的相互认可。② 但是甚至在这里，如果没有

① 虽然我的讨论与黑格尔《精神现象学》（1977）的著名章节“主人与奴隶”有某种共鸣，但我的大部分观点都与他有实质区别。这里我从与马修·史密斯的讨论中获得了帮助。

② 我感谢尼尔·埃亚的以下例子。（以下主要是埃亚的描述和分析。）

> 在塞尔吉奥·莱昂内的《西部往事》中，亨利·方达扮演的邪恶反派强奸了克劳迪娅·卡迪纳尔扮演的女英雄，目的是给她带来最大的痛苦和屈辱。当反派趴在她身上时，她转移她的目光，看着另外的方向。反派抓住她的下巴将她的脸转回来，以便在强暴她时看着她的眼睛。反派这么做是因为，“你在强暴我”这个情景对于

任何东西声称成为我们已经关注的那种真正的第二人称传达，那么论证就完全不能应用于此。不过，正如我在第六章指出的，甚至像斯大林这样的独裁者也很少公然拒绝第二人称观点。相反，他们一般是为了他们自己的目的而操纵它。 266

再次，即使第二人称传达的条款使一个向他的奴隶传达主张的主人承诺了他们的第二人称权威的预设，这并不意味着他事实上预设了这点。

第二点是，我也不是在说，如果奴隶主向整个世界宣称，他具有对他的奴隶的权威，这就要求他承认他的奴隶的尊严。在这个情形下，他不是向他的奴隶，而是向其他人传达他的主张；并且，虽然我的论证将会要求我们得出结论，认为他必须预设他们的尊严，但它并不蕴含他必须预设他的奴隶的权威。他可以是在单纯宣称他的奴隶是他的财产，就像他的牛一样，他因此在一定限度内具有按照他的意志对待他们的权利，这是他的被传达者必须接受的主张。这样一个主张，很清楚不会使他承诺他的奴隶作为人的尊严，正如他不会由此承诺关于他的牛的任何尊严这种说法一样。我的论断是，如果他意图向他的奴隶传达一个基于这个主张的第二人称理由，那么这个第二人称传达将会使他承

受害者来说，甚至比“他在强暴我”的情景更令人屈辱。在强暴的同时看着受害者的眼睛，使得情景在明显意义上成为第二人称的，即一个“你在强暴我”的情景。“你在强暴我”的情景之所以比“他在强暴我”的情景更令人屈辱，原因在于，前一种情景包含对情景显著特征的相互承认，包括受害者的屈辱。

尽管埃亚的分析看起来明显是正确的，但是这个情境不包含我们感兴趣的那种意义上的第二人称传达；它不涉及预设了规范性立场的第二人称理由的传达。强奸犯强迫得到相互承认的似乎是某种像“我能这么对你，但你不能阻止我”或者“我能将你作为一个被强暴的人对待”这样的东西，而不是比如“我有资格强暴你”这样的规范性的东西。这是令人屈辱的征服，而不是基于传达者被预设的权威的第二人称传达。不过，值得注意的是，甚至企图征服也很少仅仅是运用强力而不至少运用权威的某种幻象或自我描述。关于这点，见我在第四章和第六章的讨论。

诺，他和他们仅仅作为自由和理性人分享平等(第二人称)立场的预设。①

第三点是，即使这是真的，我们仍然不能推出，任何声称对奴隶作为奴隶——也就是作为具有(正如我们相信的)与自由和理性人不相容的规范性地位——的第二人称传达，必定是概念上混淆的或者实用上自我矛盾的。实际上，我们不能由此**推出**，它必定是缺乏支持的或错误的。毕竟，有很多形式的不平等尊严，我们相信它们与理性人本身的平等尊严是完全一致的。想象一支民兵部队的中士，这支部队是一个充分正义的社会中的平等成员完全出于防御目的而组建的。在对一名士兵提出要求时，中士传达了一个基于上级权威关系的第二人称理由，关于这个权威，他能够相当合理地期望士兵从众人中的一个自由和平等人的视角出发接受和被指导。

当然，现在我们可以相信，非自愿的奴役的一个条件不能在任何情况下被理性地同意，但是某个人当然有可能相信相反的东西。比如，一
267 个人可以没有任何明显不融贯地相信，这样一个实践能够在战斗中战败的部队被囚禁的士兵的例子中得到辩护。的确，内战前的一个南方奴隶主似乎有可能融贯地相信，他的奴隶能够被合理地期望同意他对于他的权威的主张，不论这个信念是多么错误的或未得到辩护的。毕竟，他可以认为，他根据能够从自由和平等的视角得到所有人合理赞同的程序，正当地获得了奴隶。他已经购买了他们的“合同”，这类似于棒球职业大联盟的“保留条款”被废除之前，那些棒球队所采取的那种方式。(不管奴隶首先并没有同意对他们的奴役。)这在我们看来是荒谬的，因为看起来很明显，这些声称的规范性关系，完全不能从众人中的一个自由和理性人的视角得到合理赞同。但是，如果某个人相信不同的东西，她可以认为，奴隶主的第二人称传达隐含预设的平等尊严，有可能与奴隶主会明确主张的上级的权威相一致，后者类似于正义社会

① 当然，很多我们称作“命令”的东西，比如对一只可卡猎犬说“跟我来”，并不必然涉及据说是我们感兴趣的那种意义上的第二人称理由的传达。

中的中士能够明确主张的命令士兵的权威,在那里她必须隐含地预设,那个士兵具有她具有的同一种作为自由和平等理性人的尊严。

由此,本章的论证将会蕴含:像奴隶制这样的实践是不可能的、必然概念上混淆的或者实践上自我矛盾的,这个论断并不构成对这个论证的反驳。那个论证没有这些后果或预设。[①] 事实上,我这里甚至不是在宣称奴隶制是不道德的。虽然我当然同意那个实质的规范性论点,但我在本章的论证并不依赖于它。再一次,我的论证只是,任何第二人称传达,包括任何从主人到奴隶的传达,都承诺了传达者和被传达者分享作为自由和理性人的平等规范性立场的预设。 268

论证的系统表述

我们现在能够更形式化地阐述这个论证,要始终记住的是,它的前提全都是关于第二人称传达本身的。

一、**传达第二人称理由总是预设了,被传达者能够自由合理地通过被传达的理由规定自己。**这可以直接从费希特分析推出。传达任何种类的第二人称理由,就是通过行动者自己的自由的自我规定的选择来引导她的意志。这就是为什么提出和接受任何第二人称传唤都要求传达者和被传达者在他们都是自由和理性的假设之上进行慎思。双方都必须假设,他们都有能力按照相关的第二人称理由规定他们自己。

二、**传达第二人称要求或主张,总是预设了被传达者有服从的责任。**某种类型的责任嵌入了要求或主张的观念,反之亦然(斯特劳森观

① 很多奴隶主可能试图在两种方式上都具有,通过他们的奴隶能够合理接受的优越性权威的幻象,合理化他们的奴隶的顺从,而他们通过反思绝不可能接受那个权威。关于仔细思考奴隶的法律地位揭示内战前奴隶制中的预设性矛盾的方式的精彩讨论,见 Oakes 1990。奥克斯讨论了北卡罗来纳州高级法院的案例——北卡罗来纳州对威尔,它确立了,“不仅仅存在对主人权威的限制,而且奴隶有权利反抗僭越了这些限制的主人。”(161)我受惠于伊丽莎白·安德森提供这个参考文献。

点)。有效主张或要求的概念、第二人称理由的概念和责任的概念,全都分享提出主张或要求的权威这个不可还原的观念。如果 A 有立场从 B 那里要求某种行为,那么 B 不仅因此有理由做 A 所要求的事;B 也有责任,包括对 A 的责任,如果 B 不自由地服从,A 就可以以某种方式认为 B 负有责任。具体使用哪种方式,将会随着不同的例子改变。B 可能只有责任为她的不服从提供某种说明,也就是向 A 辩护她自己。或者各种各样的反应态度,或者甚至法律的强制惩罚可以是恰当的。但是不论怎样,A 向 B 提出一个有效要求这个观念的一个部分是,A 有权威以"要求"的方式与 B 相联系,这种方式(1)B 可能不想要或不会选择,(2)A 因此具有辩护,不论 B 是否想要或是否选择,并且(3)A 没有相关权威就不会具有辩护。

三、**传达第二人称理由总是预设了,被传达者能够合理接受这些理由(已经作为它们基础的权威关系)。因此,尽管第二人称理由经常被传达给某个处于某种更具体的规范性关系中的人,被传达者可以更恰当地被设想为一个正好位于规范性关系中的人。第二人称辩护因此**
269 **最终总是向另一个作为自由和理性的人的辩护。**这里有两个要点。第一点来自第一个前提,即第二人称传达预设了被传达者能够合理接受被传达的理由,以及作为它们基础的权威关系。行动者按照一个理由,能够自由和理性地规定自己的唯一方式,是接受这个理由并据此行动。行动者能够接受第二人称理由的唯一方式,是接受作为它的基础的权威关系。

第二点是,传达者必须也预设,被传达者作为自由和理性人,能够被期望接受这些东西,因此也预设,虽然第二人称理由经常导致更具体的规范性关系,那个理由可以更恰当地被设想为,被传达给了一个正好位于声称的规范性关系中的人。中士预设她传达的士兵实际接受她的权威,这是不够的。除非他合理地接受它,否则这个士兵就不能通过中士意图提供给他的理由,自由和理性地规定他自己。他自己是一名士兵，或者他实际上接受中士对他的权威，这与他是否合理地接受这个地位是无关的。相反，这取决于他作为一个理性人，是否应该接受这个一般的规范性关系，并且因此接受中士的权威，如果他处于士兵的地位。

重要的是，第三个前提特别关注的是第二人称理由。不论实践理性是否一般地受制于任何理性接受或动机的测试，① 都存在特殊的理由认为，第二人称理由必须归于第二人称传达和责任之间的关系。我们此前已经注意到加里 · 沃森的这个观点，即认定某人在道德上负责，包含了这些作为“道德传达”的限制的预设（1987：264—265）。但是费希特分析表明，道德传达和一般的第二人称传达之间在这方面没有相关的区别。任何第二人称传达，都意图开启一段被传达者对传达者负责的关系。费希特分析的教益在于，第二人称理由总是最终被传达给作为自由和理性人的行动者。所以，只有传达者能够预设，她的被传
达者能够合理接受理由，并在他自己的慎思中按照理由规定他自己，传 270
达者才能够可理解地认定被传达者有责任按照第二人称传达的指导行动。因此，即使第二人称理由经常产生更具体的规范性关系，它们总是最终被传达给一个正好处于那个具体的声称的规范性关系中的人。具体关系是否实际上对于被传达者是规范性的，它是否是一个他真正有责任服从其具体化形式的关系，这些取决于他是否能够作为理性人，也就是从他和他的被传达者作为自由和理性人分享的视角出发，接受这个关系。

当我们传达第二人称理由，并认为被传达者有责任服从时，我们承诺了这个预设，即当他们不服从而又缺乏辩解理由时，他们就是反应态度的恰当对象，因此是值得谴责的。但是，甚至当反应态度涉及某个特定的人的视角时（比如在怨恨中受伤害一方的视角，或者在内疚中做错事的人的视角），它们也总是涉及任何具有第二人称能力的人的被一般

① 也就是说，不论“存在的内在主义”是否为真（Darwall 1983：54—55）。

化的或不偏不倚的视角。具体说来，谴责不是像从某个具体观点被感受到的；相反，它隐含地传达了像是来自任何自由和理性人的视角的要求。因此，在传达任何要求和认为被传达者负责时，传达者承诺了他与他的被传达者单纯作为具有第二人称能力的人共同具有的在谴责和认定责任中传达要求的权威。

我们有时提出最后这一点的一个引论，我们说，认为某人有责任服从一个要求，就是承诺了这个预设，即我们的命令的被传达者能够认为她自己有责任服从这个要求。为了做到这点，她必须能够从她和我们能够共享的视角（一般化的具有第二人称能力的人的视角）出发对自己提出要求。因此，在预设她能够做到这点时，传达者承诺了这个视角的权威。

四、**传达一个要求总是预设了以下两者的区别：一方面是以合法的（在第二人称上得到辩护）的方式与某人发生指令性的（“要求性的”）联系，以此方式将他作为自由和理性人来尊重；另一方面是非法地强迫他**。前两段对第三个前提的评论已经断言了，第二人称传达总是使我们承诺了传达者和被传达者作为具有第二人称能力的人的共同权威，
271 它用来认定我们自己和彼此有责任服从能够从这个视角得到授权的任何要求。这已经是一个重要的结果。但是为了使它具有真正的力量，我们需要第二人称一般地承诺存在某些这样的要求（因此，通过第三点中的论证，承诺具有第二人称的行动者有权威认定彼此负有服从这些要求的责任）。

这是第四个前提为我们提供的。在提出或认为任何人负有服从任何类型的要求时，我们总是承诺了这两者的区别：一方面是以指令的（“要求的”）但是尊重他作为一个自由和理性人的方式，与那个人相联系；另一方面是完全强迫性地对待他，也就是非法地强迫他，因此没有将他作为一个自由和理性人尊重。再一次，这是从传达者视角投射进入一般第二人称空间的普芬多夫观点（作为费希特分析的一个后果）。

正如斯特劳森所强调的,以反应态度认定某人负责,同时也向他作为具有第二人称能力的人提出了要求,并以承认他因为具有这个能力而具有权威的方式尊重他(1968:93)。这使我们承诺了这个命题:以要求的方式与某人发生联系(即使只是通过使某个人成为反应态度的对象),这要求由必需的第二人称理由提供的保证,也就是说,单纯要求行为或试图从某人那里强迫这个行为是非法的,是对他人作为具有第二人称能力的人的权威的侵犯。① 由此我们推出,任何人都有权威提出的一个要求是,他不受制于不能由第二人称理由辩护的要求(强迫)行为。②

由于他没有服从得到辩护的要求,我们有立场向他采取的与他的关系形式,可以被称作"惩罚"。③ 那么按照定义,任何第二人称理由的承担,都将预设被传达者没有服从时要求惩罚的立场。我们从费希特 272
分析得到的是,任何这种传达最终都是针对另一个作为自由和理性的人。由此可以得出,传达者承诺了这两者的区别:一方面是按照(正当地)承认被传达者作为自由和理性人的方式,对某个人的行为提出合法要求(包括警告对未得到谅解的不服从的惩罚);另一方面是试图通过他不想要的那种构成惩罚的选择的单纯威胁,非法地规定他的意志(也就是通过强迫,如果他缺乏相关权威,惩罚的警告就会变成强迫),或者通过某种其他非法手段强加他的意志。④

---

① 在这个段落我得到了雅各布·罗斯的帮助。

② 注意这一点与费希特的权利原则之间的差别:"我们必须在所有情况下将外在于我的自由存在者承认为自由存在者,也就是说,我必须通过他的自由的可能性概念限制我的自由。"(2000:49)

③ 虽然我在这里通过惩罚来提出论证,它也能够通过最初要求提出,传达者必须也要假设的是一种被恰当授权的与他人发生"要求的"联系的方式,而如果没有必需的权威,这种方式就是非法的。

④ 或者,最初的要求预设了,以尊重被传达者权威的方式传达要求(因为它在第二人称上得到了辩护),与试图通过单纯要求他做一件事来使他做这件事(这将是非法的和缺乏尊重的)之间的区别。

现在我们可能认为，即使比如我们例子里的中士将会承诺，她的要求和惩罚如果没有权威就会缺乏合法性，但是我们仍然不能推出，他们在侵犯士兵的权威这个意义上将会是非法的。[①] 她可能认为，即使她缺乏（霍菲尔德式的主张）权利惩罚士兵——这个权利将会蕴含士兵不能反抗的相应义务，她仍然具有（霍菲尔德式的）自由将她的意志强加给他，包括以构成她得到辩护的惩罚的同样的恶进行威胁。[②] 但是，由于我们在上一段提到的其中一个原因，这不是她从第一人称视角能够期待的可能性。为了认定士兵负责，她承诺了尊重他作为具有第二人称能力的人的权威。因此，她承诺了，任何第二人称权威（它自身在某种程度上是认定自由和理性行动者负责的立场）必须得到任何人能够由
273 于具有第二人称能力而具有的第二人称权威的补充。

从前提三我们能够更直接地得到这个结论，即任何人都有权威要求她不受制于非第二人称方式得到辩护的要求；前提三可以表述如下：只有当它能够被自由和理性行动者本身合理接受时，第二人称权威才能够存在。但是为了使这一点成立，必须存在接受的基础，无论自由和理性的存在者就其自身具有什么利益，这些利益都必须位于这些基础之中。此外，自由和理性行动者具有不受制于他人的专断意志的利益，这一点是概念上必然的，因为按照定义，这将是对他们行使自由和理性能动性的干涉。正如这个利益必须位于自由和理性行动者为了接受任何权威性要求而具有的基础之中一样，它必然支持这样一个要求，即作

① 我受惠于杰拉德·高斯和埃里克·麦克提出的这个疑虑。文中关于这点的论证使人回想起哈特："断言一个一般权利，就是在与某个特定行动的关系中，主张所有人在缺乏那些构成限制另一个人自由的特殊权利的特殊条件时，拥有自由的平等权利；断言一个特殊权利，就是在与某个行动的关系中，断言一个由限定另一个人自由的这种特殊条件构成的权利。"（1955：188）我在这个段落考察的反驳是麦克（1976）向哈特提出的一个反驳。

② 或者，也许它将只是侵犯某个其他人的权威。我在这里受惠于艾拉·林赛。接下来的部分也是回应这个可能性。

为自由和理性人反对受制于不能这样得到辩护的要求。再一次，由此我们推出，具有第二人称能力的行动者有权威要求他们不受制于意志的单纯强加，也就是不能在第二人称上得到辩护的要求（强迫）行为。

五、**因此，第二人称要求的传达，总是预设了被传达者作为自由和理性人具有第二人称权威，因此也预设了传达者和被传达者分享的向彼此提出主张的共同权威。**为了预设强制或将她的意志强加于被传达者是非法的，传达者必须因此预设这将会侵犯她的被传达者作为自由和理性人的权威。所以，任何第二人称理由的传达，必须预设传达者和被传达者分享向彼此作为自由和理性人提出要求的（第二人称）权威。

重要的是要看到，不仅仅是任何恰当和不恰当地对待某个理性人的行为之间的区别，使得我们承诺了共享的第二人称权威。有人可以接受一种理性治疗或训练，在他没有合理行动时将“惩罚”作为一种修正来执行。这将会使一个理性训练者承诺对作为理性人的他人的恰当和不恰当的“修正”之间的区别，但是它不会是我在这里指出的区别，因此它不会使他承认他人具有第二人称权威。[①]与此类似，柏拉图在《理想国》中反对特拉西马库斯的论证（在对被统治者的恰当与不恰当的关 274
心这个意义上，必须存在正确的规则和不正确的规则的区分）也没有蕴含这种权威，就像园丁不是必须要假设她种的蔬菜在她没有好好照料它们时具有针对她的任何主张一样。正是被理解为传达第二人称理由的立场的合法权威的假设，产生了这个预设。

六、**因此，传达第二人称理由总是预设了人们的共同基本尊严**。正如我建议的，如果我们将人的尊严理解为由理性和自由的（在第二人称上）具有能力的行动者的第二人称权威构成或以此为基础，那么由前提五通过定义我们可以得出这点［当然，假定人的概念的“法庭的”特征包含责任（第二人称能力）］（Locke 1975：346）。

① 这里我受惠于与谢利·卡根的讨论。

七、传达第二人称理由总是预设意志自主性（第二人称能力）。将前提三和前提五（或前提六）结合在一起，我们就得到，任何第二人称传达，都预设了被传达者接受理由和按照理由行动的能力，这些理由最终是基于传达者和被传达者作为自由和理性人共享的权威。我们现在回到了我们用第二人称方式分析康德的“理性事实”时详细讨论过的同一领地。当我们认为人们负责时，我们暗示了，他们在自身内部包含了按照他们应该的那样行动，这不仅仅是在义务性的其他选项在慎思上对他们开放，或者他们没有在物理上被阻碍这个意义上，而且也是在他们具有可利用的推理过程这个意义上，通过这个推理过程，他们在原则上已经规定了相关第二人称理由的有效性，并且被提供了按照它们行动的动机。由于第二人称理由不是关于后果的，因此我们不需要将特殊的（依赖于对象的）欲求赋予作为我们认定责任目标的那些人。但是我们必须假设，他们单纯因为是适宜于第二人称传达的理性意志就能够接近理由的来源，因此能够接近“独立于意愿对象的任何特征”的来源。由此可以得出，我们必须假设意志的自主性，也就是，假设意志能够成为独立于依赖于对象的欲求或它们的对象的任何后果价值的“关于自身的法则”。正如我在第九章论证的，这是对康德的这个论断的最有希望的支持路径，这个论断是说，绝对命令［一个“形式的”而非“质料的”原则（Kant 1996b：19—31）］的有效性是道德义务可能性的一
275 个必要条件。

此外，如果我们要单纯作为适用于第二人称传达的理性行动者而对彼此负责，意志自主性就必须是第二人称能力。推理的必需过程自身，必须是表达并且能够使我们具体化我们在传达第二人称理由和认定彼此负责时预设的共同第二人称权威的一种推理过程。第十二章将论证，能够扮演这个角色的，是通过康德的“目的王国”概念解读的契约论推理——用我们的话来说，就是基于所有具有第二人称能力的行动者分享的共同（第二人称）权威的推理形式。粗略来说，当我们向自

己施加那些我们认为从我们作为自由和理性行动者共同分享的视角看来可以合理施加于任何人的要求时,我们就认定自己在道德上对他人负有责任。而且我们预设,我们因此认为负有责任的人是这样一个人:他能够通过占据这个不偏不倚的第二人称视角并且发现施加要求于人的意义,而在原则上也接受并向自己施加这些同样的要求。[①] 276

① 正如我此前提到过的,我们可以将相关的不偏不倚的视角看作一个我们分享的视角,并且从那个观点提出的要求,是我们作为道德共同体在第一人称复数上会提出的要求。然而,正如我也强调的,对于它来说,这个视角的第二人称特征不会更少,因为它本质上包含了传达。

第十一章

自由与实践理性

上一章论证了,人的尊严和意志自主性,不仅仅像相互性观点所断言的那样相互蕴含,而且它们是由第二人称观点所预设的。二者都是第二人称理由的可能性的先验条件(或者按照我的称呼,“规范性恰当条件”)。所以我们必须在传达任何种类的第二人称理由时预设它们。

然而,即使这个论证本身成功了,它似乎只具有有限的证明力量,因为它似乎仅仅是扩大了相互性的范围。什么能够向我们保证,第二人称理由的观念和与之相随的有效要求、责任以及提出主张和要求的权威观念自身不是空洞的?即使占据第二人称立场使我们承诺了平等尊严和自主性,但这与以下可能性是一致的,即那个观点和相关联的承诺,只不过是在合理性上可以任选的,或者更糟糕,是合理性的幻觉。

本章我将通过将第二人称理由置于对实践理性和我们作为理性行动者的自由的更全面理解之中,来回应这个挑战。通过发展费希特的洞见,我将论证,第二人称观点给予我们一个关于自身能动性的视角,使得我们能够了解理论理性和实践理性之间的一个根本区别,并因此增进我们对行动理由的理解。如果有人因为某个原因要逃避采取这个视角,她将会因此不能了解,我们采取这个视角的人,从包含这个视角的更全面的观点出发,能够确证为理由的那些东西。

不过，在我开始展开这条思考线索之前，我们应该注意到，没有任何明显的方式可以完全拒绝以第二人称方式看待事物。斯特劳森在《自由与怨恨》中的最初论证的力量部分地来自这个事实，即反应态 277
度及其第二人称预设是人类条件包含的部分，它们在任何实在论的心理学意义上都不是选择性的。缺乏第二人称思考和经验的可承认的人类生活是完全不可想象的，正如斯大林的例子作为一个极端情形帮助确认的那样。[1]然而，就其自身而言，这只具有有限的哲学重要性。哲学的问题是，我们是否应该以这种方式看待事物。正如休谟在另一语境下注意到的，当我们放下我们的研究时，我们发现自己自然而然地采取这个视角，这并没有解决我们在做研究时提出的反思的哲学问题（1978：455）。毕竟，哲学反思的能力与反应态度的倾向是同样独特的人类能力。

或者再一次，来自另一个自由和理性行动者的费希特式的传唤，通常将足以使我们以第二人称方式思考，只要我们考虑如何回应它。[2]但即使我们在接受一个传唤时不能避免这样的认可及其伴随的预设，我们还是能够从这些东西退后一步，通过反思询问我们是否应该接受它们。没有任何东西暗示出，对实践理性的根本哲学反思必须自身是第二人称的。

同样值得注意的是，即使上一章的论证等同于相互性观点，它也比关于道德和意志自主性的相互性观点要广泛得多。所以，即使没有本章的论证，上一章的论证也可以具有重要的证明力量。关于"道德系统"和以原则或义务为基础的道德观，已经有严肃的哲学批评，更不用提对

① 见第六章对斯大林的讨论。比较舍夫勒关于按照后果主义路线控制反应态度的尝试的评论："为了最优地利用他的因果机会，一名无辜的女性和与她相关的人怨恨伤害她的男性将会是错误的，相反，她们因为他没有伤害她而对他怨恨或愤怒才是恰当的，这种观念在心理学上和人性上看起来都是荒谬的。"（2004：230）

② 参见科斯嘉："如果一门语言在你听来只是噪音，那你就不可能听见这门语言的任何单词。在将你的词语作为**词语**听见时，我承认你是某个人。"（1996e：143）

道德义务提供普遍绝对理由的主张的拒斥，但是还很少有人尝试（如果有任何尝试的话）拒斥或质疑我们已经鉴定出的第二人称概念的整个
278 范围。[①]

规范性与开放问题：信念与真

在本章我将深化和扩展我在前两章开始发展的理论理性和实践理性的对比。实践理性的问题是我们有理由做什么的问题，而理论理性的问题是我们有理由相信什么的问题，我认为这是没有争议的。用费尔曼的话来说，我们能够说行动的“形式目标”是做任何我们有（规范性）理由去做的事，信念的形式目标是相信任何我们有理由相信的东西。[②] 这些形式目标是明确地规范性的（实际上，任何这种形式目标都将是如此）。换言之，我们可以说，按照我们所应该的、得到保证的、适宜的或正确的、得到规范性理由最好支持的（因此在这个意义上按照最好的）等等信念和行动的形式目标去相信和行动。

除了它的形式目标以外，费尔曼还说，信念也具有“实质目标”：（只）相信为真的东西。使得真或只相信真成为信念的实质目标的正是这一点，即满足实质目标在概念上不同于满足信念的（明确地规范性的）形式目标——相信我们应该相信的，或者（对于相信而言）得到保证的、适宜的或正确的。“我应该相信什么？”与“什么是真的”是不同的问题。

很显然，我们应该相信任何我们应该相信的和任何会满足信念的

① 因此，我们应该注意到，作为对“道德系统”最有影响力的批评者之一的伯纳德·威廉斯（他在《伦理学及其界限》中创造了“道德系统”这个词）也捍卫“基本人类权利”的观念（1985：192）。关于更早的对基于法则的道德观的重要批评，见 Anscombe 1958。另见 Slote 1992 和 Baier 1993。对道德义务是绝对的这个论断的经典批评是 Foot 1972。

② Velleman 2000。关于接下来的讨论，我非常受惠于费尔曼论述信念目标的著作。

形式目标的东西，正如很显然地，我们应该做任何我们应该做的，以及任何会满足行动的形式目标的事。信念是表象事物所是的方式的心灵状态，并以正确表象为目标，也就是以表象事物实际所是或只相信真理为目标。因此，从信念的本质可以推出，我们应该只相信为真的东西（或者相对于我们的证据而言最可能为真的东西）。真的信念是正确的，而正确在概念上与为真不同。如果有人提出一个反事实的假设，只是为
了看看可以从中得出什么，那么说他的假设是错误的或不正确的就是 279
一个糟糕的笑话。不过，假的信念，和假的答案一样，是错误的或不正确的。

信念或行动的规范性理由概念，或者信念或行动是正确的、得到保证的、适宜的、恰当的、契合的等等概念，全都是规范性的概念。摩尔的“开放问题”论证经常被当作关于一个概念是否是规范性的有用的测试（1993：67）。[①] 只要我们记住，我们不能推论同一性或属性的特殊性，而且我们对概念的把握在各种方面也可以是不完美的，我们就能够把某些问题看起来在概念上是开放的这个事实，视为有不同概念在起作用的指示（Railton 1989：158）。比如，如果一个哲学家使用“善”作为“愉快”的同义词，我们就能把在没有概念混淆的情况下问这个问题（“我同意经验可以是令人愉快的，但这是产生或欲求这个经验，或者对它采取任何其他特定态度的理由吗？”）的事实，看作表明了这个哲学家使用的“善”没有表达一个规范性概念。不过，我们同样必须小心的是，从表面上具有正确形式的问题是逻辑上闭合的这个事实，我们不能太快地推出相关的概念是一个规范性的概念。因此，可以在没有概念混淆的情况下问这个问题——“我承认 p 是真的，但是存在任何相信 p 的理由吗？”——是逻辑上不开放的，从这个事实推出真是一个规范性概念，或者甚至推出“p 是真的”与“p 是我们应该相信的”表达同样的

① 关于这点，见 Darwall，Gibbard，and Railton 1997：3—4。

意思，这将是一个错误。关闭问题的不是这些命题有同样的意义，而是我们此前注意到的与信念概念有关的东西。除非它属于以只有 p 我们才把表象 p 作为目标的表象或关注，我们就完全不能将一种将 p 表象为或视为真的方式算作是信念 p。比如，因为同样的原因，假设 p 不同于相信 p。

规范性与开放问题：行动、欲求和后果价值

我们获得了关于有理由相信什么这个形式问题的力量，即通过直
280 接考察什么是真的或给予我们的证据中什么最有可能为真。[①] 那么，我们接下来要考察一个与我们前两章简要讨论过的朴素实践观点类似的理论观点的图景。经验声称具有独立于事实的次序，并且包含声称表象那种次序的信念的倾向。当我们获得更多经验时，我们修正我们的表象，目标是更准确地表象事物，只相信为真的东西。使得经验彼此确认或冲突成为可能的它们的客观意图。我看见池塘边躺着一根看起来是直的棍子，并且注意到，当它被放进池塘时，它看起来就变弯了。也许我最初相信它是弯的。但是随着我获得更多关于棍子和池塘的经验，我得到这个结论，棍子在池塘里仍然是直的；它们只是看起来弯曲了。

按照这个图景，关于像经验世界这样的独立事实次序的信念的理性形态，是由对那个次序，也就是对世界实际所是的状态的回应性指导的。当然，不存在对经验的纯粹回应这样的东西——那是“被给予之迷”（Sellars 1997）。任何能够对相信什么施加影响的经验，必须已经被概念化，并且被置于某种理论框架之内。不过，由于同样的原因，除非关于独立事实的信念的形态已经包含接受性的要素（在经验信念中，就是对世界实际所是的回应），否则就很难看出信念形态，至少是关于世界

① 证据是命题之间的关系。p（为真）这条证据，为相信 p（为真）提供了理由。

的信念形态，如何能够理性地进行。

这只不过是我们在第九章遇到的观点的另一种形式，那个观点就是，虽然存在各种各样的自由，即消极自由和积极自由，这一点甚至理论推理者也必须预设，但是看起来没有任何与康德式的意志自主性类似的东西位于其中。就形成关于独立事实的信念而言，信念的理由不能独立于信念对象的属性被发现。相反，这种理性信念必须由提供它们的对象的那个世界指导。它们必须是由对象指导的，因而是依赖于对象的。[①] 281

关于实践理性，问题不是相信什么，而是做什么。不过，存在一种思考实践观点的方式——我已经将它称作朴素的（第一人称）实践观点，根据这种思考方式，它与我们刚才已经描绘的理论理性观点在形式上类似。再一次，这是摩尔在《伦理学原理》中设想实践理性的方式。根据《伦理学原理》中的摩尔，存在一个单一的根本伦理概念，即善或内在价值的概念，或者按照摩尔另外的表达，某物按照“为了自身的目的应该存在”的概念（1993：34）。就这个概念而言，任何事物都可以例示它：经验、对象、关系、事态或者行动。某物在这个意义上具有内在价值，当且仅当它应该存在，或者按照我们可以换种方式阐述的，当且仅当它的存在状态是应该的。

使得摩尔的内在价值观念适用于朴素实践观点的，是它提供了世界可能状态的观念，因此提供了后果价值的观念。但这意味着，它也提供了一种将行动看作像信念一样具有实质目标的方式。信念的实质目标，是按照世界实际所是表象世界，而按照摩尔式的图景，行动的实质目标将会是带来具有内在价值的后果——世界作为它应该的样子，只要这是可行的。

实际上，在《伦理学原理》中，摩尔的立场是，带来有内在价值的

① 这并不意味着，他们必定不能也在某种程度上是依赖于原则的，但是基于信念的实质目标，它们很难以意志自主性要求的方式成为依赖于原则的。

后果是行动的形式目标，因为他在书中认为，做我们应该做的这个概念，可以用内在价值的概念和关于可能行动的后果的经验因果概念来定义。摩尔说，断言一个给定事实是我们应该做的，“显然就是断言更多善或更少恶将存在于世界上，如果它被采纳而非某个其他事实被实现。”（77）[①] 这宣称了“我们应该做什么”（换句话说，“什么行动得到规范性理由的最好支持”，“什么是正确的、最有保证的或者最好的行为等等”）和“在行动者可选的行动中，哪个行动将会产生最多内在价值”二者意义之间的同一性。它用明确的工具性术语，刻画了行动的形式目标。摩尔相信，即使一个行动仅仅因为它是那种行动就具有内在价值，
282 那个行动总体上来讲是我们应该做的这个概念，仍然等同于它在行动者所能选择的所有行动中具有最高工具性价值（这里，工具性价值可以包括，它“带来”行动被执行这个具有内在价值的状态）。

对于摩尔来说，内在价值是作为一种存在的价值：“当我们断言一个事物是善的时候，我们的意思是，它的存在或实在是善的。”（1993：171）因此，一个行动有内在价值的意思是，它的存在或实在是善的。[②] 摩尔认为，这暗示了存在理由采取一个行动这个概念，与以下观念是同一个观念，即如果这个行为被采取了，那么世界就的确会包含某个内在有价值的存在；一种仅仅因为它所是（或者将会是）而应该存在的世界状态将会发生。因此，我们可以不夸张地说，对行动理由的这个理解，将它们等同于行动的工具价值——它创造有内在价值后果的能力，也许包括行动自身被执行这个后果。一个行动作为一个行动的价值的概念，因此被等同于这个行动产生作为存在物具有内在价值的事物（也许包括行动自身）和造成仅仅因为它们所是就应该是的后果的能力的

① 摩尔用什么是“绝对正确或有义务的”来阐述这点，但是足够清楚的是，这是他所想的。

② 关于这点，见 Moore 1993：197。我在 Darwall 2003b 中讨论了摩尔在那里说了什么。

概念。

因此在《伦理学原理》中,摩尔认为行动的形式目标是产生内在有价值的后果。不过,摩尔在这点上是错误的,正如用他自己给我们的概念工具(即开放问题论证)可以看到的。我们能够假设这是事实:一个特定行动将会产生最有价值的后果,但仍然可以合理地和融贯地询问我们是否应该采取那个行动(或者,这个行动是否是得到规范理由最好支持的,是否是最好的行动,等等)。[①] 因此,将行动的形式目标等同于它产生具有内在价值后果的能力,不能通过开放问题测试。[②] 与此类似,我们能够否认,一个具有最大内在价值后果的行动是我们应该做的,而不会导致自我矛盾或概念混淆。因此,尽管《伦理学原理》中的摩尔持有相反意见,行动的形式目标不能被等同于带来具有内在价值的后果。 283

但是这开放了如下可能性,即带来具有内在价值的后果可能也是行动的实质目标。也就是说,也许正如精确表象世界实际所是的样子是信念的实质目标一样,根据类比,行动也可能因此具有受制于可行性限制,按照世界应该的样子改变世界的实质目标。此外,正如我已经在过去两章暗示的,如果我们从行动者具有思考关于要做什么的欲求的朴素(第一人称)实践观点来看,这个想法事实上看起来会是可信的。

与信念一样,欲求也包括表象。正如对于某个 p 而言,一个信念总是一个信念 p,因此按照类似的哲学图景,对于某个 p 而言,一个欲求至少也总是一个欲求 p。[③] 举例来说,如果我想要一个巧克力甜筒冰淇

---

① 我希望在这点上将会使读者认为这是一种低估。否则任何第二人称理由存在这个论断将不仅是错误的,而且是不融贯的!

② 正如 W.D. 罗斯注意到的(1930 : 8—9)。

③ 虽然我在这里利用了这个熟悉的欲求图景,我认为有好的理由怀疑它,我在 Darwall 2002b : 47—49, 92—94 讨论了其中一些理由。首先,仁善的欲求不仅仅具有一个命题的"直接对象",而且有一个"间接对象":即(有益的)事态是为了它的缘故才被欲求的这样一个存在。其次,存在很多关于对象的欲求(比如,参与某个活动),它们不能被充分描述为对我们参与那个活动的状态的欲求。

淋，我想要的是我吃到这样一个甜筒。但是信念和欲求在它们的适应方向上不同。信念具有从心灵到世界的适应方向，当它们适应世界时，它们就是正确的；而欲求具有从世界到心灵的适应方向，至少从它们的视角来看，当世界适应它们时，世界就是“正确的”，是它应该的样子（Anscombe 1957；Platts 1979：256—257；Smith 1994：111—119）。

然而，解读这个熟悉的观念需要我们小心进行。我们不应该认为它的意思是，在欲求 p 因为某种原因使 p 具有价值或应该存在这个意义上，欲求向世界发出命令。这将会使规范性理由变得廉价，将会从心理学的“是”推出伦理学的“应该”；它也会导致我们不能了解从行动者的观点出发的欲求的“背景”（Darwall 1983：Pettit and Smith 1990）。相反，正确的观点是，在欲求 p 时，行动者将 p 视为有价值的，视为世界
284 应该成为的状态。[①] 她认为存在规范性理由使 p 发生。

因此，从朴素的实践观点来看，行动者将会认为，她自己有规范性理由引起她的欲求对象，这不是因为她的欲求创造了这些理由，或者是它们的来源，而是因为，在欲求这些对象时，她将它们视为她有理由引起的状态。从这个观点出发，可以说行动者从她的欲求和能动性中看出，世界可以怎样变得更好，她能做什么使之发生。她的欲求似乎提供了一种形式的“实践经验”，它类似于在关于世界实际所是要相信什么的推理中起作用的世界的经验。[②] 它们将自己表示为进入作为它们对象的状态的内在价值，因此进入引起这些事态的规范性理由的一种形式的认知途径。它们似乎将不会是唯一的进入形式；它们似乎也不是不可改变的。满意于 p，也包含了将 p 视为某种好的东西或者一种应该

① 更小心地，我们应该说，在对 p 的欲求中，似乎或者在行动者看来好像 p 是有价值的或应该存在的状态。当然，我们能够欲求 p 并断定没有任何理由带来 p，恰如我们能够具有一根在池塘里看起来弯曲的棍子的经验，但同时断定没有理由相信棍子实际上是弯的。我在 Darwall 2001 以更长篇幅讨论了这些要点。

② 关于这个欲求观念的捍卫，见 Stampe 1987。

的状态。[①] 并且,因为愉快与欲求的不同恰好在于这个事实,即愉快的对象被设想为实际上取得的,而欲求的对象不是被设想为实际的,而仅仅是可能的,因此愉快可能看起来提供了它的对象是有价值的或者应该的更可信的证据。

因此,正如理论推理者将他的经验视为世界实际所是的方式的证据,并且试图通过以各种方式对比和扩展他的经验,来形成最有可能满足信念的实质目标的信念,所以一个朴素的实践推理者也同样将她的实践经验、她的欲求和其他类似回应,视为什么样的世界可能状态将会是内在善的证据,因此视为世界应该怎样的证据。在这样做时,她有效地将行为视为具有一个实质目标(按照世界应该的方式改变世界),这与信念的实质目标类似,即将世界表象为它实际所是的样子。

如果内在价值的观念自身是一个规范性概念,那么它能够包含一个实质目标但却不包含一个形式目标,这看起来就令人困惑。我们应该采取的行动的概念,不同于一个行动将会带来最有价值的后果,即世界应该的可能状态的概念,甚至也不同于一个行为是世界应该的状态的唯一构成部分的概念。我们不需要担忧,内在价值是否是明确的规
范性概念,或者如果它是规范性概念,那么它具有的究竟是哪一种规范 285
性。[②] 不论它可能具有哪种规范性,一个行动将会引起最有价值的后果,这个命题都不等同于也不蕴含行动者(总体上来讲)应该采取那个行动的命题,而这对于我们的目的而言就足够了。不论任何形式的后果主义作为一个规范性论点是否为真,它都显然不是一个概念真理。[③]

---

① 正如西奇威克的愉快观点带来的(1967)。关于按照这个段落中展现的线索对西奇威克伦理学的讨论,见 Darwall 1974。

② 我们也不需要自己关注这种价值是否是行动者中立的(正如摩尔自己当然会相信的),或者是行动者相关的。就当前的目的而言,重要的是后果价值和行动理由之间的关系。

③ 没有任何关于善的有趣的论断能够成为概念真理,这当然是摩尔在《伦理学原理》中的主要观点之一。这就是为什么这是如此反讽(或者如此能够揭示他的错误的深

摩尔在《伦理学原理》中说，如果某个事物具有内在价值，它就“应该为其自身而存在”。我们难以看出，如何照字面理解这种“应该存在”或“应该是”的论断，因为看起来只有能够被规范性地指导的东西，才能受制于应该，单纯的存在和单纯能够存在都不能如此。解读这些论断的最自然方式，是将它们理解为断言某种价值态度（即我们对待可能事态的态度）是得到保证的，比如某种值得欲求的或值得引起的东西。如果我们以这种方式解读它们（并且作为一个概念问题，假定值得欲求或值得引起对行动者提出了一个规范性主张），那么从一个后果是有价值的这个事实，我们将推出行动者有某种理由实现它。正是另一个方向的含义——在行动者存在一个做某事的理由和存在行动将会实现的一个有内在价值的后果之间——没有得到概念上的保证。因此，从一个行动将会实现最有价值的后果这个事实，我们不能推出它是总体上来讲行动者应该做的。就行动理由或行动者应该做什么的概念而言，可能存在一个不是由后果价值提供的行动理由。

但是再一次，正是由于这个理由，带来后果的目标能够被视为关于行动的实质目标。虽然它不能够成为行动的形式目标，他仍然可以是行动的实质目标。并且再一次，这是从朴素实践观点出发，事物看起来
286 的方式。行动的目的似乎是为了带来有价值的状态。

自由能动性与第二人称观点

然而，费希特的论证证明了，我们在第二人称观点中对自己的能动性采取的视角向我们表明，这不可能是正确的。当我们从第二人称视角被传唤时，我们基于这些假设慎思，即我们是行动者，并且我们作为行动者，能够按照不是以后果为基础的理由行动。在接受一个第二人

度)，因为他没有能够看到关于做什么是正当的（或理性的）也是同样如此。

称传唤时,我们与另一个作为行动者与我发生联系的人相联系,并且必然预设了我的慎思中的共同能动性。我的慎思立场要求我假设,我们都具有类似于理论理性中的自由的一种自由,并且正如费希特所说,由此假设,带来有价值的后果不可能是行动的实质目标。因为只相信为真的东西是信念的实质目标,我们在心理上就不可能在与它无关的基础上相信某件事,比如因为相信它是更值得欲求的。如果你在思考是否要相信 p,并且推论出,相信 p 是值得欲求的,那么你就不能以信念 p 作为你推理的结论(就像如果你认为 p 更有可能为真而不是为假,你就能够做到的那样)。在那些与真有恰当关联的东西之外的考虑,是信念的错误种类理由。如果行动的实质目标是带来有价值的状态,那么我们在心理上同样将不可能在任何其他基础上决定、意图或做某件事。其他种类的考虑是行动的错误种类理由。但是我们从第二人称观点看来不是如此;一个人可以仅仅通过认可你要求他不这么做的权威,而决定不踩你的脚。

此外,在以第二人称方式慎思时,我不仅仅假设,我的共同慎思者和我都是自由行动者,而且假设,我们因此具有为第二人称理由奠定基础的共同第二人称权威。这里,我再一次遇到与理论推理的一个根本区别。第二人称实践权威在关于相信什么的理论推理中,没有任何明显的相似物。我当然能够因为你说某件事如此就相信这件事,但是如果我这样做,我在我的推理中给予你的第二人称立场,就是可以被你的认知权威,也就是被你与世界实际的事实的关系挫败的。① 然而,当我们占据第二人称的慎思立场时,我们承认了一种行动理由,一个第二人 287
称理由,它既不能从任何事态或后果的价值推出,也不能被还原为它们的价值。在这样做时,我承认了一个根本上第二人称的实践立场,它既

① 我强调第二人称理论权威是可以被认知权威挫败的。我认为,我所说的与人际的理论推理中可能会通常预设的默认的各种第二人称理论权威相一致(Burge 1993; Coady 1992; Foley 1994; Hinchman 2000; Moran 2005; Pettit and Smith 1996)。

不依赖于与任何独立的价值序列的关系，也就是关于世界应该怎样的无论什么事实，也不能被它们挫败。

为了更鲜明地看到这点，让我们首先假设，你正在考虑关于未来的经济导向应该相信什么，比如经济是否会在下个季度复苏。你考察各种各样的证据，并且形成了它将不会复苏的信念。然后你告诉我——而我已经相信经济会反弹。你和我进行佩蒂特和史密斯所说的严肃的“理智类型的谈话”。在听我阐述理由的过程中，你开始相信，我的证据在很多方面是有误导性的，并且即使它没有误导性，它还是会被支持经济在至少未来两个季度不会复苏的更好的理由压倒。但是我坚持己见。我说：“相信我，情况必定会很快好转。”你是否可能仅仅因为我告诉你将会如此，就相信经济将会很快改善？[①] 也就是说，你是否能够单纯因为我告诉你（或者至少试图告诉你）它将会改善这个理由，就相信它将会好转？你当然可能相信这点，如果你怀疑我的信念可能是回应了某些我也许不能阐明的其他证据，即使我所陈述的理由很弱。甚至如果你认为，因为某种其他理由（比如说因为上帝导致了这点），我在这个问题上的信念比你的信念更可能为真，你也可能相信这点。但是，如果你没有假设我的信念和世界所是的事实之间的某个这类联系，你将完全不可能仅仅因为我告你经济马上会复苏这个理由，就相信这点（虽然我当然可能导致你相信它）。为了在关于相信什么的推理中赋予我权威，
288 你必须认为我在我的信念相关的事实的问题上，具有某种（认知的）权威。我对你的信念的主张和你的信念自由，都受到信念的实质目标的限制，即对世界所是的精确表象。

正如我们此前已经注意到的，有一种类型的实践情形（建议的情形）在结构上与理论的情形等同。事实上，我们可以将它视为理论推理的一个特殊事例，在其中考虑的信念，是关于我们应该相信什么的实

---

① 比如说，与以下情形相反：以某种非理性的方式，仅仅因为我这么说，而导致相信它，却不将我说的任何事情，或者我说它这件事本身，作为相信经济将会改善的理由。

践问题。如果你向我询问关于下个季度将我的退休金投资在哪里的建议,并且你信任我,那么你赋予我的任何权威将类似地依赖于你赋予我的关于事实的独立问题,即关于在当前经济环境下什么是合理投资的问题方面的权威。[①] 如果你认为,我在这个问题上没有认知权威,那么你就不可能以通常的方式,将我的建议视为提供了理由的,也就是当我告诉你应该时给你任何理由认为你应该做某件事。一个建议者对你的推理的主张,以及你将它视为建议的自由,都受到信念的实质目标的限制。在这个例子里,是对行动(非第二人称的)理由的准确表象,它们作为理由的地位,与一个人将理由提供给另一个人的权威无关。

然而,当某个人传达第二人称理由时,一种极端不同的权威和自由就会起作用。[②] 改变一下我们熟悉的例子,假设是你的脚踩在我的脚上。如果你承认我有主张让你挪开你的脚,并且我有权威提出主张,那么你就为我的实践推理提供了第二人称立场。你承认你应该挪开你的脚,因为我有权威要求这点,实际上任何人都有权威代表我要求。你因此赋予我的,通过我的主张调节你的行为的权威,在根本上不同于建议者的权威。根据霍布斯的著名区分,它位于"法律"和"命令"一侧,而非"建议"一侧(1983 : XIV. 1)。与建议不同,它既不依赖于传达者与任何自身独立于传达者第二人称权威的事实的认知关系,也不能被它挫败。在请求(或隐含地要求)你挪开你的脚时,我主张的那种权威是根 289
本上第二人称的。我假设你和我作为自由和平等人的(预设的)平等立场,如果你承认我的要求,你和我都会预设,你单纯因为承认和按照我传达给你的(或者我们都将道德共同体理解为在我开口之前就已经传达给你的)要求行动,就能够挪开你的脚。[③]

① 我这里是在没有元伦理学负担的意义上使用"事实",甚至非认知主义者也能接受,存在关于我们应该做什么的事实。

② 关于这点,再一次见 Wolff 1970 : 7。

③ 再一次,正如我在第一章注意到的,道德义务涉及"起作用的"隐含要求,甚至在

这里的关键点在于，由于第二人称理由既不能还原为任何后果的独立价值，也不能从中推出，因此在假设你能够根据这个理由行动时，你和我预设了你能够根据一个理由行动，对这个理由的承认独立于你对后果的（对象引导的）价值评判，包括这些可能在依赖于对象的欲求中明显被给予的后果。因为我们认为自己负有按照这些理由的指导行动的责任，我们也必须假设，我们有这么做的动机来源，它仅仅来自使我们首先受制于这些理由的东西。因此，正如我已经论证的，我们预设我们各自意志（作为具有第二人称能力）的自主性。

由此得出，我们必须从我们获得对自己的能动性的审慎理解的同一个视角出发，假设意志的自主性。在使一个行动者理解自己的能动性时，我们发现一个从朴素实践观点看起来是真的观点实际是一个幻觉，这个观点认为，行动具有带来有价值后果的实质目标。如果行动将带来有价值的后果作为它的实质目标，那么我们就完全不可能自由地或有意识地背离这个目标行动，正如面对我们视为决定性证据时相信相反的观点一样。[①] 然而，当我们对作为行动者的彼此提出第二人称传唤时，我们共同预设了意志的自主性，并假设了我们能够自由地用第二
290 人称理由支配自己，即使我们具有相反的依赖于对象的欲求。

我们应该注意到，这条思考线索支持的假定自由不是冷漠的自由；行动和意志仍然有一个形式的目标。除非行动者有某种行动理由，某种她自己视为采取行动的规范性理由，并且她据此行动因而使它成为

实际的个体没有明确提出这些要求时也是如此。正如斯特劳森指出的，“要求的提出，是（道德共同体）对（反应）态度的倾向。”（1968：92—93）再一次，这与哈特对边沁关于涉及“类命令”的法律的说明（1990：93—94）的解读相似。见第 9 页注释②关于这一点的讨论。

① 注意：“自由地和有自我意识地”。虽然我们似乎能够相信与我们相信是更好的证据所支持的观点相反的东西，但是很清楚，我们绝不能够相信与我们视为更好的证据所支持的观点相反的东西。某种类似的东西对于行为也是真的，如果它将带来内在有价值的后果作为实质目标。

她的理由,否则一个行动就不能算作哲学家感兴趣的那种特殊意义上的行动。第二人称慎思使我们看到的只是,行动不能够具有带来有价值后果的实质目标。

实践理性的元伦理学:承认理论对建构主义理论

当然,我们能够从第二人称观点退后,并询问我们是否应该接受我们采取第二人称观点时所承诺的预设。但是当我们这么做时,我们不再单纯地将朴素实践观点的表象当作理所当然的。我们已经获得了关于我们的能动性本质的复杂认识,它驱散了我们早先的朴素想法。不过,由于同样的原因,虽然当我们以第二人称方式慎思时,我们禁不住要假设自主性和平等尊严,但没有任何东西强迫我们在退后并询问实践理性的最根本问题时,继续接受这些假设。

为了进行慎思,我们仍然必须假设,存在某些行动的规范性理由。[①]所以,为了确证第二人称观点的预设,我们需要表明的只是,与我们有理由接受其他种类的行动理由一样,比如那些与深谋远虑、仁善或其他任何东西相关的理由,我们至少有同样多的理由接受第二人称理由。事实是,我们能够从任何种类的假定理由退开,并融贯地询问或怀疑,我们当作行动理由的,是否实际上是一个理由。比如,人们经常将这视为理所当然的:对自我利益或行动者自己的福利的考虑,为她提供了行动理由。但是,这是一个实质的规范性论点,而不是一个概念真理。有人可能完全掌握行动理由的概念,但是他十分消沉,以至于怀疑(没有不融贯或概念混淆)某件事对他会是好的这个事实是他追求这件事的任何理由。[②]对于行动的任何实质理由,我们都可以得出类似的观点。 291
因此,如果与我们接受其他种类的行动的假定理由一样,我们有同样多

① 关于这个熟悉观点的元伦理学后果的特别好的讨论,见 Enoch forthcoming。
② 我在 Darwall 2002b 中以更长篇幅论证了这点。

的理由接受第二人称理由，这就足够了。

如果更有野心的话，我们可以试图表明，按照存在行动的规范性理由的最佳哲学解释，在第二人称观点基础上，也存在对自主性和第二人称理由的支持。很明显，我甚至不能在这里开始尝试提出一个全面的实践理性理论。[①] 不过，我能够做的，是简要指出，按照这两种广泛流行的、似乎穷尽整个领域的策略中的任何一种，我们都有好的哲学理由确证第二人称观点的预设。

区分主要选择的一种直观方式，是考察行动的规范性理由和慎思或能动性的合理性之间的关系。[②] 科斯嘉这样来阐述内在主义要求，她说，"如果实践理性主张真的要为我们提供行动理由，它们必须能够为理性人提供动机。"（1986：11；另见 Darwall 1983：80—81；Smith 1994：61）但是，哪一项是独立的变量，是理由，还是人的合理性（或者慎思过程，或者其他）？按照独立说明，一个人或慎思过程成为理性的，是否是因为这个事实，即真正的规范理由为她提供了动机，或者慎思过程鉴定出了真正的规范理由？或者按照独立说明，一个考察成为一个规范性理由，是否是因为这个事实，即这个理由会被当作它自身并为一个理性人提供了动机，或者被当作一个理性慎思程序的结果？

卡利提和高特用承认性的理论和建构主义的理论之间的有用区分，标记出了这个差别（1997：4）[我认为这基本上与科斯嘉对实质的实在论和程序的实在论的区分是同一个区分（1996e：36—37）]。根据一个承认性的理论，存在独立的规范理由事实，并且一个人或慎思程序是否是理性的，取决于她或它是否充分注意到或承认这些事实。相反，建构主义认为，在这个情境下，使某物成为行动的一个规范性理由的
292 是，它会被一个自由和理性行动者当作它自身并为这个行动者提供了

① 不过，我已经在过去这些年中在各种地方尝试采取了这样做的步骤：Darwall 1983，1985，1986b，1990，1992，和 1997。

② 关于这点，见 Darwall 1986b。

动机，或者被当作理性慎思的一个结果。[①]

这不是考察这些相应的元伦理学方法的地方，按照我在这里对它们的定义，它们似乎将会穷尽整个领域。我在本章剩余部分希望做的，是解释为什么按照任何一种方法，都有好的理由接受这个命题，它就是我在第十章已经论证的，我们必须从第二人称观点假设，我们作为自由和理性人具有一种尊严，这个尊严为真正的第二人称理由提供了基础。

建构主义与第二人称观点

关于实践理性的建构主义（程序的实在论），明显是最符合我已经强调的费希特式的实践理性和理论理性对比精神的元伦理学理论。我们目前为止用来作出区分的术语，不要求建构主义的说明。我已经论证了，费希特式的对比要求关于意志自主性的理论，但是尊严和自主性似乎有可能在最深的规范性层面，在更承认性地实在论形而上学框架中得以确立。这些理论与建构主义，特别是那种康德主义的类型，具有更密切的关系，这看起来仍然是没有争议的（Korsgaard 1996e；Rawls 1980）。

使得一个人在我们当前的意义上成为一个建构主义者的，不过是她认为规范性理由的存在依赖于理性行动者，或者依赖于某个进行关于理性地做什么的人将会把什么作为理由，以及将会从什么获得动机。我的核心论断是，正是行动者或慎思程序的合理性，决定了规范性理由，而非相反。那么在建构主义框架内有争议的，是如何具体说明必需的理性能动性或理性慎思的理想。当然，已经有各种各种非康德主义版本的具体说明被提出。

① 这也是一种**存在的内在主义**，因为它认为，（为理性行动者）提供动机，是成为行动的规范性理由的核心。关于**存在的内在主义与判断的内在主义**的区分，见 Darwall 1983：54—55。我在 Darwall 1997 更全面地讨论了各种不同的内在主义。

但是所有形式的建构主义，都同意拒斥关于朴素实践观点的承认的实在论。甚至非康德主义版本的建构主义，也承诺了康德在实践领
293 域的“哥白尼革命”的这个方面。实践规范事实不是仅仅“在那里”被承认或者不被承认的。相反，它们“存在的方式”是位于实践观点之内，作为实践推理的预设和承诺。因而，按照定义，建构主义是一个“精致的”观点（实际上，这对于它的批评者而言是它的一个问题，他们认为，它太精致了，以致它远离了现实）。

此外，我们可以论证，正如建构主义是最符合前两章中康德式或费希特式的观念和论证精神的元伦理学观点，因此康德主义的建构主义同样是最符合建构主义精神的。毫不奇怪，最流行的建构主义版本在他们的理性行动者的理想或理性慎思的理想中，建立了自我反思的衡量。[①] 按照这些模型，理性慎思涉及到从行动者的实际动机和直观的规范性理由判断退后。但是，即使我们将行动者的规范性理由等同于比如她如果被充分告知就将会具有的动机，或者如果被充分告知就会想要为她的实际自我得到的动机，或者某种类似的东西，而不是等同于她的实际动机，我们似乎仍然会将她的底层动机倾向看作一种实践的“给予”，看作具有默认的规范地位。但是为什么我们应该那样做？毕竟，我们能够从任何被提供动机的倾向退后，正如从任何动机退后一样，并质疑它的规范性资格。如果我们不能将我们的实际动机的规范性地位当作理所当然的，为什么我们应该这样看待我们被提供动机的底层倾向？

沿着这些线索的思考，使康德主义者区分了意愿的内容和形式，区分了行动的质料原则和形式原则。我们能够从任何我们实际看到的提供动机的弯曲退后，并且询问，这个弯曲的对象是否是某种我们有理由或者应该关心、尝试实现的东西。如果我们拒斥关于我们的依赖于对

① 比如充分信息理论；反思赞同测试；自我反思的，充分告知的测试等等。比如，见 Brandt 1979；Korsgaard 1996e；Railton 1986；以及 Smith 1994。

象的欲求如何通过它们与独立规范事实的关系获得规范相关性的承认性的说明，我们看起来就失去了赋予它们默认相关性的理由，这个相关性被康德称作“质料的实践原则”，即“预设了欲求官能对象作为意志规定基础的原则”所要求的（1996a：21—22）。但是，正如康德所说，“除 294
了行动本身与单独作为意志原则的普遍法则的一致性以外，没有任何东西被留下。”（1996b：402）[①]

当然，康德不能单纯假设自主性。但是有一些因素现在看来集中推荐那个理论。首先，当我们传达或承认任何（假定的）第二人称理由时，我们不可避免地预设了它。其次，在建构主义框架内，意志由于它的形式而成为自身的法则，由于前两个段落提及的理由，这似乎是导向建构主义的哲学冲动一般而言所倾向的东西。再次，我们能够合并这两个观念，并进一步说，我们获得关于看起来最深入地为建构主义奠定基础的自主性能动性的自我反思的慎思意识的观点，是我们预设康德主义意义上的意志自主性的观点。[②] 因此，如果当我们从第二人称观点退后时接受的元伦理学理论是建构主义的，那么我们似乎就有好的理由认为，我们在那个观点下，不可避免作出的关于尊严和自主性的假设，将会至少在元伦理学的层面继续存在，如果说不能得到进一步支持的话。

按照康德主义的建构主义图景，自主性的理论将自己表达在这个观点中，即实质的、为理由提供基础的规范，必须通过一个自身能够被视为内在于意志的运用的程序，成为可建构的。这要求两个必须彼此

① 实际上，康德主义的建构主义者从这里学到的是，能动性就其本质而言，不能够具有实质目标。他们学到的似乎是，行动的目标是自主性，不是用非规范性方式来理解，而是理解为追随我们作为自由和理性意志承诺的形式规范。关于行动的实质目标是被粗略理解为由自我理解的欲求推动的自我导向的自主性这个观点的捍卫，见 Velleman 2000。

② 被设想为从实际动机退后并批判性评价它们的能力的自主性，与开放问题论证之间具有深层关联，这是 Rosati 1995 和 2003 和 Darwall 1990 和 1992 中讨论的一个主题。

契合的伴随观念，即自主意志和建构主义程序。我们关于作为一个自主性意志是什么的观念，自身必须包括参与相关建构程序的能力，并且我们的相关程序的观念，必须是能够在原则上在自主性意志中得到实
295 现的。[①] 当然，这是我们在康德的意志自主性和绝对命令的伴随观念中发现的，至少当它们在建构主义之内被解读时。绝对命令程序是一个构造过程，它包含考察从众多自由和理性人中的一个人的视角出发能够合理地意愿什么，在这里，成为这样一个人包括具有采取这个视角的能力。[②]

我们一直在论证，这恰好是我们以第二人称方式彼此传达时占据的那个视角，并且，当我们这样做时，我们承诺了绝对命令的第二人称版本。（我将在第十二章进一步发展后一个主题。）正如我们在第十章看到的，第二人称观点自身预设了意志自主性和一种行动的规范性理由（即第二人称理由）这两个相伴随的观念，这是我们必须假设作为自由和平等的被传达者能够接受的。它也提供了道德义务的具体实质规范地位的观念，即在相互负责的自由和平等的人们之间，作为对等尊重的中介。[③] 正如我在第九章结尾论证的，这能够通过绝对命令程序的一个解读提供，绝对命令程序在被设想为平等第二人称权威的尊严中为它奠定了基础。

此外，康德主义的建构主义能够导向这些更具体规范和规范性理

① 参见罗尔斯对（作为构建的行动者处于原初状态的各方的）“理性自主性”和（作为能够占据各方的构建性位置，并能够用他们将会理性地选择或构造的原则规范他们自己的人的公民的）“充分自主性”（1980：520—521）。

② 正如在罗尔斯及其追随者对康德的解读中一样。见罗尔斯（2000）。

③ 我将在第十二章讨论这点。有时它看起来似乎能够在康德对绝对命令的某些形式化表述中缺失，比如普遍法则公式：“要根据你同时能够意愿它成为普遍法则（或者自然的普遍法则）的准则行动。”（1996b：421）然而，一旦我们认识到，如何认定某人负责或有责任，恰好在本质上就是与她作为一个人相联系，我们就能看到，人道公式（它要求我们将人道或理性本质总是作为其自身的目的来对待）与自主性和目的王国公式应该以这种方式被解读，即道德立法包含将原则立法为我们有责任服从的规范。

由的契约主义规范性理论。建构程序不仅仅能在元伦理学层面被用来确证道德律的一般规范性主张（人的尊严），而且能够在规范道德理论基础上，为我们作为相互负责的自由和理性人承诺服从的特定强制规范提供说明。① 下一章我将转向第二人称观点如何能够帮助提供道德义务的契约论说明的根据，按照这种解释，强制性规范被看作来自从自由和平等人的视角出发的假设性选择或契约。不论我们是像罗尔斯那样，用无知之幕背后的选择来设想这样一个程序，或者像斯坎伦一样，用没有人能够合理拒绝来设想，还是像托马斯·希尔已经提议的，设想为具体化平等尊严的理想，契约论都提供了一种在道德推理中思考强制性规范的辩护方式，我认为第二人称观点能够为这种道德推理提供更根本的根据（Hill 1989；Rawls 1971：17，111；Scanlon 1998）。② 296

承认理论与第二人称观点

因而到目前为止，我们已经看到，我们有一些理由认为，我们在第二人称观点中承诺的自由和理性行动者的平等尊严能够继续存在，当我们从那个视角退后，并且按照建构主义者的方式进行元伦理学反思时，它实际上能够找到进一步的支持。但是我们没有理由认为，这个现象局限于建构主义。

根据承认性的理论，慎思就是认识到那些考量的问题，这些考虑作为理由，其地位独立于任何理性慎思的理想。按照我们通常对它的经验，对某个后果的欲求，涉及看起来好像有某个理由实现这个后果，并且好像我们不知为何与这个规范事实关系友好。如果一个承认性的理

① 斯坎伦（1998）的例子阐明了，这两个层面应该被区分开，斯坎伦是一个没有将建构主义发展为元伦理学观点的规范性契约论者。

② 这里我设想的是罗尔斯的“作为公平的正当”观念，而不是罗尔斯在《正义论》以后置入契约论观念的更具体的政治哲学的使用。

论只赞同我们从朴素实践观点倾向的伦理直觉和判断，那么这将要求我们认为，不存在任何第二人称理由，并且人的尊严和意志的自主性都
297 是虚假的观念。但是，一个承认性的理论绝没有理由以这种方式限制自己。依赖于对象的欲求，或者摩尔式的直觉，当然没有穷尽我们的伦理经验和直觉判断的范围。对于我们的目的而言，最重要的是，反应态度也将自己表现为对行动的规范理由的回应，并且在这个例子中，理由是第二人称的。[①]我们有哪些可能的理由，可以认为我们的依赖于对象的欲求和关于内在价值或可欲求性的判断，是证据性的或真实的，而对于这样看待第二人称理由和第二人称权威的直觉判断，我们就没有这样的理由？从承认性的视角来看，相比于认为反应态度是关于给予第二人称权威的第二人称理由的证据而言，我们没有更多理由认为，我们的欲求为我们提供了途径了解后果的规范性理由的存在。

此外，正如我已经论证的，不论传达第二人称理由是否总是预设自主性和尊严，看起来没有疑问的是，我们经验到一些感觉，它们将自己表现为对基于尊严的理由，即康德主义的敬重的回应。[②]当奥马尔·哈提卜对射伤大卫·布卢姆费尔特感到后悔并表达这种后悔时——第一次称他为“大卫”，难道我们不是必须将奥马尔解读为具有一种强烈的情感，觉得他有一种来自大卫的尊严的理由不去做他所做的事吗？[③]与此类似，当一个人受制于另一个人的专断意志时，这可以通过她对对方的自负的反应性回应，为她提供一种关于她自己的尊严的感受。可以肯定的是，我们在索杰纳·特鲁特在1851年俄亥俄州阿克伦对女性协会的著名演讲（《我不是一名女性吗？》）中能够听到类似的话。

① 关于这点，见第四章。

② 见第六章。

③ 这里回想一下第四章讨论过的亚当·斯密的论述：怨恨的“主要目标，不是使我们的敌人也感受到痛苦，而更多……是使他理解，他伤害的人不应得到这种方式的对待”（1982a：95—96）。

当我们具有这种对人（不论是我们自己，还是他人）的承认尊重的情感时，我们似乎被展示了行动的有效理由，这与我们热切欲求一个后果时的感受一样鲜明。在缺乏进一步解释的情况下，我们没有理由赞同后一种经验而不赞同前者。所以，这里再一次，当我们退后一步并在
元伦理学上进行反思的时候（这一次是按照承认的实在论的方式），我 298
们在第二人称观点中承诺的人的尊严至少可以继续存在，而且大概能够找到其他支持。

为了进行慎思，你我必须预设，存在行动的规范理由。但是存在的是什么行动理由？在这一章，我已经论证了，与接受我们有其他种类的行动理由相比，我们有同样多的理由，接受基于平等尊严的第二人称理由，并且这些第二人称理由能够根据行动理由的主要元伦理学理论得到可信的说明。如果我们必须假设慎思的规范性理由存在，如果我们最好的规范性理由的理论确证了平等第二人称权威，那么我们出于实践的目的，至少应该得出这个结论：基于我们共同尊严的第二人称理由
是真实存在的。 299

第十二章
契约论基础

在本书开始和中间几章，我试图引出第二人称观点和第二人称理由隐含于我们对道德义务和人的平等尊严的理解中的某些方式。在较近的几章，我已经论证了，我们作为人有立场向彼此提出的要求，产生了有效的行动的规范性理由。① 但是更具体说来，这些理由要求什么？作为平等的道德人，"我们亏欠彼此"什么？（Scanlon 1998）

最后一章显然不是试图回答这个问题的地方。不过，我援引斯坎伦著名的表述，部分是为了暗示，虽然我们不要求回答它，但是我在本书已经发展的论证，自然地导向试图回答它的一种契约论方法。我已经论断了，我们从第二人称观点承诺了人的尊严，而人的尊严的根本观念是作为平等个体的相互责任。这使得我们承诺，通过可以被每一个自由和理性行动者接受，或者不会被任何自由和理性行动者合理反对的原则，来调节我们的行为。当我们试图通过任何一种第二人称理由的传达来认定任何人负有责任时，我们预设了，我们隐含地援引的权威

① 我已经表明了这类理由具有至高权威吗？如果第十章的论证是可靠的，当我们传达任何种类的第二人称理由时，我们就不能避免预设自由和理性人的平等尊严。由于试图通过第二人称理由认定彼此负责，自身明显包含寻求责任的第二人称理由的至高地位的假设（见第五章），我们很难看出如何避免预设平等尊严的理由的至高地位。

和原则，是我们的被传达者作为适宜于第二人称传达的自由和理性行动者，能够被期望接受的，或者不能合理拒绝的。 300

在最后一章，我简要发展如下观点，即第二人称观点能够为契约论规范性道德理论提供基础。契约论者认为，正当原则具有一个独特的地位，即作为相互尊重关系的中介，这是他们的理论的标志。根据“契约论者的理想”，斯坎伦说，当我们遵守契约论理解的正当原则时，我们认识到“相互承认”或作为平等个体的对等尊重（1998：162）。这是由于两个不同但有关联的原因。首先，契约论原则的**内容**，具体说明了我们对彼此作为平等个体的义务。因此，服从这些原则能够展现对彼此作为人的尊重——人是不能以某种方式对待而必须以另一些方式对待的。[①] 其次，同样重要的是，契约论也主张，正当原则的**形式**是对彼此作为平等人的相互尊重。由此，当斯坎伦说，“如果它不被任何没有人能够合理拒绝的原则允许”，这个行为就是错误的时候，我们应该这样理解：如果一个行为不被一个没有人能够合理拒绝我们认为彼此有责任服从的原则所允许，那么这个行为就是错误的。实际上，正是权利与责任的关联，首先使得“不能合理拒绝”的测试变得恰当。正是因为道德义务展现了一个要求，所以才取决于它的被传达者不能够合理拒绝为它提供基础的原则（再一次，将它作为通过相互责任要求的基础来拒绝）。一个艺术批评家不需要仅仅因为她批评的艺术家可以合理反驳它的基础，就撤销一个批评性判断。但是当我们在认定彼此负责时提出要求，情况就不是如此。正如我们在第五章看到的（再一次出现在第十章关于康德“理性事实”的讨论中），在传达道德要求时，我们暗示了，存在我们的被传达者（在第二人称上）有能力接受和据此自由规定自己的决定性的第二人称理由。这要求我们否认合理拒绝一个原则的可能性——违背这个原则将是错误的。

① 然而，正如我在第六章论证的，服从这些原则，并不能充分展现对人的完全尊重。

301 所以这是相互承认或尊重进入契约论图景的第二个地方：正当原则在契约论中具有的形式和地位。在认为我们自己有遵守契约论正当原则的相互责任时，我们承认彼此要求尊重的平等立场。

然而，我们可以很好地认为，道德义务具有更广的范围，它们的内容超越了我们（首先）仅仅亏欠人的义务。我们中的很多人相信，我们对非理性的人和其他动物，实际上，还有对自然环境都有道德义务，这些义务不能从任何"我们亏欠彼此"的东西中得出，也不能被还原为后者。① 不过，如果我们认为在这些情况下，道德责任是道德义务包含的一部分，那么我们就必须在这些情况下（也就是，因为原则的形式）也同样对彼此（作为道德共同体成员）负责。我强烈倾向于认为，道德义务的内容的确具有更广的范围，但是我不知道任何不建立在核心第二人称例子中的责任之上，或者从这种责任扩展出去的，其他有希望确证这些想法的方式。②

那么，契约论就其本质，是关注相互责任和尊重的第二人称关系的。正当原则表达了人们之间的规范性关系，而对这些原则的违背必须在这个背景下理解。如果我错误对待了某个人，那么正如斯坎伦指出的，"我与他们的关系已经被这个事实所改变，不论他们做什么"。

> 他们可以按某种方式报复，或者他们可以原谅我。但是原谅只不过是放弃以一种我们将会得到辩护的行动方式回应一个错误的意愿，比如生气或恶化友好关系。它并不改变已经犯下的错误。（272）

因此，根本的契约论道德关系是相互尊重。错误行为违背了这种

---

① 我在第四章简略讨论了不具有充分道德能力的人类的责任。

② 关于赋予（其他）动物责任的一组非常有趣的反思，见 Hearne 1986。我受惠于伊丽莎白·安德森提供这个参考文献。

关系;它们未能充分承认人的尊严,因此使它受到质疑。它们因而保证了寻求重建相互尊严的对等承认的回应,这种回应以一种同时赋予违背者尊重的方式要求他的尊重。[①] 302

契约论的各版本

所有契约论理论的共同点是包含如下观点:我们作为平等道德人亏欠彼此的道德义务的内容,应该被解释为,从使得个体作为道德人处于平等地位(因此表达了对人本身的尊重)的视角出发的(假设性的)合同、选择或"契约"的结果。这个一般的观点,可以通过各种方式得到发展。正如罗尔斯在《正义论》中所展现的,作为公平的正义,是正义的契约论理论。罗尔斯在那里提出了一个道德权利的理论,即"作为公平的正当性",它能够沿着类似的路线被发展。正当原则应该用于个体行为而不是社会基本结构,否则作为公平的正当,就会试图以类似于更熟悉的正义原则的"衍生"的方式,明确这些原则。有一些同样的要素:"原初状态"及其"无知之幕",从作为在促进各方作为理性和平等人的利益("首要善")方面,具有工具合理性的视角出发的,对原则的相互无利害的选择,等等(Rawls 1971:17,111)。[②] 虽然位于原初状态的各方选择正义原则,来通告对他们的基本社会结构的公开批评,但我

① 再一次,回想一下斯特劳森的这个论述:用反应态度回应另一个人,就是"将他看作道德共同体的一个成员;只不过是作为一个违背了共同体要求的成员"(1968:93),还有亚当·斯密的这个论断:怨恨的目标是让另一人感受到我们的尊严(1982:95—96)。见第四章关于这两者的讨论。另见黑格尔关于惩罚的权利的著名观点(1991:&100)。

② 通过假定各方在运用他们的道德人格(按照相互尊重生活)和理性选择和修订他们自己的善的观念时具有"最高阶的利益",而在"包含和发展他们的善的观念时"具有"更高阶的利益",罗尔斯具体说明了这些利益(1980:525)。关于被称作对罗尔斯正义论的"康德主义解读"的讨论,包括他的首要善的观念,见 Darwall 1980。在《1980 年杜威讲座》之后,罗尔斯完全在政治自由主义框架内表达他的观点,所以离开了规范伦理理论的问题和更深层的哲学根据或其他在自由社会中可能有争议的"全面理论"。

们应该将“作为公平的正当性”中的原则理解为，通告那种不同于道德义务的批评——相互责任。[①] 处于原初状态的各方，选择人们被认为有责任服从的原则。

303 斯坎伦的版本在三个重要方面不同于“作为公平的正当性”。它没有利用像无知之幕这样的任何信息限制。它的推导依赖于“合理的”公开道德观念，而不是（受到恰当限制的）“理性”接受或拒斥（理性标准独立于道德标准）。它的程序标准或参照点是，没有人能够合理地拒斥一个候选原则，与任何人都能够或将会理性地或合理地选择或接受一个原则相反。

我们不需要在此考察契约论的这些形式或其他形式的相对优点。[②] 我在本章的目标是论证契约论方法的共同之处，即我们相互负有责任通过能够（在某种恰当的意义上）被每一个平等的道德人接受的原则调节我们自己，这一点自身能够建立在第二人称观点基础上，并且能够从这个观点得到最好的理解。或者换个方式表达这个观点：弄清楚我们通过平等尊严承诺的道德原则的内容的最有希望的方式，就是通过某种版本的契约论。

契约论与绝对命令

因为最清楚地位于契约论背后的观点来自康德这位哲学家，我们以简略勾划康德伦理学中在人道公式［“这样行动，总是将你自己或其他人的人格中的人道，同时作为一个目的，而不仅仅是作为一个手段”

① 罗尔斯区分了道德义务和自然义务，将“义务”（obligation）这个词保留给那些从某种志愿发起的行动产生的义务；不过，这个区分对我们的目的而言是无关紧要的（1999：93—101）。

② 另一个例子是 Hill 1989。相反，“契约主义”的观点是正当的道德原则来自互利的契约，比如在 Harman 1977，Gauthier 1986，可以论证的还有 Hobbes 1994。关于契约论和“契约主义”之间的不同，见 Darwall 2002a 的导论。

（Kant 1996b：429）］中起作用的人的尊严和在绝对命令的其他公式中起作用的人的尊严的关系作为开始，这可能会有帮助。人们就其本质具有尊严，这使得将他们（或他们中的人道或理性）仅仅作为手段对待成为一种侵犯。正如卡姆（1989，1992）和内格尔（1995）已经表述的，它们是“不可侵犯的”：不能仅仅作为手段对待的存在。但是，什么是将一个人或那个人中的人道或理性仅仅作为手段来对待呢？

得到广泛承认的是，存在一些错误对待他人的方式（比如各种形式的欺骗、操纵和强迫），它们仅仅是工具性地对待一个人的理性 304
（Korsgaard 1996b；Wood 1999：124—132）。但是，在什么时候利用某个人的理性或人道，成为仅仅作为手段使用它？回想一下，通过威胁进行强制，与通过警告一个得到保证的惩罚，认为某个人负责之间的对比——它在第十章的论证中起到了核心作用。在一种意义上，威胁被传达给一个人的理性，或者一个有理性的人。毕竟，威胁是通过被威胁的人的实践推理起作用的。但是这仅仅意味着，它们的目标是人的理性。然而，威胁并不在我们在本书关注的意义上对一个人进行传达；实际上，威胁不需要在任何明显的意义上对一个人进行传达。通过一种完全不包含交流的方式，比如通过在镜子里看到一把枪指着他，被威胁的人了解到某种行为的可能后果，这对于威胁而言就足够了。然而，当某个人传达一个第二人称要求时，他意图传达向（我已经论证了，意图尊重）另一个作为自由和理性行动者的人。

任何有效的第二人称理由必须不仅仅能够以威胁被“传达”给一个人的理性的方式，被传达给自由和理性的人本身，而且能够被传达给某个理性且具有规范性立场的人。作为传达基础的（第二人称）理由和权威关系，必须能够被其他自由和理性人接受，这是传达的一个预设。因此，如果它向另一个平等的人提出了要求，那么另一个人必须将会理性地赞同，或者不能合理地拒绝，这个人们被认为有责任服从的要求。正如斯坎伦对关于我们的道德义务的推理的理解一样，第二人称推理本质上是对彼此的辩护。

再一次,假设一个自由和民主的共和国的民兵部队中的一名中士,命令一名士兵做十个俯卧撑,并且她告诉这名士兵,如果他不服从,就会被关禁闭。[①] 这样一个传达,在根本上不同于一个单纯的威胁。[②] 如果中士不具备她的权威,而是单纯用同样一种恶作为威胁,那么这就会变成纯粹和完全的强迫,变成将一个人或他的理性仅仅作为手段使用。此外,正如我们在第十章看到的,在认为士兵负有服从的责任时,中士
305 自己必须预设这个区别。正如我们也已经看到的,只有她能够也预设士兵作为一个自由和理性行动者,能够被期望接受她的权威和赋予她的命令规范性力量的原则,她才能够可理解地假设这点。这是将责任与理性接受的测试,或者没有合理拒绝的测试相连接的东西。在试图以第二人称方式认为另一个人负责时,我们意图将他作为自由和理性人来传达。为了向某个自由和理性的人提出一个要求,我们必须预设,这个人能够用同一个要求自由地规定自己,那个要求是他作为自由和理性人能够接受,或者不能合理拒绝,因而能够向他自己提出的要求。对人们的尊严的尊重,因此就与认为我们自己有责任服从自由和理性人本身将会接受,或者不能合理拒绝的,赋予要求以权威的原则连接起来。

在我看来,这是连接人道公式与其他更经常与契约论关联的绝对命令公式(按照恰当理解的目的王国公式和普遍法则公式)的东西。康德说,“目的王国”或领域的观念,是“理性存在通过共同法则的系统联合”的观念。

> 因为所有理性存在者都服从这个法则:每个人都将他自己和所有其他人**绝不仅仅作为手段**,而总是**同时作为自身的目的**来对

① 再一次,假设这种惩罚完全是在正常实践之内的,它受制于民主的公民审查,它按照正当程序被实施,等等。

② 再一次,这是普芬多夫的观点。

待。但是从这里,通过共同客观法则发展出理性存在者的系统联合。(1996b：433)

这暗示了目的王国公式:"每个理性存在者都必须这样行动,好像由于他的准则,他总是普遍目的王国的一个立法成员。"(Kant 1996c：438)

契约论是对这种根本的康德主义理论的一种解读。当我们在康德主义论断中加入在第十章指导我们的东西时,即尊严是一个人用来"从所有其他理性存在者那里要求对他自己的尊重"的第二人称权威,那么我们就得出,"目的王国"就是由那些认为自己相互负有服从他们作为自由和理性人能够接受或不能拒绝的,因此会向自己提出的要求的平等、自由和理性行动者组成的共同体(1996d：434—435)。因此,只有当他们能够期望每个人作为自由和理性人都会接受一个要求,或者没有人能够合理拒绝它,人们才能够向彼此提出某个具体要求。这意味着,只有他们能够期望每个人作为自由和理性人,都会接受或不能合理拒 306
绝,人们被认为负有服从具体说明那个要求的原则,他们才能提出要求。

正如我们首先在第四章和第五章注意到的,道德责任的观念总是带来道德共同体这个伴随的观念,后者也隐含在道德义务和人的尊严的观念中。我们从道德共同体平等成员的视角出发提出道德要求,并且认定我们自己和彼此负有责任。在使我们自己相互负责时,我们作为道德共同体的执行法则和强制法则的平等成员起作用。但是目的王国公式以另一种根本方式带来道德共同体的观念:每个人都好像自己是目的王国的"立法成员"那样引导自己的行为。我们不仅仅在执行和强制道德法则(不论它的内容如何)方面,而且在"确定"它的内容方面都具有平等立场。至于契约论,我认为最有希望的解读康德观念的方式,不是通过实际的人对道德法则的任何实际规定,而是通过法则由某种将各方置于平等的人的地位的假设的、理想化的合同过程规定这一点。那么,当人们认为自己和彼此负有服从强制原则的责任时——这些原则会被所有自由和理性人本身合理接受,或者不会被任何人合理拒绝,也就是从一个在这些方面平等对待各方的假设性视角出发(比如在关于个体化差别的无知之幕背后)——他们就作为道德共同体和目的王国的平等立法和执法成员起作用。由于这个理由,康德将这些具体说明我们能够向每个自由和理性人提出要求的原则称作“共同法则”。它们满足了卢梭所说的引起一种联合形式的著名公式,“通过它,每个人,尽管与所有人联合,但仍然只是服从他自己。”(1997:49—50)

那么,目的王国公式本质上不同于普遍法则公式表达的意思,即“仅仅根据你通过它能够同时意愿它成为一个普遍法则(或者自然的普遍法则)的行为准则行动。”(Kant 1996b:421)按照狭义的解读,普遍法则公式是说,按照某个你自己不能意愿(选择、接受)它成为普遍法则的准则或原则行动,这是道德上不可接受的。按照这样的解读,它并没有谈论任何关于其他人必须能够接受或者不能够拒绝什么的问题。相
307 反,帕菲特(2004)所说的,“康德的契约论公式”要求“我们应该按照**每个人**能够合理选择的原则行动”,这看起来显然更符合目的王国公式的精神。

我在第九章和第十章论证了,我们应该将康德主义框架中最基本的观念看作被设想为平等的基本第二人称权威的人的尊严。按照我的理解,契约论公式是发展或进一步具体说明这个观念的一种方式。① 如果我们将人道公式当作根本的,那么我们就能够沿着同样的线索思考康德主义框架——用目的王国公式解读人道公式,然后再用人道公式解读普遍法则公式。这为我们提供了一种统一绝对命令的所有公式的

① 伍德(1999)也认为,人的尊严是康德的根本观念,但是与伍德不同的是,我既不相信我们能够仅仅通过人道公式自身直接解读它,也不相信包括普遍法则公式在内的各种普遍化程序应该作为空洞的或道德上有问题的被忽略。进一步,在我看来,最根本的不是作为自由立场价值的尊严,而是第二人称权威。

方式,正如康德清楚明确地想要做的(1996b:436)。根本的观念是,通过认定我们自己和彼此有责任服从那些我们和他们能够意愿(或不能合理拒绝)为普遍法则的原则,我们将理性本质(不论是我们自己的,或者是他人的)当作自身的目的来对待。不过,相关的意愿必须是某种类型的,从一个特定视角出发的。比如,如果我(或任何人)不能够意愿某个原则普遍地支配行为的原因,是某种特有的利益(它既不是基于我作为自由和平等的理性人所具有的利益,也不能被这种利益支持),那么这也是对候选道德原则的错误种类的反驳。[①] 与此类似,自主性公式认为,我们要用"作为提出普遍法则的意志的每个理性存在的意志的观念"来约束我们的行为(1996b:432,另见434,438,440)。这里再一次, 308
看起来清楚的是,我们应该将自主性公式看作是受到目的王国公式支配的。那么一般而言,目的王国公式,作为绝对命令的最明显的契约论版本,似乎也是它的最根本的"程序"版本。这个程序观念,反过来又基于我们从第二人称观点承诺的最根本观念:人道公式和自由和理性人的平等尊严。

契约论中理性接受或合理拒斥的基础

作为相互负责的自由和理性人组成的道德共同体的理想,也能够为契约论程序之内的论证提供基础,即通过个体作为其成员具有的利益。这也许在小托马斯·E.希尔的"康德式建构主义"版本中最为明显,

① 这可能看起来与罗尔斯式的契约论版本不相容,因为位于原初状态的各方以相互无利害的方式选择原则,在促进他们自己作为理性人的(最高阶)利益是具有工具合理性。但是那将会误解各方的动机与无知之幕的限制联合工作的方式。只要假设各方是一个个体公民(无知之幕阻止了关于她的进一步知识)及其利益的委托人并且没有赋予他们自己的利益以任何重量,它就会同样好地运作。从原初状态出发的论证在两种情形下将会是完全一样的。关于这点,见 Darwall 1980:340—343。罗尔斯自己注意到这点(2001:84—85)。

这个版本包含比罗尔斯的定义更宽松的无知之幕，它也考察了当理想的立法者试图更准确地具体说明人的平等尊严时，他们能够接受什么原则。即使罗尔斯关于原初状态中“理性”选择的标准是工具主义和道德上中立的，它也被用于各方的“根本目标”的观念，这个目标赋予他们作为相互负责的自由和理性人在运用他们的“两种道德力量”时具有的“最高阶的利益”以特权，这两种力量就是他们关于正义感的能力（或者，在“作为公平的正当”中认为他们自己和彼此负有道德责任）和他们“形成、修订和理性地追求善的观念”的能力（Rawls 1980：525）。

斯坎伦更少关心为合理接受或拒绝的基础提供统一说明，但是他确实说过，“被视为相关的理由的范围”来自各方“发现其他共享这个目标的人不能够合理拒绝的原则”的目标（1998：192；另见 Kumar 2003）。用我自己的话来说，这个被共享的目标如果被充分说明，就是去发现那些关心根据平等尊重相互负责地生活的自由和理性人不能够合理拒绝的原则。我们难以看出，除了自由和理性的人们在根据与他人的相互尊重开展自我引导的生活时，能够假定具有的利益以外（也就是某种象在运用罗尔斯所说的“道德力量”时具有的最高阶的利益），
309 还有什么是与之相关的。① 因此，不论契约论方法按照哪一种方式被具体发展，相互负责的自由和理性人的观念（我们从第二人称观点承诺了它）都能够在它之内被诉诸，以帮助评判道德义务的候选原则是否能够被理性地接受或合理地拒绝。一个自然的例子是我们在第十章的论证中诉诸的，免于他人专断指令的利益。这在费希特的权利原则［“我必须在所有情况下将外在于我的自由存在承认为自由存在，也就是我必须通过他在自由的可能性概念限制我的自由”（2000：49）］和康德的“正当的普遍原则”［“一个行动是正当的，如果根据一个普遍法则它能够与每个人的自由共存，或者如果按照它的准则，每个人的选择自由能

① Kumar 2003 在某种程度上能够沿着这些路线解读。

与每个人根据普遍法则的自由共存”（1996c：230）］中是明显的。

契约论与规则后果主义

为了帮助巩固这些观点，我们可以考察帕菲特（2004）最近的这个论断：“康德主义的契约论”蕴含了规则后果主义，后者的观点是，我们应该服从那些对它们的普遍接受会带来最佳后果的原则。再一次，康德主义的契约论认为，“我们应该按照每个人都能够合理选择的原则行动”。由于我们熟悉的后果主义的理由，康德主义的契约论排除了行为后果主义。从契约论的选择的观点来看，有关的后果是（在实践推理中和通过相互责任）对一个原则的普遍接受带来的那些后果。并且后果主义者广泛接受，当每个人都接受行为后果主义之外的原则，并在人际关系中通过这些原则调节自己，整体而言事情最有可能变得更好。[1] 毕竟，那是密尔的规则功利主义正义理论的理由。

帕菲特实际上并没有宣称，合理性要求我们选择那些接受它们将 310
会使事情在总体上变得最好的原则（事实上也就是规则后果主义的选择）。非常粗略地来说，他论断的是，合理性总是允许选择导向按照不偏不倚的考虑最佳后果的任何东西，在这个情况下，合理性允许每个人选择那些对它们的接受将会是最优的原则，也就是规则后果主义要求服从的那些原则。

我们不需要担忧帕菲特论证的细节，因为我们所掌握的已经能够使我们形成一个契约论的回应。这个论证的主要问题在于，它忽视了正当原则按照一个契约理论所具有的形式，也就是它们通过相互责任在产生相互尊重方面的作用。契约论者一般而言能够认可不偏不倚的

① 这是关于候选原则的“接受功利”或“接受后果”的观点，不是它们的“服从功利”或“服从后果”。比如，见 Lyons 1965。用帕菲特的话来说，行为后果主义是“间接地在总体上是自我挫败的”并且可能也是“自我消除的”（1984：27—43）。也见 Hare 1981。

由后果给予的理由的存在，她也能够以不威胁到任何她承诺的东西的方式，出于论证的目的同意，一个个体牺牲自我利益以便促进不偏不倚的更好的后果，这可以是理性的。但是，与这点一致的是，她仍然能够否认，这样一种后果排序自身，为道德义务或权利的原则提供了正确类型的理由。正当原则不单纯是个人选择的标准；它们也解释了我们有立场通过认定彼此负责向彼此要求什么。因此，为了成为保证一个正当原则的正确种类理由，一个考量必须与我们从第二人称观点出发，作为独立、相互负责、自由和理性人组成的共同体的成员有资格预设的利益相关。

当然，这是将斯特劳森观点应用在规则后果主义和契约论争论中。后果的可欲求性本身，是为道德责任的主张，因此也是为道德义务的主张奠定基础的错误种类理由。然而，帕菲特提到的选择的基础不是这么粗糙的。它没有提议用直接的后果主义推理替代我们在责任实践中运用的原则。相反，与密尔在《功利主义》第五章一样，它提议将后果的可欲求性当作关于原则在这些实践中应用的恰当性测试。[①] 但是正如我此前已经注意到的，这看起来只不过是拖延了问题：某个人要求某
311 件事的权威，如何能够从他能这么做的可欲求性中推出？再一次，这看起来是第二人称责任的错误种类理由，不仅仅是对于个别的情形，对于建立相关的实践自身也是如此。它最多能够奠定基础的是能够要求某件事的欲求，而不是任何要求或责任的实践本身。那么，规范后果主义的问题在于，它试图从错误种类的理由推出正当原则。

尽管如此，契约论仍然可以在纯粹形式的意义上被表象为一种规则后果主义。假设我们考察一下罗尔斯式的契约论版本，它包含在无知之幕背后进行的原则选择。并且假设我们接受豪尔沙尼（1978）和罗尔斯的很多批评者的论证，认为各方可以合理地假设，他们具有同等

① 另见 Rawls 1955。

的可能性成为任何人（一旦无知之幕被揭开）。① 这样，由于我们已经讨论过的理由，如果由此我们推出，各方应该选择将会最大化他们“实际的”“无知之幕以外”的功用（这些功用由他们将会具有的不论何种偏好定义），这将是一个错误。相反，罗尔斯的观点是，我们将某些偏好和利益，即他们按照相互责任和尊重开展自我引导的生活的“最高阶的利益”归予各方，并且认为，各方将被理解为，从促进这些被归予的偏好的观点出发，在受制于无知之幕的情况下，作出关于原则的理性选择。

但是，如果我们允许各方假设，他们有同等的可能性成为任何人，那么他们选择那些对它们的接受将会最大化这些被归予的偏好的平均满足，即当相关功利衡量不是按照实际偏好定义，而是按照各方作为目的王国成员（作为相互负责的自由和理性人）具有的被归予的偏好定义时，将会最大化平均功利的原则，这种选择为什么不会是理性的呢？这样一个选择看起来将会最大化各方预想的功利，因此从他们的观点看来具有工具合理性。② 我看不出契约论者有任何深层的理由拒绝这个 312
提议。正如一旦我们区分了依赖于对象的欲求和依赖于原则的欲求，我们就能在信念或欲求心理学中容纳自主的、相互负责的行为，而不用承认康德主义道德心理学家需要关心的任何东西；同样，康德式的契约论者似乎也可以承认，她的观点在纯粹形式的意义上是规则后果主义的一个版本，而不用放弃任何具有根本理论重要性的东西。③ 由于相关利益自身不能独立于第二人称责任的观念被定义，并且只要契约论框

① 罗尔斯否认这点，他论证说，决策问题在技术性决策理论的意义上，必须被看作基于不确定性的问题而不是基于风险的问题，并且恰当的决策原则是最大化最小值（1971：154—157）。

② 再一次，罗尔斯为拒绝等同概率假设提供了各种各样理由，并将选择问题作为不确定性问题而非风险问题来对待。我们不需要确定这些理由有多令人信服。我的观点是，即使它们不令人信服，即使康德主义的契约论在纯粹形式意义上是一种形式的规则后果主义，也没有任何具有理论重要性的东西依赖于这一点。比如，各方也应该选择差异原则（即差异原则将会满足这种形式的规范后果主义），它与这点是一致的。

③ 我受惠于艾伦·吉伯德与我就这些观点的讨论。

架最终依赖于平等的第二人称权威，任何形式的这种纯粹形式的后果主义就不需要冒险单纯从后果的可欲求性（即基于错误种类的理由）获得权威。[①]

对于契约论者而言，最要紧的是我们从第二人称观点出发承诺的东西，即自由和理性人的平等尊严和相互责任。这既为一般的正当原则的契约论说明提供了基础，也形成了应用于不同契约论说明中的理性选择和合理拒斥的具体解读。

公开性的作用与原则

权利与相互责任的关联也解释了，为什么它本质上涉及可以公开明确表达的原则，而比如美德理想这样的其他道德伦理标准则不涉及
313 这些。[②] 正当和错误的标准就它们的本质而言，建立在公开期望和我们对彼此得到辩护的期望之上。因此它们必须能够被公开表达和理解。[③] 认为人们对那些其应用要求某种特殊感受能力的标准负责，如果这种能力是普通道德行动者不能被假设具有的，或者不能通过普通行动者能够理解的方式被阐述的，这将会是不合理的。按照这种方式，道德正

① 参见斯坎伦："如果人们由于法律惩罚和社会谴责，或者由于谴责自己的固有秉性而被阻止采取（某些）行为，这是一件好事，这个事实提供了一个获得这样一种倾向的理由，但是不等同于不这样行动的理由。那么我们需要做的是，更清楚地解释一个行动是错误的这个观念，如何从存在某种对人们被允许采取这些行为的反驳中推出，并且我们应该以特定的方式来做，以便弄清楚一个行为在这个被描述的意义上的错误，如何能够为不做这件事提供一个理由。"（1998：153）

② 关于对伦理学中的"特殊主义"的辩护，见 Dancy 1993，2001，2004。约翰·麦克道尔（1979）是伦理学观念，特别是那些与美德相关的观念，不能被系统化的观点的另一个有影响力的来源。

③ 我认为，这正确回应了以下批评：罗尔斯的限制（各方在原初状态选择候选原则作为公共正义原则）预设了功利主义者不接受的东西。虽然这个条件在与更一般的伦理学的关系中被考察时可能看起来是为此特别设定的，但是它最终对于我们可以恰当地被认为负有公开责任的道德正当的任何充分理论都是核心的。

当的标准是以我们一般理解的法则为模型的一个道德“法则”。

值得注意的是，这个观点甚至在功利主义传统中也起到重要作用，虽然它经常与其他观点相冲突。再一次，契约论的关注规则或原则的特征可以补充它对原则的最深层的（不以后果为基础的）辩护，这是契约论的一个优势。密尔认为正当和错误本质上涉及道德责任，这个观点已经是本书反复重现的一个主题。更少被人理解或甚至更少被人知道的是，边沁关于功利原则的主要论证也来自他认为正当的道德原则在公共指导性批判中起到的作用。[①] 边沁（1962）论证说，为了起到这个作用，所有原则必须能够在某个“外在基础”或“外部标准”之上被公开提出；他用“外在基础”或“外部标准”意指某个支持我们能够被期望接受但不需要已经接受（或者分享它形成的感性能力）的原则的理由。这个论证出现在他对他认为拒绝了这个限制的很多伦理哲学的批评中间，不论它们支持道德感、理性直观、常识或者任何其他东西。

> 关于正当和错误标准的各种已经形成的系统，它们全都由如此众多的避免诉诸任何外在标准的义务的设置构成。（Bentham 1962：8）

边沁论证说，任何这样的理论都有失于单纯“说服读者将作者的情感或意见自身作为理由接受”（1962：9）。边沁关注的不是像乞求问题 314
这样的某种单纯理智的错误。

> 所有这些思考和论证方式的共同危害在于，它们作为遮掩、借口和滋养服务于专制；如果不是实践上的专制，也是专制的倾向：

① 关于更详细的讨论，见 Darwall 1994，我在这里借助了那个讨论。关于对自由民主道德争论的更广情境的讨论，见 Railton 1992。

当借口和权力被提供时,就非常易于显示在实践中。(1962：9n)[①]

相反,边沁的担忧在于,提出缺乏外部标准的正当原则,这等同于强迫。这是向他人提出它们不能合理被期望接受的要求。边沁关于功利原则的支持理由是,它能被毫无争议地应用,因为它借助经验上可确定的事实,并且它能被期望提供动机,因为它关注人类动机的“两个支配者”——愉快和痛苦。[②]

这条线索出现在边沁那里可能有些出乎意料,因为它将功利原则建立在对公共指令性(“要求性”)对话的限制和基于特殊自由基础的实践之上,而非相反。但是边沁清楚表明这正是他的意图(至少在这个论证中)。他说,“道德情感”是否可以“原初地被设想”或者“基于考察和反思……在功利观点之外的基础上被实际上坚持和辩护”,他对此既不知道也不关心。“相比而言,要紧的不是它们如何被决定”。但是,是否“正当的要点(正当原则)能够通过一个人将自己传达给一个共同体,而在任何其他基础上得到恰当辩护”,这是一个“实践的问题”,对这个问题的答案“与任何其他问题的答案一样重要”(1962：9n)。

确证合理性

按照罗尔斯和斯坎伦的使用,“合理的”表达了与“理性的”或“规
315 范性理由”不同的概念;它指那些与我们作为平等自由和理性人有立场向彼此提出的主张有特殊关联的假定的规范性理由。回想一下罗尔斯式的格言:人是“自我产生有效主张的来源”(Rawls 1980：546)。(我

① 对于某个将会提出“他自己的没有基础的情感”的人,边沁说,也“让他问问自己他的原则是否不是专制的”(1962：3)。

② 这是实证社会科学与自由的道德政治理论之间的深层联系。

相信，由此可以得出，“合理的”表达了一个第二人称概念。）所以在论证第二人称观点的预设确证了人的平等尊严时，我也已经论证了这些预设确证了合理性的规范性。

正如我在第一章简略提到的，斯坎伦将确证道德权威的问题，理解为解释“正当和错误对于其他价值的优先性”，或者解释它们的特殊“重要性”的问题（Scanlon 1998：146，147）。在他最初的论文中，斯坎伦（1982）采纳这个观点，即契约论道德的“动机基础”是按照能够向他人辩护的欲求行动。不过，在《我们亏欠彼此什么》中，斯坎伦采取了不同的方式，这主要是因为他不相信欲求能够为任何类型的行动理由提供基础。① 他在那里论证，行动理由基于欲求，这远非事实，更接近真相的说法是，欲求通常是回应明显的理由。在“被引导的注意力的意义上”，欲求包含将我们的注意力“持续引导向这些考虑，它们将自己表示为有利于”我们所欲求的东西（因此，有利于对它的欲求）（Scanlon 1998：39—41）。

斯坎伦最近关于正当优先性的论证包含了我们在此不能充分考察的复杂性。② 不过，它的基础是斯坎伦所说的与他人处于相互承认的关系中的“价值”和“吸引力”，既包括作为其自身，也包括作为像友谊这种有价值的关系的不可消除的方面（1998：158—168）。正是这个价值为我们提供了（按照推诿责任的方式，包含了）“与他人共同生活的理由，条件是他们不能够合理地拒绝，因为他们也被这个理想提供了动机”，“我们有理由关心哪些行动是正当的和错误的问题。”（154）③ 斯坎伦把这比作密尔在《功利主义》中的立场，即正当依据或标准由总体最大幸福提供，道德“惩罚”（密尔用来指使得关于正当的考虑给予我 316

① 关于其他沿着类似路线的论证，见 Bond 1983；Dancy 2000；Darwall 1983；Hampton 1998；Pettit and Smith 1990；Quinn 1991。

② 特别地，见斯坎伦对“三部分策略”的描述（1998：166—168）。

③ 关于价值的“推诿责任”分析，见 Scanlon 1998：11，95—100。

们理由的东西的术语）是“与我们的同类被造物在社会中联合的欲求”（Mill 1998：ch. 3；Scanlon 1998：154）。粗略来说，对于密尔而言，正是因为生活在与他人的联合中的欲求，使得对正当的考虑（它们自身间接地以一般幸福为基础）为我们提供了行动的理由。与此类似，对于斯坎伦而言，正是因为我们认为在相互承认和尊严的条件下与他人一起生活所具有的价值或吸引力，使得对正当的考量（以及与此相关的对什么是合理的考量）对于我们来说才是提供理由的和实际上具有优先性的。

不过，密尔的立场存在一个问题，它将会影响任何与密尔的立场过分相似的契约论立场。正如我们在本书从始至终已经看到的，欲求的考量对于建立道德义务和正当（第二人称）理由的基础而言，不过是错误种类的理由。由此，如果我们具有的与他人处于相互承认关系的理由，仅仅是我们这么做是值得欲求的（要么是不偏不倚的，要么是从我们自己的观点来看），那么不论这些理由可以变得多么重要，它们都不能为道德正当的特殊（第二人称）理由提供基础。再一次，它们最多能够提供基础的，是成为这样以便承认道德主张有效性的欲求；它们自身不能给我们提供任何理由接受或承认道德主张。

这里实际上存在两个问题，它们分别与我已经论证的相互联系的道德义务的各个方面有关：一方面是道德义务的（声称的）至上或优越性，另一方面是它与相互责任的关系。[①] 第一个问题是，从对我们而言将正当的考量看作具有对于其他价值（包括值得欲求的东西）的优先性将是值得欲求的，我们难以看出如何能够推出这些考量实际上具有这种优先性。第二个问题是（对斯特劳森观点的另一个反思），我们难以看出，我们以相互责任为条件与彼此相联系的可欲求性，如何可能为我们具有相互责任这个特殊的第二人称主张提供基础。

为了使按照相互尊重的方式彼此联系的价值，以正确的方式与我

① 再一次，这个关系是，正是因为道德义务与相互责任的根本联系，它的理由必须声称是至高无上的。关于这个论证，见第五章。

们在这类关系中诉诸的理由相关联，我们必须将这个方面看作其自身 317
是自由和理性人的平等尊严所要求的。我已经论证了，正是这一点构成了契约论程序最深层的根据基础，并且它是我们从第二人称观点所承诺的。我们具有的与他人以尊重的方式联系的理由，不仅仅是它在某种方面对我们而言是值得欲求的，不论这种可欲求性是个别的或不偏不倚的，而是人的纯粹和单纯尊严和他们具有平等的第二人称立场（这是当我们以第二人称方式向传达时承诺要接受的东西）。[1] 我已经论证了，在预设这点时，我们必须预设，我们有立场作为自由和理性的人向彼此提出主张，这意味着我们不能将彼此仅仅作为手段来对待，也意味着我们对彼此负有不如此行为的责任。

正是已经总是隐含在第二人称传达中的对等承认，使我们进入了合理性和向彼此辩护的空间。考察两个朴素的行动者 A 和 B，他们以他们对后果的可欲求性（按照这些在他们的欲求和其他实践经验中被给予的那样）的相应评价为基础进行第一人称推理。比如，假设 A 和 B 都欲求同一个苹果，并且分别将他们对苹果的欲求当作拥有这个苹果对他们确实是一件好事的证据。这时，A 和 B 都不会将对方的欲求、意志或能动性看作他的理由的来源，而且都不会以这种方式看待他们自己的意志和能动性。从这个朴素的视角出发，他们的能动性和意志都被有意地“背景化了”（Pettit and Smith 1990）。对于这两个人而言，呈现在前面的是他们各自欲求对象的可欲求性，按照在他们欲求的影响下在他们看起来的样子。对于 A 来说：我（A）拥有这个苹果将会是好的（值得欲求的）。对于 B 来说：我（B）拥有这个苹果将会是好的（值得欲求的）。

假设这时 A 试图通过表达他的欲求，为 B 提供一个理由让他（A）获得那个苹果，他说，他（A）拥有那个苹果将会是一个有价值的后果，

① 注意小孩和其他非标准的情形、不纯粹的传达等等。

一个应该被引起的状态（注意，就他能够了解的，B拥有苹果不是如此）。这很可能不会成功，因为从B的视角出发，在她看来，关于A拥有那个
318 苹果没有任何可说的，而一切都是关于她（B）拥有那个苹果的。B可能没有理由相信A的判断，因为从B的视角来看，A的判断看起来可能不过是虚幻的，纯粹是对A的欲求的表达。A的任何这种为B提供理由的尝试将会在结构上类似于理论的理由给予。只有B有某个理由认为，A的判断和它意图表象的规范性世界之间存在某种作为证据的关系，这才能够成功。

不过，A的欲求的表达同时可以使B在赋予她自己的欲求的出现特殊关注时产生犹豫。从第一人称视角来看，仅仅得到与基于更多知识的欲求一并到来的进一步出现修正，而没有受到其他人的欲求和意志挑战，B能够很容易赞扬她明显通过她自己的欲求获得的通往理由的认知途径。但是现在她发现，A的欲求在他看来提供了通往理由的路径，这不比B的欲求为她提供的更少。

可以肯定的是，存在一个能够在（表面上）以后果为基础的理由空间之内进行的A和B对话的方式，A或B能够通过同情的关注开始关心对方，并且将对方的福利（因此将对方拥有那个苹果）看作一件好事。或者，他们可以开始认为，对方的实践经验和欲求，与他们自己的实践经验和欲求一样，是值得欲求的后果的证据。不过，任何这些理由只能够表明，为什么拥有苹果对于A或B或者两个人，在总体上或部分地是一件好事。他不能表明，为什么每一方都有对那个苹果的合理主张（全部的或部分的），也不能因此表明，为什么任何对那个苹果的特定欲求可以是合理的。[①] 具体来说，抽离了像边际效应递减这样的现象，就没有任何东西将会建议平分那个苹果。对于每一方具有任何道德义务（即使是暂时的）赋予对方的利益（或者，实际上，他自己的利益）任何

① 这里我受惠于与马克·范·鲁因的对话。

重量这个观点，当然就没有任何位置。

现在假设 A 提出了某种对于那个苹果的主张（或者对苹果的一部分，或者获得苹果的机会），并将它以第二人称方式传达给 B。不论 A 的主张的基础是什么，A 由此预设了与 B 的第二人称关系。A 预设了传达他提出的具体主张的立场，不论是以什么为基础，因此预设了向另一个人提出主张的第二人称权威。如果 B 仅仅通过公开地在他们之间给予它考量而接受这个主张，那么 B 就隐含地认可了 319
A 的第二人称权威，即使她通过反思拒绝 A 的具体主张。但是同样，在向 B 传达他的主张时，A 必须同时预设 B 的第二人称权威。最后，在认可一个来自 A 的主张或第二人称传唤时，B 也必须认可，并在她的实践推理中预设，她自己作为一个自由和理性行动者的第二人称权威。

在对第二人称观点的对等承认中，传达者和被传达者同样承诺了他们作为自由和理性人的相互责任，并且这使他们承诺了向彼此提供辩护的要求，至少是在他们的相互责任范围之内。他们的对等传达也使他们双方都承诺了他们传达的任何要求的合理性限制；他们必须能够期望他们的被传达者接受，或者不会合理地拒绝他们作为自由和理性人，并且根据它们作为独立和相互负责（具有第二人称能力）的行动者的利益的要求。它使他们双方都承诺，不将任何他们不准备从他们作为自由和理性人的共同观点出发施加给自己的要求施加于对方。

因此，第二人称观点确证了合理性，因而为契约论的道德理论提供了基础。通过预设人的平等尊严，它使我们承诺了契约论最深入的观念：相互负责的自由和理性人的共同体。[①] 通过这样做，它为我们提供了正确种类的理由，服从那些产生相互负责的平等个体之间的尊重的原则。 320

---

① 伊丽莎白·安德森（1999）按照这些路线提出了她所说的“平等的关系理论”。我非常受惠于她的著作。

参考文献

Adams, Robert. 1999. *Finite and Infinite Goods.* New York: Oxford University Press.

Alexander, Richard D. 1987. *The Biology of Moral Systems.* New York: Aldine de Gruyter.

Allen, Karen, Jim Blascovich, and Wendy B. Mendes. 2001. "Cardiovascular Reactivity and the Presence of Pets, Friends, and Spouses: The Truth about Cats and Dogs." *Psychosomatic Medicine* 63: 727—739.

Allison, Henry. 1986. "Morality and Freedom: Kant's Reciprocity Thesis." *Philosophical Review* 95: 393—425.

Anderson, Elizabeth. 1999. "What Is the Point of Equality?" *Ethics* 109: 287—337.

——. 2000. "Beyond Homo Economicus: New Developments in Theories of Social Norms." *Philosophy & Public Affairs* 29: 170—200.

Anscombe, G. E. M. 1957. *Intention.* Oxford: Basil Blackwell.

——. 1958. "Modern Moral Philosophy." *Philosophy* 33: 1—19.

Aristotle. 1980. *The Nicomachean Ethics,* ed. David Ross. New York: Oxford University Press.

Arpaly, Nomy. 2003. *Unprincipled Virtue.* Oxford: Oxford University Press.

Austin, J. L. 1975. *How to Do Things with Words.* Cambridge, MA: Harvard University Press.

Axelrod, Robert. 1984. *The Evolution of Cooperation.* New York: Basic Books.

Bagnoli, Carla. 2003. "Respect and Loving Attention." *Canadian Journal of Philosophy* 33: 483—516.

Baier, Annette. 1991. *A Progress of the Sentiments*. Cambridge, MA: Harvard University Press.

——. 1993. "Moralism and Cruelty: Reflections on Hume and Kant." *Ethics* 103: 436—457.

Baier, Kurt. 1966. "Moral Obligation." *American Philosophical Quarterly* 3: 210—226.

Baron-Cohen, Simon, A. Leslie, and U. Frith. 1985. "Does the Autistic Child Have a 'Theory of Mind'?" *Cognition* 21: 37—46.

Barry, Brian, and Russell Hardin, eds. 1982. *Rational Man and Irrational Society*. Beverly Hills, CA: Sage Publications.

Ben-Ner, Avner, and Louis Putterman, eds. 1998. *Economics, Values, and Organization*. Cambridge: Cambridge University Press.

Bennett, Jonathan. 1980. "Accountability," in *Philosophical Subjects*, ed. Zak Van Stratten. Oxford: Clarendon Press.

Bentham, Jeremy. 1962. Introduction to the Principles of Morals and Legislation, in *The Works of Jeremy Bentham*, ed. J. Bowring. New York: Russell & Russell.

Blackburn, Simon. 1995. "Practical Tortoise Raising." *Mind* 104: 695—711.

Blumenfeld, Laura. 2000. *Revenge: A Story of Hope*. New York: Simon & Schuster.

Bohman, James. 2000. "The Importance of the Second Person: Interpretation, Practical Knowledge, and Normative Attitudes," in *Empathy and Agency*, ed. Hans Herbert Kögler and Karsten R. Stueber. Boulder, CO: Westview Press.

Bond, E. J. 1983. *Reason and Value*. Cambridge: Cambridge University Press.

Brand-Ballard, Jeffrey. 2004. "Contractualism and Deontic Restrictions." *Ethics* 114: 269—300.

Brandt, Richard. 1965. "Towards a Credible Form of Utilitarianism," in *Morality and the Language of Conduct*, ed. Hector-Neri Castañeda and George Nakhnikian. Detroit, MI: Wayne State University Press.

——. 1979. *A Theory of the Good and the Right*. Oxford: Oxford University Press.

Bratman, Michael. 1992. "Shared Cooperative Activity." *Philosophical Review* 101: 327—341.

——. 1993. "Shared Intention." *Ethics* 104: 97—113.

Bricke, John. 1996. *Mind and Morality: An Examination of Hume's Moral Psychology*. Oxford: Clarendon Press.

Brink, David O. 1997. "Kantian Rationalism: Inescapability, Authority, and Supremacy," in *Ethics and Practical Reason*, ed. Garrett Cullity and Berys Gaut. Oxford: Clarendon Press.

Broome, John. 1999. "Normative Requirements." *Ratio* 12: 398—419.

Brosnan, Sarah F., and Frans B. M. de Waal. 2003. "Monkeys Reject Unequal Pay." *Nature* 425 (2003): 297—299.

Buber, Martin. 1965. *The Knowledge of Man: Selected Essays*, ed. Maurice Friedman. New York: Harper & Row.

——. 1970. *I and Thou,* trans. Walter Kaufman. New York: Touchstone, Simon & Schuster.

Burge, Tyler. 1993. "Content Preservation." *Philosophical Review* 102: 457—488.

Buss, Sarah. 1999a. "Appearing Respectful: The Moral Significance of Manners." *Ethics* 109: 795—826.

——. 1999b. "Respect for Persons." *Canadian Journal of Philosophy* 29: 517—550.

Butler, Bishop Joseph. 1900. *The Works of Joseph Butler*, ed. J. H. Bernard. 2 vols. London: Macmillan.

——. 1983. *Five Sermons*, ed. Stephen Darwall. Indianapolis: Hackett Publishing Co.

Carroll, Lewis. 1895. "What the Tortoise Said to Achilles." *Mind* 4: 278—280.

Chafe, William. 1980. *Civilities and Civil Rights*. New York: Oxford University Press.

Coady, C. A. J. 1992. *Testimony: A Philosophical Study*. Oxford: Oxford University Press.

Cohon, Rachel. 1997. "Hume's Difficulty with the Virtue of Honesty." *Hume Studies* 23: 91—112.

Corwin, Miles. 1982. "Icy Killer's Life Steeped in Violence." *Los Angeles Times*, May 16.

Cranor, Carl. 1975. "Toward a Theory of Respect for Persons." *American*

Philosophical Quarterly 12: 309—319.

Cudworth, Ralph. ~1670. Manuscripts on freedom of the will. British Library, Additional Manuscripts, nos. 4978—4982.

——. 1996. *A Treatise Concerning Eternal and Immutable Morality*, ed. Sarah Hutton. Cambridge: Cambridge University Press.

Cullity, Garrett, and Berys Gaut. 1977. Introduction to *Ethics and Practical Reason*, ed. Gailett Cullity and Berys Gaut. Oxford: Oxford University Press.

Dancy, Jonathan. 1993. *Moral Reasons*. Oxford: Blackwell.

——. 2000. *Practical Reality*. Oxford: Oxford University Press.

——. 2001. "Moral Particularism." *Stanford Encyclopedia of Philosophy* (http://plato.stanford.edu/).

——. 2004. *Ethics without Principles*. Oxford: Oxford University Press.

D'Arms, Justin, and Daniel Jacobson. 2000a. "The Moralistic Fallacy: On the'Appropriateness' of Emotions." *Philosophy and Phenomenological Research* 61: 65—90.

——. 2000b. "Sentiment and Value." *Ethics* 110: 722—748.

Darwall, Stephen. 1974. "Pleasure as Ultimate Good in Sidgwick's Ethics." *Monist* 58: 475—489.

——. 1977. "Two Kinds of Respect." *Ethics* 88: 36—49.

——. 1980. "Is There a Kantian Foundation for Rawlsian Justice?" in *John Rawls' Theory of Social Justice*, ed. H. G. Blocker and E. Smith. Athens: Ohio University Press.

——. 1983. *Impartial Reason*. Ithaca, NY: Cornell University Press.

——. 1985. "Kantian Practical Reason Defended." *Ethics* 96: 89—99.

——. 1986a. "Agent-Centered Restrictions from the Inside Out." *Philosophical Studies* 50: 291—319.

——. 1986b. "Rational Agent, Rational Act." *Philosophical Topics* 14: 33—57.

——. 1987. "Abolishing Morality." *Synthese* 72 (1987): 71—89.

——. 1990. "Autonomist Internalism and the Justification of Morals." *Nous* 24: 257—268.

——. 1992. "Internalism and Agency." *Philosophical Perspectives* 6: 155—174.

——. 1994. "Hume and the Invention of Utilitarianism," in *Hume and Hume's*

Connexions, ed. M. A. Stewart and J. Wright. Edinburgh: Edinburgh University Press.

——. 1995a. *The British Moralists and the Internal " Ought": 1640—1740*. Cambridge: Cambridge University Press.

——. 1995b. "Human Morality's Authority." *Philosophy and Phenomenological Research* 55: 941—948.

——. 1997. "Reasons, Motives, and the Demands of Morality: An Introduction," in *Moral Discourse and Practice*, ed. Stephen Darwall, Allan Gibbard, and Peter Railton. New York: Oxford University Press.

——. 1998. "Empathy, Sympathy, Care." *Philosophical Studies* 89: 261—282.

——. 1999a. "The Inventions of Autonomy." *European Journal of Philosophy* 7: 339—350.

——. 1999b. "Sympathetic Liberalism." *Philosophy & Public Affairs* 28: 139—164.

——. 2001. "Because I Want It." *Social Philosophy & Policy* 18: 129—153.

——. 2002a. *Contractarianism/Contractualism*. Oxford: Blackwell.

——. 2002b. *Welfare and Rational Care*. Princeton, NJ: Princeton University Press.

——. 2003a. "Autonomy in Modern Natural Law," in *New Essays on the History of Autonomy*, ed. Larry Krasnoff and Natalie Brender. Cambridge: Cambridge University Press.

——. 2003b. "Moore, Normativity, and Intrinsic Value." *Ethics* 113: 468—489.

——. 2004a. "Equal Dignity in Adam Smith." *Adam Smith Review* 1: 129—134.

——. 2004b. "Respect and the Second-Person Standpoint." *Proceedings and Addresses of the American Philosophical Association* 78: 43—59.

——. 2005. "Fichte and the Second-Person Standpoint." *International Yearbook of German Idealism* 3: 91—113.

——. 2006. "Contractualism, Root and Branch: A Review Essay." *Philosophy & Public Affairs* 34 (2006): 193—214.

——. Unpublished. "How Is Moorean Value Related to Reasons for Attitudes?"

Darwall, Stephen, Allan Gibbard, and Peter Railton. 1997. "Toward *Fin de Siècle* Ethics: Some Trends," in *Moral Discourse and Practice*, ed. Stephen Darwall,

Allan Gibbard, and Peter Railton. New York: Oxford University Press.
Davidson, Donald. 1980. "Actions, Reasons, and Causes," in *Essays on Actions and Events*. Oxford: Clarendon Press.
——. 2001. "The Second Person," in *Subjective, Intersubjective, Objective*. Oxford: Clarendon Press.
Davies, Martin, and Tony Stone. 1995. *Psychology: The Theory of Mind Debate*. Oxford: Blackwell.
Deigh, John. 1983. "Shame and Self-Esteem: A Critique." *Ethics* 93: 225—245.
——. 1995. "Empathy and Universalizability." *Ethics* 105: 743—763.
Dewey, John. 1998a. "The Moral Self," in *The Essential Dewey*, vol. 2, *Ethics Logic, Psychology*, ed. Larry A. Hickman and Thomas M. Alexander. Bloomington: Indiana University Press.
——. 1998b. "Three Independent Factors in Morals," in *The Essential Dewey*, vol. 2, *Ethics Logic, Psychology*, ed. Larry A. Hickman and Thomas M. Alexander. Bloomington: Indiana University Press.
Dillon, Robin S., ed. 1995. *Dignity, Character, and Self-Respect*. New York: Routledge.
——. 1997. "Self-Respect: Moral, Emotional, Political." *Ethics* 107: 226—249.
——. 2004. "Kant on Arrogance and Self-Respect," in *Setting the Moral Compass: Essays by Women Philosophers*, ed. Cheshire Calhoun. New York: Oxford University Press.
Downie, R. S., and Elizabeth Telfer. 1970. *Respect for Persons*. New York: Schocken.
Dummett, Michael. 1990. "The Source of the Concept of Truth" in *Meaning and Method: Essays in Honour of Hilary Putnam*, ed., George Boolos. Cambridge: Cambridge University Press.
Dworkin, Gerald. 1988. *The Theory and Practice of Autonomy*. Cambridge: Cambridge University Press.
Dylan, Bob. 2004. *Lyrics: 1962—2001*. New York: Simon & Schuster.
Ekman, Paul, Maureen O'Sullivan, and Mark G. Frank. 1999. "A Few Can Catch a Liar." *Psychological Science* 10: 263—266.
Emmons, Robert A., and Michael E. McCullough. 2003. "Counting Blessings

versus Burdens: An Experimental Investigation of Gratitude and Subjective Well-Being in Daily Life." *Journal of Personality and Social Psychology* 84: 377—389.

Enoch, David. Forthcoming. "An Outline of an Argument for Robust Metanormative Realism," in *Oxford Studies in Metaethics*, vol. 2, ed. Russ Shafer-Landau. Oxford: Oxford University Press.

Ewing, A. C. 1939. "A Suggested Non-Naturalistic Analysis of Good." *Mind* 48: 1—22.

Falk, W. D. 1953. "Goading and Guiding." *Mind* 62: 145—171.

——. 1986. "Fact, Value, and Nonnatural Predication," in *Ought, Reasons, and Morality*. Ithaca, NY: Cornell University Press.

Fehr, Ernst, and Simon Gächter. 2002. "Altruistic Punishment in Humans." *Nature* 415: 137—140.

Fehr, Ernst, and Bettina Rockenbach. 2003. "Detrimental Effects of Sanctions on Human Altruism." *Nature* 422: 137—140.

Fehr, Ernest, and Klaus M. Schmidt. 1999. "A Theory of Fairness, Competition, and Cooperation." *Quarterly Journal of Economics* 114: 817—868.

Feinberg, Joel. 1980. "The Nature and Value of Rights," in *Rights, Justice, and the Bounds of Liberty*. Princeton, NJ: Princeton University Press.

Fichte, Johann Gottlieb. 2000. *Foundations of Natural Right*, ed. Frederick Neuhouser, trans. Michael Bauer. Cambridge: Cambridge University Press.

Fleischacker, Samuel. 2004a. *On Adam Smith's Wealth of Nations: A Philosophical Companion*. Princeton, NJ: Princeton University Press.

——. 2004b. *A Short History of Distributive Justice*. Cambridge, MA: Harvard University Press.

Foley, Richard. 1994. "Egoism in Epistemology," in *Socializing Epistemology: The Social Dimensions of Knowledge*, ed. Frederick F. Schmitt. Lanham, MD: Rowman & Littlefield.

Foot, Philippa. 1972. "Morality as a System of Hypothetical Imperatives." *Philosophical Review* 81: 305—316.

Frank, Robert. 1988. Passions within Reason: The Strategic Role of the Emotions. New York: W. W. Norton.

Frankena, William. 1992. "Sidgwick and the History of Ethical Dualism," in *Essays on Henry Sidgwick*, ed. Bart Schultz. Cambridge: Cambridge University Press.

Freeman, Samuel. 1991. "Contractualism, Moral Motivation, and Practical Reason." *Journal of Philosophy* 88: 281—303.

Gauthier, David. 1979. "David Hume, Contractarian." *Philosophical Review* 88: 3—38.

——. 1986. *Morals by Agreement*. Oxford: Clarendon Press.

——. 1992. "Artificial Virtues and the Sensible Knave." *Hume Studies* 18: 401—428.

Gewirth, Alan. 1978. *Reason and Morality*. Chicago: University of Chicago Press.

Gibbard, Allan. 1990. *Wise Choices, Apt Feelings*. Cambridge, MA: Harvard University Press.

Gilbert, Margaret. 1990. "Walking Together: A Paradigmatic Social Phenomenon." *Midwest Studies in Philosophy* 15: 1—14.

——. 1996a. "Is an Agreement an Exchange of Promises?" in *Living Together: Rationality, Sociality, and Obligation*. Lanham, MD: Rowman & Littlefield.

——. 1996b. *Living Together: Rationality, Sociality, and Obligation*. Lanham, MD: Rowman & Littlefield.

Goffman, Erving. 1961. *Asylums: Essays on the Social Situation of Mental Patients and Other Inmates*. Chicago: Aldine.

Goldman, Alvin I. 1989. "Interpretation Psychologized." *Mind and Language* 4: 161—185.

——. 1992. "In Defense of the Simulation Theory." *Mind and Language* 7: 104—119.

Goldsmith, Oliver. 1901. *The Vicar of Wakefield.* Chicago: Scott, Foresman and Co.

Good, Erica. 1999. "To Tell the Truth, It's Awfully Hard to Spot a Liar." *New York Times,* May 11.

Gordon, Robert M. 1986. "Folk Psychology as Simulation." *Mind and Language* 1: 158—171.

——. 1992. "The Simulation Theory: Objections and Misconceptions." *Mind and Language* 7: 11—34.

Greenspan, P. S. 1975. "Conditional Oughts and Hypothetical Imperatives," *Journal of Philosophy* 72: 259—276.

——. 1992. "Subjective Guilt and Responsibility." *Mind* 101: 287—303.

Grotius, Hugo. 1925. *The Law of War and Peace,* trans. Francis W. Kelsey. New York: Carnegie Endowment for International Peace.

Haakonssen, Knud. 1981. *The Science of a Legislator.* Cambridge: Cambridge University Press.

Habermas, Jürgen. 1990. *Moral Consciousness and Communicative Action,* trans. Christian Lenhardt and Shierry Weber Nicholsen, intro. Thomas McCarthy. Cambridge, MA: MIT Press.

Hampton, Jean. 1998. *The Authority of Reason.* Cambridge: Cambridge University Press.

Hare, R. M. 1971. "Wanting: Some Pitfalls," in *Agent, Action, and Reason,* ed. Robert Binkley, Richard Bronaugh, and Ausonio Marras. Toronto: University of Toronto Press.

——. 1981. *Moral Thinking: Its Level, Methods, and Point.* Oxford: Oxford University Press.

——. 1993. "Could Kant Have Been a Utilitarian?" in *Kant and Critique: New Essays in Honor of W. H. Werkmeister.* Dordrecht: Kluwer Academic Publishers.

Hare, Robert D. 1993. *Without Conscience: The Disturbing World of the Psychopaths among Us*. New York: The Guilford Press.

Harman, Gilbert. 1977. *The Nature of Morality: An Introduction to Ethics.* New York: Oxford University Press.

Harsanyi, John C. 1978. "Bayesian Decision Theory and Utilitarian Ethics." *The American Economic Review* 68: 223—228.

Hart, H. L. A. 1961. *The Concept of Law.* Oxford: Clarendon Press.

——. 1965. "Are There Any Natural Rights?" *Philosophical Review* 64: 175—191.

——. 1990. "Commands and Authoritative Legal Reasons," in *Authority,* ed. Joseph Raz. New York: New York University Press.

Hartley, Christie. 2005. "Justice for All: Constructing an Inclusive Contractualism." Ph.D. diss., University of Michigan-Ann Arbor.

Hearne, Vicki. 1986. *Adam's Task: Calling Animals by Name.* New York: Knopf, distributed by Random House.

Hegel, Georg Wilhelm Friedrich. 1977. *Phenomenology of Spirit,* trans. A. V. Miller. Oxford: Oxford University Press.

——. 1991. *Elements of the Philosophy of Right,* ed. Allen W. Wood and Hugh B. Nisbett. Cambridge: Cambridge University Press.

Henrich, Joseph. 2000. "Does Culture Matter in Economic Behavior? Ultimate Game Bargaining among the Machiguenga of the Peruvian Amazon." *American Economics Review* 90: 973—979.

——. 2001. "In Search of Homo Economicus: Behavioral Experiments in Fifteen Small-Scale Societies." *American Economics Review* 91: 73—78.

Herman, Barbara. 1996. *The Practice of Moral Judgment.* Cambridge, MA: Harvard University Press.

Hill, Thomas E., Jr. 1980. "Humanity as an End in Itself." *Ethics* 91: 84—99.

——. 1985. "Kant's Argument for the Rationality of Moral Conduct." *Pacific Philosophical Quarterly* 66: 3—23.

——. 1989. "Kantian Constructivism in Ethical Theory." *Ethics* 99: 752—770.

——. 1997. "Respect for Humanity," in *The Tanner Lectures on Human Values,* vol. 18, ed. Grethe B. Peterson. Salt Lake City: University of Utah Press.

——. 1998. "Respect for Persons," in *Routledge Encyclopedia for Philosophy,* vol. 8, ed. Edward Craig. London: Routledge, 284.

Hinchman, Edward S. 2000. "Trust and Reason." Ph.D. diss., University of Michigan.

——. 2005. "Telling as Inviting to Trust." *Philosophy and Phenomenological Research* 70: 562—587.

Hobbes, Thomas. 1983. *De Cive: The English Version, Entitled in the First Edition, Philosophical Rudiments Concerning Government and Society*, ed. And trans. Howard Warrender. Oxford: Clarendon Press.

——. 1994. *Leviathan,* ed. Edwin Curley. Indianapolis: Hackett Publishing Co.

Hoffman, Martin L. 2000. *Empathy and Moral Development.* Cambridge: Cambridge University Press.

Hohfeld, Wesley Newcomb. 1923. *Fundamental Legal Conceptions,* ed. Walter

Wheeler Cook. New Haven, CT: Yale University Press.
Honneth, Axel. 1995. *The Struggle for Recognition.* Cambridge, MA: Polity Press.
Hooker, Brad. 2000. *Ideal Code, Real World: A Rule-Consequentialist Theory of Morality*. Oxford: Oxford University Press.
Horney, Karen. 1970. *Neurosis and Human Growth: The Struggle Toward Self-Realization.* New York: W. W. Norton.
Hudson, Stephen D. 1980. "The Nature of Respect." *Social Theory and Practice* 6: 69—90.
Hume, David. 1978. *A Treatise of Human Nature,* ed L. A. Selby-Bigge, 2nd ed., rev. P. H. Nidditch. Oxford: Oxford University Press.
——. 1985a. *An Enquiry Concerning Human Understanding*, in *Enquiries Concerning Human Understanding and Concerning the Principles of Morals*, ed. L. A. Selby-Bigge, 3rd ed., rev. P. H. Nidditch. Oxford: Clarendon Press.
——. 1985b. *An Enquiry Concerning the Principles of Morals*, in *Enquiries Concerning Human Understanding and Concerning the Principles of Morals.*
Imam, Ayesha. 2002. Interview with Terry Gross, "Fresh Air," December 5, 2002 (http://freshair.npr.org/day_fa.jhtml?display_day&todayDate_12/05/2002).
Jefferson, Thomas. 1984. *Writings.* New York: Library of America.
Johnson, Conrad D. 1985. "The Authority of the Moral Agent." *Journal of Philosophy* 82: 391—413.
——. 1991. *Moral Legislation: A Legal-Political Model for Indirect Consequentialist Reasoning*. Cambridge: Cambridge University Press.
Kahneman, Daniel, and Amos Tversky. 1982. "The Simulation Heuristic," in *Judgment under Uncertainty,* ed. D. Kahneman, P. Slovic, and A. Tversky. Cambridge: Cambridge University Press.
Kamm, Frances. 1989. "Harming Some to Save Others." *Philosophical Studies* 57: 227—260.
——. 1992. "Non-Consequentialism, the Person as an End-in-Itself, and the Significance of Status." *Philosophy & Public Affairs* 21: 381—389.
Kant, Immanuel. 1900—. *Kant's gesammelte Schriften*. Berlin: Georg Reimer, later Walter de Gruyter.
——. 1996a. *Critique of Practical Reason,* in *Practical Philosophy,* trans. and ed.

Mary J. Gregor. Cambridge: Cambridge University Press. Page references are to page numbers of the Preussische Akademie edition.

——. 1996b. *Groundwork of the Metaphysics of Morals,* in *Practical Philosophy.* References are to page numbers of the Preussische Akademie edition.

——. 1996c. *Metaphysical First Principles of the Doctrine of Right*, in *The Metaphysics of Morals*, in *Practical Philosophy*. References are to page numbers of the Preussische Akademie edition.

——. 1996d. *Metaphysical First Principles of the Doctrine of Virtue*, in *The Metaphysics of Morals*, in *Practical Philosophy*. References are to page numbers of the Preussische Akademie edition.

——. 1996e. *The Metaphysics of Morals*, in *Practical Philosophy*. References are to page numbers of the Preussische Akademie edition.

——. 1996f. *Practical Philosophy,* trans. and ed. Mary J. Gregor. Cambridge: Cambridge University Press. References are to page numbers of the Preussische Akademie edition.

——. 1998. *The Critique of Pure Reason,* trans. and ed. Paul Guyer and Allen W. Wood. Cambridge: Cambridge University Press. References are to page numbers of the Preussische Akademie edition.

——. 1999. *Religion Within the Boundaries of Mere Reason,* ed. Allen W. Wood and George Di Giovanni, foreword Robert Merrihew Adams. Cambridge: Cambridge University Press.

——. 2002. *Groundwork for the Metaphysics of Morals,* ed. Allen Wood. New Haven, CT: Yale University Press. Page references are to page numbers of the Preussische Akademie edition.

Kavka, Gregory. 1995. "The Rationality of Rule-Following: Hobbes' Dispute with the Foole." *Law and Philosophy* 14: 5—34.

Kennett, Jeanette. 2002. "Autism, Empathy, and Moral Agency." *The Philosophical Quarterly* 52: 340—357.

Kerstein, Samuel. 2001. "Korsgaard's Kantian Arguments for the Value of Humanity." *Canadian Journal of Philosophy* 31: 23—52.

Kögler, Herbert and Karsten R. Stueber. 2000. *Empathy and Agency: The Problem of Understanding in the Human Sciences*. Boulder, CO: Westview Press.

Kohlberg, Lawrence. 1981. *Essays on Moral Development.* San Francisco: Harper & Row.

Korsgaard, Christine. 1986. "Skepticism about Practical Reason." *Journal of Philosophy* 83: 5—25.

——. 1996a. "Creating the Kingdom of Ends," in *Creating the Kingdom of Ends.* Cambridge: Cambridge University Press.

——. 1996b. "Kant's Formula of Humanity," in *Creating the Kingdom of Ends.*

——. 1996c. "Morality and Freedom," in *Creating the Kingdom of Ends.*

——. 1996d. "The Reasons We Can Share: An Attack on the Distinction between Agent-Relative and Agent-Neutral Values," in *Creating the Kingdom of Ends.*

——. 1996e. *The Sources of Normativity.* Cambridge: Cambridge University Press.

——. 1996f. "Two Distinctions in Goodness," in *Creating the Kingdom of Ends.*

——. 1997. "The Normativity of Instrumental Reason," in *Ethics and Practical Reason,* ed. Garrett Cullity and Berys Gaut. Oxford: Oxford University Press.

——. 2003. "Realism and Constructivism in Twentieth-Century Moral Philosophy." *Journal of Philosophical Research* 28: 99—122.

Kumar, Rahul. 1999. "Defending the Moral Moderate: Contractualism and Common Sense." *Philosophy & Public Affairs* 28: 275—309.

——. 2003. "Reasonable Reasons in Contractualist Moral Argument." *Ethics* 114: 6—37.

Laurence, Michael. 1997. "Death Be Not Proud," *Bates Magazine.*

Leibniz, Gottfried Wilhelm. 1989. *Political Writings,* ed. Patrick Riley, 2nd ed. Cambridge: Cambridge University Press.

Leimar, Olof, and Peter Hammerstein. 2001: "Evolution of Cooperation through Indirect Reciprocity." *Proceedings of the Royal Society of London* 268: 745—753.

Leiter, Brian. 1995. "Morality in the Pejorative Sense: On the Logic of Nietzsche's Critique of Morality." *British Journal for the History of Philosophy* 3: 113—145.

——. 1997. "Nietzsche and the Morality Critics." *Ethics* 107: 250—285.

Lévinas, Emmanuel. 1969. *Totality and Infinity: An Essay on Exteriority,* trans. Alphonso Lingis. Pittsburgh: Duquesne University Press.

Lincoln, Abraham. 1989. *Speeches and Writings, 1832—1858,* ed. Don E. Fehrenbacher. New York: Library of America.

Lloyd, Sharon. Forthcoming. *Cases in the Law of Nature: The Moral Philosophy of Thomas Hobbes*.

Locke, John. 1975. *An Essay Concerning Human Understanding,* ed. Peter H. Nidditch. Oxford: Oxford University Press.

——. 1988. *Second Treatise of Government,* in *Two Treatises of Government,* ed. Peter Laslett. Cambridge: Cambridge University Press.

Lotem, Arnon, M. A. Fishman, and L. Stone. 1999. "Evolution of Cooperation between Individuals." *Nature* 400: 226—227.

Lyons, David. 1965. *The Forms and Limits of Utilitarianism.* Oxford: Clarendon Press.

Mack, Eric. 1976. "Hart on Natural and Contractual Rights." *Philosophical Studies* 29: 283—285.

Malanowski, Jamie. 2002. "Human, Yes, but No Less a Monster." *New York Times,* December 22, sec. 2, pp. 1, 36.

Mansbridge, Jane J., ed. 1990. *Beyond Self-Interest.* Chicago: University of Chicago Press.

Margalit, Avishai. 1996. *The Decent Society*. Cambridge, MA: Harvard University Press.

Mason, Michelle. 2003. "Contempt as a Moral Attitude." *Ethics* 113: 234—272.

——. Unpublished. "Shamelessness."

McDowell, John. 1979. "Virtue and Reason." *Monist* 62: 331—350.

McNaughton, David, and Piers Rawlings. 1991. "Agent-Relativity and the Doing-Happening Distinction." *Philosophical Studies* 63: 167—185.

——. 1993. "Deontology and Agency." *Monist* 76: 81—100.

——. 1995. "Value and Agent-Relative Reasons." *Utilitas* 7: 31—47. Melnick, Arthur. 2002. "Kant's Formulations of the Categorical Imperative." *Kant-Studien* 93: 291—308.

Milgram, Stanley. 1974. *Obedience to Authority.* New York: Harper & Row.

Mill, John Stuart. 1988. *The Subjection of Women,* ed. Susan Moller Okin. Indianapolis: Hackett Publishing Co.

——. 1998. *Utilitarianism,* ed. Roger Crisp. Oxford: Oxford University Press.

Miller, William I. 1997. *The Anatomy of Disgust.* Cambridge, MA: Harvard University Press.

Moore, G. E. 1966. *Ethics.* London: Oxford University Press.

——. 1993. *Principia Ethica,* rev. ed. with the preface to the (projected) 2nd ed. and other papers, ed. with an intro. Thomas Baldwin. Cambridge: Cambridge University Press.

Moran, Richard. 2005. "Getting Told, Being Believed." *Philosophers' Imprint* 5:5 (http://www.philosophersimprint.org/005005/).

Morissette, Alanis. 1995. "You Oughta Know." Milwaukee, WI: MCA Music Publishers, H. Leonard Corp.

Morris, Herbert. 1976. "Guilt and Shame," in *Guilt and Innocence.* Berkeley: University of California Press.

Mulgan, Timothy. 2001. *The Demands of Consequentialism.* Oxford: Oxford University Press.

Murdoch, Iris. 1999. "The Sublime and the Good," in *Existentialists and Mystics,* ed. Peter Conrad. New York: Penguin Books.

Murphy, Jeffrie G., and Jean Hampton. 1988. *Forgiveness and Mercy.* Cambridge: Cambridge University Press.

Myejes, Meno. 2002. *Max.* Natural Nylon II; Pathé.

Nagel, Thomas. 1970. *The Possibility of Altruism.* Oxford: Clarendon Press.

——. 1986. *The View from Nowhere.* New York: Oxford University Press.

——. 1995. "Personal Rights and Public Space." *Philosophy & Public Affairs* 24: 83—107.

Neiman, Susan. 2002. *Evil in Modern Thought: An Alternative History of Philosophy.* Princeton, NJ: Princeton University Press.

Neufeld, Ephraim, trans. 1951. *The Hittite Laws.* London: Luzac.

Neuhouser, Fredrick. 1994. "Fichte and the Relationship between Right and Morality," in *Fichte: Historical Contexts/Contemporary Controversies,* ed. Daniel Breazeale and Tom Rockmore. Atlantic Highlands, NJ: Humanities Press, 158—180.

Nietzsche, Friedrich. 1994. *On the Genealogy of Morals,* ed. Keith Ansell-Pearson

and Carol Diethe. Cambridge: Cambridge University Press.
Nowak, Martin A., and Karl Sigmund. 1998a. "The Dynamics of Indirect Reciprocity." *Journal of Theoretical Biology* 194: 561—574.
——. 1998b. "Evolution of Indirect Reciprocity by Image Scoring." *Nature* 393: 573—577.
Nowell-Smith, P. H. 1948. "Freewill and Moral Responsibility." *Mind* 57: 45—61.
Nozick, Robert. 1969. "Coercion," in *Philosophy, Science, and Method,* ed. Sidney Morgenbesser, Patrick Suppes, and Morton White. New York: St. Martin's Press.
Oakes, James. 1990. *Slavery and Freedom.* New York: W. W. Norton.
Olson, Jonas. 2004. "Buck-Passing and the Wrong Kind of Reasons." *The Philosophical Quarterly* 54: 295—300.
Orbell, John M., Robyn M. Dawes, and Alphons van de Kragt. 1988. "Explaining Discussion-Induced Cooperation." *Journal of Personality and Social Psychology* 54: 811—819.
——. 1990. "Cooperation for the Benefit of Us—Not Me, or My Conscience," in *Beyond Self-Interest,* ed. Jane J. Mansbridge. Chicago: University of Chicago Press.
Parfit, Derek. 1984. *Reasons and Persons.* Oxford: Clarendon Press.
——. 1997. "Reasons and Motivation." *Aristotelian Society,* supp. vol., 71: 99—130.
——. 2001. "Rationality and Reasons," in *Exploring Practical Philosophy: From Action to Values,* ed. Dan Egonsson, Bjo¨n Petersson, Jonas Josefsson, and Toni Ronnøw-Rasmussen. Aldershot: Ashgate Press.
——. 2004. "Contractualism," in *Tanner Lectures on Human Values 2004,* ed. Grethe Peterson. Salt Lake City: Utah University Press.
Parisoli, Luca. 2001. "Hume and Reid on Promises," *Thèmes,* Année 2001 (http://www.philosophiedudroit.org/parisoli,%20hume.htm).
Pettit, Philip, and Michael Smith. 1990. "Backgrounding Desire." *Philosophical Review* 99: 565—592.
——. 1996. "Freedom in Belief and Desire." *Journal of Philosophy* 93: 429—449.
Plato. 1969. *The Collected Dialogues of Plato, Including the Letters,* ed. Edith

Hamilton and Huntington Cairns. Princeton, NJ: Princeton University Press.
Platts, Mark. 1979. *Ways of Meaning.* London: Routledge & Kegan Paul.
Postema, Gerald. 1995. "Morality in the First Person Plural." *Law and Philosophy* 14: 35—64.
Pound, Roscoe. 1922. *An Introduction to the Philosophy of Law.* New Haven, CT: Yale University Press.
Price, Richard. 1974 (1758). *A Review of the Principal Questions in Morals,* ed. D. D. Raphael. Oxford: Clarendon Press.
Prichard, H. A. 2002. "Does Moral Philosophy Rest on a Mistake?" in *Moral Writings,* ed. Jim McAdam. Oxford: Oxford University Press.
Pufendorf, Samuel. 1934. *On the Law of Nature and Nations,* trans. C. H. Oldfather and W. A. Oldfather. Oxford: Clarendon Press.
Putnam, Hilary. 2002. "Lévinas and Judaism," in *The Cambridge Companion to Lévinas,* ed. Simon Critchley and Robert Bernasconi. Cambridge: Cambridge University Press.
Quinn, Warren. 1991. "Putting Rationality in Its Place," in *Morality and Action.* Cambridge: Cambridge University Press.
Rabinowicz, Wlodek, and Toni Ronnøw-Rasmussen. 2004. "The Strike of the Demon: On Fitting Pro-Attitudes and Value." *Ethics* 114: 391—423.
Radzinsky, Edvard. 1997. *Stalin.* New York: Anchor Books.
Railton, Peter. 1986. "Moral Realism." *Philosophical Review* 95: 163—207.
——. 1989. "Naturalism and Prescriptivity." *Social Philosophy & Policy* 7: 151—174.
——. 1992. "Pluralism, Determinism, and Dilemma." *Ethics* 102: 720—742.
——. 1997. "On the Hypothetical and Non-Hypothetical in Reasoning about Belief and Action," in *Ethics and Practical Reason,* ed. Garrett Cullity and Berys Gaut. Oxford: Oxford University Press.
Rawls, John. 1955. "Two Concepts of Rules." *Philosophical Review* 64: 3—32.
——. 1971. *A Theory of Justice.* Cambridge: MA: Harvard University Press.
——. 1980. "Kantian Constructivism in Moral Theory." *Journal of Philosophy* 77: 515—572.
——. 1993. *Political Liberalism.* New York: Columbia University Press.

——. 1999. *A Theory of Justice,* rev. ed. Cambridge, MA: Harvard University Press.

——. 2000. *Lectures on the History of Philosophy,* ed. Barbara Herman. Cambridge, MA: Harvard University Press.

——. 2001. *Justice as Fairness: A Restatement*, ed. Erin Kelly. Cambridge, MA: Harvard University Press.

Raz, Joseph. 1972. "Voluntary Obligations and Normative Powers." *Proceedings of the Aristotelian Society* 46: 79—101.

——. 1975. *Practical Reason and Norms.* London: Hutchinson.

——. 1986. *The Morality of Freedom.* Oxford: Clarendon Press.

Regan, Donald H. 2003a. "How to Be a Moorean." *Ethics* 113: 651—677.

——. 2003b. "The Value of Rational Nature." *Ethics* 112: 267—291.

Reginster, Bernard. 2003. "The Moral Distinctions of Self-Conceit." Presented at the Kantian Ethics Conference, University of San Diego.

Reid, Thomas. 1969. *Essays on the Active Powers of the Human Mind.* Cambridge, MA: MIT Press.

Rochefoucauld, Francois (duc de) la. 1976. *Reflexions, ou sentences et maxims morales suivi des reflexions diverses,* ed. Jean Lafond. Paris: Gallimard.

Rosati, Connie S. 1995. "Naturalism, Normativity, and the Open Question Argument." *Nouˆs* 29: 46—70.

——. 2003. "Agency and the Open Question Argument." *Ethics* 113: 490—527.

Rosenkoetter, Timothy. 2003. "A Semantic Approach to Kant's Practical Philosophy." Presented at the APA Central Division Meetings, Cleveland, OH.

Ross, W. D. 1930. *The Right and the Good.* Oxford: Clarendon Press.

Rothschild, Emma. 2001. *Economic Sentiments: Adam Smith, Condorcet, and the Enlightenment.* Cambridge, MA: Harvard University Press.

Rousseau, Jean-Jacques. 1997. *The Social Contract and Other Later Political Writings,* ed. and trans. Victor Gourevitch. Cambridge: Cambridge University Press.

Rumfitt, Ian. 1998. "Presupposition," in *Routledge Encyclopedia of Philosophy,* vol. 7, ed. Edward Craig. London: Routledge.

——. Forthcoming. "An Anti-Realist of Classical Consequence," in *The Library of Living Philosophers: Michael Dummett.*

Sabini, John, and Maury Silver. 1982. *Moralities of Everyday Life.* New York: Oxford University Press.

Sartre, Jean-Paul. 1957. *Being and Nothingness: A Phenomenological Essay on Ontology,* trans. Hazel Barnes. New York: Washington Square Press.

Scanlon, T. M. 1982. "Contractualism and Utilitarianism," in *Utilitarianism and Beyond,* ed. Bernard Williams and Amartya Sen. Cambridge: Cambridge University Press.

——. 1990. "Promises and Practices." *Philosophy & Public Affairs* 19: 199—226.

——. 1995. "The Significance of Choice," in *Equal Freedom,* ed. Stephen Darwall. Ann Arbor: University of Michigan Press.

——. 1998. *What We Owe to Each Other.* Cambridge, MA: Harvard University Press.

Schapiro, Tamar. 1999. "What Is a Child?" *Ethics* 109: 715—738.

——. 2001. "Three Conceptions of Action in Moral Theory." *Noûs* 35: 93—117.

——. 2003a. "Childhood and Personhood." *Arizona Law Review* 45: 575—594.

——. 2003b. "Compliance, Complicity, and the Nature of Nonideal Conditions." *Journal of Philosophy* 100: 329—355.

Scheffler, Samuel. 1982. *The Rejection of Consequentialism.* Oxford: Clarendon Press.

——. 1992. *Human Morality.* New York: Oxford University Press.

——. 2004. "Doing and Allowing." *Ethics* 114: 215—239.

Schlick, Moritz. 1939. *Problems of Ethics.* New York: Prentice-Hall.

Schneewind, J. B. 1990. *Moral Philosophy from Montaigne to Kant.* Cambridge: Cambridge University Press.

——. 1998. *The Invention of Autonomy.* Cambridge: Cambridge University Press.

Searle, John. 1964. "How to Derive an 'Ought' from an 'Is'." *Philosophical Review* 73: 43—58.

Sellars, Wilfrid. 1997. *Empiricism and the Philosophy of Mind.* Cambridge, MA: Harvard University Press.

Seuss, Dr. (Theodor Geisel). 1971. *The Lorax.* New York: Random House.

Shafer-Landau. 2003. *Moral Realism: A Defense.* New York: Oxford University Press.

Shah, Nishi. 2003. "How Truth Governs Belief." *Philosophical Review* 112: 447—482.

Shah, Nishi, and J. David Velleman. Forthcoming. "Doxastic Deliberation." *Philosophical Review.*

Sherman, Nancy. Unpublished. "Manners and Morals."

Shiffrin, Seana Valentine. 2000. "Paternalism, Unconscionability Doctrine, and Accommodation." *Philosophy & Public Affairs* 29: 205—250.

Sidgwick, Henry. 1964. *Outlines of the History of Ethics for English Readers*, 6th ed. Boston: Beacon Press.

——. 1967. *The Methods of Ethics,* 7th ed. London: Macmillan.

Skorupski, John. 1999. *Ethical Explorations.* Oxford: Oxford University Press.

Slote, Michael. 1992. *From Morality to Virtue.* New York: Oxford University Press.

Smart, J. J. C., and Bernard Williams. 1973. *Utilitarianism: For and Against.* Cambridge: Cambridge University Press.

Smith, Adam. 1976. *An Inquiry into the Nature and Causes of the Wealth of Nations,* ed. R. H. Campbell and A. S. Skinner. Oxford: Clarendon Press.

——. 1982a. *Lectures on Jurisprudence,* ed. R. L. Meek, D. D. Raphael, and P. G. Stein. Indianapolis: Liberty Classics.

——. 1982b. *The Theory of Moral Sentiments,* ed. D. D. Raphael and A. L. Macfie. Indianapolis: Liberty Classics.

——. 1995. *Essays on Philosophical Subjects,* ed. W. D. Wightman and J. C. Bryce. Indianapolis: Liberty Classics.

Smith, Michael. 1987. "The Humean Theory of Motivation." *Mind* 96: 36—61.

——. 1994. *The Moral Problem.* Oxford: Blackwell.

Sripada, Chandra. 2005. "Punishment and the Strategic Structure of Moral Systems." *Biology & Philosophy* 20: 767—789.

Stalnaker, Robert. 1974. "Pragmatic Presuppositions," in *Semantics and Philosophy,* ed. Milton K. Munitz and Peter K. Unger. New York: New York University Press.

Stampe, Dennis. 1987. "The Authority of Desire." *Philosophical Review* 96: 335—

381.

Stern, Lawrence. 1974. "Freedom, Blame, and Moral Community." *Journal of Philosophy* 71: 72—84.

Stocker, Michael. Forthcoming. "Shame, Guilt, and Pathological Guilt: A Discussion of Bernard Williams."

Strawson, P. F. 1968. "Freedom and Resentment," in *Studies in the Philosophy of Thought and Action.* London: Oxford University Press.

Stroud, Ronald S. 1979. *The Axones and Kyrbeis of Drakon and Solon.* Berkeley: University of California Press.

Suarez, Francisco. 1944. *A Treatise on Laws and God the Lawgiver,* trans. Gwladys L. Williams, Ammi Brown, and John Waldron, rev. Henry Davis, S.J., intro. James Brown Scott, in *Selections from Three Works of Francisco Suarez, S.J.,* vol. 2. Oxford: Clarendon Press.

Sussman, David. 2003. "The Authority of Humanity." *Ethics* 113: 350—366.

Swanton, Christine. 2003. *Virtue Ethics: A Pluralistic View.* Oxford: Oxford University Press.

Thibaut, John, and Laurens Walker. 1975. *Procedural Justice: A Psychological Analysis.* Hillsdale, NJ: Lawrence Erlbaum Associates.

Thompson, Michael. 2004. "What Is It to Wrong Someone? A Puzzle about Justice," in *Reason and Value: Themes from the Philosophy of Joseph Raz*, ed. R. Jay Wallace, Philip Pettit, Samuel Scheffler, and Michael Smith. Oxford: Oxford University Press.

Thomson, Judith Jarvis. 1971. "A Defense of Abortion." *Philosophy & Public Affairs* 1: 47—66.

——. 1990. *The Realm of Rights.* Cambridge, MA: Harvard University Press.

Trivers, R. L. 1971. "The Evolution of Reciprocal Altruism." *Quarterly Review of Biology* 46: 35—57.

Tugendhat, Ernst. 2004. "Universalistically Approved Intersubjective Attitudes: Adam Smith." *Adam Smith Review* 1: 88—104.

Velleman, J. David. 2000. "The Possibility of Practical Reason," in *The Possibility of Practical Reason.* Oxford: Oxford University Press.

——. 2001. "The Genesis of Shame." *Philosophy & Public Affairs* 30: 27—52.

——. 2005. "The Voice of Conscience," in *Self to Self.* Cambridge: Cambridge University Press.

Vranas, Peter. 2001. "Respect for Persons: An Epistemic and Pragmatic Investigation." Ph.D. diss., University of Michigan-Ann Arbor.

——. Forthcoming. "I Ought, Therefore I Can." *Philosophical Studies*.

Wallace, R. Jay. 1994. *Responsibility and the Moral Sentiments.* Cambridge, MA: Harvard University Press.

Watson, Gary. 1987. "Responsibility and the Limits of Evil: Variations on a Strawsonian Theme," in *Responsibility, Character, and the Emotions: New Essays in Moral Psychology,* ed. F. D. Schoeman. Cambridge: Cambridge University Press.

——. 1996. "Two Faces of Responsibility." *Philosophical Topics* 24: 227—248.

——. Unpublished. "Promising, Assurance, and Expectation."

Wedekind, Claus, and Manfred Milinski. 2000. "Cooperation through Image Scoring in Humans." *Science* 288: 850—852.

Westlund, Andrea. 2003. "Selflessness and Responsibility for Self: Is Deference Compatible with Autonomy?" *Philosophical Review* 112: 483—523.

Williams, Bernard. 1973. *Problems of the Self.* Cambridge: Cambridge University Press.

——. 1981a. "Internal and External Reasons," in *Moral Luck.* Cambridge: Cambridge University Press.

——. 1981b. *Moral Luck.* Cambridge: Cambridge University Press.

——. 1985. *Ethics and the Limits of Philosophy.* Cambridge, MA: Harvard University Press.

——. 1993. *Shame and Necessity.* Berkeley: University of California Press.

——. 1995. "Internal Reasons and the Obscurity of Blame," in *Making Sense of Humanity.* Cambridge: Cambridge University Press.

Wolff, Robert Paul. 1970. *In Defense of Anarchism.* New York: Harper & Row.

Wollheim, Richard. 1984. *The Thread of Life.* New Haven, CT: Yale University Press.

Wood, Allen. 1999. *Kant's Ethical Thought.* Cambridge: Cambridge University Press.

Woodward, Bob. 2004. *Plan of Attack.* New York: Simon & Schuster.

Zimbardo, Philip G., Ebbe B. Ebbesen, and Christina Maslach. 1977. *Influencing Attitude and Changing Behavior: An Introduction to Method, Theory, and Applications of Social Control and Personal Power*. Reading, MA: Addison-Wesley Publishing Co.

索　引

（条目后的数字为原书页码，见本书边码）

人文与社会译丛

第一批书目

1.《政治自由主义》(增订版),[美]J. 罗尔斯著,万俊人译 48.00 元
2.《文化的解释》,[美]C. 格尔茨著,韩莉译 89.00 元
3.《技术与时间:1. 爱比米修斯的过失》,[法]B. 斯蒂格勒著,裴程译 62.00 元
4.《依附性积累与不发达》,[德]A. G. 弗兰克著,高铦等译 13.60 元
5.《身处欧美的波兰农民》,[美]F. 兹纳涅茨基、W. I. 托马斯著,张友云译 9.20 元
6.《现代性的后果》,[英]A. 吉登斯著,田禾译 45.00 元
7.《消费文化与后现代主义》,[美]M. 费瑟斯通著,刘精明译 14.20 元
8.《英国工人阶级的形成》(上、下册),[英]E. P. 汤普森著,钱乘旦等译 69.00 元
9.《知识人的社会角色》,[美]F. 兹纳涅茨基著,郏斌祥译 26.00 元

第二批书目

10.《文化生产:媒体与都市艺术》,[美]D. 克兰著,赵国新译 29.00 元
11.《现代社会中的法律》,[美]R. M. 昂格尔著,吴玉章等译 39.00 元
12.《后形而上学思想》,[德]J. 哈贝马斯著,曹卫东等译 35.00 元
13.《自由主义与正义的局限》,[美]M. 桑德尔著,万俊人等译 30.00 元

14.《临床医学的诞生》,[法]M. 福柯著,刘北成译 25.00 元
15.《农民的道义经济学》,[英]J. C. 斯科特著,程立显等译 42.00 元
16.《俄国思想家》,[英]I. 伯林著,彭淮栋译 35.00 元
17.《自我的根源:现代认同的形成》,[加]C. 泰勒著,韩震等译 88.00 元
18.《霍布斯的政治哲学》,[美]L. 施特劳斯著,申彤译 29.00 元
19.《现代性与大屠杀》,[英]Z. 鲍曼著,杨渝东等译 59.00 元

第三批书目

20.《新功能主义及其后》,[英]J. 亚历山大著,彭牧等译 15.80 元
21.《自由史论》,[英]J. 阿克顿著,胡传胜等译 58.00 元
22.《伯林谈话录》,[英]L. 贾汉贝格鲁等著,杨祯钦译 23.00 元
23.《阶级斗争》,[法]R. 阿隆著,周以光译 13.50 元
24.《正义诸领域:为多元主义与平等一辩》,[美]M. 沃尔泽著,褚松燕等译 24.80 元
25.《大萧条的孩子们》,[美]G. 埃尔德著,田禾等译 27.30 元
26.《黑格尔》,[加]C. 泰勒著,张国清等译 118.00 元
27.《反潮流》,[英]I. 伯林著,冯克利译 48.00 元
28.《统治阶级》,[意]G. 莫斯卡著,贾鹤鹏译 98.00 元
29.《现代性的哲学话语》,[德]J. 哈贝马斯著,曹卫东等译 78.00 元

第四批书目

30.《自由论》(修订版),[英]I. 伯林著,胡传胜译 69.00 元
31.《保守主义》,[德]K. 曼海姆著,李朝晖、牟建君译 16.00 元
32.《科学的反革命》(修订版),[英]F. 哈耶克著,冯克利译 58.00 元

33.《实践感》,[法]P. 布迪厄著,蒋梓骅译 52.00 元
34.《风险社会》,[德]U. 贝克著,何博闻译 17.70 元
35.《社会行动的结构》,[美]T. 帕森斯著,彭刚等译 80.00 元
36.《个体的社会》,[德]N. 埃利亚斯著,翟三江、陆兴华译 15.30 元
37.《传统的发明》,[英]E. 霍布斯鲍姆等著,顾杭、庞冠群译 21.20 元
38.《关于马基雅维里的思考》,[美]L. 施特劳斯著,申彤译 78.00 元
39.《追寻美德》,[美]A. 麦金太尔著,宋继杰译 35.00 元

第五批书目

40.《现实感》,[英]I. 伯林著,潘荣荣、林茂译 30.00 元
41.《启蒙的时代》,[英]I. 伯林编著,孙尚扬、杨深译 35.00 元
42.《元史学》,[美]H. 怀特著,陈新译 89.00 元
43.《意识形态与现代文化》,[英]J. B. 汤普森著,高铦等译 68.00 元
44.《美国大城市的死与生》,[加]J. 雅各布斯著,金衡山译 29.50 元
45.《社会理论和社会结构》,[美]R. K. 默顿著,唐少杰等译 128.00 元
46.《黑皮肤,白面具》,[法]F. 法农著,万冰译 14.00 元
47.《德国的历史观》,[美]G. 伊格尔斯著,彭刚、顾杭译 58.00 元
48.《全世界受苦的人》,[法]F. 法农著,万冰译 17.80 元
49.《知识分子的鸦片》,[法]R. 阿隆著,吕一民、顾杭译 45.00 元

第六批书目

50.《驯化君主》,[美]H. C. 曼斯菲尔德著,冯克利译 68.00 元
51.《黑格尔导读》,[法]A. 科耶夫著,姜志辉译 45.00 元
52.《象征交换与死亡》,[法]J. 波德里亚著,车槿山译 45.00 元
53.《自由及其背叛》,[英]I. 伯林著,赵国新译 48.00 元

54.《启蒙的三个批评者》,[英]I. 伯林著,马寅卯、郑想译 48.00 元
55.《运动中的力量》,[美]S. 塔罗著,吴庆宏译 23.50 元
56.《斗争的动力》,[美]D. 麦克亚当、S. 塔罗、C. 蒂利著,李义中等译 31.50 元
57.《善的脆弱性》,[美]M. 纳斯鲍姆著,徐向东、陆萌译 55.00 元
58.《弱者的武器》,[美]J. C. 斯科特著,郑广怀等译 42.00 元
59.《图绘》,[美]S. 弗里德曼著,陈丽译 49.00 元

第七批书目

60.《现代悲剧》,[英]R. 威廉斯著,丁尔苏译 45.00 元
61.《论革命》,[美]H. 阿伦特著,陈周旺译 59.00 元
62.《美国精神的封闭》,[美]A. 布卢姆著,战旭英译,冯克利校 68.00 元
63.《浪漫主义的根源》,[英]I. 伯林著,吕梁等译 28.00 元
64.《扭曲的人性之材》,[英]I. 伯林著,岳秀坤译 22.00 元
65.《民族主义思想与殖民地世界》,[美]P. 查特吉著,范慕尤、杨曦译 18.00 元
66.《现代性社会学》,[法]D. 马图切利著,姜志辉译 32.00 元
67.《社会政治理论的重构》,[英]R. 伯恩斯坦著,黄瑞祺译 25.00 元
68.《以色列与启示》,[美]E. 沃格林著,霍伟岸、叶颖译 48.00 元
69.《城邦的世界》,[美]E. 沃格林著,陈周旺译 54.00 元
70.《历史主义的兴起》,[德]F. 梅尼克著,陆月宏译 48.00 元

第八批书目

71.《环境与历史》,[英]W. 贝纳特、P. 科茨著,包茂红译 25.00 元
72.《人类与自然世界》,[英]K. 托马斯著,宋丽丽译 35.00 元

73.《卢梭问题》,[德]E. 卡西勒著,王春华译　15.00 元
74.《男性气概》,[美]H. C. 曼斯菲尔德著,刘玮译　28.00 元
75.《战争与和平的权利》,[美]R. 塔克著,罗炯等译　25.00 元
76.《谁统治美国》,[美]W. 多姆霍夫著,吕鹏、闻翔译　35.00 元
77.《健康与社会》,[法]M. 德吕勒著,王鲲译　35.00 元
78.《读柏拉图》,[德]T. A. 斯勒扎克著,程炜译　28.00 元
79.《苏联的心灵》,[英]I. 伯林著,潘永强、刘北成译　28.00 元
80.《个人印象》,[英]I. 伯林著,林振义、王洁译　35.00 元

第九批书目

81.《技术与时间:2. 迷失方向》,[法]B. 斯蒂格勒著,赵和平、印螺译　59.00 元
82.《抗争政治》,[英]C. 蒂利著,李义中译　28.00 元
83.《亚当·斯密的政治学》,[英]D. 温奇著,褚平译　21.00 元
84.《怀旧的未来》,[美]S. 博伊姆著,杨德友译　38.00 元
85.《妇女在经济发展中的角色》,[丹]E. 博斯拉普著,陈慧平译　30.00 元
86.《风景与认同》,[英]W. J. 达比著,张箭飞、赵红英译　68.00 元
87.《过去与未来之间》,[美]H. 阿伦特著,王寅丽、张立立译　58.00 元
88.《大西洋的跨越》,[美]D. T. 罗杰斯著,吴万伟译　108.00 元
89.《资本主义的新精神》,[法]L. 博尔坦斯基、E. 希亚佩洛著,高铦译　58.00 元
90.《比较的幽灵》,[美]B. 安德森著,甘会斌译　48.00 元

第十批书目

91.《灾异手记》,[美]E. 科尔伯特著,何恬译　25.00 元

92.《技术与时间:3. 电影的时间与存在之痛的问题》,
[法]B. 斯蒂格勒著,方尔平译 65.00 元
93.《马克思主义与历史学》,[英]S. H. 里格比著,吴英译 47.00 元
94.《学做工》,[英]P. 威利斯著,秘舒、凌旻华译 39.00 元
95.《哲学与治术:1572—1651》,[美]R. 塔克著,韩潮译 45.00 元
96.《认同伦理学》,[美]K. A. 阿皮亚著,张容南译 45.00 元
97.《风景与记忆》,[英]S. 沙玛著,胡淑陈、冯樨译 78.00 元
98.《马基雅维里时刻》,[英]J. G. A. 波考克著,冯克利、傅乾译 108.00 元
99.《未完的对话》,[英]I. 伯林、[波]B. P. -塞古尔斯卡著,
杨德友译 65.00 元
100.《后殖民理性批判》,[印]G. C. 斯皮瓦克著,严蓓雯译 58.00 元

第十一批书目

101.《现代社会想象》,[加]C. 泰勒著,林曼红译 45.00 元
102.《柏拉图与亚里士多德》,[美]E. 沃格林著,刘曙辉译 54.00 元
103.《论个体主义》,[法]L. 迪蒙著,桂裕芳译 30.00 元
104.《根本恶》,[美]R. J. 伯恩斯坦著,王钦、朱康译 78.00 元
105.《这受难的国度》,[美]D. G. 福斯特著,孙宏哲、张聚国译 39.00 元
106.《公民的激情》,[美]S. 克劳斯著,谭安奎译 49.00 元
107.《美国生活中的同化》,[美]M. M. 戈登著,马戎译 35.00 元
108.《风景与权力》,[美]W. J. T. 米切尔著,杨丽、万信琼译 45.00 元
109.《第二人称观点》,[美]S. 达沃尔著,章晟译 69.00 元
110.《性的起源》,[英] F. 达伯霍瓦拉著,杨朗译 58.00 元

第十二批书目

111.《希腊民主的问题》,[法]J. 罗米伊著,高煜译　48.00 元
112.《论人权》,[英]J. 格里芬著,徐向东、刘明译　62.00 元
113.《柏拉图的伦理学》,[英]T. 厄温著,陈玮、刘玮译(即出)
114.《自由主义与荣誉》,[美]S. 克劳斯著,林垚译　62.00 元
115.《法国大革命的文化起源》,[法]R. 夏蒂埃著,洪庆明译　38.00 元
116.《对知识的恐惧》,[美]P. 博格西昂著,刘鹏博译　38.00 元
117.《修辞术的诞生》,[英]R. 沃迪著,何博超译　48.00 元
118.《历史表现中的真理、意义和指称》,[荷]F. 安克斯密特著,周建漳译　45.00 元
119.《天下时代》,[美]E. 沃格林著,叶颖译　78.00 元
120.《寻求秩序》,[美]E. 沃格林著,徐志跃译　48.00 元

第十三批书目

121.《美德伦理学》,[新西兰]R. 赫斯特豪斯著,李义天译　55.00 元
122.《同情的启蒙》,[美]M. 弗雷泽著,胡靖译　48.00 元
123.《图绘暹罗》,[美]T. 威尼差恭著,袁剑译　58.00 元
124.《道德的演化》,[新西兰]R. 乔伊斯著,刘鹏博、黄素珍译　65.00 元
125.《大屠杀与集体记忆》,[美]P. 诺维克著,王志华译　78.00 元
126.《帝国之眼》,[美]M. L. 普拉特著,方杰、方宸译　68.00 元
127.《帝国之河》,[美]D. 沃斯特著,侯深译　76.00 元
128.《从道德到美德》,[美]M. 斯洛特著,周亮译　58.00 元
129.《源自动机的道德》,[美]M. 斯洛特著,韩辰锴译(即出)
130.《种族与文化少数群体》,[美]G. E. 辛普森、[美]J. M. 英格尔著,马戎、王凡妹译(即出)

第十四批书目

131.《城邦与灵魂：费拉里〈理想国〉论集》，[美]G. R. F. 费拉里著，刘玮编译 58.00元
132.《人民主权与德国宪法危机》，[美]P. C. 考威尔著，曹晗蓉、虞维华译 58.00元
133.《16和17世纪英格兰大众信仰研究》，[英]K. 托马斯著，芮传明、梅剑华译(即出)
134.《民族认同》，[英]A. D. 史密斯著，王娟译 55.00元
135.《世俗主义之乐：我们当下如何生活》，[英]G. 莱文编，赵元译 58.00元
136.《国王或人民》，[美]R. 本迪克斯著，褚平译(即出)
137.《哲学解释》，[美]R. 诺齐克著，林南、乐小军译(即出)
138.《自由与多元论：以赛亚·伯林思想研究》，[英]G. 克劳德著，应奇等译 58.00元
139.《暴力：思无所限》，[美]R. J. 伯恩斯坦著，李元来译 59.00元
140.《中心与边缘：宏观社会学论集》，[美]E. 希尔斯著，甘会斌、余昕译 88.00元